既往既来

中法建交五十周年纪念文集

中国欧洲学会法国研究分会 编

主　编　曲　星

副主编　王立强　张金岭　彭姝祎

目 录

中法关系

中国梦与法兰西
　　——纪念中法建交50周年 …………………………………… 蔡方柏 / 003
戴高乐与中法建交 ………………………………………………… 曹松豪 / 007
中法关系50年
　　——"一""多"并行称典范 ……………………………………… 罗国祥 / 011
新华社记者眼中的中法关系 ……………………………………… 沈孝泉 / 018
中法战略伙伴关系的基础及新形势下新型中法关系的构建 ……… 王　毅 / 026
去特殊化的中法战略伙伴关系 …………………………………… 张　骥 / 042
从法国主流媒体中中国国家形象的变迁看中法关系的演变
　　——以1988～2005年的《世界报》为例 ……………………… 陈旻乐 / 068
Chine-France：Notes sur quelques divergences et affinités …… Tony Andréani / 076

中法合作

历史不能忘记他们 ………………………………………………… 端木美 / 093
中国人留学法国的历史与政策背景 ……………………………… 安　延 / 101
打开教育合作、学术外交之窗
　　——中法历史文化研讨班十年记 ……………………………… 端木美 / 123
回眸中法科技合作　放眼共同美好未来
　　——写在中法建交50周年之际 ………………………………… 周隆超 / 131
中法两国推广本国语言50年回顾和展望 ………………………… 王　瑛 / 136

Evolutions et Perspectives de la Gouvernance Energetique
　　Mondiale ………………………………………… Hervé Machenaud / 146
Collaboration décentralisée entre la Franche-Comté et Anhui sur la préservation, la
　　mise en valeur et l'animation des patrimoines «Hui» en Chine …… Liu Yan / 173

法国研究

法国的民族国家和民族观念论析 ………………………………… 马胜利 / 201
也给法国经济把把脉 ……………………………………………… 薛建成 / 214
中国人心目中的法国外交 ………………………………………… 邢　骅 / 222
从《新卢浮宫之战》看密特朗时期的法国文化政策 …………… 董　强 / 232
我看法国2013年版《国防与国家安全白皮书》………………… 张林初 / 238
"汉学给人的感觉是形而上的好奇"
　　——访法国教育部汉语总督学白乐桑 ……………………… 肖连兵 / 253
法国的政治信息传播 ……………………………………………… 赵　超 / 262
Réflexions sur le modèle social français ………………………… Li Qiqing / 273

学人随笔

缅怀法国友人德拉戈尔斯先生
　　——为2014年中法建交50周年而作 ……………………… 曹松豪 / 283
里昂的中国印记 …………………………………………………… 端木美 / 293
回忆我们这批1975年留法生
　　——为庆祝中法建交50周年而作 …………………………… 陈淑仁 / 302
北京市人民检察院代表团访问法国检察机关见闻录 …………… 邹开红 / 306
访巴黎检察语丝 …………………………………………………… 王新环 / 313
我与法语 …………………………………………………………… 罗慎仪 / 339
Comment Antenne 2 m'a interviewé à la veille de la normalisation des relations
　　diplomatiques sino-françaises ………………………………… Li Qiqing / 349

中法关系

中国梦与法兰西

——纪念中法建交 50 周年

蔡方柏[*]

自习近平主席提出实现中国梦的奋斗目标以来，中国梦已引起国内外各方的热议和广泛关注。这对凝聚我国各族人民的力量，振奋中国精神，提升中国在世界上的形象，推进中国"新四化"建设具有重大的战略意义。同时，中国梦与世界各国人民的梦是密切相连的。实现中国梦必将使包括法国在内的世界各国受益，从而为世界和平与共同发展做出重要贡献。

中国梦的本质内涵是实现国家富强、民族复兴、人民幸福。这是近代以来无数仁人志士不怕牺牲、前赴后继为之奋斗的理想。经过艰苦卓绝的斗争，终于在1949年毛泽东主席向全世界宣告中华人民共和国诞生。新中国成立后虽经曲折，但她所取得的进步特别是改革开放30多年中所取得的巨大成就举世瞩目，我国已成为"坐二望一"的世界第二大经济体，我们实现中国梦的目标未曾像今天这样近。同时，由于国际形势纷繁复杂、国内社会转型等因素，我国也面临前所未有的挑战。在此形势下，中国要始终不渝走和平发展道路，全面深化改革开放，坚持奉行互利共赢的开放战略，努力推动建设持久和平、共同繁荣的和谐世界。上述大政方针将有力地保证实现中华民族伟大复兴中国梦的宏伟目标，即到2020年我国国内生产总值和城乡居民人均收入在2010年的基础上翻一番，全面建成小康社会；到21世纪中叶，把我国建成民主、文明、和谐的现代化国家。

---

[*] 蔡方柏，中国前驻法国大使，中国欧洲学会法国研究分会名誉会长。

中国梦是和平、发展、合作、共赢的梦，与世界各国人民的梦是紧密相连的。习近平主席强调："中国发展壮大，带给世界的是更多机遇而不是什么威胁。我们要实现的中国梦，不仅造福中国人民，而且造福各国人民。"在世界多极化、经济全球化深入发展，文化多样化、社会信息化持续推进的背景下，全球合作向多层次、全方位拓展，各国经济等方面的相互依存日益加深。中国的发展离不开世界，世界的和平与繁荣也需要中国。当前全球性的问题更加突出，任何国家都无力单独应对各种风险和挑战，唯有寻求合作共赢才能维护各自的利益，才能确保世界和平与共同发展。国际局势的演变，尤其是国际金融危机以来的形势发展表明，同舟共济、合作共赢是应对全球重大危机和挑战的必由之路。谁看不清这一时代特征、坚持冷战思维、在世界上搞单边主义，谁就终将付出惨重代价。

法兰西因素助推浇铸中国梦。法兰西民族的伟大之处在于，她孕育了灿若星河的思想家、哲学家、文学家和科学家，丰富了世界文明的内涵；推翻封建制度的1789年的法国大革命和建立世界上第一个无产阶级政权——巴黎公社的1871年的人民起义的重大意义超越国境、超越时代，推进了历史的进程。20世纪初，许多立志救国的中国学子负笈赴法国勤工俭学，寻求振兴中华之路。他们中不少人士经过在法国学习、考察和艰苦工作的历练，后来成为中国革命和社会主义建设的中坚力量或文化艺术等方面的领军人物，其中最杰出的代表就是中华人民共和国首任总理周恩来和改革开放的总设计师邓小平。

法国在周恩来的一生中占据特殊的位置。周恩来于1920年12月远渡重洋抵达巴黎，开始其4年的留学生涯。他对法国等欧洲各国所走的道路和各种理论进行了认真的考察和研究，确立了自己为之奋斗的理想和信念。他用一年时间撰写了20多万字的文章，向国内民众介绍了法国和欧洲其他国家政治、社会等方面的情况。新中国成立后，作为日理万机的总理，他仍密切关注中法关系的发展，在每个重大的关键时刻都做出了极大的贡献。特别是1964年中法建交谈判中，他以一个伟大政治家、外交家的战略眼光和务实的精神同戴高乐将军代表、法国前总理埃德加·富尔进行了6次会谈，最后提出"三点默契"，打破了僵局，使中法建交谈判圆满成功，既坚持了我方的原则，又照顾了法方的困难和关切，充分体现了周总理高超的谈判艺术。这"三点默契"为中法关系后来的发展打下了坚实的基础。

中法关系的发展是与邓小平的努力分不开的。邓小平于1920年10月抵达法国勤工俭学,在诺曼底地区的巴耶中学学习了5个月后,由于所带的经费已花光,不得不去打工,此后再也没有回到学校学习。他先后在施奈德钢铁厂、雷诺汽车厂、玉劲松橡胶厂等企业打工。同时,他积极参加由周恩来领导的革命活动,并于1922年参加旅欧中国共产主义青年团,1924年加入中国共产党,成为旅欧支部负责人。由于他卓有成效地开展工作,引起了法国警方的注意,开始对他进行跟踪和监视。1925年当他离开法国去莫斯科学习时,法国警方在车站向他宣布驱逐令,禁止他再回法国。历史有时让人啼笑皆非。半个世纪后,邓小平却于1975年应法国总统德斯坦的邀请正式访问法国,受到元首级的礼宾规格接待。他同法国总理、总统进行了三次正式会谈,就发展双边关系和重大国际问题达成广泛共识,双方还同意建立外长级磋商机制,法国成为第一个同中国建立这种磋商机制的西方国家。这是当时中法关系取得的一个突破性进展。此外,他还怀着极大兴趣仔细参观了家庭农场和核电站,并询问了许多问题。可以说,邓小平访法对后来中法关系的发展和中国改革开放都产生了重要影响。

法国总统戴高乐将军曾指出,"法国如果不伟大就不成其为法国"。法兰西民族要发挥大国作用的梦想同中华民族伟大复兴的梦想是相通的。正因为如此,1964年1月,毛泽东主席和戴高乐将军决定中法两国建立正式外交关系的战略决策震惊了世界,在现代国际关系史上写下了光辉一页。50年的历史已经证明,中法关系始终具有战略性和特殊性,其意义超出了双边关系的范围,深刻地影响了世界格局的发展,当时被国际媒体称为"外交核爆炸"。中法建交50年来,两国关系创造了三个"第一":法国是第一个同新中国建立外交关系、第一个建立全面伙伴关系、第一个建立全面战略伙伴关系的西方大国。这充分说明两国关系的重要性和特殊性。习近平主席指出,新形势下,中法要继续做优先战略合作伙伴,相互支持,深化合作,走不同政治制度和文化传统国家合作共赢之路。

为实现中国梦,我们需要进一步扩大开放,与世界各国进行更多交流与合作。预计在未来5年,中国将进口10万多亿美元商品,对外投资规模将超过5000亿美元,出境旅游人数将超过4亿人次。这为中国对外合作共赢提供了巨大的空间,将给包括法国在内的世界各国带来更多商机、更多就业机会、更多经济增长。当前世界经济复苏缓慢,法国正在全力克服自身困难,增强竞争力,促进经济增长。中国正加快转变经济发展方式,大力调整优化经济结构。双方需要进一步加强合作，互利共赢，共同反对贸易保护主义，实现共同发展。奥朗德总统于2013年4月访华，双方签署了10多个合作文件，除在核能、航空等传统领域加强合作外，还将在科技创新、环保、城市可持续发展、现代农业、工业节能、数字化等领域深化交流与合作。这将为中法关系的发展注入新的活力。

中法建交50年来，双边关系虽有起伏，但总体取得了长足发展，给两国人民带来了诸多好处。我深信，只要双方能始终坚持从战略高度审视和发展两国互利共赢的合作，照顾彼此重大关切，未来50年中法关系定能再造辉煌，实现各自梦想，造福两国人民，为世界和平与繁荣做出更大贡献。

（编辑：张金岭）

戴高乐与中法建交

曹松豪[*]

1964年1月27日是一个彪炳史册的日子。因为在这一天中法建交,戴高乐将军领导的法兰西共和国成为第一个同中国建立大使级外交关系的西方大国。而今半个世纪过去了,中国人民依然深切怀念戴高乐将军的高瞻远瞩和历史性贡献,对这位曾被毛主席誉为"反对法西斯侵略和维护法兰西民族独立的不屈战士"的人充满爱戴和敬仰。

中法建交不是历史的偶然。记得1963年8月中旬,戴高乐将正在瑞士休假的前总理埃德加·富尔召到爱丽舍宫,同他面商承认中国的问题。戴高乐之所以找富尔商议,是因为他曾在1957年访华,见过毛泽东主席和周恩来总理,并在回国后致函当时在科隆贝隐居的戴高乐,建议法兰西承认中国。1958年戴高乐重掌权力,建立第五共和国,并积极调整法国的外交政策。1962年,戴高乐通过签署《埃维昂协议》结束了阿尔及利亚战争,同时也消除了中法两国在此问题上的意见分歧。

根据上述情况,富尔认为中法建交的条件已经成熟,并赞同戴高乐"承认人民中国"的设想。戴高乐听后很高兴,当即要求富尔作为他的代表,利用其私人访华之机,同中国进行建交谈判。富尔欣然接受这个重大的秘密使命。为此,戴高乐特地写了一封亲笔授权信,供富尔见中国领导人时用。

10月22日至11月4日,富尔偕夫人访问北京、上海等地,受到中方的高规格礼遇。这位法国总统代表用大部分时间同周恩来总理、陈毅副总理兼外长进行了多次艰难的谈判。诚然,由于富尔表示戴高乐不愿主动先同台湾断交,谈判一

---

[*] 曹松豪,中国欧洲学会法国研究分会高级顾问。

度陷入僵局。但是，周总理运用高超的外交谈判艺术，将原则的坚定性和策略的灵活性相结合，从而打破僵局，使谈判取得了一定进展。

10月31日，中华人民共和国主席刘少奇在京接见了富尔夫妇。刘少奇主席对富尔说："我们很欢迎同法国建立正常的外交关系。我们没有别的要求，只要不造成'两个中国'的形势。"

11月1日，谈判在上海继续进行，取得了实质性成果。2日，作为谈判圆满结束的标志，毛泽东主席在上海接见了富尔夫妇。毛泽东主席对客人说："两位来得正是时候。要把两国正常关系建立起来。"富尔说："现在可以说已经成功了，我将把结果报告戴高乐总统。"当晚，周恩来总理和富尔在《周恩来总理谈话要点》这份直接建交的方案上签了字。

为了保密，富尔特地取道缅甸和印度回国，而且在新德里耽搁两周。11月22日，在获悉肯尼迪总统遇刺后，戴高乐马上召见富尔。他表示赞同富尔从新德里派专人送回的建交问题报告的结论，准备承认中华人民共和国。据富尔所述，戴高乐还说，他将参加肯尼迪的葬礼，"如果同新总统的谈话不使他改变承认中国的决定，那他就会赋予此事一个积极的结果，而这个节点预定在1964年1月"。

此后，一切都围绕着中法建交的筹备工作。戴高乐亲自过问了建交事宜。其一是，作为北京谈判的后续工作，1963年底至1964年初，委派外交部欧洲司司长雅克·德博马歇在伯尔尼同中国驻瑞士大使李清泉进行多次会谈，以商定建交公报的文本，以及发表公报的方式和时间。

其二是在1964年1月8日主持法国内阁会议，做出法兰西同中国建立外交关系的决定。

其三是在同年1月15日，通过法国驻美大使通知美国政府，法国已决定同中国建交。翌日，美国政府照会法国，对其中法建交决定提出强烈抗议。对此，法国复照进行严正驳斥，强调"承认中国只会有助于自由世界的安全与利益"。

其四是在同年1月19日，派遣驻重庆国民政府的法国前大使贝志高将军作为法国总统特使前往台湾，面呈总统对蒋介石1963年12月24日来函的亲笔复信。五天后，贝志高携蒋介石致戴高乐的信函回巴黎复命。虽然蒋介石在信中要求戴高乐推迟中法建交，但戴高乐看了却不予理会。就这样，在扫清美蒋阻挠这两个主要障碍之后，中法建交之路畅通无阻了。

1964年1月27日格林尼治11时，北京和巴黎同时发表了中法建交公报。公报指出："中华人民共和国政府和法兰西共和国政府一致决定建立外交关系。两国政府为此商定在三个月内任命大使。"尽管公报只有短短的两句话，但中法建交的消息却像原子弹爆炸一样震撼了西方，西方媒体称之为"外交核爆炸"。

翌日，根据中法双方商定的建交方案，中国外交部发言人就中法建交发表声明："中华人民共和国政府是作为代表全中国人民的唯一合法政府同法国政府谈判并且达成两国建交协议的。""中国政府认为有必要重申，台湾是中国的领土，任何把台湾从中国的领土割裂出去或者制造'两个中国'的企图，都是中国政府和中国人民绝对不能同意的。"

4天后，1964年1月31日，戴高乐在爱丽舍宫举行了盛大的记者招待会，发表以中国为主旨的重要讲话，正式宣布同中国建立大使级外交关系。他在讲话中赞扬中国历史悠久，中华民族是一个"伟大的民族"，建立了"非常独特和非常深奥的文明"。他还强调，中国是一个"独立的主权国家"，"越来越受到全世界的关注"，中法建交意味着"如实地承认了世界"。

此后，在戴高乐的主导下，法国采取了辞旧与迎新的外交举措。所谓辞旧，就是迫使台湾撤退。2月10日，法国政府正式通知"台湾当局"："一俟北京外交人员到达巴黎，台湾外交代表机构就将失去其存在的理由。"当日，"台湾当局"被迫宣布同法国断绝外交关系。此后，法国也相应地撤回其驻台外交代表和机构。

所谓迎新，就是实现中法互派大使。5月27日，法国首任驻华大使佩耶抵京。5月31日，佩耶大使在北京向刘少奇主席递交国书。7月14日，法国驻华使馆举行首次国庆招待会，周恩来总理、陈毅副总理兼外长出席。值得一提的是，9月在京举行了首届法国技术展览会。11日那天中午，毛泽东主席在杭州宴请了展览会的法方负责人，其中包括戴高乐的侄子贝尔纳·戴高乐。

6月2日，中国首任驻法国大使黄镇抵达巴黎。6月6日，戴高乐总统在外长德姆维尔的陪同下接受黄镇大使递交的国书，并同黄镇大使亲切合影。戴高乐致词说："大使先生，您可以确信，从我和法兰西共和国政府这里获得一切便利，以利于完成您的崇高的和伟大的使命。"至此，中法建交画上了一个圆满成功的句号。

从1964年建交起，中法关系经历了50年充满阳光、伴随风雨的历程，业已发展成全面战略伙伴关系。历史表明，中法建交是东西方交往史上具有里程碑意义的重大事件。它不仅开创了中法关系的新纪元，更重要的是，它体现了戴高乐将军毕生为之奋斗的民族独立精神和大国外交思想，率先打开了中西方相互了解与交流的大门。因此，在此欢庆中法建交50周年之际，中国人民向遥远和美丽的法兰西高唱一曲"伟人风范长存，中法友谊长青"的赞歌！

（编辑：张金岭）

中法关系50年
——"一""多"并行称典范

罗国祥[*]

中国和法国建交，是现代世界意识形态严重对立的20世纪五六十年代国际社会崭新的、具有巨大进步意义的外交事件，是人类不同文化、不同意识形态下的族群和国家之间相互包容、和平共存的典范。

尽管有史以来人类相互之间纷争不断，但总的趋势是向着和平共处的方向发展的，特别是人类在经历过无数纷争（当然包括最残酷的战争）之后，逐步反思并不断调整自己的思维和行为方式，以求减少纷争，实现"我"者与"他"者互利共存。无论是伏尔泰集西方宗教改革成果和东方儒家学说而提炼出的"宽容"精神，还是中国儒、道融汇后产生的"和谐"理念，都是这种人类"良知"的重要思想基础。在这个基础上，中法两国自冲破当时严重的意识形态壁垒，于东西方不同文化、不同意识形态的两个大国间建立了外交关系以来，50年的交流也充分体现了"一"与"多"共存的宽容精神，"我"者与"他"者互利发展的人类进步理念。

两国关系中的宽容互谅

1964年1月27日，中法两国在两个大国建交有利于各自的国家利益和世界

---

[*] 罗国祥，武汉大学法国研究中心教授。

格局平衡发展的共识基础上,达成了一个极为简短的建交公报。这个公报只有两句话:"中华人民共和国政府和法兰西共和国政府一致决定建立外交关系。两国政府为此商定在三个月内任命大使。"其实我们知道,法国政府一度在建交后是否在台湾保留一个低级别的领事官员的问题上和中国政府的立场发生分歧,但双方都从大局出发,本着互相理解、互谅互让的原则,最终达成了三项默契:(1)法兰西共和国政府只承认中华人民共和国政府为代表中国人民的唯一合法政府;(2)法国支持中华人民共和国在联合国的合法地位,不再支持所谓"中华民国"在联合国的代表权;(3)中法建立外交关系后,在台湾的所谓"中华民国"政府撤回它驻法国的"外交代表"及其机构的情况下,法国也相应地撤回它驻在台湾的外交代表及其机构。本来中国政府主张按照这三项默契,以互换照会的方式宣布建交。但戴高乐将军出于种种考虑,提出确认两国建交方式由原来商定的互换照会的方式改为发表联合公报或各自发表内容相同的公报。这样就出现了上述中法两个大国建交的极其简短的建交公报。然而重要的是,这个公报既照顾了法国政府的某种顾虑,又没有损害中国政府的立场。因为,在法国政府的默认下,中国政府在公报发表的第二天,便就中法建交事宜发表了一份"严正声明",声明"中华人民共和国政府是作为代表全中国人民的唯一合法政府同法国政府谈判并且达成两国建交协议的"。"台湾是中国领土。任何把台湾从中国的版图中割裂出去或者其他制造'两个中国'的企图,都是中国政府和中国人民绝对不能同意的。"而法国政府也按照先前达成的默契,于2月10日正式通知"台湾当局"驻巴黎的外交代表:一俟北京的外交人员到达巴黎,台湾"代表机构"就失去其存在的理由。这既是一个其本身就包含"宽容"和灵活机智地处理国际复杂外交问题丰富内涵的外交范例,又开了当时意识形态严重对立的政治实体之间平等对话的先河。更为重要的是,这个世界外交史上并非尽人皆知的案例说明:文化(包括意识形态)上的相互宽容与尊重可促使政治对话的发生发展,有时甚至会起到改变世界格局体系的作用。

当然我们也看到,中法两国建交后的关系也并不是一帆风顺、一劳永逸的。1989年北京发生政治风波,法国宣布对中国进行制裁,在一系列问题上对中国发难,特别是法国的一些军火商人趁机提出向中国台湾销售护卫舰和先进战机等,完全违背了中法建交时双方达成的原则立场,两国关系一度异常紧张。而且法国不顾中国的严正交涉,向台湾出售了6艘拉法叶特级护卫舰和60架幻影

2000战斗机。中国政府方面坚持原则，针锋相对。1992年12月23日，中国外交部副部长奉命召见法国驻华大使，要求法国政府在一个月内关闭其在中国广州的领事馆、严格控制两国副部级以上人员来往，同时撤销两国正在谈判的大亚湾核电二期工程、广州地铁等大型项目等。一时间，双方似乎针锋相对、剑拔弩张，两国间良好健康的外交关系受到严峻挑战。然而就在第二年，法国戴高乐派政党保卫共和联盟的雅克·希拉克上台执政。由于这时的中国已经不得已将对外合作的重点转向德国和意大利等法国的邻国，法国各界都为之十分忧虑，包括法国前政要在内的许多人士对法国售台武器政策提出了质疑，所以法国新政府执政伊始，便通过各种渠道向中国传递要求改善关系的信息，法国时任总理巴拉迪尔表示"希望与中国保持和发展实质性的政治对话和积极合作"。"法新政府领导人亲自向中方发出积极的信息。朱佩外长于10月28日和11月29日两次发表公开谈话，强调中国经济的蓬勃发展令人惊讶。法国应把赌注压在可能已成为世界第三大经济体强国的身上……法正寻求与中国对话，恢复关系。"① 这是法国"现实主义"外交理念的又一体现。与此同时我们还看到，法国方面又一次逐渐认识到，"关于一个国家的内部问题，应由本国人民自己去决定，外国只能接受这个国家的现实，祝中国繁荣，发展"。② 正如前驻法大使蔡方柏先生所言："从密特朗总统同我的谈话及法总理、外长对中法关系的表态来看，由于当时两极格局尚未终结，法在政治上需要同中保持一定程度的正常关系，在经济上不愿意失去不断扩大的中国市场。"③

如果说中法两国间上述复杂关系中仍有较为明显的冷战遗留因素的话，那么2008年北京奥运会期间出现的中法关系的一波三折，虽然冷战因素已不明显，但双方在意识形态方面的分歧却使中法关系再次面临考验。2008年3月25日，法国总统萨科齐在被记者问及是否会抵制北京奥运会时回答说："目前不排除任何选项。"而且早在他当选法国总统之前，就曾认为中国的人权问题仍有待改善，法国不会对人权问题默不作声，等等。北京奥运会圣火传递在巴黎遇到了一些别有用心者的破坏，法国政府在这个问题上给第一次举办奥运会的中国出了一

---

① 蔡方柏：《从戴高乐到萨科齐》，上海辞书出版社，2007，第147页。
② 蔡方柏：《从戴高乐到萨科齐》，上海辞书出版社，2007，第147页。
③ 蔡方柏：《从戴高乐到萨科齐》，上海辞书出版社，2007，第147页。

道不大不小的难题。然而我们看到，在这个过程中，双方虽然一度针锋相对、互不相让，但在双方各界的努力下，逐渐在相互"理解与信赖"的基础上再度达成谅解，使两国的关系走上正常轨道并逐步向前推进。

因此我们可以说，从建交至今，中法两国间的关系就是一个相互"宽容"、"适度"处理分歧的过程，是国与国之间，甚至是人类不同群体之间处理相互关系的典范。所以，在人类社会不可能完全"同一"化的现实面前，中法两国之间互谅互让的外交原则，实际上应该是一个相当有效的处理国际关系的总则。这不但是中法两国外交关系的实践所证明的，也是中法两国文化精神发扬光大的一个结果。

两国文化理念中的"一""多"共存

中国和法国文化在发展过程中，构成了世界文化理念中著名的"法国学派"和"仁者爱人"的中国儒家文化思想。两国都有众多思想家和政治家认为，人类不同意识形态（如西方历史上意识形态意味很浓的宗教纷争）、不同文化圈中长期形成的风俗习惯、思维、行为方式等，是没有高低之分的，因而就应该是平等的、相互尊重的。中国几千年来流传甚广的"人之初，性本善，性相近，习相远"的文化理念认为，人类的不同群体虽然生活在同一个地球上，但是出于地理环境和发达程度等原因，人类各群体早期是生活在相对封闭的状态下，也就必然会形成不同的生活习惯、思维方式等文化传统体系。然而正因为如此，人类群体与群体之间，乃至人类个体之间，相互宽容互爱便是理所当然的，因为我们都是人类，是同类。所以法国文豪，被许多评论家誉为"人民诗人"的雨果就曾说过："是不是曾经有好几个亚当？生物学者可以讨论这个问题；可是有把握的是，上帝反正只有一个。既然只有一个父亲，我们就都是兄弟。"此外，我们都知道，最早主张宗教宽容的法国国王亨利四世在1589年颁布了《南特敕令》，成功地结束了宗教色彩浓厚的内战。在那时对于法国人来说还十分遥远的中国，则早已形成儒、道、释三教共存并进的"多样统一"的意识形态格局。特别是被西方人看成中国传统宗教思想的儒家学说，更是构成法国启蒙主义思想家伏尔泰"宽容精神"（la dolérence）的两大重要构成因素（其一是如雨果所言之"兄弟"说，其二便是孔夫子的"仁者爱人"说）。而伏尔泰提倡的宽容精神又是法国大革命最重要的成果"自由、平等、博爱"这个法国人两百多年来总体上一贯遵循的现代政治文明准则中"博爱"原则的直接思想来源。因此我们可以说,中法两大文化对于人类多样的文化间相互宽容、并存、共同发展理念做出了巨大的贡献。中法建交50周年以来的中法两国关系的实践,就是这种"一"与"多"并存、共同发展的典范。

如果说"博爱"说与"仁爱"说更多的是一种伦理观,是一种意识形态,那么到了现当代,法国众多享誉世界的文化学家则更多的是从理性和科学(如文化人类学)的角度,认为不同的文化体系对世界文明的贡献有大小,但文化本身没有优劣之分,这就是法国当代著名人类学家列维-斯特劳斯在1952年联合国教科文组织大会上长篇演讲的中心内容。法国学者让·普永1956年在《论克洛德·列维-斯特劳斯》一文中写道:"人就是我所是的那个存在,但同样也是和我完全不同的人的那个存在。承认这一点,与其说是理性使然,还不如说是经验使然,即使是种族暴力也不能将这种经验抹去。"2001年"9·11"事件后,时任美国总统布什的演讲中常常以"上帝保佑美国"为结束语,按德国精神分析学家德雷福曼的观点,乔治·布什是在利用古波斯二元论神话,将人类分成"善"和"恶"两类,并试图让美国公众认可"打击恐怖主义的十字军征讨"。布什的这些言论一出,世界学界和政界一片哗然。"9·11"事件后不久,法国著名学者托多罗夫在法国里昂第三大学等地呼吁反对种族歧视和种族暴力,同时签售他的文化学著作《我者与他者》。不久后的10月,法国总统希拉克在联合国教科文组织大会上发表了"用另一种观点看21世纪"(Une autre vision sur le XXe siècle)的讲话,明确表示反对"种族傲慢",提倡"种族对话"。

我们认为,希拉克先生的这种观点不仅仅是一种国家关系意义上的政治态度,更是法国一贯的尊重多样性、多元文化并存思想的又一次宣示。正如列维-斯特劳斯所言,实践证明,地球上所有的人都是人类的组成部分,企图使用暴力将人类中的一部分"抹去"是不能达到人类更好地发展之目的的。中法两国在第二次世界大战中惨遭法西斯蹂躏的痛苦和光复的共同经验,证明了种族主义者们的关于所谓优胜劣汰的理论是彻头彻尾非理性的。认为某种"强势"文化可以合乎理性地消灭另一种"弱势"文化的逻辑更是我们必须真正理性地否定和批判的。我们知道,达尔文的适者生存理论的确在一定的时空中和限度上有其合理性,但它绝非普遍真理。因为它在发展到极端时导致了法西斯逻辑的产生,酿成了如第二次世界大战那样惨绝人寰的大悲剧。可以想象，如果拥有如核弹这样武器的当今人类仍然用这种生物学逻辑来处理不同文化人群之间的关系，那么无论自认为如何优秀的民族想要消灭其他同样拥有核武器的民族，其结果很有可能是使包括所谓"优秀"民族在内的全体人类的毁灭。同时又可以说，二战后中法两国领导人不约而同地发展核武器，是一种迫不得已的理性之举。

那么，摈弃非理性的种种文化霸权理论，实现人类各种文化群体和平共处的真正途径或条件是什么呢？我们认为，这个条件其实就是人类古已有之而且成为现代许多有识之士共识的"公平"与"正义"。中法两国建交，就应该是"自由、平等、博爱"理念从个人与个人间和社会集团与社会集团间的层面扩大到不同意识形态之间关系层面的成功例子，也就是在"公平""正义"基础上的人类个体与个体、群体与群体之间关系准则的体现，也是中国传统文化中"仁爱""己所不欲，勿施于人""求同存异"文化理念，春秋和战国时就已出现的《竹刑》《法经》这样的典籍传承下来的"公平""正义"思想的体现。如果说中法建交开了当代世界范围内更为广泛的"公平""正义"国际关系的先河，并集中体现了两国源远流长的"博爱"文化的话，那么，中法建交的实践，则是两国文化中尊重多样性、"适度"处理"一"与"多"辩证统一国家关系的典范。

实际上，"宽容"和"适度"行为方式或道德是与"一""多"和平共存的人类社会中"公平""正义"道德尺度相互补充和制约的。中国传统文化中的不走极端，对不同意见抱以宽容态度，适度地处理精神乃至物质争端的文化价值观和"共存"智慧，是人类和平共处的重要伦理基础，也是新中国处理国际关系之"和平共处五项原则"的理论基础，当然也是新中国处理中法关系诸多问题的理论基础。这里的所谓"适度"也许是一个模糊概念，却往往是一个行之有效的，东、西方均不少见的智慧。在中法关系中可以见到这类智慧。在多样性文化共存的今天，"适度"也许是诸多其实本来就不是用数学公式般的方法所能解决的复杂问题的好办法。我们是否可以说，从外交智慧甚至社会政治的角度而言，中国儒家文化中的"中庸"思想和西方先贤亚里士多德的"中道"（juste milieu）思想有着异曲同工之处呢？而法国近现代文明之"自由、平等、博爱"之社会政治文化价值理念基础上形成的"法国文化学派"的文化智慧中，是否也包含着亚氏的"中道"思想呢？若是，那么，在中国"仁爱""公平""正义"文化理念基础上形成的，为建立"公平""正义"的世界新秩序，并在中法两国50年相互关系中得到检验的文化理念，是否也可以被称与法国文化学派并列，成为"中国文化学派"，成为东、西方两大主张人类多样并存的文化理论之一呢？如果是这样，那么我们可以说，这两个学派的文化思想无疑同是人类文化发展中积累起来的宝贵精神财富。虽然文化领域里"中国文化学派"还是个生词，但是我们认为，"中国文化学派"所主张的"仁爱""公平""正义"等文化价值观，是和"法国文化学派"一样最具公平、正义价值的文化理论。因此，无论是对这两种异曲同工文化学派之"同"之"异"的研究，还是对中法两国关系50年中之"同"之"异"及其处理智慧的研究，也许都是我们法国研究者艰巨然而极有意义的工作。

（编辑：彭姝祎）

新华社记者眼中的中法关系

沈孝泉[*]

新闻记者是历史的见证者和记录者。我作为新华社记者，有幸在法国常驻工作两次，总共长达 11 年之久，亲历了中法关系发展中的不少重要时刻。现在把我经历的一些片段写下来，以纪念两国建交 50 周年。

中法关系的发展是同两国领导人的不断推动分不开的。如果没有戴高乐将军和毛泽东主席、周恩来总理的高瞻远瞩和果断决策，那么中法两国建交也许还要推迟很多年。1964 年建交后的 50 年中，两国关系在双方历届领导人的精心呵护和积极推动下已经达到全面战略伙伴关系的高水平。在法国众多国家领导人和政治家中，中国公众似乎对希拉克有一种格外亲切的感觉，究其原因，大概是这位法国政治家长期以来对中国和中国人民所表现出的深厚感情。而正是在希拉克担任总统期间，两国关系持续得到巩固和加强。凡是在法国工作过的人大都对此有切身的体验，对于记者来说，这种感受尤为鲜明。

结识希拉克

我第一次担任新华社常驻巴黎记者是从 1986 年 11 月开始的，而在巴黎第一次见到希拉克，则是在 1987 年 9 月 30 日中午中国驻法国大使馆举行的盛大国庆招待会上，当时他任法国第一次"左右共治"时期的政府总理。20 世纪 80 年代中期正是中国改革开放取得初步成果并向纵深发展的时刻，法国人怀着极大的兴

---

[*] 沈孝泉，新华社世界问题研究中心研究员、新华社前巴黎分社社长。

趣关注着这个充满朝气、正在崛起的东方古国。当时位于巴黎香榭丽舍大道附近的乔治五世大街的中国大使馆洋溢着浓郁的节日气氛,大厅内熙熙攘攘、热闹非凡,上千名法国各界人士纷纷向中方人员表示节日的祝贺,祝愿两国友好关系不断加深。然而,中国大使馆外交官们似乎还在企盼和等待着什么,原来负责礼宾的官员注意到,在众多的来宾中还缺少一位尊贵的客人,他就是希拉克。往年的国庆招待会上都能见到希拉克的身影,这一次他身为政府总理也许难以摆脱繁忙的公务?或许因为目前的"左右共治"而增添了一层政治上的考虑?人们一时还找不到答案,只能不时地把目光投向大厅的入口……接近1点钟的时候,大厅里一阵骚动,然后掌声四起,我立即意识到,等待多时的贵宾到了!果然,希拉克笑容可掬地出现在人们面前。他的到来使全场气氛骤然热烈起来。

身着深灰色西装的希拉克在领口上打了一条深蓝色针织领带,这种宽度较窄的针织领带是巴黎人在办公室工作时较为常见的服饰。显然希拉克是从马提翁总理府暂时摆脱繁忙的公务匆匆前来赴会的。走进招待会大厅的希拉克兴致勃勃地与人们握手交谈、互致问候。我认为应立即抓住机会作一次即兴采访,于是一边慢慢向希拉克靠近,一边思索着如何向他提出采访要求。正在这个时候,希拉克与一位朋友交谈完毕,回过身来,正巧与我打了个照面。机敏的希拉克发现了我手中的微型录音机,立即猜出我的职业,没等我开口,已经摆出了接受采访的姿态。真没有想到,对一位仰慕已久的政治家的采访就这样开始了。

当时正值中国国家主席李先念正式访问法国的前夕,话题自然涉及这次访问的意义,希拉克对着我手中的录音机侃侃而谈。他说,法国政府十分重视中国国家主席李先念的这次国事访问,因为这是法中两国自1964年建立大使级外交关系以来,法国接待的第一位中国国家元首。他认为,这次访问必将对两国友好合作关系的进一步发展产生重要影响。说到1964年的法中建交,希拉克对当时法国总统的戴高乐将军和中国领导人毛泽东和周恩来为推动两国关系发展所做出的果敢决策表示深深的敬意。希拉克动情地说,他将遵循戴高乐将军所开创的事业,把法中友好关系继续推向前进。在采访中,希拉克说了很多祝愿法中友谊不断发展的话,给我印象最深的一句话是:"希望法中经贸合作能像两国之间的政治关系那样好。"希拉克作为有远见的政治家对两国全面合作寄予深切期望。现在回顾中法合作关系的不断发展历程可以看出,两国传统友好关系的全面发展不能不说与希拉克长期以来的大力推动和支持有着直接的关系。

希拉克的"中国情结"

就是在这次国庆招待会上,我还看到了希拉克与正在法国访问的邓小平同志的女儿邓林会面的亲切场面。邓林是中国知名画家,而希拉克是东方艺术的知音,两人交谈甚欢。其间,服务人员端来了烤羊肉串请客人品尝,希拉克有"美食家"的美誉,见到中国特色的食品十分兴奋,他向身旁的科研部长拉瓦德介绍这种中国新疆风味小吃,并拿过一串递给拉瓦德,接着自己也拿起一串有滋有味地品尝起来。中国的风味小吃更助谈兴,希拉克同邓林一边吃一边继续交流起艺术上的见解。两人的高谈阔论引起周围人的兴趣,很多人围拢过来,驻足倾听,希拉克对东方艺术的谙熟程度令在场的人大为叹服。

希拉克对亚洲艺术的偏爱在法国早已传为美谈。希拉克曾透露,巴黎的吉美博物馆是他年轻时最爱参观的地方。吉美博物馆是巴黎专门陈列亚洲文化艺术品的博物馆,该馆馆长德罗什也说过:"希拉克经常来馆参观,他酷爱中国古代文物。"希拉克曾说,他对秦始皇修建万里长城、建立中央集权制度、统一语言和度量衡等十分感兴趣。1978年,中国考古工作者在西安进行兵马俑挖掘工作时,希拉克兴致勃勃地前来实地参观考察,回国后写了有关研究文章。

希拉克与另一位中国画家交往的故事也为人们津津乐道。中国画家李延声在阅读《希拉克传》中译本时,对其中一段尤为感叹,书中说:"希拉克始终对亚洲着迷。他最崇拜中国诗人杜甫,尤其喜爱他的《望岳》:'岱宗夫何如?齐鲁青未了。造化钟神秀,阴阳割昏晓。荡胸生层云,决眦入归鸟。会当凌绝顶,一览众山小。'"此后,李延声便以杜诗的意境创作了一幅《望岳图》,并托人转赠希拉克。1996年初,画家意外地接到希拉克签名的来函,信中写道:"先生深知我对亚洲文明尤其是中国文化的热爱,中国文化始终令我心驰神往,并能使我常有所悟。请允许我再次表达对您的作品的欣赏,对像您这样富有才华的现代艺术家天才的仰慕。"1997年5月希拉克总统访问中国时特地在北京设宴招待中国文化名流,李延声也是座上宾。李延声当场为总统和夫人作人像素描,赢得法国贵宾们的赞誉。希拉克与这位中国画家的交往成为中法关系史上的一段佳话。

希拉克对中国历史文化情有独钟,这和他以政治家的眼光来审视法国与中国之间的战略关系分不开。当年，戴高乐将军不顾美国的强烈反对，在西方各国中率先做出了同中华人民共和国建立大使级外交关系的重大决定。希拉克作为戴高乐主义的继承人，始终对发展同中国的友好关系给予高度重视，他同中国领导人保持着良好的个人关系。20世纪70年代，他作为法国政府总理在巴黎接待过当时任国务院副总理的邓小平。1988年希拉克在会见一个中国代表团时表示："中国正在邓小平先生领导的现代化道路上前进，以无比的智慧和决心迎接未来。我有幸结识邓小平先生，我对他充满钦佩、尊重和友好之情。"

巴黎欢迎北京青年

希拉克不仅对中国领导人满怀敬意，而且对普通的中国人也十分友好。1988年秋，北京市青年代表团访问巴黎，代表团成员都是来自基层单位的年轻人，像小学教师、工人、售货员、交通民警等。这些青年是作为巴黎市长希拉克的客人前来访问的。巴黎市政厅为这次访问做了精心安排，市政府新闻官员还特意向我征求这次接待安排的意见，并关照务必对希拉克市长的会见活动予以充分报道，原因是希拉克十分喜爱青年人，而且这次活动具有展现两国传统友谊和未来前景的象征意义。在代表团访问即将结束的那天下午，希拉克在巴黎市政厅与来自北京的年轻朋友们会面。会面开始时，年轻的客人们似乎有些拘束。担任翻译的一位来自北京旅行社的小伙子，他平时做导游时法文相当流利，可到了这个庄重场合由于紧张显得有些力不从心。希拉克似乎看出了年轻人的窘态，回过头来微笑着说："我说了那么多，中文一句话就解决了问题。看来中文比法文简练多了！"希拉克这个善意的调侃引起全场的笑声，把场内拘谨的空气一扫而光，也给难堪的翻译小伙儿解了围。

讲话后，希拉克和40多位客人一一握手，询问每个人的职业，并不时插上几句说笑。如与一位担任民警的青年握手时，希拉克高声说："巴黎的治安情况不好，正需要你来呢！"接着，他看到一位女团员身着红色毛衣和蓝色外套时，又风趣地说："你的衣服红、蓝两色，这可是巴黎市市旗的颜色。"他的话引起一片笑声。我立刻按动手中相机的快门，把这动人的一幕记录下来，这张新闻照片第二天刊登在《人民日报》上。

爱丽舍宫的中国贵宾

1996年我再次来到法国担任常驻记者。此时，希拉克已经成为法兰西共和国总统。希拉克作为一国之尊，日理万机，公务繁忙的程度可想而知。但是，常驻法国的中国记者还是"得天独厚"，经常有与他见面的机会。原因是中法关系日趋密切，希拉克总统在爱丽舍宫时常接待中国高级代表团，参加有关中国的大型活动。

1996年4月李鹏总理正式访问法国，这是希拉克第一次以总统的身份接待中国贵宾来访，我和其他各国记者一起蜂拥在爱丽舍宫正门石阶的一侧。希拉克伫立在台阶上等候中国客人的到来。李鹏乘坐的贵宾车抵达时，希拉克快步走下台阶，与李鹏紧紧握手，并亲切地说："我是中国的老朋友，我很钦佩中国古老的文明史。"随后，两人进入宫内出席两国关于新型民用客机合作项目协议的签字仪式。当天中午，李鹏总理再次来到爱丽舍宫出席希拉克总统的欢迎宴会，希拉克依然站在门口的石阶上等候中国客人的到来。当李鹏下车与希拉克再次相见时，希拉克诚恳地对李鹏说："我对你的欢迎绝不是外交辞令，而是发自内心的真实感情。"在场的法国记者议论说，希拉克在总统府门口两次迎候和接待中国总理，这在爱丽舍宫的礼宾规格上是破例的。

1997年3月乔石委员长访问法国，希拉克在爱丽舍宫亲切地接待了这位老朋友。10年前乔石曾以副总理的身份陪同李先念主席访问过法国，结识了当时担任政府总理兼巴黎市长的希拉克。这一次故友重逢，分外亲切，乔石握着希拉克的手说："你一点也没有变，和10年前一样壮实。"希拉克愉快地回答说："你也没有变呀！"两人谈笑风生地走进会见厅。会见中，希拉克回忆起1978年和1991年两次访华的情景，激动地说："我每次到中国都感到十分惬意、十分高兴。"作为记者，我有幸采访了这两次相隔10年的访问，看到希拉克本人对培育中法两国友好关系所给予的热情和关注。

不久，中国记者在第42届巴黎国际航空航天博览会的中国展台前再次见到希拉克。开幕式那天，希拉克为博览会开幕剪彩后在中央展厅参观，参观中他特别来到中国展台。展台上竖立着5个两米多高的长征运载火箭系列的模型，乳白色箭体上鲜艳的五星红旗图案和蓝色的"中国航天"几个大字格外耀眼。展台负责人向希拉克介绍了这5枚火箭中的4枚,即曾经发射过"东方红三号"卫星的长征三号甲型火箭、成功发射了澳大利亚三号卫星的长征三号捆绑火箭、即将发射菲律宾"马部海"卫星的长征三号乙型火箭和将为美国摩托罗拉公司发射"铱星"的长征二号丙型火箭。希拉克饶有兴致地听完后似乎意犹未尽,他指着剩下的那一枚火箭发问:"那是什么型号?"展台负责人补充说,那是几年前发射过"风云一号"气象卫星的长征四号火箭。希拉克这才满意地点了点头。他的详细询问超出了原定参观的时间,随行的助手不时地靠近他给予提醒,但希拉克并未理会,继续与中国人员亲切交谈。中国驻法国大使蔡方柏事后对记者说,自1985年中国首次参加巴黎航展以来,这是法国总统第一次到中国展台参观。

江泽民做客碧蒂古堡

1999年10月,中国国家主席江泽民对法国进行了为期5天的国事访问。这次访问显示了中法两国在发展全面伙伴关系方面呈现的良好势头。江泽民主席1994年9月曾对法国进行过正式访问,时隔5年之后,江泽民再次对法国进行访问,为此,在希拉克总统的特别关照下,法国政府做了精心安排和破格接待。里昂是法国第二大城市,又和中国有着多方面的交往和联系,里昂是古代丝绸之路抵达西欧的重镇,也是中国丝绸产品在欧洲的一个集散中心;教育则是里昂与中国密切相连的另一个领域,周恩来、邓小平、陈毅等老一辈中国无产阶级革命家曾在这里逗留。因此,江主席访问法国的首站便选择了里昂。希拉克总统亲临里昂与江泽民会面,而且在远近驰名的"玫瑰塔"餐馆款待中国贵宾。里昂是法国有名的膳食之都,风味餐饮别具一格,希拉克亲点了块菇炖肉肠和野蘑烤乳羊两道名贵佳肴,以1989年产的贡洛浮葡萄酒佐餐。双方在这个工作午餐会上就如何加强经贸合作进行了磋商。

接着,热情好客的希拉克总统夫妇盛情邀请江泽民主席夫妇在他们的家乡科雷兹的碧蒂古堡共度了一个愉快的周末。碧蒂古堡是一个远离巴黎、鲜为人知的偏僻地方,江泽民是希拉克在这里接待的第一位外国元首,故此法方专门对贵宾下榻的房间进行了装修,增加了卫生设备和暖气;希拉克还特别从巴黎请来了一位中餐厨师准备周末的家宴。深谙中国文化的希拉克引用了中国诗人杜甫《客至》的两句诗来表达自己的心情:"花径不曾缘客扫,蓬门今始为君开。"当晚,两位领导人促膝长谈直至深夜。第二天清晨，希拉克陪同江泽民参观了当地一个工艺品收藏馆。参观接近尾声时，两位当地的音乐家代表科雷兹人将一架手风琴赠送给江泽民。科雷兹官员说，赠送江主席的这架手风琴是科雷兹人对中国和中国人民真挚友谊的象征。这时，一名男青年演奏起一支华尔兹舞曲，这支舞曲是由当地音乐家根据中国乐曲改编的，命名为"中国华尔兹"。在欢快的乐曲声中，江泽民走到希拉克夫人面前，邀请她一起跳舞。娴熟、优雅的舞步引起在场几十位中法宾客的阵阵掌声。我事后了解到，主人安排的科雷兹之行虽然是"家庭的和非正式的"，但是，双方交谈的内容却涉及了重大的国际热点问题和世界战略问题。

后来，两位领导人在巴黎举行的联合记者招待会上都表示对这种深入和无拘束的私人会晤感到满意。记者问希拉克："总统先生与中国主席先后共同进餐多达5次，双方会晤时间超过了15个小时，这种超出寻常的接待究竟意味着什么？"希拉克不假思索地回答说："法国与中国都是世界上有影响的大国，都主张建立多极化的世界，我们应当有一个良好的氛围来进行对话，我们越是相互了解，越能够推动两国关系的发展和对世界和平的影响。"江泽民也做了回答，他强调说，这是他"与外国元首第一次做这样长时间、推心置腹的交谈"，"世界各国之间相互了解并不够，因此有必要促进领导人之间的交流，要有一个 face to face talking（面对面交谈）"。他满意地说："这次我与希拉克总统充分做到了这一点。"

2000年秋，希拉克总统访问中国，这是对江泽民主席访问法国的回访，两位领导人有机会在北京就加强双边合作以及国际热点问题再次进行磋商。令媒体关注的是，江泽民在扬州接待了希拉克。两位领导人分别在自己的家乡接待对方，加深了领导人之间的友情，成为中法友好关系史上的一段佳话。

希拉克三次接待胡锦涛

在我结束在法国的任期之前还有机会参加了当时担任国家副主席的胡锦涛对法国进行访问的新闻报道工作，再一次感受到希拉克总统与中国领导人的友情和对法中关系的重视。这次访问最先是由希拉克本人提议的，他曾亲自写信给江泽民主席，邀请胡锦涛副主席访法，以加强两国之间的高级磋商。这次访问安排在

2001年11月进行，胡锦涛抵达巴黎后立即与希拉克举行了会谈，会谈之后希拉克在总统府设宴款待胡锦涛。当时，阿富汗危机引起了国际社会的强烈关注，因此双方就阿富汗危机和其他一些重大国际问题以及中法双边关系进行了深入磋商。希拉克第二天将前往华盛顿和纽约与美国总统布什和联合国秘书长安南讨论阿富汗问题，希拉克认为，在前往美国讨论阿富汗局势的前夕，与胡锦涛的会谈"十分有必要"。胡锦涛在会谈中强调了中法之间在阿富汗问题上的观点是一致的，中国十分重视联合国应当发挥的作用。

胡锦涛在巴黎停留的时间很短，而法国政界人士都希望与他会面，结识这位即将出任国家主席的中国新一代领导人，因此，有幸被安排与胡锦涛会面的人都早早来到他下榻的宾馆"排队"等候。当时的法国外长韦德里纳在会见胡锦涛后从客厅里走出来，正好看到我在门口，由于此前多次接受过采访，他知道我是新华社记者，于是他马上走过来畅谈了自己的感想。韦德里纳说，他与中国副主席就阿富汗问题、中东问题以及打击恐怖主义问题交换了意见。他认为，法中之间在阿富汗问题上的观点"相当一致"，在打击恐怖主义问题上需要国际合作特别是中法合作，因为中国和法国都是联合国安理会常任理事国，而中国在国际舞台上的作用也日益增强。他特别强调，法中之间的这种合作将是"深刻的和持久的"。

半年多之后，即2002年6月，希拉克与胡锦涛再一次在法国会面。这一次，胡锦涛是以中华人民共和国主席的身份参加在法国东部小城埃维昂举行的南北领导人非正式会议。2004年1月，胡锦涛主席正式访问法国，并出席中法建交40周年的纪念活动。从2001年11月到2004年1月这两年多时间内，胡锦涛三次来到法国，与希拉克总统会晤，这反映了中法两国关系蓬勃发展的良好势头和美好前景。由于2002年4月我已离任回国，没有机会参加这两次重要外交活动的新闻报道工作，对于我个人而言，这的确是非常遗憾的事情。

我在巴黎担任记者的11年，见证了中法关系发展的许多重要和美好的时刻。这是我职业生涯中最富华彩的部分，对此，我感到十分的荣幸和欣慰。

（编辑：彭姝祎）

中法战略伙伴关系的基础及新形势下新型中法关系的构建

王 毅[*]

中法两国相隔万里,在社会政治制度、人文、价值观念、宗教等许多方面存在差异,也有相似之处——都拥有悠久的历史、灿烂的文化、光荣的过去和对未来的梦想;都富有创造性和艺术天才;两国的美食享誉全球。从历史到今天,促使中法关系发展到全面战略伙伴关系并对国际关系产生重大和深远影响的,不单单是双方历史文化交往的积淀,更重要的是两国在战略共识上拥有的相互呼应的共同语言。这些共性和特性,无论过去还是现在,都在两国关系中发挥着重要作用。

一 战略共识:中法战略伙伴关系的基石

第一,两国彼此在历史文化以及政治上的心存好感超越了制度差异。

1698 年,法国传教士白晋、马若瑟、巴多明、雷孝思等 10 人受国王路易十四派遣乘"昂菲特里特"号商船远航中国,这是历史上第一艘法国开往中国的商船。1702 年,福建莆田人黄嘉略远渡重洋,定居巴黎,向法国人传授汉学,被路易十四任命为国王的中文翻译,成为到西方传播中国文明的第一位中国人。据不完全统计,17~18 世纪到过法国的中国人有近 40 人。西方传教士和中国使者所传播的西学和东学,对推动当时的社会进步产生了积极影响。法国掀起

---

[*] 王毅,中国国际问题研究所全球治理研究中心主任、欧洲研究部前主任、驻法国使馆政务参赞。

"中国热"，东方文明影响了大批法国哲学家和思想家。孟德斯鸠、伏尔泰、卢梭、狄德罗这些法国启蒙运动的领袖，十分关注中国，从中国的历史和现实中探索可供法国借鉴和引以为戒的东西。伏尔泰曾自诩为中国儒教祖师爷孔子的"弟子"，在自己的房间里挂上孔子的画像。当时，法国正在寻求一种能促使社会进步、人类幸福的宗教观、道德观和政治体制。伏尔泰从孔子重现世、重人事的儒家思想中汲取营养，丰富他的人本主义思想。他在近 80 部作品、200 封书信中提到过中国，热情讴歌中国悠久的历史、古老的文明，反驳了欧洲中心论。通过这些启蒙的研究和评述，中国对"18 世纪法国的巨大变革产生了不容忽视的作用"。① 19 世纪末到 20 世纪初，中国资产阶级的改良派和革命派都对法国资产阶级大革命进行了深入研究，他们就振兴中华的宗旨、方向、道路、方式展开激烈争论，探讨法国大革命的经验及其对中国的意义。革命派代表人物邹容在《革命军》中提出要"执卢梭诸大哲宝幡，以招展于我神州土"。② 1918 年中国杰出的马克思主义者李大钊在他的《法俄革命之比较观》中赞扬法国大革命"岂惟法人，19 世纪全世界之文明如政治或社会之组织等，罔不胚胎于法兰西革命血潮之中"。③ 而翻译家辜鸿铭则是这样评价中法两国民众的相似性的："在我看来，似乎只有法国人最能理解真正的中国人和中国文明，固然，法国人既没有德国人天然的深沉，也不如美国人心胸博大和英国人心地纯朴，——但是法国人却拥有一种非凡的，为上述诸民族通常来说所缺乏的精神特质，那就是'灵敏'（delicacy）。中国人和中国文明的特征，除了深沉、博大和纯朴之外，还应补上最重要的一条，就是灵敏。"④

1919 年五四运动爆发后，大批中国进步青年跋山涉水到法国勤工俭学。周恩来、邓小平、陈毅、聂荣臻、王若飞、李立三、徐特立等一大批有为青年在那里接受了马列主义，建立起革命组织——旅欧共产主义组织，走上了革命道路。

1949 年中华人民共和国成立后，中法两国政治制度不同，一个是老牌的资本主义大国，另一个是新兴的社会主义大国，但制度的不同没有妨碍两国在政治

---

① 许明龙主编《中西文化交流先驱》，东方出版社，1993，第 298 页。
② 张枬、王忍之编《辛亥革命前十年间时论选集》第 1 卷下册，生活·读书·新知三联书店，1960，第 652 页。
③ 《李大钊文集》，人民出版社，1959，第 101 页。
④ 辜鸿铭：《中国人的精神》，海南出版社，1996，第 5、6 页。

价值上的趋同性。早在20世纪50年代末60年代初，中法两国不满美苏对东西方阵营的操纵与控制，就在各自所属的阵营内"大闹天宫"，成了两个"孙行者"。戴高乐奉行独立自主的外交政策，毛泽东提出"独立自主、自力更生"的基本国策；法国在1960年引爆了第一个原子装置，中国在1964年研制成第一枚原子弹。1963年8月美、苏、英在莫斯科达成《部分禁止核试验条约》，中法都没有在条约上签字。正如周恩来总理向来华谈判建交的法国代表富尔所说的，法国没有在《部分禁止核试验条约》上签字，中国也反对这个条约。双方事先并未交换过意见，但表现出来的行动却是一致的，因为中法两国都要维护自己的独立和主权，不愿受任何外国的干涉和侵犯，不允许几个大国垄断国际事务。

1964年1月27日，中法宣布了建立外交关系的联合公报。法国成为西方大国中第一个同中华人民共和国建交的国家。对于中国来说，中法建交打开了中国同西方国家关系的缺口，打破了国际上反华势力企图制造"两个中国"的阴谋。对于法国来说，法国实现了戴高乐将军反对美苏主宰世界，追求法国自主独立大国地位的战略目标。

冷战时期，中法两国看重的是政治战略。法国认为，中国是正在兴起的多极世界的一极，是个潜在的大国，法国期望借重中国提高其同美苏打交道的地位。同时法国要在第三世界，特别是东南亚地区发挥作用，需要同中国协调。在中国看来，法国是西方具有重要影响力的国家，革命的摇篮。西欧独立自主、联合自强的发展，说明西方世界"不是铁板一块"，发展同法国的关系符合20世纪60年代抗衡美苏的"第二中间地带"理论，以及20世纪70年代侧重抗苏的"一条线"战略。在反对霸权主义、维护世界和平的斗争中，中国需要同法国密切配合、相互支持。两国领导人都怀有"大国情结"，一个要"振兴中华民族"，"屹立于世界民族之林"，另一个要"传播自由思想，做人类的旗手"。[①] 为此，20世纪五六十年代，中法各自提出了独立自主、平等自由作为本国的基本国策，以竭力摆脱在不同的阵营中所处的某种"从属地位"，抗衡美苏霸权主义行径和主宰世界的企图。毛泽东在1964年1月会见法国议会代表团时说，在我们之间有两个根本的共同点，一是不许有哪一个大国在我们头上拉屎拉尿，不管资本主义大国也好，社会主义大国也好，谁要控制我们，反对我们，我们是不允许的；

---

① Charles de Gaulle, *Mémoires d'espoir*, Vol. 1, Paris: Plon, 1970, p. 201.

二是两国在经济上和文化上加强来往。① 戴高乐认为法国奉行抗美的独立外交，大大提高了法国的国际地位。他得意地说："对外国舆论来说，我国突然成了国际舞台上的一个主角了，人们再也不把它当作一个跑龙套的了。"②

到了20世纪80年代末90年代初，世界形势发生剧变。冷战结束，苏联解体，德国迅速统一。摆脱了两极格局的中法两国失去了在两极格局下取得的回旋余地，中、美、苏三角关系不复存在，法国失去借助"雅尔塔格局"和德国分裂所取得的政治优势。在新旧格局转变之际，各国对外政策，包括法国对华政策都处于摸索和调整中。法国认为，二战后一直为法国所反对的"雅尔塔体制"分崩离析，这样一来曾被视作借中国抗衡美苏，提高法国大国地位的目标已不复存在。相反，西方价值观在东欧、原苏联地区的得势，使法国一部分人确信西方价值观同样适用于中国。因此，社会党政府把意识形态领域上的分歧带到两国关系中，推行"人权外交"，在售台武器、人权、西藏等问题上对中国说三道四，致使两国关系出现倒退。然而在复杂多变的国际形势面前，中法都迫切需要恢复传统关系。1994年1月两国发表联合公报，法国政府承诺今后不再出售武器武装台湾。在解决了售台武器问题之后，两国关系得到迅速改善。

第二，两国奉行相似的独立自主对外政策。

独立自主的外交政策是中华人民共和国缔造者毛泽东和法兰西第五共和国缔造者戴高乐的立国之本，是毛泽东思想和戴高乐主义的重要理论基础，也是迄今为止中法两国对外政策的准绳。

虽然国际形势不断变化，但在历届领导人的对外政策中，始终坚持和发展了独立自主的外交政策。毛泽东时期是在结盟形式下坚持独立自主，先是"一边倒"战略（以对苏联关系的亲疏画线），后是"一条线"战略（中国与美国等国家一起反对苏联的霸权政策）。邓小平独立自主政策的特点则是：不结盟，不孤立，不对抗，不针对第三国，全方位进行外交活动，其核心是不结盟。他在1985年6月说："我们奉行独立自主的正确的外交路线和对外政策，高举反对霸权主义、维护世界和平的旗帜，坚定地站在和平力量一边，谁搞霸权就反对谁，

---

① 《当代中国外交》，中国社会科学出版社，1987，第187、188页。
② Charles de Gaulle, *Mémoires d'espoir*, Vol. 2, Paris: Plon, 1970, p. 218.

谁搞战争就反对谁。"①

同样，独立、自主、平等一直是戴高乐继任者蓬皮杜、德斯坦、密特朗、希拉克等执政的精髓，尽管在不同时期有着不同的表现方式和打上左右派的烙印。戴高乐奉行独立外交称得上"光荣的独立"，多次对欧共体实行"空椅子"政策，称"一个国家一旦被一体化，换句话说就是等于国家的消亡"。② 1981 年左派社会党执政，结束了第五共和国长达 23 年右派掌权的局面，但密特朗明确表示，"我的政策继承了戴高乐将军的政策"。③ 他把民族独立列为法国对外政策应遵循的首要原则，称"就同世界上最强大的国家的关系而言，我们需要独立"。④ 密特朗奉行"第三世界主义"，既同美国抗衡，又反对苏联扩张，树立了有别于美苏的独立形象。1995 年右派再度执政后，希拉克总统加快实施以欧盟为依托，联合欧洲，反对美国一极主宰世界，推动世界多极化的外交战略。

第三，两国拥有相同的梦想：建立多极化、多样化的世界。

长期以来，中法两国在国际格局及世界体系的建设方面，有着一个共同的梦想，就是反对霸权主义和单极世界，推动世界多极化、多样化的发展。

戴高乐执政时期，正是世界格局由两极走向多极的时期，西欧、日本、中国迅速崛起。戴高乐认为强加于欧洲的两极格局同法国的"独立"政策和"大国"地位格格不入，率先倡导对东方的缓和政策，最主要的目标是打破"雅尔塔格局"。他说："为了建立一种代替冷战的秩序，如果有一个声音会使人听到，有一种行动能够卓有成效，那么，这显然是法国的声音和行动。"⑤ 20 世纪 70 年代，法国的"多极化"思想更加成熟、具体，把推动一个多种力量的均衡而又互相制约的多极世界作为法国外交政策的重要目标，德斯坦对世界格局的基本估计是："应该把世界看作分成若干大片地区的球体——有美国的一片，欧洲的一片，苏联的一片，中国的一片，等等。"⑥ "一个多极世界的降临有取代苏联和美

---

① 《邓小平文选》第 3 卷，人民出版社，1993，第 128 页。
② 雅克·夏普萨尔、阿兰·朗斯洛：《1940 年以来的法国政治生活》，上海译文出版社，1981，第 488、492 页。
③ 同《问题》周刊的谈话，1986 年 11 月 10 日。
④ 1983 年 4 月 21 日，访华前对中国驻巴黎记者的谈话。
⑤ Charles de Gaulle, *Mémoires d'espoir*, Vol. 1, Paris: Plon, 1970, p. 175.
⑥ 1974 年 8 月 22 日，德斯坦同《纽约时报》记者的谈话。

国组成的两极之势。"①

冷战结束后，随着国际社会对美国独霸世界"单极化"的忧虑增加，要求提升本国在国际格局中的地位和影响，推动国际关系民主化、世界多极化的呼声日益高涨。邓小平明确提出世界战略格局正在走向多极化，世界处在向多极化格局转换的过渡时期。苏联解体东欧剧变后，他指出，"旧的格局在改变中"，"新的格局还没有形成"，"所谓多极，中国算一极"。② 根据邓小平对世界形势发展的判断，中国确立了多极化外交战略。认为世界多极化，有利于建立公正合理的国际政治经济新秩序，实现世界的和平与安宁，有利于形成相对稳定的国际政治框架，促进各国在相互尊重独立、主权和平等互利基础上的交流与合作。③ 法国也在为建立一个多极世界摇旗呐喊，希拉克宣称"我国现在和将来都为一个多极世界而辩护，因为在任何社会都需要均衡和规则，这样才有利于各国的充分发展"，"欧洲应当成为未来均衡世界的主要极之一"。④ 法国的目标是"一个多极、和谐、团结的世界"。⑤

中法建交在当时的国际社会产生了重要反响。戴高乐在中法建交后的记者招待会上非常自信地说："法国承认中国只不过如实地承认世界，相信目前某些国家的政府迟早会效仿法国。"⑥ 中法建交打破了二战后美国对华的"遏制和孤立"政策，产生了多米诺效应，美国的盟国纷纷效仿法国，公开向美国敌视中国的政策叫板。1964年1月20日，加拿大总理皮尔森赶赴华盛顿，要求美国对法国承认中国做出回应，建议约翰逊不妨采取现实的态度，以"法国承认中国"为由，允许联合国接纳中华人民共和国。1月24日，日本政府宣布日本将同北京互设永久性贸易代办处。法、加、日三大盟国的相继发难在美国国内引起对华政策的大讨论。3月25日，美外交委员会主席富布莱特在参议院发表题为"旧神话与新现实"的讲话，批评美国对中国的僵化政策，说"新'现实'应该是没有真

---

① 1979年5月3日外长弗朗索瓦－蓬塞在法国国民议会的讲话。
② 《邓小平文选》第3卷，人民出版社，1993，第353页。
③ 时任中国国家副主席胡锦涛2001年11月5日在法国国际关系研究所发表题为"21世纪的中国与世界"的演讲，外交部网站：http://www.fmprc.gov.cn。
④ 希拉克2001年8月27日在法使节会议上的讲话，法《国防》杂志2001年第10期，第17页。
⑤ 希拉克2003年8月29日在使节会议上的讲话，法《国防》杂志2003年第10期，第16页。
⑥ 国际问题研究所，外交部网站：http://www.frnprc.gov.cn。《戴高乐言论集》，世界知识出版社，1964，第495页。

正意义上的"两个中国",而只有一个,那就是中国大陆,它正由中国共产党执政,而且会长期存在下去"。① 在这种局面下,约翰逊政府不得不审视"遏制和孤立"中国的政策,在1966年7月宣布了"遏制但不孤立"的对华政策。1969年尼克松作为美国新总统访问巴黎时一再表示,"戴高乐在美国改变对华政策上起了很大作用"。② 可以说,中法建交打破了美国的封锁,摆脱了苏联的控制,增加了各自在国际舞台上回旋的余地。

综上所述,自建交到1997年建立全面伙伴关系之时,中法两国拥有高度的战略共识,用法国前总统德斯坦的话来说,就是中法之间"共同性的东西是基本的。在许多情况下,两国做出同样的反应,寻求同样的解决办法,而且通过不同的途径得出同样的结论"。③ 中法都奉行独立自主的外交政策,都是联合国安理会常任理事国、都是中等核国家,两国之间不存在根本的利害冲突;都需要一个安全稳定的国际国内环境;都提倡未来世界格局发展的多极化与多样性,强化联合国权威;都在发展与美国关系的同时反对美国的霸权主义;都在寻求与自己利益最大化相配的现有或潜在的战略伙伴;都主张以"综合治理"(法国)、"和平发展"(中国)来确保和平环境与安全,都以发展经济而非军事实现联合(欧盟)与统一(中国)。

二 战略伙伴关系的建立及其战略影响

在上述共识的推动下,两国深感进一步深化合作和相互借重的战略需要。1997年两国决定建立全面伙伴关系,在发表的联合声明中明确承诺要"加强多极化",认为"当今世界处于深刻的变动之中,正在从原有的两极体制向多极化过渡",中法两国"作为联合国安理会常任理事国,对国际事务负有特殊责任,不断发展的中国和联合的欧洲将在新的多极格局中发挥重要作用"。2001年两国

---

① T. N. Schroth, et al. , China and U. S. Far East Policy, 1945 – 1967 (Washington, D. C. Congressional Quarterly Service), 1967, p. 136.
② 〔法〕让·贝利亚尔:《同理查德·尼克松的谈话》,载《戴高乐100周年诞辰国际研讨会文集》第1卷,巴黎普隆出版社,1991,第79页。
③ 德斯坦1975年5月13日在欢迎邓小平副总理晚宴上的讲话。张锡昌、周剑卿:《战后法国外交史》(1944~1992),世界知识出版社,1993,第396页。

开展战略对话，2004年在两国建交40周年之际，又决定将全面伙伴关系升格为全面战略伙伴关系。

中法全面战略伙伴关系的建立对两国及国际关系带来重大而深远的影响。

第一，两国关系战略性的内涵和外延不断扩大。

一是战略伙伴关系建立以来，无论国际风云如何变幻，各自国内政局如何变迁，两国领导人能够始终着眼世界全局，从战略高度看待和处理两国关系。在国际事务中，双方都珍视各自奉行的独立自主外交政策，都主张世界多极化和国际关系民主化，都有着在国际领域和战略层面进行协作的强烈愿望，并在朝核、伊朗核、中东、伊拉克、非洲、反海盗等许多重大国际问题上密切协调、紧密配合，致力于推动建设持久和平、共同繁荣的和谐世界。中法战略关系超越了意识形态和社会制度，成为不同社会制度国家开展"战略关系外交"的一个典范。法国前总统希拉克在执政的12年中，4次访华，3次与中国发表联合声明，与中国领导人建立了亲密的个人友谊和工作关系。希拉克在对华关系中采取了一系列果断和创新的举动——在西方国家领导人中率先提出在人权领域同中国"放弃对抗，主张对话"的建议，第一个公开反对"台独"和支持"一国两制"，第一个在欧洲公开呼吁并坚持推动解除欧盟对华军售禁令。

二是与其他国家外交关系的建立不同，中法关系的最大特点是一开始就建立在战略合作基础上，而不是建立在经贸往来和文化交流领域。因此它的起点较高，战略性、政治性合作远远超过其他领域的合作。2001年胡锦涛副主席在谈到两国关系的重要性时说，"法国是欧盟的重要成员，中法同为联合国安理会常任理事国，都对国际事务负有重大责任"。[①] 事实上，从1997年两国建立全面伙伴关系以来，全面伙伴的含义突出表现在政治战略领域，而非经贸领域。相反，法国由1997年中国与欧盟的第三大贸易伙伴国退至第五位（列德、英、荷、意之后），1997年以来两国贸易年均增加速度8.4%，低于欧盟对华贸易15.1%的年均增长率。十分有趣的现象是，中法贸易在中国与欧盟成员国贸易中的排位倒退时，两国政治战略合作却达到空前密切的程度，这说明中法两国的战略利益远

[①] 时任国家副主席胡锦涛2001年11月5日在法国国际关系研究所发表题为"21世纪的中国与世界"的演讲，参见外交部网站：http://www.fmprc.gov.cn。

远超过经济利益。① 伊拉克战争爆发后,法国带头向美国的单边主义发起"挑战",激起美国的强烈不满,美国频频向法国发难。在法国困难时期,胡锦涛主席决定接受希拉克的邀请,出席在法国举行的"8国集团"首脑非正式会谈。同样,在2003年中国"非典"(SARS)最严重之际,法国总理拉法兰如期访华,给予中国有力的支持。

三是在国际上发挥了带头和示范作用。在法国率先支持和推动下,中国相继加入世贸组织、出席"8国集团"与发展中国家领导人非正式对话会、参加国际热核聚变反应堆项目(ITER)与伽利略计划、成为国际互助捐税领导小组成员。在法国的带动下,欧盟在人权、台湾等问题上的立场明显改善。在中法战略关系的示范下,美、英、德、欧盟等纷纷与中国建立战略伙伴关系,开展战略对话,为中国开展"战略关系外交"打开了崭新局面。

第二,战略伙伴关系对双边关系全面发展起到积极促进作用。

建交以来,两国关系曾出现两次重大波折,但每次都化"危"为"机",关系得到进一步深化和提高。第一次是在1989年中国发生政治风波后,社会党政府大搞"人权外交",在人权、西藏、售台武器等问题上对中国施压,致使两国关系出现倒退。1994年1月两国发表联合公报,法国政府承诺今后不批准法国企业参与武装台湾。在解决了售台武器之后,两国关系迅速改善和发展。1995年希拉克表示希望法中两国的对话"能够在求同存异、相互尊重并承认对方价值的基础上继续深入进行下去……法中两国比以往任何时候都有必要加强合作,共同努力"。② 两国政府决定超越意识形态分歧(社会制度、人权)和短期经济利益(售台武器问题),建立全面伙伴关系。第二次发生在2008年,萨科齐将西藏问题与出席奥运会开幕式挂钩,并在年底会见达赖,致使中法关系再次面临严重困难。2009年4月中法发表新闻公报,法国重申坚持一个中国政策,拒绝支持任何形式的"西藏独立"。③ 此后两国关系得到改善且迅速升温,2010年胡锦涛主席访法期间,两国决定为双边关系注入新的活力,建设互信互利、成熟稳

---

① 王毅:《中法关系的战略三要素》,《国际问题研究》2004年第1期。
② 《人民日报》1995年4月5日。
③ 中法两国外交部共同发布的《中法新闻公报》,新华网北京2009年4月1日电,参见http://news.xinhuanet.com/newscenter/2009-04/01/content_11114363.htm。

定、面向全球的新型全面战略伙伴关系。①

在法国,"中国威胁论"和"中国机遇论"皆有之。但总体而言,法国对中国的前景看好,对与中国合作寄予厚望,"机遇论"大大盖过"威胁论"。近些年来,法国从上到下兴起"中国热"。战略伙伴关系起到了促进合作、弥合分歧、增信释疑的作用。通过对双方最关切的双边和重大国际问题坦诚交流,增信释疑,减少误判,促进战略合作,从而避免出现"战略意外",推动了两国关系的良性互动。

两国经贸、科技、教育、文化、青年、司法等领域的合作取得全面快速的发展。法国是中国在欧盟的第四大贸易伙伴,据中国海关统计,2011年双边贸易额520.8亿美元,截至2012年9月底,法国在华投资项目4419个,实际投资金额120.1亿美元。2011年中国对法非金融类直接投资金额1.6亿美元。中国在法留学生达3.8万人,法在华留学生约7600人。法国越来越成为中国游客出境游的首选国之一,2011年到访法国的中国游客超过100万人。此外,两国还在空客A320飞机总装线、P4实验室、直升机、小卫星平台、国际热核聚变反应堆项目(ITER)、核电、铁路等领域开展了富有成果的务实战略合作。

第三,中法倡导的多极化在国际上传导出"正能量",得到积极呼应。

中法是世界多极化的主要倡导者。在两国的努力下,国际上主张和支持多极化的力量不断壮大。早在2001年欧盟的《莱肯首脑会议宣言》中,欧盟就提出要在"一个新的、多极世界中把欧盟变成稳定因素和样板"。②中法在倡导多极化的同时,还积极推广和运用多边主义。中国主办的解决朝鲜半岛安全问题的"六方会谈"机制,以及由法德英牵头解决伊朗核问题的"六国会谈"机制,均是中法、中欧实践多边主义的成功案例。

"9·11"事件后,美单边势力上升,先后抛出了"邪恶轴心"论和"先发制人"论,意图借反恐建立以美国为主导的、打破现存的多边体系和国际法的条条框框,重新整合世界秩序。在新挑战面前,中法在捍卫多极化、强化联合国作用、维护全球战略平衡、打击恐怖主义等重大国际问题上的合作增强。2003

---

① 中法发表《中华人民共和国和法兰西共和国关于加强全面战略伙伴关系的联合声明》,新华网巴黎2010年11月4日电。参见 http://news.xinhuanet.com/world/2010 - 11/05/c_12742228.htm。

② 《莱肯首脑会议宣言》,欧盟网站,2001年12月18日。

年美国入侵伊拉克后，中、法等国密切磋商，在联合国安理会通过有关伊拉克问题的1441号决议中发挥重要作用。在伊拉克问题上，中国坚定地支持法、德、俄，挫败美、英在联合国通过对伊拉克动武提案的企图。正是有了中、法、俄等国坚持不懈地推动多极化进程，影响和带动国际社会敢于向美国的单边主义和霸权主义进行强有力的阻击，极大地遏制了单边势力的恶性膨胀。"世界事务不能只由一个超级大国控制而应由各国人民共同参与的原则，正逐渐成为国际社会的共识，得到越来越多国家的赞同和支持。中国和欧洲是国际上两支正在上升的政治和经济力量，在多极化进程中必将发挥越来越重要的作用。"[1]

三 对构建新型中法大国关系的思考

近年来，尤其是2008年全球金融危机以来，中国的综合实力和国际影响力空前提高。而在金融危机、欧债危机持续冲击下，法国经济、社会出现重重困难，保护主义势力抬头，内顾增强，这对法国外交及其影响力造成一定程度的负面影响，中法之间的综合实力对比发生了重大变化。同时，美国及全球主要力量将战略重点移向亚太地区，也使法国等欧洲国家产生失落感和被边缘化。随着中国实力的不断上升和战略利益的迅速外延，从马克思主义的历史唯物主义和科学发展观看，中国崛起不可避免地将与外部利益尤其是传统大国的战略利益发生碰撞。针对大国对中国猜忌心重的情况，中国需要重点做好增信释疑的工作，通过各个层次与领域的对话，尤其是高层往来、战略对话等形式，避免"战略误判"至关重要。在新形势、新挑战面前，中法全面战略伙伴关系如何进一步巩固和发展，值得深入思考。本文提出以下对策。

第一，中法关系虽面临新"拐点"，但双方曾经共有的理念未发生根本性变化。

法国在积极发展对华关系的同时，在战略上借助和抗衡中国的意图均在持续增强。从地缘政治经济利益出发，法国对中国的需要和倚重日益加强。与此同时，对中国崛起的疑虑增加，对中国的经济发展、贸易政策、中非合作、气候环

---

[1] 时任国家副主席胡锦涛2001年11月5日在法国国际关系研究所发表题为"21世纪的中国与世界"的演讲，参见外交部网站：http：//www.fmprc.gov.cn。

境、中东政策等问题批评有加。前总统萨科齐和现任总统奥朗德均在上任不久后对中国的贸易政策、汇率问题妄加指责,认为中国经济的竞争力很大程度上基于人民币被人为低估,基于大大低于国际劳工待遇标准的廉价劳动力,认为中国就是靠一些"非游戏规则"才在非洲成功排挤了西方的影响。2008 年萨科齐更是不顾中方反对,将西藏问题与奥运会挂钩,并坚持会见达赖。法国对中非合作热火朝天心怀不满和警觉,对贸易问题倍感压力,在气候环境问题上对中国忧虑加深。奥朗德刚刚结束访华后不久,即在欧盟内逆势而动,法国成为欧盟少数几个支持对中国光伏产品实施"双反"调查的国家之一。法国贸易保护主义增强,中法利益的冲突点不断增多。法国内部对中国进行制约和规范的声音增大,致使决策层对华政策稳定性有所下降,摇摆性、两面性增强。可见,包括法国在内的西方国家对中国"两面下注",实施"合作+遏制"战略,一面公开欢迎中国发展崛起,一面又利用一切可乘之机,对中国进行牵制,迟滞中国崛起进程。中法关系面临的挑战不容忽视。

但同时也应看到,作为联结两国关系的"黏合剂"——战略共识和共同追求,并没有因为形势的变化而发生根本改变。中共十八大报告重申坚定奉行独立自主的和平外交政策,以一个世界体系中负责任的成员积极参与世界事务的处理,谋求建立更加平等均衡的新型全球发展伙伴关系。①

法国方面,戴高乐主义始终是历届政府对外政策的基本思想。从冷战时期的反对美苏共同主导世界,到当下继续倡导多极世界和多边主义,反对单极世界谋取霸权。萨科齐执政时期提出的"相对大国"论②实际上是法国历来所主张的多极世界的翻版,认为只有依靠其"独立"外交,才能以一个中等强国的身份跻身世界大国政治外交舞台。萨科齐重视并善于发挥外交的创造性和独特性,从积极调解俄格冲突到猛烈抨击美国金融资本主义,再到率先攻打利比亚,都反映出

---

① 《十八大报告辅导读本》,人民出版社,2012,第 47、48 页。
② 主要内容是:认为国际格局面临复杂而深刻的变化,世界将进入持续三四十年"相对大国"时代。以美国或西方霸权为主的单极体系,无论是在力量还是在合法性方面都不为世界其他地区所接受,21 世纪不是美国或西方的世纪,西方难以通过宣扬与推行自身和平与自由模式来掌控世界。当前世界面临气候变化、宗教因素上升、新兴大国崛起的三大挑战。法国须同世界各国对话,尤其是通过力量趋于相对平衡的大国间的共治,以务实态度寻求化解危机与实现和平。参见 http://www.elysee.fr/president/les-actualites/discours/2008/voeux-au-corps-diplomatique.6883.html?search=relativement&xtmc=puissance_relative&xcr=1。

萨科齐标新立异、特立独行的思维方式和处事方式。萨科齐上台后不久就发表讲话，称"法国要发挥大国作用，就必须在所有重大地区和国际问题上提出独特的解决办法，以扭转近年来法国在欧盟、国际上影响力不断下降的趋势"。① 在2008年1月18日举行的外交使团团拜会上，萨科齐在讲话中脱稿引用了中国和谐发展的提法，表明他高度重视对华关系，重视对中国治理世界理念的研究，正视中国迅速跻身大国行列的现实。

现任总统奥朗德执政后，对美国、德国等传统盟友由过于倚重转为保持相对的"独立性"。奥朗德表示要继续保持世界级大国地位，外交的独立性"才使法国在世界变得珍贵"。② 奥朗德虽重视发展跨大西洋关系，但明显采取了与前任不同的对美政策。他在上台伊始即确定了从阿富汗撤出全部军队的时间表。奥朗德还表示法国将继续留在北约，但是"有条件的"，尤其对美国在欧洲部署反导弹系统持保留态度。法国对即将进行的欧美自贸区协定谈判态度消极，担心一旦达成协定，将对农业、知识产权尤其是音像产品造成强烈冲击。在欧盟内部，法国恢复了"行动自由"，由倚重法德轴心转为平衡与各成员国的关系，法德热度锐减。奥朗德表示要"重新调整"欧盟发展方向，提出与德国紧缩政策截然相反的"促进经济增长战略"，法德轴心固然重要，但不应"垄断"。

可见，尽管国际形势及法国政坛发生了调整，但法国继续坚持外交独立和倡导国际政治格局的多极化。法国意识到，只有在多极世界和多边主义的国际环境下，才能发挥应有的作用。新兴大国的崛起，预示着国际地缘政治经济格局将发生新的重大变化。因此法国高度重视与中国的战略伙伴关系，通过借助多极力量实现大国关系的平衡。

第二，两国战略上相互借重、相互需求的愿望继续增强。

两国关系在内部调整和历史机遇面前进入一个新起点，既面临前所未有的机遇，也面临前所未有的挑战。双方都对战略、政治、外交、经贸、科技、教育、文化等各方面的合作提出了更高的要求和期待。

对于中国而言，高速发展中产生的各种问题亟待解决，外部环境更加错综复

---

① 萨科齐2007年8月27日在法国第15届驻外使节会议上的讲话，参见法国总统府网站。
② 奥朗德2012年8月27日在第20届法国使节会议上的讲话，http://www.elysee.fr/president/les-actualites/discours/2012/discours-de-m-le-president-de-la-republique.13809.html。

杂，负面因素增多。中国改革发展正处于关键时期，进一步巩固和发展对外关系是统筹好国内国际两个大局，维护健康稳定的外部环境，维护和延长战略机遇期的战略重点。对于法国而言，法国对中国在国际、地区热点、多边外交、经贸合作等方面的需求和借重呈上升趋势，加强对华战略借重与合作始终是法国对华政策的主流。

法国社会党2012年5月赢得总统大选，左派在阔别政坛17年后再度执政，并且高度重视发展中法关系。奥朗德提出与中国建立"稳定的、可持续的、可预见性的法中关系"。他上台后第一个会见的驻外使节是中国大使孔泉，任命知华派人物燕保罗为总统外事顾问，一年内两次派外长法比尤斯访华。2012年4月25~26日，奥朗德对中国进行了首次国事访问，他也是中国新一届领导集体执政后接待的首位西方大国元首，双方新领导人均对此次访问给予高度重视。如同双方发表的《中法联合新闻公报》中所述，"中法关系至关重要，是两个不同社会制度和文化传统国家间和平共处、互利合作、共同发展的典范"。[1] 奥朗德首访虽然只有短短的40个小时，却取得了超过预期的成果。

一是进一步明确了战略伙伴的内涵与方向。两国元首强调了双方战略关系优先的性质，是对两国战略互信的一次提升。中法作为不同政治制度的大国和发达国家、新兴国家的代表，在双方拥有较多共同语言的基础上，今后将在国际体系和秩序方面共同探讨多极化进程、多样化发展，共同推进国际政治和经济金融体系的改革，并就各自关切的国际和地区热点问题进行磋商。

二是寻求建立新型的经贸伙伴关系。原因在于：其一是时机有利。当前中法两国宏观经济政策对接，都处于深化改革、加快推动经济转型的关键时期。中国实施扩大内需、增加进口，以及企业"走出去"战略；奥朗德提出"外交为经济服务"的"经济外交"战略。其二是传统合作领域基础扎实。两国民用核能、航空、高铁、汽车等领域的合作少则已十几年，最长者则达30年之久（核能），法国的奢侈品和葡萄酒深受中国民众喜爱。其三是新合作领域"互补性"强。法国在食品安全、医疗卫生、环境保护、可持续发展、城镇化建设等领域具备起步早、技术新的优势，恰恰弥补了中国在这些领域发展中的不足；中国外汇储备

---

[1] 《中法联合新闻公报》，2013年4月25日，参见http://www.mfa.gov.cn/mfa_chn/zyxw_602251/t1035376.shtml。

充足，积极推行对外投资和企业"走出去"战略，正好能解决法国和欧洲应对主权债务困难、吸引投资、增加就业的燃眉之急。

三是充分体现合作的全面性。中方对法方的"经济外交"给予积极回应，签署科技创新、环保、城市可持续发展、文化、旅游、核能、电力、航空、金融保险、食品和食品安全等领域的十余项合作文件，其中有中方订购60架空客飞机的意向协议，在先进反应堆研发、核燃料及经验共享、核电站运维及性能提升等方面加强长期合作协议，决定建立高级别经济财金对话机制，扩大在铁路、现代农业、工业节能、新能源、城市可持续发展、卫生和数字化领域的合作。在人文方面，双方确认将深化在文化、教育、卫生、旅游等领域的合作。

第三，探索建立新型大国关系的基本要素。

在时代变革面前，中法关系亟待知难而上，增信释疑，不断巩固、加强双边战略关系的政治、经济、社会、文化和民意基础，挖掘两国各方面交流的新领域、新亮点，共营具有时代特征的新型大国关系。在建立双边新型大国关系中，应着重把握以下三个基本要素。

一是尊重彼此重大和战略利益。针对当前中法关系进入新时期以来的新形势、新特点和新问题，中法关系处在新的起点上。中法作为制度不同、发展水平不同的发展中国家和发达国家，需超越意识形态和社会制度的差异，维系和强化来之不易的战略共识，强调不同制度间的共性与共同利益，尊重对方的战略利益和核心利益，冷静、客观、理性地处理好各种敏感问题。中方应对法方对其周边如非洲、中东的安全关切予以重视，法方也应对中方在周边、南海问题上的政策给予理解支持。通过对话合作寻求互利共赢，避免局部竞争和摩擦对两国整体利益造成伤害。2013年，奥朗德在会见中国企业家代表团时表示，在中欧、中法光伏产品和葡萄酒争端问题上，法方支持通过谈判和在缓和的气氛中加以解决。[①] 只要双方能妥善应对，着眼长远，寻求共同利益的最大化，化解矛盾与困难，使之最小化，中法关系就能克服当前的摩擦与障碍，迎来战略合作的新阶段。

---

① 奥朗德2013年6月25日会见中国企业家俱乐部代表团时的讲话，http://www.elysee.fr/declarations/article/discours-devant-les-membres-du-china-entrepreneur-club-et-les-participants-a-l-international-capital-conference/。

二是实现利益平衡，巩固中法合作的物质基础。当前中法都处于深化改革、加快推动经济转型的关键时期。中国实施扩大内需、增加进口以及企业"走出去"战略，欧盟出台旨在走出欧债危机、增强竞争力的《2020战略》，奥朗德提出的"外交为经济服务"的"经济外交"战略，都为进一步夯实中法经贸合作，扩大双边贸易规模，促进双向投资，深化传统领域合作，拓展在城镇化、食品安全、可持续发展、环保等新领域的合作空间提供了广阔前景。

三是中法须加强在多边及全球治理领域的沟通与合作。中法应抓住有利时机，在国际体系和秩序方面共同探讨"中国梦""法国梦"与多极化的关系，在国际体系和秩序方面共同推进多极化进程、多样化发展，推进国际政治和经济金融体系的改革和全球治理，并就双方共同关切的国际和地区热点问题进行定期磋商，充实中法战略对话机制和中法高级别经济财金对话机制，推动中法战略关系更具全局性、连续性和稳定性。

50年来，中法关系经历了风风雨雨的考验，建立起基础牢固、合作广泛、互利共赢的全面战略伙伴关系。法国是欧盟的核心成员国，中法关系的巩固将有利于中欧关系的发展。2013年中欧刚刚庆祝了双方建立全面战略伙伴关系10周年，2014年中国则迎来中法两国建交50周年，同时又是中法全面战略伙伴关系建立10周年。中法将迎来承前启后、继往开来的新时期。领导人的高层互访，以及官方、民间各界举办的各种系列和多层次交流活动，将有力推进中法全面战略伙伴和新型大国关系的建设与发展。

（编辑：张金岭）

去特殊化的中法战略伙伴关系*

张　骥**

在中国的大国关系战略布局中，法国具有特殊的地位。中法关系曾经走在中国与西方国家关系的前列，但也出现过反复和波折。2014年迎来中法建交50周年，在新的历史条件下构建紧密持久的中法全面战略伙伴关系（partenariat global），需要对中法关系的历史基础、现实条件，特别是中法关系中存在的问题有正确的认识。从1964年建交到1997年建立全面伙伴关系（partenariat stratégique global），中法两国始终在对方的外交战略中占有特殊地位，特别是在雅克·希拉克（Jacques Chirac）时期，双方建立起"全面战略伙伴关系"，双边关系的发展达到建交以来的高峰。然而，尼古拉·萨科齐（Nicolas Sarkozy）上台后，中法关系虽继续发展，但波折不断，甚至出现严重倒退。法国对华政策究竟发生了怎样的变化，使原本特殊的战略伙伴关系出现倒退？2008年中法关系出现波折时，很多分析将原因归结于法国政府甚至萨科齐本人的政策。那么随着法国政府的更迭，这些问题是否就能得到解决？在新的条件下，如何定位和发展中法战略关系？本文全面回顾了中法战略伙伴关系确立、发展、演变的过程，通

---

* 本文是作者发表于《世界经济与政治》2013年第12期的《去特殊化的中法战略伙伴关系》的更新版，作者根据中法关系的新发展对内容进行了补充和更新，并增加了第四部分。本文系2013年度国家社科基金青年项目"欧债危机背景下中法新型大国关系构建研究"（项目批准号：13CGJ006）的阶段性研究成果。本研究还得到复旦大学新进青年教师科研启动项目（项目编号：20520131507）和"复旦大学青年教师科研能力提升项目"（项目编号：20520132051）的资助。

** 张骥，博士，复旦大学国际关系与公共事务学院助理研究员，复旦大学法国研究中心副主任。

过对特殊战略伙伴关系的形成、其所隐藏矛盾的分析，指出国际体系的变革、中法在国际体系中相对位置的变化、法国在欧盟中地位的变化使得中法关系的战略基础发生了变化，呈现"去特殊化"的特征。在法国对华政策"去特殊化"的进程中，法国对欧盟对华政策的影响也发生了从"法国化"到"欧洲化"的演变，这是欧盟对外政策双层机制作用的结果，亦构成法国对华政策演变的一个重要维度。本文将历史、理论、政策相结合，并运用成员国与欧盟对外政策双向互动的机制来分析法国的对华政策，使我们能更加全面地理解法国对华政策演变的深层原因和表现。在纪念中法建交50周年之际，本文在总结历史经验和教训的基础上，提出在去特殊化的条件下构建中法全面战略伙伴关系的政策建议。

一 中法特殊战略关系的形成及特点

与欧洲其他大国相比，中法战略关系具有特殊性。英国由于其大西洋主义的倾向，德国由于其在战略安全领域的内敛，都无法在发展对华战略关系上达到法国的水平。中法在对方的对外战略格局中都占有特殊地位，法国对华政策的特殊性集中体现在两个方面：一是双边关系具有鲜明的战略性，二是在欧盟对华关系中发挥引领作用，推动欧盟对华政策的法国化。

（一）法国对华政策的形成和发展具有鲜明的战略性

1. 开创性所形成的友好传统

法国对华政策在西方大国中独具开创性，从1964年成为冷战格局下第一个与中国建交的西方大国，到1997年成为第一个[①]与中国建立"全面伙伴关系"的西方大国，再到2004年建立"全面战略伙伴关系"，发展与中国的战略关系是自夏尔·戴高乐（Charles de Gaulle）总统以来法国政府长期奉行的基本政策，到希拉克政府时期达到了前所未有的高度。首先，戴高乐政府在两极格局中率

---

① 20世纪90年代中后期，中国开始与世界主要大国建立和发展各种类型的战略伙伴关系。1996年中国与俄罗斯宣布建立"平等信任、面向21世纪的战略协作伙伴关系"，法国是继俄罗斯之后第二个与中国建立战略伙伴关系的大国，也是第一个与中国建立此类关系的西方大国。

先与中国建立大使级外交关系,打破了西方阵营对新中国的外交封锁,这一"外交核爆炸"奠定了两国建立和发展战略合作的历史基础,使法国在新中国的对外战略格局中获得了优先和特殊地位。中国政府一直致力于维护和巩固这一友好传统,法国政府也始终强调这一历史传统在中法关系中的现实意义。其次,中法间没有历史遗留问题和地缘战略矛盾,没有发生过重大战略冲突,这使中法关系没有历史包袱。此外,中法都拥有对各自国家历史的光荣感和对文化的崇尚,对对方的历史和文化有吸引力,这构成了两国发展战略关系的文化和情感基础。

2. 政治共识所形成的政治基础

中法建交建立在一系列政治共识的基础上:关于台湾问题的"三点默契"[①],承认一个中国原则[②];反对美苏对东西方阵营的操控,承认对方的大国地位和战略分量,相互借重以提高与美苏打交道的分量;支持对方发展与第三世界国家的关系;作为新的拥核国家反对美英苏达成的《部分禁止核试验条约》等。1994年中法发表《中华人民共和国政府和法兰西共和国政府联合公报》(简称《一·一二公报》)结束对台军售危机,重新达成了有关台湾问题的"一个中国"的共识,并增加了"不参与武装台湾"的新共识。[③] 冷战结束后,在建立中法全面战略伙伴关系的进程中,双方又拓展了一系列新的政治共识,包括推动多极化,尊重多样性;反对单边主义,倡导多边主义;维护联合国及安理会权威;通过谈判解决国际争端;推进区域合作和一体化,发挥欧洲(欧盟)在多极格局中的作

[①] 《周恩来总理同富尔达成的三点默契》,载刘海星、高风主编《中法建交四十年重要文献汇编》,世界知识出版社,2004,第91~92页。三点默契指:1. 法兰西共和国政府只承认中华人民共和国政府为代表中国人民的唯一合法政府,这就自动地包含着这个资格不再属于在台湾的所谓"中华民国"政府。2. 法国支持中华人民共和国在联合国的合法权利和地位,不再支持所谓"中华民国"在联合国的代表权。3. 中法建立外交关系后,在台湾的所谓"中华民国"政府撤回它驻在法国的"外交代表"及其机构的情况下,法国也相应地撤回它驻在台湾的外交代表及其机构。

[②] 有关台湾问题的政治共识对中法建交、双边关系的发展、挫折都具有非常重要的影响。中国前驻法大使蔡方柏指出,中法建交谈判"所遇到的主要困难是台湾问题",见《中法关系回顾与展望——中国前驻法大使蔡方柏访谈》,《国外理论动态》2009年第4期,第2~4页。

[③] 《中华人民共和国政府和法兰西共和国政府联合公报》,简称《一·一二公报》,1994年1月12日,中华人民共和国外交部网站:http://www.fmprc.gov.cn/chn//pds/ziliao/1179/t23831.htm。

用；在人权领域以对话取代对抗等。① 这一系列政治共识构成中法战略关系的政治基础，并在实践中不断增加新的内涵。

3. 相似的国际地位、战略理念所形成的战略共识和合作基点

法兰西第五共和国的外交和安全战略建立在三项基本原则的基础上：主权、独立和全球角色。由戴高乐所确立的这些基本原则形成了跨党派的"国家共识"，保持了相对稳定，为乔治·蓬皮杜（Georges Pompidou）、瓦莱里·吉斯卡尔·德斯坦（Valery Giscard d'Estaing）、弗朗索瓦·密特朗（François Mitterrand）、希拉克所继承。② 主权和独立原则强调"战略自主"（l'autonomiestratégique de la France）③，不甘受大国控制和摆布，反对超级大国垄断国际事务。全球角色原则强调作为核大国和联合国安理会常任理事国的身份和地位，必须在世界上保持法国的地位（le rang）和伟大（la grandeur），保持对世界事务的影响力。2008 年法国发布的《国防与国家安全白皮书》明确将保持法国作为主要军事和外交强国的地位作为法国外交和国家安全战略的目标。④

法国的独立外交、制衡理念与中国独立自主、反对霸权的外交方针形成了两国战略关系的基础，相似的大国情结、国际地位和追求全球角色的大国外交抱负则使两国找到了战略契合点。在两极格局下，中法作为各自阵营中次等大国的共同地位和身份使戴高乐和毛泽东在摆脱超级大国控制、制衡超级大国霸权上找到了战略共识和合作基点。冷战后期，德斯坦已经将推动一个多种力量的均衡而又互相制约的多极世界作为外交政策的重要目标，邓小平则做出了世界格局正在走向多极化的判断。冷战结束后，随着美国一超地位的凸显和单边主义外交的甚嚣尘上，中法有了更强的动力推动国际格局多极化，制衡美国的单边霸权。在希拉克和江泽民、胡锦涛等领导人的推动下，中法建立起全面战略伙伴关系，在反对

---

① 《中法联合声明：建立全面伙伴关系》，1997 年 5 月 16 日，中华人民共和国外交部网站：http://www.fmprc.gov.cn/chn//pds/ziliao/1179/t7273.htm；王毅：《中法关系中战略三要素——纪念中法建交 40 周年》，《国际问题研究》2004 年第 1 期，第 22～23 页。

② Philip H. Gordon, *A Certain Idea of France: French Security Policy and the Gaullist Legacy*, Princeton: Princeton University Press, 2003; Bastien Irondelle, "France and CFSP: the end of French Europe", *Journal of European integration*, Vol. 30, No. 1, 2008, p. 155.

③ Stephanie Hofmann and Ronja Kempin, *France and the Transatlantic Relationship Love me, Love me not...*, Berlin: SWP (Stiftung Wissenschaft und Politik), Working Paper FG2, February 2007.

④ *Livre Blanc sur Défenseet Sécuriténationale*, Paris: LaDocumentation Française, 2008, p. 9.

美国发动伊拉克战争、推动欧盟解除对华军售禁令、挫败美国反华人权提案等几大具有战略性的重大问题上实现了真正意义上的战略合作,使中法战略关系达到了前所未有的高度。

4. 制度化

中法间建立起了一系列战略对话机制,使战略合作关系制度化。这些机制包括领导人定期会晤机制、政治磋商机制、外长定期会晤机制、中方副外长和法方外交部秘书长定期磋商机制、常驻联合国代表磋商机制、经贸混委会、国防部战略对话机制、中法科技合作联委会等。双方还加强了在联合国等多边机构中的对话、磋商和合作。

(二) 法国积极推动欧盟对华政策的法国化

法国对华政策的另一重要特征是推动欧盟对华政策的法国化。所谓法国化,是指法国将自身的对外政策目标、偏好和国家利益投射到欧盟,推动欧盟对华政策向法国对华政策靠拢。这与法国在冷战中推动欧洲政治合作,在冷战后推动欧盟对外政策一体化的总体外交战略相一致。法国将欧盟作为一个"权力放大器"(un multiplicateur depuissance)[1] 和"跳板"(springboard)[2],借助欧洲联合实现单靠自身力量无法实现的对外政策目标和影响力;又始终追求在欧盟中的领导地位,确保联合的欧洲朝着法国希望的方向前进。[3] 实现这一政策的条件是:法国在欧洲国家中突出的实力和地位,以及由此带来的法国在欧盟中特别是在对外政策领域的领导地位。

法国是欧盟(欧共体)发展对华关系的最积极和最主要的推动者,这与法国要将欧盟建设成多极世界中的一极,以抗衡美国这一"超级强国"(hyperpuissance)[4] 的战略抱负和当时法国在欧盟中的领导地位是分不开的。法国发挥了至

---

[1] Adrian Treache, "Europe as a Power Multiplier for French Security Policy: Strategic Consistency, Tactical Adaptation", *European Security*, Vol. 10, No. 1, 2001, pp. 22 – 44.
[2] Bastien Irondelle, "France and CFSP: the End of French Europe?", *Journal of European Integration*, Vol. 30, No. 1, 2008, p. 156.
[3] 〔美〕兹比格纽·布热津斯基:《大棋局——美国的首要地位及其地缘战略》,中国国际问题研究所译,上海人民出版社,1998,第80页。
[4] 法国前外长韦德里纳提出的概念。Hubert Védrine, *Face à l'hyperpuissance*, Paris: Fayard, 2003. 中译本见于贝尔·韦德里纳《面对超级强国》,张平译,上海译文出版社,2006。

关重要的促进作用，从以下六个方面有力地推动了中欧全面战略伙伴关系的形成和发展。

第一，推动中欧关系的建立和战略定位。法国是欧共体中第一个与中国建交的国家，建交后法国积极推动欧共体发展与中国的关系，推动欧共体于1975年与中国建立正式外交关系。冷战结束初期，密特朗政府误判形势，带头制裁中国并向台湾出售尖端武器，造成中欧关系严重倒退。1993年前后共治（cohabitation）戴高乐派重新控制政府后，修补了与中国的关系，并和德国一起推动欧盟于1994年出台《新亚洲战略》，提出要同中国发展长期稳定的政治、经济关系。1995年主张对华友好的希拉克上台后，法国在推动自身与中国建立全面伙伴关系的同时，积极推动欧盟发展对华"建设性接触"的战略。法国积极参与和主导欧盟四份对华政策文件的制定，使中欧关系的定位从"面向21世纪长期稳定的建设性伙伴关系"到"全面伙伴关系"，再到"全面战略伙伴关系"，连续上了三个台阶。

第二，成为解除欧盟对华军售禁令的主要推动者。军售禁令被中方视为中欧战略关系最大的象征性障碍，希拉克联合德国总理格哈德·施罗德（Gerhard Schroeder）在欧盟内部推动解禁，是解禁政策最主要的推动者。尽管这一努力最终没有成功，但它是法国推动中欧战略关系发展的最重要的表现。

第三，邀请中国参加伽利略计划。在希拉克联合施罗德的推动下，欧盟决定邀请中国出资并参与欧盟伽利略全球卫星导航系统的建设，中国成为第一个欧盟以外的参与方。由于卫星导航系统具有的尖端技术特性和在现代战争中的重要作用，此举在一定程度上打破了对中国的高技术封锁，突破了针对中国等国家的欧美武器贸易条例（ITAR），被认为是推动中欧战略伙伴关系的重要标志。

第四，推动欧盟改变对华人权政策，变对抗为对话。1997年法国在欧盟国家中率先在联合国人权委员会中拒绝联署反华人权提案。在法国的影响下，德国、意大利、西班牙、希腊等欧盟国家也拒绝联署，使欧盟7年来第一次不再以集团名义提出反华提案，并在随后几年中建立起中欧人权对话机制。①

第五，在欧盟同中国的"入世"谈判中发挥了积极作用。时任欧盟贸易代表帕斯卡尔·拉米（Pascal Lamy）是法国人，他在谈判过程中与法国政府保持

---

① 张锡昌：《中法建交40年再回首》，《外交学院学报》2003年第4期，第36~37页。

了密切的沟通。

第六，将法国在科技、文化、教育领域的合作政策扩展到欧盟，推动欧盟积极发展同中国在上述领域的合作。法国十分强调保护文化多样性，将这一政策拓展为欧盟的政策立场，这与中国尊重世界多样性的主张相似。①

二 中法战略关系去特殊化的原因

中法关系在希拉克执政的十余年间获得了全面、迅速和有效的提升，实现了真正意义上的战略合作，呈现出建交以来的高峰，突显了中法战略关系的特殊性。在法国的影响下，中欧关系也在1995～2004年的10年间经历了一个迅速发展和提升的"蜜月期"。双边关系的迅速发展在一定程度上掩盖了中法、中欧关系中存在的一些结构性矛盾和问题。随着国际格局和法国国内政治的演变，特别是随着全球金融危机和欧洲主权债务危机的爆发和蔓延，这些矛盾和问题逐渐显露和深化，中法关系的战略基础呈现出复杂的变化，导致中法战略关系的去特殊化。

(一) 中法关系高峰期隐藏的问题

第一，中法关系都不是各自最核心的双边关系，却都相互借重，用以平衡各自最核心的战略关系。尽管中法关系从一开始就具有鲜明的战略性，但这是建立在二等大国联合针对主导大国进行力量制衡和威胁制衡的基础之上的，一旦主导大国的支配地位有所下降，其单边主义的威胁有所缓解，就会降低二等大国联合制衡的意愿和必要性。② 与美国的战略关系是中法各自对外政策的"重中之重"，中法关系的亲疏受到各自与美国关系的重大影响。美国对中法、中欧的战略接近异常敏感和警惕，在解除对华军售禁令问题上向法国和欧盟施加了巨大的外交压力，迫使这一议题搁置，并启动了关于中国问题的美欧战略对话。随着相对亲美

---

① Jean-Pierre Cabestan, "The Role of France in Sino-European Relations: Central or Marginal?", in David Kerr and Liu Fei eds., *The International Politics of EU-China Relations*, Oxford: Oxford University Press, 2007, pp. 130 – 132.
② 陈志敏：《新多极伙伴世界中的中欧关系》，载陈玉刚主编《中国与诸大国关系》（《复旦国际关系评论》第11辑），上海人民出版社，2012，第98～100页。

的萨科齐政府的上台，美国外交向多边主义的回归，中法联合制衡美国的动力大大减弱。

第二，良好的战略和政治关系没有转化为经济上更加紧密的相互依赖。从1997年建立"全面伙伴关系"到2004年建立"全面战略伙伴关系"的7年间，尽管中法贸易额逐年增长，但年均增长率仅为8.4%，低于欧盟年均15.1%的增长率，也远远低于欧盟其他主要成员国，法国由1997年中国在欧盟的第三大贸易伙伴跌至第四位（列德国、英国、荷兰之后），中法贸易额仅为德国的1/3。双边贸易占各自对外贸易的比例也很小，2002年中法贸易额仅占中国出口总额的1.34%（中国海关统计），仅占法国出口总额的2.3%（法国海关统计）。① 双方的贸易需求也严重不对称，1997年《中法联合声明》中1/3的篇幅详细列举双方经济及科技合作的领域，但基本上都是法方可向中方出口的产品和技术，而法方对中方的需求却并不清楚。在中法贸易中，中方出口基本上依靠价格性能比的竞争优势，而法国出口在很大程度上依靠"政治采购"。② 因此，法国对华贸易逆差不断扩大，从1995年的基本平衡发展到2005年中国已成为法国的第一贸易逆差国。中法双方学者都将政治关系与经济关系的不对称作为阻碍中法战略伙伴关系深入发展的重要原因。③ 曲星教授指出："如果法国总是感到在政治上付出很多而经济上得不到回报，法国的合作积极性会受影响。"④ 法国著名中国问题学者让－文森特·布里塞特（Jean-Vincent Brisset）更为尖锐地指出，"法国幻想从中国巨大的经济成功中分享好处，但实际上只是北京不断从这种幻想中获取法国在外交上的让步，而法国并未得到多少外交和经济上的好处"⑤。

第三，中法战略关系的迅速发展并达到高峰，以及欧盟对华政策的法国化，使中方产生了对中欧关系的乐观认知和评估，从而导致中方对中欧关系的过高期

---

① 马社：《新时期中法经贸关系现状及发展前景》，《外交学院学报》2004年第3期，第46页。
② 曲星：《中法全面伙伴关系框架下的政治与经济》，《外交学院学报》2004年第1期，第42~43页。
③ 比如Jean-Pierre Cabestan, "The Relations between France and China: Towardsa Paris-Beijing Axis?", *China: An International Journal*, Vol. IV, No. 2, September 2006, p. 335 及后面的曲星和Jean-Vincent Brisset 的观点。
④ 曲星：《中法全面伙伴关系框架下的政治与经济》，《外交学院学报》2004年第1期，第42页。
⑤ Jean-Vincent Brisset, "Les relationsfranco-chinoises: entre normalité et brouille", *Revue internationale et stratégique*, Vol. 77, No. 1, 2010, p. 134.

望,造成了在发展中欧关系过程中的"期望—现实"落差。这种认知和期望主要体现在三个方面。一是法国在欧盟对外政策中的影响力,中国乐观地认为法国代表了欧盟和多数成员国在对华政策上的态度。法国方面发出强烈信号,使中方乐观地认为欧盟会在解除对华军售禁令、市场经济地位等中方的核心关切上取得突破性进展,以深化中欧全面战略伙伴关系。中方因此在《中国对欧盟政策文件》和领导人的表态中,多次将上述问题上升到深化中欧战略伙伴关系的条件的高度。法国著名中国问题专家高敬文(Jean-Pierre Cabestan)就指出,这一时期中国对欧盟的政策在很大程度上像是基于法国的外交政策,而不是基于整个欧盟和多数成员国的政策。① 二是欧盟作为世界多极化的一极。希拉克政府希望将欧盟建设成多极化世界中一极的强烈愿望和在反对美国发动伊拉克战争等问题上的强硬态度使中方乐观地认为欧盟促进了多极化的发展,中国和欧盟都是重要的一极。② 而实际上,不管是成员国之间在重大问题上的分歧,还是欧盟共同外交政策机制的内在缺陷,以及军事和安全能力的缺乏,都无法使欧盟作为一个整体发挥可信的战略行为体角色。随着中欧关系的发展,欧盟这一缺陷逐渐暴露出来,成为妨碍中欧关系深入发展的障碍。三是美欧分歧,中方过于乐观地估计了法美、欧美之间矛盾的严重性。事实上,大部分欧盟成员国仍将美国视为最紧密的战略伙伴,而不是欧盟应该制衡的对象。2004年十个新成员的加入进一步强化了这种趋势。大部分欧盟成员国依然通过北约与美国保持紧密的安全和军事联盟关系,在安全和战略上依赖美国。尽管在经贸领域一定程度上形成了中—美—欧三边竞争关系,但大多数成员国都没有意愿将这种三边竞争关系发展到政治和安全领域。在安全和战略层面,美欧之间的联系和互信要远远高于中欧之间。③ 在解禁问题上的受挫使中方清醒地意识到了法国对欧盟政策影响的有限性、欧盟作为一个战略主体的局限性和中欧战略关系的复杂性。

---

① Jean-Pierre Cabestan, "The Role of France in Sino-European Relations: Central or Marginal?", in David Kerr and Liu Fei eds., *The International Politics of EU-China Relations*, Oxford: Oxford University Press, 2007, p. 133.

② Jean-Pierre Cabestan, "The Role of France in Sino-European Relations: Central or Marginal?", in David Kerr and Liu Fei eds., *The International Politics of EU-China Relations*, Oxford: Oxford University Press, 2007, p. 134.

③ 张骥:《中美欧三边关系的战略向度》,载陈志敏等《中国、美国与欧洲:新三边关系中的合作与竞争》,上海人民出版社,2011,第34~35页。

（二）中法关系战略基础的复杂变化

中法战略关系的特殊性最明显地体现在两国由于相似的国际地位和角色认知、制衡霸权的共同利益和理念所形成的战略合作和法国对欧盟对华政策的成功引领，而国际体系和欧洲权力格局的演变改变了中法战略关系的这些基础。

首先是国际体系的变革和中法在国际体系中相对地位的变化。我们可以从三个方面来理解国际体系的变革：其一也是最突出的是中国实力和地位的提升，以及由此带来的国际利益的拓展和身份的变化，与此相伴随的还有其他新兴国家的崛起；其二是美国霸权地位的相对削弱和向多边主义的回归；其三是欧洲特别是法国的相对衰落。这一进程在国际金融危机和欧债危机爆发前已经在发展形成，危机推动了国际体系演变的进程，特别是欧债危机进一步削弱了欧洲和法国的实力和地位。

国际体系的变革从以下三个方面冲击了中法关系的战略基础。其一，中法在国际体系中发生了相对位移。过去中法战略关系建立在两个次等大国平等地位的基础之上。中国的迅速崛起与法国的相对衰落形成鲜明对比：中国正在发展成为一个具有全球影响力的世界性大国，而法国经济不适应全球化的问题日益突出，国际影响力和地位相对下降。其二，美国霸权地位的相对削弱和向多边主义的回归大大弱化了中法联合制衡美国霸权和单边主义的动力和意愿。陈志敏教授用"新多极世界的离散效应"[①]来解释这一现象。法国国内政治的变化强化了这一趋势，萨科齐政府全面修复并优先发展与美国的关系，法美在应对中国崛起方面取得了新的共识。中美之间则在地区和全球层面形成了一种更为紧密的竞争与合作并存的战略关系，在全球事务中进行协调的需求和动力增强。其三，中法之间的利益摩擦增加，竞争性关系增强。过去中法间的地缘政治矛盾并不突出，但随着中国在非洲的利益和影响力的拓展，以及法国在全球战略收缩背景下对传统势力范围关注的增加，中法之间产生了新的地缘政治竞争关系和利益摩擦。随着对华贸易逆差的不断扩大，双边经贸关系中的竞争性成分和争端也迅速增多，法国的贸易保护主义不断强化，在欧债危机发生后变得更加强烈。出于对中国崛起的不平衡心理，法国政界和社会在人权问题上的对华态度严重倒退，采取了进攻性的政策。

其次是法国在欧盟中地位的变化。这体现在四个方面：其一，欧盟扩大导致

[①] 陈志敏：《新多极伙伴世界中的中欧关系》，《欧洲研究》2010 年第 1 期，第 98～100 页。

法国领导权的"稀释"。随着欧盟的不断扩大,特别是2004年最大规模的一次扩大,欧盟的政治结构发生了重大变化,内部的政策联盟更加多元和分化,一些中等国家不愿只做法德的跟随者,在欧盟对外政策上更加强调不同的诉求。"欧盟每扩大一次,法国影响欧洲的能力就下降一次。"[1] 最显著的例子是在伊拉克战争问题上形成的所谓"新欧洲国家"与"老欧洲国家"的分化。其二,欧盟制宪危机严重损害了法国在欧盟的权威。2005年《欧盟宪法条约》在获得绝大多数成员国支持的情况下在法国全民公决中遭到否决,严重削弱了法国在欧盟中的权威,特别是希拉克本人在欧盟决策中的主导地位。这也是欧盟对华政策在2005年后发生复杂变化的原因之一。萨科齐试图重建法国在欧盟中的领导地位并支持一体化进程,他在2008年法国担任欧盟轮值主席国期间展现了强势的领导,但法国在欧债危机的打击下国力进一步下滑,难以再现昔日在欧盟决策中的权威。[2] 其三,欧盟权力结构的扁平化和经济危机下对短期利益的强调还带来了外交政策领域的"再国家化"[3] 现象,欧债危机进一步加剧了欧盟成员国之间的利益分化,各国在外交政策上更加自行其是,迟滞了《里斯本条约》代表的欧盟对外政策欧洲化的进程。[4] 法国面临的建设"统一、强大的欧洲"的抱负与自身国家利益诉求之间的矛盾也越来越大。[5] 其四,法德差距不断拉大,德国在欧洲的主导地位日益凸显。德国统一以及《尼斯条约》对欧盟决策投票权重的调整使德国在欧盟决策中的地位不断上升。更为重要的是,法德之间经济差距日益扩大,德国成为欧盟最成功的经济体,而法国却在全球化中缺乏竞争力。[6] 根据

---

[1] Bastien Irondelle, "France and CFSP: the End of French Europe?", *Journal of European integration*, Vol. 30, No. 1, 2008, p. 157.

[2] 张骥:《欧债危机中法国的欧洲政策——在失衡的欧盟中追求领导》,《欧洲研究》2012年第5期,第33页。

[3] 张骥:《欧洲化的双向运动:一个新的研究框架》,《欧洲研究》2011年第6期,第136页。

[4] 陈志敏、彭重周:《比较欧盟成员国与中国的关系发展:一项初步的尝试》,《欧洲研究》2013年第2期,第17页。

[5] Dionyssis G. Dimitrakopoulos, Anand Menon andArgyris G. Passas, "France and the EU under Sarkozy: Between European Ambitions and National Objectives?", *Modern & Contemporary France*, Vol. 17, No. 4, November 2009, pp. 451-465.

[6] Ulrike Guérot and Thomas Klau, "AfterMerkozy: How France and Germany can make Europe work", ECFR The European Council on Foreign Relations, May 2012, http://ecfr.eu/page/-/ECFR56_FRANCE_GERMANY_BRIEF_AW.pdf, p. 3. 登录时间:2012年9月3日。

欧盟统计局（Eurostat）的数据，2012年法国的经济增长率为0.0%（德国为0.7%），公共债务高达1.8万亿欧元，占GDP的90.2%（德国为82.2%），财政赤字占GDP的4.8%（德国为盈余0.1%），失业率更是高达10.2%（德国为5.5%），为近12年之最。① 德国在欧债危机中一枝独秀，主导了欧盟经济政策的决定权，法国不得不向德国做出让步，呈现出"法国主张、德国内核"的特征，"法德轴心"向"德法轴心"转变。②

法国对欧盟对华政策的主导性影响基于这样的条件，即法国在欧洲国家中突出的实力和地位，以及由此带来的法国在欧盟对外政策领域的领导地位。上述四个方面的变化动摇了法国在欧盟决策中的主导地位，法国越来越难以说服其他成员国接受其政策主张。一方面，欧盟的对华政策更加缺乏整合、协调和引导。欧洲对外关系委员会（ECFR）在2009年发表的题为《中欧关系实力盘点》③的报告中指出，欧盟27国在对华政策的两大问题上存在分歧，"一是如何应对中国对欧洲经济的影响；二是如何在政治上接触中国"。报告将欧盟成员国的对华政策划分为四个阵营：（1）张扬的工业国（Assertive Industrialists）；（2）意识形态型的自由贸易国（Ideological Free-traders）；（3）圆滑的重商国（Accommodating Mercantilists）；（4）欧盟追随者（European Followers）。2011年的后续报告④则将欧债危机背景下成员国的对华政策划分为两大阵营："沮丧的市场开放推动者"（frustrated market-openers）和"拮据的交易寻求者"（cash-strapped deal-seekers）。另一方面，法国在某些政策领域接受了欧盟或者其他成员国的对华诉求和政策。这将在下文中加以论述。

在充分认识中法关系战略基础发生的这些消极变化的同时，我们也要看到一些促进中法发展战略关系的积极因素依然存在，还有一些新出现的促进因素。第

---

① 欧盟统计局（Eurostat）网站：http://epp.eurostat.ec.europa.eu/，登录时间：2013年11月14日。
② 具体分析可见张骥《欧债危机中法国的欧洲政策——在失衡的欧盟中追求领导》，《欧洲研究》2012年第5期，第35页。
③ John Fox and François Godement, *A Power Audit of EU – China Relations*, the European Council on Foreign Relations (ECFR), April 2009, http://ecfr.eu/page/-/ECFR12_-_A_POWER_AUDIT_OF_EU-CHINA_RELATIONS.pdf. 登录时间：2011年4月26日。
④ Francois Godement and Jonas Parello-Plesnerwith Alice Richard, *The Scramble for Europe*, the European Council on Foreign Relations (ECFR), July 2011, http://www.ecfr.eu/page/-/ECFR37_Scramble_For_Europe_AW_v4.pdf.

一，谋求大国地位和影响力、追求独立外交依然是法国对外战略的基石。中法在全球战略中相互借重的需求依然存在，尤其在推动国际金融体系变革、发挥联合国等多边机构作用、解决地区热点问题等方面。在美国进行战略调整，实施亚太再平衡战略的新背景下，发展中法战略关系有了新的需求。第二，在相对国际地位发生位移后，中法经贸关系的基础也发生了变化。尤其在欧债危机的冲击下，法国对华贸易政策既有保护主义上升的一面，也有对华出口需求、对中国到法国投资需求双双提升的一面。第三，尽管法国在欧盟中的主导地位遭到削弱，法国仍是欧盟最重要的领导成员之一。追求在欧盟中的领导权依然是法国对外战略的核心，法国在欧盟对华政策中仍是最为重要的行为体。

三 中法战略关系的去特殊化

在经历了希拉克时期的高峰之后，随着萨科齐政府的上台，中法关系进入了一个调整期。上述分析已经表明，法国对华政策的调整与国际体系的变革、中法在国际体系中相对位置的变化、法国在欧盟中地位的变化紧密相关，国内政治的演变和政府的更迭为对华政策的调整提供了契机，不能简单地将对华政策调整的原因归结为萨科齐的个人因素。这一时期，中法关系跌宕起伏，甚至一度严重倒退，呈现出去特殊化的特征：中国在法国对外战略中的特殊地位降格，越来越成为一个普通的战略伙伴，竞争性关系增强，摩擦增多，以及法国对华政策的欧洲化。

（一）中法全面战略伙伴关系的"松绑"

萨科齐的对华政策在三个层次上使得希拉克时期建立和维持的特殊战略伙伴关系"松绑"：不再连中制美；将中国降格为普通战略伙伴；制衡中国权力的过度增长。

第一，萨科齐上台后迅速改变了希拉克联合中国制衡美国单边主义的政策，转而修复和优先发展与美国的战略关系，在增兵阿富汗、伊朗、利比亚、叙利亚等美国外交的重要议程上向美国提供了有力支持。作为加强法美战略安全关系的重要象征，法国重返北约军事一体化结构。但是，不能夸大萨科齐的大西洋主义倾向。法国著名欧美关系学者于斯丹·瓦伊斯（Justin Vaïsse）就专门撰文指出萨科齐仍然维持了法美关系"盟友，但合而不同"的实质，他的亲美言论言过其实。① 法国重返北约的象征意义大于实质内涵，希拉克已经进行过重返北约的努力，而萨科齐重返北约的一个重要考量是换取美国对建设防务欧洲的支持和打消关键盟国在发展防务欧洲问题上的顾虑。②

第二，萨科齐上任不久即提出"相对大国"的概念，认为世界进入了相对大国时代。尽管法国在总体上更加注重新兴国家在国际体系中的作用，希望与新兴国家加强合作，建立"负责任的伙伴关系"，但萨科齐在大国战略中不再给予中国突出的特殊地位，而是将中国作为同其他新兴国家（印度、俄罗斯、巴西、南非）同等重要的伙伴来对待，在亚洲战略中更加注意平衡对中国、印度、日本的关系。法国加强了与印度、巴西的军事合作和军火贸易。

第三，尽管萨科齐继承了希拉克的政策，接受中国崛起的现实并支持中国发挥更大的国际影响力，③ 但萨科齐显然更加现实地强调中国应该承担更多的责任，并在一些领域对中国过度增长的权力加以制衡。这一具有两面性的政策最明显地体现在与国际经济金融治理结构改革和二十国集团（G20）相关的政策上。一方面，法国在 G20 机制的建立和推动其成为全球金融治理主要平台方面扮演了关键角色，加强了与中国的协调和合作，支持中国发挥更大作用。2011 年法国担任 G20 轮值主席，中法双方在 G20 事务和戛纳峰会上保持了密切沟通和协调。法国还主动提出将首次 G20 "国际货币研讨会"放在中国南京举行，萨科齐专程赴华出席。另一方面，法国推动 G20 机制建立的一个重要考量是阻止"中美两国集团 G2"的形成，防止法国在国际经济权力结构中被中美边缘化。法国在支持中国发挥更大作用的同时不愿意放弃自己的既有权力，不希望中国的权势过度增长。一项研究也表明，法国在担任 G20 轮值主席国期间所主导的议程并

---

① Justin Vaisse, "A Gaullist By Any Other Name", *Survival*: *Global Politics andStrategy*, Vol. 50, No. 3, 2008, pp. 5 – 10.

② Nicolas Sarkozy, "Discours de M. Le Président de La République Sur la Défense et la Sécurité Nationale", 17 juin 2008, http://www.elysee.fr/download/? mode = press&filename = 17.06_ Def_ et_ sec_ nationale.pdf; 以及 Ben Hall, "France takesstrengthfrom US ties, interview of Hervé Morin", *Financial Times*, March 9, 2009, 对时任法国国防部长赫尔维·莫林（Hervé Morin）的采访。

③ Jean-Pierre Cabestan, "China and European Security and Economic Interests: A French Perspective", in Robert S. Ross, Øystein Tunsjø and Zhang Tuosheng eds., *US-China-EU Relations*: *Managing the New World Order*, Oxon: Routledge, 2010, pp. 124 – 126. 肖云上：《论萨科齐与中国——走向全球全面战略合作伙伴的中法关系》，《欧洲观察》2011 年第 2 期，第 5~6 页。

非如一般所认为的那样针对美国,而同样警惕在全球化中权力不断增大的中国并加以制衡。① 总之,法国的考量是将新兴国家,尤其是权力增长最快的中国纳入发达国家可控的国际机制中,确保法国对体系改革的影响力,减少既有体系的动荡和由此带来的法国既有权力的损失。

(二) 更加强调换取经济利益

与希拉克相比,萨科齐并不在乎全面战略伙伴关系的"名",而更加关注从发展中法关系中能够得到的"实",发展良好政治关系的目的更加现实地定位在换取实际经济利益回报上。法国总统每次访华都有庞大的商务团随行,经贸合作几乎成为每次双边元首访问对方的主要诉求,有关经贸合作的内容在2010年胡锦涛主席访法时发表的《中法关于加强全面战略伙伴关系的联合声明》②和2013年弗朗索瓦·奥朗德(Francois Hollande)总统访华时发表的《中法联合新闻公报》③中都占据了大比例的篇幅。为了换取中方的大笔订单,法方不惜在人权、台湾等问题上做出让步。这一政策实际上也为社会党的奥朗德政府所继承。

2007年萨科齐上任当年首次访华就拿到了200亿欧元的订单,同中方签署了两台核电机组、150架空客意向等13个重大项目。为此,萨科齐没有公开提及人权问题,并做出了比欧盟立场更进一步地反对"台独",反对台湾当局"入联公投"的表态。2009年法国总理弗朗索瓦·菲永(Francois Fillon)访华,签署了15亿欧元的核电和大飞机发动机合同。2010年胡锦涛主席访法,双方签署了200亿美元的合作协议,还提出2015年将双边贸易额提升到800亿美元。胡锦涛主席受到了超规格的礼宾安排,两国元首五次会面。④ 2013年,奥朗德成为

---

① Sophie Meunier, "'Sarkozy the American' and the French Presidency of the G20", APSA 2011 Annual Meeting Paper, June 2011, pp. 1–20.
② 《中华人民共和国和法兰西共和国关于加强全面战略伙伴关系的联合声明》,2010年11月4日,中华人民共和国外交部网站: http://www.fmprc.gov.cn/mfa_chn/ziliao_611306/1179_611310/t766784.shtml,登录时间:2013年8月20日。
③ 《中法联合新闻公报——共建和平、民主、繁荣、进步的世界》,2013年4月26日,中华人民共和国外交部网站: http://www.mfa.gov.cn/mfa_chn/zyxw_602251/t1035376.shtml,登录时间:2013年8月20日。
④ 资料、数据来源:中华人民共和国外交部政策规划司编《中国外交》,世界知识出版社,2008~2012。肖云上:《论萨科齐与中国——走向全球全面战略合作伙伴的中法关系》,《欧洲观察》2011年第2期,第5~19页。以及相关新闻报道。

中国领导人换届后第一位来访的西方大国元首。在欧债危机的背景下，他将解决高达270亿欧元的贸易逆差，建立更加平衡的双边贸易关系作为访华的主要议题。① 双方不仅在飞机、核电等传统领域签署了大笔订单，还开辟了食品、医药、城镇化等新的合作领域。法方表示欢迎中国投资，并承诺为中国企业赴法投资扫除障碍。双方决定建立高级别经济财金对话机制，并举办了高级别的中法商务论坛。社会党的总统同样降低了人权调门，没有再公开提及人权问题。

（三）经贸摩擦增加，竞争关系增强

尽管中法都在努力提升双边经贸关系，但双边经济依存度有限、受政治关系影响大、脆弱性高、贸易结构不合理的问题仍未得到根本改善。随着两国经济发展差距的拉大，特别是欧债危机对法国经济的重创，贸易逆差问题更加突出，成为两国经贸关系的主要矛盾。2007年以来，对华出口和进口在法国对外出口（2.2%~3.5%）和进口（4.0%~7.7%）中的占比依然较小，中国是法国的第八、第九大出口市场，进口情况变化较大，2012年中国为法国第八大进口来源地。对华贸易赤字增长迅猛，2008年和2009年中国成为法国最大的贸易赤字来源国，占法国贸易赤字总额近40%，2010年后赤字减速加快，但仍维持第四大贸易赤字来源国（见表1）。法国不仅在贸易额方面远远落后于德国，也排在荷兰、英国之后，列欧盟第四，② 还是欧盟区内对华贸易赤字最大的国家之一。

表1 中法贸易情况

单位：亿美元

时间	进出口总额	同比(%)	对中国出口	同比(%)	占比(%)	位次	自中国进口	同比(%)	占比(%)	位次	贸易逆差	同比(%)	占比(%)	位次
2012/1~9	396.6	-1.5	148.2	10.5	3.5	八	248.4	-7.6	4.9	八	100.3	-25.6	12.5	四
2011	530.0	17.0	186.8	28.8	3.1	八	343.2	11.5	4.8	七	156.4	-3.9	13.3	四
2010	452.1	27.4	144.9	36.1	2.8	九	307.2	23.7	5.1	六	162.3	14.4	19.0	四

---

① 《中国和平发展对法国是重大机遇——访法国总统奥朗德》，新华网，2013年4月25日，http://news.xinhuanet.com/world/2013-04/25/c_115545757.htm，登录时间：2013年8月20日。
② 陈志敏、彭重周：《比较欧盟成员国与中国的关系发展：一项初步的尝试》，《欧洲研究》2013年第2期，第26~27页。

续表

时间	进出口总额	同比(%)	对中国出口	同比(%)	占比(%)	位次	自中国进口	同比(%)	占比(%)	位次	贸易逆差	同比(%)	占比(%)	位次
2009	525.5	-10.5	110.1	-17.0	2.4	九	415.4	-8.6	7.7	四	305.4	-5.2	39.6	一
2008	584.8	12.9	132.7	6.2	2.2	九	452.1	15.1	6.5	五	319.4	19.3	31.7	一
2007	371.1	23.5	124.2	22.6	2.2	九	246.9	24.0	4.0	八	122.7	25.3	19.7	四

资料来源：作者根据中华人民共和国商务部综合司、国际贸易经济合作研究院《国别贸易报告·法国》，2007~2013 年整理制作，http://countryreport.mofcom.gov.cn/indexType.asp?p_coun=%B7%A8%B9%FA，登录时间：2013 年 8 月 24 日。

相互直接投资的状况也不理想。从流量看，法国对华投资远高于中国对法投资，法国对华投资增长乏力，中国对法投资还出现了下降趋势，占中国对欧盟 27 国的投资比重较小，2011 年为 2.5%，2012 年甚至不足 0.9%（见表 2）。从存量看，截至 2011 年，法国对华投资累计额（135.2 亿欧元）仅占法国对外直接投资总额（12346.2 亿欧元）的 1.0%，占中国接受外资累计总额的 1.4%，远远落后于德国（4.2%）。[①]

表 2　中法直接投资流量情况

单位：百万欧元

	2007	2008	2009	2010	2011	2012
法国对中国	912	1338	1317	1495	1584	1162
欧盟 27 国对中国	7144	5946	8207	13427	17509	9957
中国对法国	386	-85	71	25	81	30
中国对欧盟 27 国	749	-385	62	107	3190	3530

资料来源：作者根据欧盟统计局（Eurostat）"欧盟及成员国对外投资国别数据""欧盟及成员国接受外国直接投资国别数据"整理制作，Direct investment outward flows by main country of destination, Publish Date：26 - AUG - 2013, http://epp.eurostat.ec.europa.eu/portal/page/portal/product_details/dataset?p_product_code=TEC00053 Direct investment inward flows by main investing country, Publish Date：26 - AUG - 2013, http://epp.eurostat.ec.europa.eu/portal/page/portal/product_details/dataset?p_product_code=TEC00049，登录时间：2013 年 8 月 27 日。

法国对华贸易逆差是结构性的。2007~2012 年，法国对中国出口商品的前

[①] 陈志敏、彭重周：《比较欧盟成员国与中国的关系发展：一项初步的尝试》，《欧洲研究》2013 年第 2 期，第 26~27 页。

三位分别是航空器、航天器及其零件（16.6%~29.4%），核反应堆、锅炉、机械器具及零件（15.0%~21.3%），电机、电气、音像设备及其零附件（7.8%~13.5%），占法国对华出口的比重高达50.4%~58.8%（见表3）。反映出法国对华贸易过度依赖政府主导的"政治采购"。这类贸易受政治关系影响大，脆弱性高，如受2008年严重波折的影响，2009年两国贸易额锐减10.5%，其中法国对华出口锐减17.0%（见表1）。

表3 法国对中国出口的主要商品

时间	第一位	占比(%)	第二位	占比(%)	第三位	占比(%)
2012/1~9	航空器、航天器及其零件	27.0	核反应堆、锅炉、机械器具及零件	20.3	电机、电气、音像设备及其零附件	7.8
2011	航空器、航天器及其零件	24.2	核反应堆、锅炉、机械器具及零件	18.2	电机、电气、音像设备及其零附件	9.5
2010	航空器、航天器及其零件	21.9	核反应堆、锅炉、机械器具及零件	19.6	电机、电气、音像设备及其零附件	10.9
2009	核反应堆、锅炉、机械器具及零件	21.3	航空器、航天器及其零件	16.6	电机、电气、音像设备及其零附件	12.5
2008	航空器、航天器及其零件	29.4	核反应堆、锅炉、机械器具及零件	17.8	电机、电气、音像设备及其零附件	11.6
2007	航空器、航天器及其零件	29.0	核反应堆、锅炉、机械器具及零件	15.0	电机、电气、音像设备及其零附件	13.5

资料来源：作者根据中华人民共和国商务部综合司、国际贸易经济合作研究院《国别贸易报告·法国》，2007~2013年整理制作，中华人民共和国商务部网站：http://countryreport.mofcom.gov.cn/indexType.asp?p_coun=%B7%A8%B9%FA，登录时间：2013年8月24日。

庞大的贸易逆差使法国政府对华采取竞争性政策，贸易保护主义不断升级。这一领域法国政策的欧盟化尤其显著，更倾向于支持欧盟委员会采取统一的对华措施。[1] 法国支持欧盟批评中国不断增长的贸易逆差，不断施压要求人民币升

---

[1] Jean-Pierre Cabestan, "China and European Security and Economic Interests: A French Perspective", in Robert S. Ross, Øystein Tunsjø and Zhang Tuosheng eds., *US-China-EU Relations: Managing the New World Order*, Oxon: Routledge, 2010, pp. 128 – 130.

值、进一步开放国内市场和加强知识产权保护,频繁发起对中国产品的贸易保护主义措施。法国还支持欧盟单方面挑起航空碳税问题。在2013年初欧盟委员会对华光伏产品发起的反倾销初裁中,法国是四个支持采取征税措施的成员国之一。

随着经济实力的增长,中国在国际贸易中有了更多的政策手段和更大的空间,具备了更大的吸引性权力和惩罚性权力。上文已经论述了大规模政治采购所发挥的吸引作用。反之,当法国在政治上采取进攻性政策,损害到中国核心利益时,中方也不惜在贸易领域采取报复和惩罚措施。萨科齐会见达赖后,2009年1月温家宝总理对欧洲的访问故意绕开法国,将订单给予其他欧洲国家,特别是德国。同年2月,中国商务部长陈德铭率"中国贸易投资促进团"访问欧洲同样绕开法国,将大笔订单给了德、英等国。奥运火炬在巴黎传递遭到严重破坏后,中国民众发起了对家乐福超市、赴法旅游和法国奢侈品的抵制行动。同样,中方也在法国和欧盟采取贸易保护主义措施时予以反击。2013年法国支持欧盟针对中国光伏产品征收临时惩罚性关税后,中国政府启动了针对欧盟产葡萄酒的双反调查。

(四) 新的地缘战略矛盾

中国与非洲国家的关系之前并未引起法国的过分关注,在良好战略关系下,非洲议题得到有效管控和协调,2006年发表的《中法联合声明》明确"战略对话议题可包括对非援助和发展等其他全球性问题"。① 近年来,两个因素使中法在非洲产生了新的地缘战略矛盾:一是中国在非洲影响力和利益的拓展;二是法国在全球战略收缩的同时,将战略重心集中于周边及传统势力范围,更加注重防范在非洲影响力的下降,巩固在非洲的存在和影响,甚至采取进攻性政策。② 以2006年底中非合作论坛北京峰会为标志,法国将中国在非洲影响的迅速提升视为一种威胁,高度关注和提防,导致摩擦不断。一是将中国视为在法国前殖民地

---

① 《中法联合声明——共同建设更加安全、繁荣、和谐与团结的世界》,2006年10月26日,中华人民共和国外交部网站:http://www.fmprc.gov.cn/chn/gxh/wzb/zxxx/t277621.htm,登录时间:2013年8月20日。
② 具体参见张骥《法国的欧洲政策与欧洲的未来》,载周弘主编《认识变化中的欧洲》,社会科学文献出版社,2013,第219页。

的政治和经济竞争者和威胁。大肆渲染中国在非洲的能源资源开发，在舆论上将中国塑造成掠夺非洲资源的"新殖民主义者"。法国企业将中国企业的投资和拓展视为威胁。法国军方还批评中国武器在非洲的扩散。① 二是将中国视为法国发展援助模式的竞争者和威胁。发展援助是法国对非政策的支柱和干涉非洲国家内政的主要政策手段，法国激烈批评中国不附加任何政治条件的援助模式损害到法国和欧盟的援非政策效力和在非洲的规范性权力。三是在苏丹达尔富尔、津巴布韦等问题上向中国施压，利用北京奥运会将这些问题进一步政治化。

为了捍卫法国在周边和非洲的影响力，萨科齐政府和奥朗德政府还在西亚北非动荡和非洲地区问题上采取进攻性政策，奉行积极的干预主义。法国在不到两年的时间中对外发动了三次直接军事干预（利比亚、科特迪瓦、马里），向世界表明其维护自身在非洲存在的决心和作为一个有战略影响的大国的地位。② 中法在利比亚、叙利亚问题上分歧严重，中方反对武力干涉别国内政、实施政权更迭的行为。

（五）人权问题的重新政治化

希拉克时期，人权问题总体上得到了有效管控，法国在西方国家中率先以对话取代对抗，并推动欧盟采取了相似的政策。萨科齐上台后，人权问题被重新政治化。2008年，法国借奥运会之机利用涉藏问题对华施压，萨科齐甚至以法国总统和欧盟轮值主席双重身份会见达赖，中方被迫强硬回击，取消了原定在法国里昂举行的第11次中欧领导人会晤，中法关系一年中出现多次重大波折，是自20世纪90年代初对台军售危机以来最严重的倒退。在这次风波中，法国人民运动联盟（UMP）的政策向社会党（PS）和其他在野党靠拢，媒体进行了大量负面报道，对华舆论呈现出一边倒的态势。人权问题的再度政治化有三方面的原

---

① Niquet-Cabestan Valérie, "La stratégieafricaine de la Chine", Politiqueétrangère, 2006/2 été, pp. 361 – 374; Jean-Pierre Cabestan, "China and European Security and Economic Interests: A French Perspective", in Robert S. Ross, Øystein Tunsjø and Zhang Tuosheng eds., US-China-EU Relations: Managing the New World Order, Oxon: Routledge, 2010, p. 133.
② Zaki Laïdi, "France Alone?", Project Syndicate, January 16, 2013, http://www.project-syndicate.org/commentary/why-france-intervened-unilaterally-in-mali-by-zaki-laidi, 登录时间：2013年1月28日；郑若麟：《反恐，法国确保在非利益的"道义旗号"——析法国军事干预马里局势的前因后果》，《文汇报》2013年1月15日。

因。第一，从根本上讲，法国在价值观和意识形态上不愿放弃"道德优势"，从心理上不愿接受中国崛起的现实和中国的发展模式、政治制度，① 在体现中国繁荣强大的奥运会举办之际利用人权问题敲打中国。第二，对过去法国和欧盟"以对话取代对抗"的政策未能改变中国政治制度和价值观感到失望和失落，妄图重拾"以压促变"的旧人权政策。欧洲主要大国领导人变更后，"价值观外交"抬头，法国新政府还专门设立了人权事务国务秘书，德国总理安格拉·默克尔（Angela Dorothea Merkel）2007 年会见达赖亦起到了"示范"作用。第三，萨科齐政府面对在野党、非政府组织和社会舆论的强大国内政治压力，借人权问题达到国内政治目的。

涉藏问题风波严重损害了中法间的政治互信，但妄图"以压促变"的旧思维和老手段已经难以奏效。中国具备了更有效的政策手段和自信来抵御外部的干涉和压力，法国在政治、经济惩罚措施面前的脆弱性增大，在应对全球金融危机、国际金融治理体系改革等问题上又迫切需要中方的合作，因此不得不纠正错误。伦敦 G20 峰会前夜，中法再次以发表联合新闻公报的形式结束危机，法方在公报中承诺"拒绝支持任何形式的'西藏独立'"。② 在接下来的几年里，法方汲取经验教训，在人权领域避免挑起对抗。

（六）民意基础倒退

对华政策中人权问题的政治化与法国国内舆论和民意的变化紧密相关。中法两国有着友好交往的传统，对对方的历史和文化有好感和吸引力。希拉克本人爱好中国文化，在两国领导人的共同推动下，中法之间互设了文化中心，还于 2004 年和 2005 年互办了文化年，对推动两国民间友好往来和国家形象塑造起到了积极作用。从英国广播公司（BBC）委托全球扫描公司（Globalscan）所做的民意调查数据看，2008 年之前，中国民众一直对法国持有较为正面的评价（72%～62%），法国民众对中国的负面评价虽然在 2004 年之后有所上升，但仍维持在稳定的范围内（见表 4、图 1）。

---

① 高华：《从法中德中风波看中欧关系》，《和平与发展》，2008 年第 4 期，第 17~18 页；李其庆：《中法外交风波与中国新时期外交》，《当代世界与社会主义》2010 年第 3 期，第 86 页。

② 《中法新闻公报》，2009 年 4 月 1 日，中华人民共和国外交部网站：http://www.fmprc.gov.cn/mfa_chn/ziliao_611306/1179_611310/t555315.shtml，登录时间：2013 年 8 月 20 日。

表4 2004～2012年中法民众对对方影响所持看法

单位：%

		2004	2005	2006	2007	2008	2009	2010	2011	2012
法国民众对中国的影响的看法占比	正面	49	31	32	35	22	24	26	38	25
	负面	33	53	59	46	70	64	64	49	68
中国民众对法国的影响的看法占比	正面	72	64	62	64	44	38	46	44	51
	负面	9	12	9	11	45	24	38	28	19

资料来源：作者根据BBC Poll：Attitudes towards Countries（2005，2006，2007，2008，2009，2010，2011，2012，2013）整理制作，http：//www.globescan.com/，登录时间：2013年10月25日。

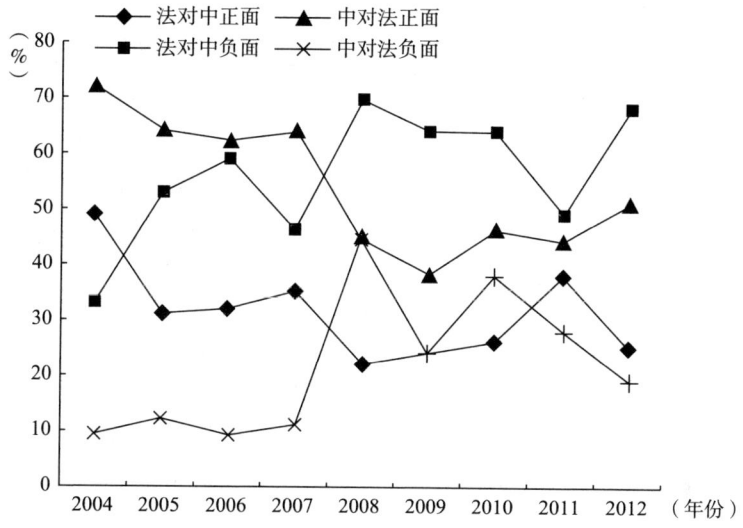

图1 2004～2012年中法民众对对方影响所持看法的变化

资料来源：作者根据BBC Poll：Attitudes towards Countries（2005，2006，2007，2008，2009，2010，2011，2012，2013）整理制作，http：//www.globescan.com/，登录时间：2013年10月25日。

2008年是中法两国民意基础严重倒退的一年，因涉藏问题和奥运火炬传递引发的民间对立情绪严重伤害了中国人民对法国的友好感情，削弱了中法民间友好的基础。中法竞争关系的增强，加上领导人的变更，使对华友好的声音大大减弱，法国媒体和舆论关于中国的负面报道一直在增加。北京奥运会客观上使媒体更加关注中国，负面舆论进一步放大，并在拉萨"3·14"事件后达到顶峰，在这个过程中一些非政府组织起到了推波助澜的作用。此番民间对立情绪尚未消退,2009年年初法国佳士得拍卖行拍卖圆明园流失文物兽首事件再次对两国民间关系造成伤害。BBC民意调查数据也反映出2008年两国相互评价急转直下,负面评价达到历年来最高值,中国民众对法国负面评价达45%,法国民众对华负面评价达70%。近几年来,两国之间的好感有所上升,但没有回到2008年前的水平(见表4、图1)。在此期间,在中法友好人士的共同推动下,中法议会交往取得难得的进展,于2010年正式启动了两国议会定期交流机制,两国议会还为改善双边关系、疏导民间情绪做了大量工作。

(七) 法国政策的欧洲化

从上述分析中可以看出,这一时期法国对华政策还呈现出欧洲化的特征。法国在欧洲国家中的实力和地位相对下降,在欧盟决策中的领导地位有所削弱,法国已不能再像过去那样主导欧盟的对华政策,反而在一些领域需要借助欧盟的力量共同应对不断强大的中国。在战略领域,法国向大西洋主义靠拢,向欧盟内反对解除对华军售禁令的阵营妥协,支持在非洲问题上向中国施压。经贸领域的欧盟化尤其显著,法国同意欧盟将中国视为竞争者,并更倾向于支持欧委会采取统一行动应对中国,在贸易逆差、人民币汇率、知识产权等问题上支持欧盟批评中国的立场,频繁发起对中国的贸易保护主义措施。在人权领域,法国向一些欧盟国家的"价值观外交"靠拢,并采取了更为进攻性的政策。当然,随着2009年欧洲债务危机的爆发,欧盟对外政策本身也出现了日益明显的"再国家化"倾向,对华政策变得更加缺乏协调。

四 在新的基础上构建中法全面战略伙伴关系

中法特殊战略伙伴关系的形成与两国所处的国际格局、两国的力量对比和国际地位对比、两国的外交理念及对利益和身份的认知密切相关,同时也是两国领导人从战略高度看待和推动两国关系、寻求战略共识和合作基点的结果。萨科齐政府时期,这种特殊的战略伙伴关系经历了一个"去特殊化"的过程。如今,中法关系的战略基础已经发生变化,构建中法全面战略伙伴关系,首先要充分认识发展中法关系的基点已不再是过去的特殊关系,在去特殊化的条件下应重新定位和规划中法关系。中法间构建紧密持久的全面战略伙伴关系,要把握好以下四点:一是两国关系建立在更加对等的基础之上；二是充分挖掘在新的国际格局中两国的战略共识和合作基点；三是更加务实地处理两国关系中存在的问题，从两国关系的波折中汲取经验，避免对抗，增强稳定性；四是充分发挥法国在中欧关系和中国与西方国家关系中的引领作用，创建不同制度大国间关系的典范。总之，努力构建这种全面战略伙伴关系的对等性、战略性、务实性、稳定性和引领性。

第一，两国关系要建立在更加对等的基础上，相互尊重对方的大国地位。双方都应充分认识国际格局的演变和国际地位发生的变化。法方应以更加平等、包容的态度对待中国的发展成就和发展模式，消除偏见和"道德优势"，正确认识中国的国际角色、国际权益与责任。中方也应充分尊重法国的大国地位，法国虽然在经济危机和欧债危机的打击下国力下滑，国际影响力和在欧盟经济决策中的领导地位有所下降，但法国仍是国际战略格局中举足轻重的力量和欧盟最重要的领导成员，特别在欧洲、非洲、中东等地区具有重要和独特的影响。中法要在双边关系和国际事务中平等对话、平等协商、平等相处。

第二，谋求大国影响和独立外交依然是法国外交战略的基石，法国的国际影响力和优势集中体现在战略和政治领域，其在中法、中欧关系和更广范围的国际关系中的独特价值也主要体现在战略和政治领域，这是偏大西洋主义的英国和经济上强大但战略上内敛的德国所无法替代的。在新的国际格局中，中法战略合作的重点在于维护国际战略平衡和促进多边主义，这对中国构建新型大国关系体系和新型国际关系具有独特价值。双方要加强在 G20 和全球经济治理体系改革、国际货币体系改革等方面的合作，共同维护联合国安理会权威，推动以和平手段解决国际争端，加强在乌克兰、叙利亚、伊朗等问题上的磋商和协调，开展有关非洲问题的战略对话。

第三，要务实推动全面战略伙伴关系深化。2014 年 3 月，习近平主席在中法建交 50 周年的重要时刻访法，受到法方前所未有的高规格接待，充分表明中法双方深化全面战略伙伴关系的政治意愿。双方发表联合声明，共同决定开创紧密持久的中法全面战略伙伴关系新时代[①]，并对两国关系长远发展做出顶层规

---

① 《中华人民共和国和法兰西共和国联合声明——开创紧密持久的中法全面战略伙伴关系新时代》，2014 年 3 月 26 日，中华人民共和国外交部网站：http://www.mfa.gov.cn/mfa_chn/zyxw_602251/t1141375.shtml，登录时间：2014 年 3 月 27 日。

划,发布《中法关系中长期规划》①。

中法间已建立起战略对话、高级别财金对话、高级别人文交流机制等三大制度性机制。关键是要推动三大框架下的具体对话机制能定期举行,同时议题要务实,做到以解决问题、增强政治互信为导向。

《中法关系中长期规划》对确保双边关系的稳定性和可预见性具有重要意义。双方要汲取彼此关系波折的教训,妥善处理涉及对方核心利益的问题,不挑战对方国家利益红线,以战略眼光处理双方分歧。

同时,要进一步夯实战略关系的经济基础和民意基础。双方要着力解决贸易和投资不平衡,反对贸易保护主义。法方应以更加开放的姿态对待经贸、高科技和金融领域的合作,避免动辄使用贸易保护主义措施。双方要避免在高铁、核电等领域形成正面竞争,共同开发第三方市场。作为两个文明大国,双方要开展文明对话,改善舆论环境和民意认知,注意在中青年政治家和社会精英中培育友好感情,维护两国人民的友好传统,巩固两国关系的民意基础。

双方还要有效管控危机,避免采取对抗性政策。2008年的严重波折再次证明采取对抗性的政策无助于解决问题,无论是在经贸领域还是在人权领域,中方拥有了比过去更多、更有效的政策手段和自信,双方都应避免动辄施压的做法,以对话取代对抗。

第四,要充分发挥法国在中欧关系和中国与西方国家关系中的引领作用,创建不同制度大国间关系的典范。法国曾是发展中欧全面战略伙伴关系的主要推动者,如今仍是欧盟最重要的领导成员。如能在推动中欧关系方面重新发挥引领作用,法国不仅可以重新拓展中法关系的特殊性,还能将中欧关系往更高层次和更广范围推进。要推动法国在欧盟对华政策中发挥正能量、在中欧关于国际问题的对话协调中发挥积极作用,限制其在经贸等领域的某些消极作用,增强中欧关系的对等性。欧洲可以成为中国发展新型大国关系的试验田,法国完全有条件在其中发挥示范作用。

在更广范围的中国与西方国家关系上,法国曾经跨越意识形态和政治制度的阵营率先发展与中国的关系,中法应在推动不同制度、不同文化国家相互尊重、

---

① 《中法关系中长期规划》,2014年3月26日,中华人民共和国外交部网站:http://www.mfa.gov.cn/mfa_chn/zyxw_602251/t1141816.shtml,登录时间:2014年3月28日。

友好相处、合作共赢方面开创新的典范。一是法国可以在国际事务中发挥发达国家与发展中大国、既存大国与新兴大国间关系的桥梁作用。二是中法可以通过文明对话推动文化和价值体系多样性，促进不同文明包容互鉴。

（编辑：张金岭）

从法国主流媒体中中国国家形象的变迁看中法关系的演变

——以1988～2005年的《世界报》为例

陈旻乐[*]

一国的国家形象对它的国际地位以及民众生活都有着极其重要的影响。国家形象除了反映在民众自身的言行举止，以及国家的传统、文化、习俗等诸方面之外，最重要的就是通过媒体，通过观察世界诸国在镜头中所呈现的形象，来提升对别国的认识。本文从国家形象着手，以法国主流媒体《世界报》为例，揭示从1988～2005年该报所呈现的中国形象，探讨媒介的文化形象塑造问题。

一 18年来中国国家形象的变迁

我们通过简单随机抽样的方式，抽取1988～2005年每周三的《世界报》，选取其中与"中国"及"中国人"有关的报道，对其中与中国相关的政治、经济、外交、军事、社会、科技、文化艺术、人物等项目进行分析统计之后，看出，在不同的时期，《世界报》的报道无论是在体裁还是在态度方面都呈现出不同的特点。概括起来可分为以下几个时期。

（一）1988～1993年，中国"负面形象势强期"

这一时期，《世界报》对华报道的重点在于中国国内的政治形势，尤其是在

---

[*] 陈旻乐，南京陆军指挥学院副教授。

1989年前后，出于众所周知的原因，中国的政治形势在此时吸引了众多的目光，《世界报》也未袖手旁观。在这一时期的报道中，中国大多以负面形象出现，是西方媒体眼中不民主的典型代表。虽然在对中国经济的报道中，也能看到中国改革开放十年来的可喜成就，但大量的政治报道，其措辞的尖锐与严厉性，足以盖过中国经济发展的光环，让世界上的广大读者以为中国是个黑暗的、没有人权的，甚至连言论自由都不存在的国家。

（二）1994~1999年，中国"形象复苏期"

这一时期，《世界报》对中国的报道有三个特征：首先，对于中国的报道数量与前一时期相比有了显著增加，尤其是关于经济的报道，更是逐渐超越政治报道，并且无论在数量上还是在写法上都有所改进。其次，对中国的关注日趋广泛化。不仅仅局限于政治、经济领域，而且逐步扩大到文化、社会生活、科学技术等中国社会的方方面面。再次，便是用词上的日益中性与谨慎。即便是对中国的不满与批评之意，也不再如前一个时期一样，用词极尽嘲讽之能事。

这样的转变一方面是由于中法关系的改善。在法国停止对台出售幻影式战斗机之后，中法紧张而对立的关系有所缓和。另一方面，在中法关系恢复正常之后，法国的企业家们发现了一个更为广阔的市场，其实，中法关系的改善也是法国的企业家们出力相助的。因为法国对台湾私售武器，中国与法国的贸易额大幅下降，法国只能眼睁睁地看着自己的邻居德国和意大利从中国赚取大量利润。于是，法国企业界通过种种方式给当时的法国政府施加压力，最终换得中法关系的缓和，也使得他们利用中国的改革开放进入中国市场。这一时期的法国人不再闭目塞听、偏听偏信，他们所要了解的是同时期的中国各个方面的信息，媒体顺应这种潮流自然要对中国社会的各个方面进行报道。更加难能可贵的是，为了鼓励大家去中国投资或旅游，以《世界报》为代表的法国主流媒体在对中国报道的词句上都把握得十分适度。所以这一阶段，中国的国家形象不仅在《世界报》上复苏，也在法国人民的心里复苏。

（三）2000~2005年，中国"正面形象建设期"

这一时期从《世界报》对中国政治、经济以及文化方面的报道来看，是中国国家形象最为完美、受表扬最多的时期。这个时期，中法高层领导人互访频繁，开创了中法关系"蜜月期"的新局面。由高层互访带来的暗示，即中法之间会拥有长久的合作，以及良好的伙伴关系。于是，两国的企业家们也纷纷组成代表团，参观访问之后随之而来的便是大量的订单，满足双方企业家的需求。在外交关系顺利开展的带动下，《世界报》对中国国家形象的塑造，从某种意义上来说达到了鼎盛时期。不仅各个方面的报道都有所涉及，而且内容的深度不断扩展，深入普通人的生活之中，展现出中国最为真实的一面。对于中国的文化，无论是《世界报》的记者还是读者，都抱有好奇的心态，所以下笔书写时总是给予很高的评价。尤其在电影方面，因为法国一直抵制着好莱坞大片的侵蚀，便把中国电影作为"异军突起"的特色影片向国人以及世界介绍。

二 《世界报》中中国国家形象变迁的原因

（一）政治因素与国家形象

1. 意识形态差异

大众传播不仅通过对事实的客观报道来传达一定的信息，也通过对事实的选择表达无形的意见，体现一定的立场和政治倾向。[①] 从这个意义上说，《世界报》对中国国家形象的塑造受到法国政治及意识形态的影响是显而易见的。东西方意识形态的差别在对中国国家形象的展现方面，势必产生一定的影响。如法国媒体依据他们自己的意识形态和理解将中国1989年的"学潮"称为"暴乱"，将中国塑造为不民主不平等不公平的国家。不过随着时间的推移，以及中法关系的日益密切，法国媒体日益淡化了这种意识形态上的差异。而选择淡化的方式，就是在报道中越来越少地涉及中国的政治问题，而较多地涉及经济、文化以及科技等与意识形态关系不甚密切的领域，《世界报》中关于中国的政治报道数量越来越少，中国的形象日益正面。

2. 国家利益

"新闻传媒展现的国家形象与客观实在的国家形象的偏差，归根到底是由新闻媒体的政治立场所决定的。特别是外国新闻媒体对某一国家的报道，与媒体所

---

① 刘小燕：《关于传媒塑造国家形象的思考》，《国际新闻界》2002年第2期，第62页。

在国家的根本利益直接相关"①。依然以中国的"负面形象势强期"为例，1991年曾经是中法关系的低谷时期，起因在于法国索达等公司与"台湾当局"签署向台湾出售60架幻影2000-5型战斗机的正式合同。此举导致中法关系一度恶化。《世界报》在这一时期的报道中，依然抓住中国1989年政治风波的所谓"余波"不放手，对这一事件要么避而不谈，要么认为出售纯属经济举动，与政治并无联系，总之处处维护法国的利益，而对中国形象的塑造有害无益。与之相应，中法关系在法国的补偿以及中方的努力之下恢复正常以后，《世界报》对中国的评价在语气和用词上都颇为缓和，这同样是为维护法国利益服务的，至少让世人知道，法国并没有选错合作对象。由此可见，中国国家形象在这18年里的不断变化，与法国的国家利益紧密相连。

（二）文化差异与国家形象

中国与法国在文化领域一直以来就存在"惺惺相惜"的关联：一样的悠久历史，一样的灿烂文明，一样的捍卫传统，一样的源远流长。亨廷顿说："价值、文化和体制深刻地影响国家如何界定它们的利益。国家的利益不仅受其内部价值和体制的影响，也受国际规范和国际体制的影响。在主要的安全关注之上和之外，不同类型的国家用不同的方式来界定自己的利益。具有类似文化和体制的国家会看到它们之间的共同利益。"② 正因为如此，有人做出这样的评价："法国是欧洲的中国，中国是亚洲的法国。"自从中世纪以来，法国就贵为西方的文化中心，而中国则成为东方文明的摇篮。在民族性格方面，两国人民都有强烈的民族自豪感和自尊心，对自己的国家独立和主权十分敏感，甚至都怀有大国梦的情结。作家辜鸿铭曾在《中国人的精神》中说过："世界上似乎只有法国人最能理解中国和中国文明，因为法国人拥有一种和中国人一样非凡的精神特质。"③

19世纪后半期起，中国传统文化在与西方文化的对抗中屡战屡败，这也激起了中国开明知识分子实行改革和学习西方的意识。魏源在他编辑的《海国图志》

---

① 张昆：《国家形象传播》，复旦大学出版社，2005年11月第1版，第197页。
② 〔美〕塞缪尔·亨廷顿：《文明的冲突与世界秩序的重建》，周琪、刘绯、张立平、王圆译，新华出版社，1998，第15页。
③ 马胜利：《两个民族的自视与互视——中法关系回顾与思考》，《法国研究》2003年第2期，第92~94页。

中就写道："佛兰西国民最精神好礼，厚待远客，男女会集歌舞，唯乐目前，不虑久远。危时敢作敢为，宁死不居于人下。其女巧言如簧，甚悦人意，但不甚守礼。"① 这反映了当时中国文人对法国的评价，由此看来，他们亦觉得法国人与中国人有几许相似之处：敢作敢为、坚强、重礼仪，等等。

而法国，长期以来对中华文化持好奇的心态。欧洲18世纪掀起的"中国热"就是以法国作家为代表的。例如伏尔泰的《中国孤儿》，就是依据中国元杂剧《赵氏孤儿》改编的，曾引起很大的反响。到了20世纪，无论是戴高乐将军还是蓬皮杜总统，以及现代中国人最熟悉的希拉克总统，都对中华文化拥有无比浓厚的兴趣。希拉克总统对中国古典文化的熟悉程度，甚至许多中国人都难以企及。到21世纪初"中法互办文化年"之时，更是将中法之间的文化交流推向了顶峰。有一位法国人说："不同文化间的交流有助于消除误解，'中国文化年'就像是树立在法国的一面倡导和平和发展的旗帜，不停地飘扬，不但法国人能时时看到它，就是附近欧洲其他国家的人们也可以眺望到。"②

由此可见，在文化领域，中法两国拥有许多共同点，也在许多领域以多种形式展开交流。也正是因为这样，可以看到，单单从文化领域而言，法国在这18年中对中国的文化报道大都持中性或是肯定的态度。尤其是对中国的电影行业，《世界报》表现出极大的热情，在对中国电影的描述中更是体现出对中国功夫的极大好奇。

（三）国际关系与国家形象

任何一个国家在开展国际交流的过程中，都是基于本国的国家利益的。这就意味着，在对国际关系的描述以及对世界上其他国家的报道中，一国的大众传媒，总是以本国的国家利益为出发点，对别国的国家形象进行展示。1988～1993年，正是中法关系的冰冻期，我们发现，这一时期也正好是中国国家形象在《世界报》报道中的"负面势强期"。原因在于，中法关系的恶化，对于法国政府而言，为了维护国家的尊严，体现国家利益，以及捍卫国家形象，必须在媒

---

① 马胜利：《两个民族的自视与互视——中法关系回顾与思考》，《法国研究》2003年第2期，第84页。
② 杨元华：《中法关系史》，上海人民出版社，2006，第256页。

体中对中国有所"表示"。不过自1993年开始,由于法国政府的更迭,巴拉迪尔政府于1993年7月派出雅克·弗里德曼作为总理特使访问北京。朱镕基副总理会见了他,其间弗里德曼也向朱镕基递交了巴拉迪尔总理致李鹏总理的亲笔信。外交部、外经贸部和国家计委负责人分别同弗里德曼举行了会谈或会晤,并对中法两国关系中存在的困难交换了意见。但由于法国军火商对政府施加压力,这次会见并未取得阶段性成果。此后,法国眼看着德国、意大利等其邻国在与中国的贸易中获得巨额利润,自己却无能为力。直到该年底,即1993年12月23~28日,弗里德曼再次以总理特使的身份秘密访华。中法双方就两国关系的困难以及解决困难的办法举行了坦率的会谈,并于1994年1月24日发表联合公报。

进入21世纪后,中法关系更是进入"蜜月期"。两国关系突飞猛进,中法互办文化年的顺利举行,推进了两国关系的发展。在国际重大问题上,两国通常拥有一致的看法,更成为不可多得的战友与同盟。于是在《世界报》这一时期的报道中,中国大多是以光辉而灿烂的形象出现的(非典时期除外):经济发展迅速,国民安居乐业,邦交坚固而广泛,在全世界展现着一个快速崛起的大国形象。

在这18年的报道中,有一位记者的名字贯穿始终,那就是Francis Deron,作为《世界报》的资深记者,他可谓该报的中国问题专家。在这18年中,他为《世界报》撰写了相当数量的中国政治、经济以及文化报道,尤其是政治报道。从他的语言风格的变化中,也可以很明显地看出中法关系的变化对媒体从业者的影响。从1988年到2005年,18年的历程,也是一位记者的成长历程。在这18年中,他大部分时间生活、工作于中国,目睹了中国的种种大事,感受着中国的发展,于是他的报道语言也从最初充满激烈与不满转为平和而略带赞许。

三 提升中国国家形象的建议

(一)夯实经济基础,淡化意识形态差异

要提升中国的国家形象,首先必须提升中国的国家实力,特别是经济实力。

只有从自身出发，打下坚实的经济基础，深化对内改革，扩大对外开放，充分利用国内国外两个市场、两种资源，增强我国经济发展的动力和后劲，才能保障国民安居乐业，才能赢得国内外的民心，树立良好的国家形象。

（二）增强共同信念，灵活运用外交手段

法国前总理让-皮埃尔·拉法兰先生于2005年11月16日在"外交学院论坛"上提到的"三个共同信念"为：第一，提倡多边主义。中法两国都是爱好和平，永不称霸的国家，因此，都应极力反对单边主义，提倡多边主义。要实现世界和平，也必须允许多种力量并存，彼此尊重、理解与合作。第二，遵循以联合国为主要来源的法规保障。中法两国曾多次表示：任何国家的国际行为都应尊重国际法。两国都以自身的行为在这一领域树立了榜样，今后应当一以贯之地执行下去。第三，尊重文化的多样性。尊重文化的多样性，就意味着尊重各个国家的思想、文明和历史。文化多样性是世界和平必不可少的条件。在欧洲建设的过程中，法德和解表明：只有尊重他国及其文化才会实现和平，也就是说，要摒弃将自己的文化模式强加给他国的想法。拉法兰认为，只有这样，才能维持中法关系的友好发展，为世界和平以及世界政治、经济新秩序的建立做出应有的贡献。[①]

（三）充分利用国内外媒体

首先，国内传媒要树立起可靠、可信、可亲、可敬的形象，在报道本国的情况时，采用客观的报道方式，切不可报喜不报忧，也不可胡乱夸大事实，甚至伪造"新闻"，从而予人口实。其次要奉行"走出去"的宗旨，打造中国的传媒龙头产业，使得中国政府的声音、中国的形象，以更为客观而真实的面貌出现在世人面前。此外还应利用国外资源，传播本国形象。关于中国形象，李希光曾痛心地指出："世界上没有中国的声音。所谓中国的声音最终还是美国的声音。因为中国的声音最终还是要通过西方媒体来体现，中国的形象就是美国媒体上的中国形象。由于美国的媒体在世界上占压倒性优势，中国的声音或者是沉默的，或者

[①] 让-皮埃尔·拉法兰：《国际形势及中法关系》，《外交评论》2006年第2期，第12页。

是扭曲的,中国自己的声音是发不出去的。"① 因此应学会利用国外媒体,开展积极的交流与合作,打破西方媒体尤其是美国媒体的话语霸权,为实现中国国家形象的客观公正做出贡献!

(编辑:彭姝祎)

---

① 刘继南:《国际传播与国家形象——国际关系的新视角》,北京广播学院出版社,2002,第341页。

Chine-France : Notes sur quelques divergences et affinités

Tony Andréani[*]

Tout semble éloigner aujourd'hui la Chine et la France l'une de l'autre, comme deux planètes qui n'appartiendraient plus à la même constellation. Je commencerai par donner un aperçu de cette divergence de trajectoire, qui a des causes objectives, mais aussi idéologiques. Et pourtant je pense qu'il subsiste de profondes affinités entre les deux pays, qui tiennent à leur histoire, et aussi à ce qu'on pourrait appeler, d'un terme bien vague, les mentalités. Mon propos, je préfère le dire, sera largement subjectif. Car, une approche scientifique exigerait un grand investissement et serait hors de ma compétence. Je ne connais pas assez la Chine, ni dans son histoire ni dans sa réalité présente, pour aller au-delà de quelques impressions, et de fragments d'analyse qui ne seront rien de plus que des suggestions.

Deux trajectoires politiques qui ne se croisent plus

La France n'a plus grand-chose à voir avec quelque socialisme que ce soit. C'est évident au niveau économique. La France est entrée dans l'orbite du capitalisme financiarisé, où les maîtres du jeu sont les marchés financiers. Cette évolution, qui date des années 1980, n'a fait que s'accentuer. Elle se trouve liée en grande partie à son

---

[*] Tony Andréani, professeur émérite en sciences politiques à l'Université de Paris 8.

intégration dans une Union européenne qui est devenue l'espace par excellence, plus que les Etats-Unis, du néo-libéralisme (mais sous une forme assez particulière, très influencée par l'ordo-libéralisme allemand). J'ai constaté, dans les échanges que j'ai eus en Chine, que la France y était vue comme une championne de l'Etat social du fait de son considérable budget social et d'une Sécurité sociale solidariste (avec, notamment, une assurance maladie sous contrôle public et un système de retraite par répartition). C'est en partie vrai, mais ce l'est de moins en moins. Pour le reste c'est un pays de plus en plus capitaliste, avec de grandes multinationales privées et un secteur public qui se réduit comme peau de chagrin. Telle n'est évidemment pas l'orientation de la Chine.

Sur le plan politique la divergence n'est pas moindre. Curieusement la droite Française n'est pas la plus indifférente ni la plus hostile envers la Chine. On a même vu certains de ses leaders manifester de l'intérêt pour sa culture (Jacques Chirac) et une réelle compréhension de ses usages (Jean-Pierre Raffarin). Le Parti socialiste, lui, cache à peine son aversion pour le «régime» chinois, auquel il ne trouve rien de bon. Et, sur le plan des relations internationales, il est plus atlantiste que jamais. Sans doute est-ce un avatar de son vieil anticommunisme, mais une autre raison en est, je crois, que le volontarisme chinois lui donne mauvaise conscience, depuis que ce parti s'est transformé en gestionnaire scrupuleux de l'économie de marché capitaliste (ce que l'on appelle ici de plus en plus communément son «social-libéralisme»). On aurait pu penser que la gauche de la gauche se serait passionnée pour l'expérience chinoise, elle qui récuse les politiques néo-libérales. Ce n'est pas le cas. Au sein du Front de gauche, seul le Parti de gauche, par la voix de Jean-Luc Mélenchon, manifeste de la sympathie pour celle-ci. Le Parti communiste, lui, préfère le silence, du moins au niveau de ses instances dirigeantes. Et la raison en est assez facile à trouver: ce Parti a rompu avec le projet socialiste, définitivement condamné, selon lui, par l'échec du système soviétique, qu'il a généralisé en échec de l'étatisme en général.

Au niveau de l'opinion, le fossé est plus grand encore encore. Peu informés, la plupart des Français sont effarés par ces riches Chinois qui sont reçus dans des salons privés des grands magasins parisiens pour y dépenser en une seule fois 1500 euros au moins. Ils sont peut-être plus bienveillants envers ces jeunes couples chinois qui viennent se marier à Paris en grand tralala, mais la coutume leur paraît quelque peu étrange. Désinformés, ils croient que la Chine est une dictature, où les droits de l'homme sont constamment bafoués. Pire, ils s'imaginent que la Chine est responsable de la fermeture de tant d'usines pour cause de délocalisations, alors que ces délocalisations stricto sensu ne représentent qu'une cause mineure du déclin industriel du pays. Ils regardent désormais avec suspicion ces marchandises chinoises qu'ils achètent massivement pour leur bas prix, sans se rendre compte que ce sont souvent leurs propres multinationales que les font produire en Chine pour les réexporter vers l'hexagone. Il y a, bien sûr, ces nombreux touristes français qui voyagent en Chine, depuis qu'il est devenu facile de s'y rendre, mais ils sont surtout intéressés par le côté exotique de son ancienne civilisation, tout en étant interloqués par sa modernité flamboyante, à l'heure où leur propre paysage immobilier et industriel est devenu vieillissant. Il semble que le regard des touristes chinois sur la France soit tout aussi superficiel: on vient visiter son patrimoine culturel, surtout parisien, comme on irait au musée. C'est du côté des étudiants chinois en France que le regard sur elle est certainement plus averti, mais ils ne sont pas si nombreux. Bref le fossé du côté français tient beaucoup à l'ignorance, beaucoup au discours politique régnant, et beaucoup aux clichés qui trainent dans les médias. Et, du côté chinois il tient aussi à l'ignorance (avec cette image positive, mais simpliste, d'une France «romantique») ou à la méconnaissance de l'histoire et des complexités de la société Française.

Sur cette pente on imagine de plus en plus mal des rapprochements. Et pourtant il me semble qu'il y a bien des affinités entre les deux pays à un niveau plus profond. Je les ai ressenties lors de mes séjours en Chine: bien que je ne parle pas la langue et malgré tant de différences culturelles, je ne me sentais pas vraiment en pays étranger-moins que lors de voyages dans d'autres pays du monde, et même dans certaines contrées européennes. Mais, cherchant à ne pas m'en tenir à quelques impressions personnelles, j'ai cherché à comprendre pourquoi. Voici les quelques éléments de réflexion qui me sont venus à l'esprit.

Deux nations «politiques»

J'entends par là que la Chine et la France sont des nations qui reposent uniquement sur un pacte ou un contrat social, étranger à tout fondement religieux, racial ou ethnique. Pour qui a voyagé à travers le monde, même s'il n'y fait pas attention, c'est là une profonde similitude. On n'y voit pas de grandes manifestations religieuses, peu de rituels quotidiens dans la population, pas non plus de fortes discriminations selon la couleur de la peau ou en fonction de traits d'ethnicité.

Dans le cas de la France cela date de la Révolution Française, quand la nation s'est définie par la souveraineté populaire et la citoyenneté. C'est ce qui constituera d'ailleurs son message à travers le monde: les citoyens sont libres et égaux devant la loi, et leurs institutions n'ont aucun fondement transcendant. Cette révolution, ensuite interrompue, sera achevée avec la séparation complète de l'Eglise et de l'Etat et l'instauration de la laïcité, qui renvoie la religion à la sphère privée. Aujourd'hui un Chinois qui visite la France y voit des villages groupés autour de leur clocher et souvent désignés par des noms de saints, il voit des cathédrales et basiliques dans les grandes villes, mais ce ne sont plus que des traces d'un passé lointain, pas plus prégnantes que ne le sont en Chine les temples qui parsèment villes et campagnes. La France, qui était autrefois «la fille ainée de l'Eglise» est sans doute le pays le plus déchristianisé de l'Occident, même si une imprégnation judéo-chrétienne n'a pas disparu des esprits. Je ne crois pas non plus qu'on puisse dire que les Français, dans leur immense majorité, soient racistes (le taux de mariages mixtes est particulièrement élevé), ni même ethnocentrés, car l'histoire du pays est faite d'un énorme brassage de populations d'origine diverses. Ils sont certes souvent xénophobes, mais c'est autre chose. Hostiles par définition au communautarisme, il leur arrive de pousser leur républicanisme jusqu'à l'intransigeance, mais c'est, en partie du moins, parce que sentiment est exploité par une droite extrême.

La Chine ancienne était-elle religieuse? A ce qu'il me semble, elle ne l'était pas. L'Empereur ne représentait pas sur terre un Dieu transcendant, mais un ordre cosmique dont il était le garant, et les philosophies chinoises étaient surtout des leçons de sagesse, à l'usage du peuple et des gouvernants. Le culte des ancêtres s'inscrivait aussi dans un ordre naturel. Le rapport des Chinois à l'Empereur reposait sur une sorte de parte social: si ce dernier n'assurait pas la sécurité et un certain bien-être, on avait le droit de le renverser. On peut donc bien parler d'une nation «politique», et cela de plus longue date qu'en France, et c'est encore plus vrai, évidemment, de la Chine moderne. Je n'ai pas constaté de manifestations de racisme en Chine et je trouve que l'ethnie Han, quoique très largement dominante, traite plutôt bien aujourd'hui ses minorités nationales, y compris au Tibet et au Xinyang, où justement l'irrédentisme est de nature religieuse.

Voilà donc deux pays a priori faits pour se comprendre, deux pays dont on pourrait dire qu'ils ont une vocation internationaliste, respectant la souveraineté des autres, et non impérialiste, bien que la France post-révolutionnaire s'en soit souvent écartée, et encore aujourd'hui (j'y reviendrai). Mais la similitude ne s'arrête pas là.

Le rôle éminent conféré à l'Etat

C'est presque un lieu commun: la France est un pays de tradition étatiste. On rattache ce fait à son histoire particulière, en particulier à la monarchie absolue, qui a mis au pas les féodaux, unifié les provinces et qui est allée jusqu'à un dirigisme économique (le «colbertisme»), puis au Consulat et à l'Empire napoléoniens, qui ont mis en place une puissante administration, avec de grands corps d'Etat, comme le corps préfectoral et les tribunaux administratifs, et édifié des systèmes de règles rationnels rompant avec le droit coutumier, tels le code civil. Toutes ces institutions continuent à marquer la vie politique Française, et ce alors même que l'Etat a cessé de jour un rôle central dans l'économie. On constate que les Français continuent de faire appel à l'Etat, dès qu'ils se sentent malmenés dans leur sécurité ou par les violences de l'économie de marché-et c'est bien ce que leur reprochent les libéraux. C'est là du reste une des raisons pour lesquelles ils se sentent aujourd'hui si mécontents et si pessimistes: ils n'ont plus confiance dans leur Etat et dans les élites qui le dirigent (fiscalité illisible, impuissance de l'Etat face aux grands intérêts privés, soumission de l'Etat à «Bruxelles»-c'est-à-dire aux instances européennes-, administrations éclatées).

Comment ne pas faire ici le rapprochement avec le rôle central de l'Etat dans la vie politique et économique chinoise, depuis l'Empire céleste jusqu'à l'Etat actuel, sous la houlette du puissant Parti communiste chinois? On pourrait par exemple comparer d'une part le recrutement des élites à la Française, à travers les concours d'entrée aux grandes écoles (encore un héritage napoléonien) et l'institution de l'Ecole nationale d'administration, et d'autre part le parcours d'examens qui préside à l'admission dans le Parti communiste chinois (lui-même héritier des examens impériaux), soit deux formes de méritocratie. Et l'on peut trouver des similitudes au niveau des attitudes politiques. En Chine les citoyens ont tendance à s'occuper de leurs propres affaires et pour le reste de s'en remettre à l'Etat, pourvu qu'il assure les infrastructures de la société et le progrès économique et social. Les Français sont politiquement plus actifs, mais la plupart se satisfont encore d'une «monarchie républicaine», aggravée par le régime présidentiel de la 5° République, qui confère à l'exécutif un pouvoir inégalé dans le monde.

Ces traits communs sont visibles à l'œil nu. Je me souviens de cette remarque d'un collègue chinois lors d'une courte balade dans Paris, du Panthéon au Louvre, en passant par le Palais de Justice : il était impressionné par les signes de puissance de l'Etat français, dont il n'avait pas trouvé l'équivalent dans d'autres capitales européennes. Les Chinois qui vont visiter Versailles ou Fontainebleau font de même facilement le rapprochement avec la Cité interdite et d'autres palais impériaux, et le touriste français ne manque pas de faire le rapprochement inverse. D'où sans doute cet étrange sentiment de familiarité. Ceci dit, la comparaison s'arrête là, car la divergence l'a emporté. Les palais et les fastes républicains ne sont plus guère qu'un décor. L'Etat politique français est moribond, la période gaulliste étant loin, et le centre du pouvoir s'est déplacé vers une technocratie libérale logée au Ministère de l'Economie. En Chine le pouvoir s'affiche moins, mais il reste éminemment politique, tant au niveau du Comité central du Parti, dont les Congrès et les plenums rythment la vie du pays, qu'à celui des Assemblées populaires, dont les sessions annuelles officialisent un véritable programme de gouvernement. La grande masse des Français ne voit là que dictature, alors qu'ils ont la nostalgie d'un Etat fort et respecté.

Les citadelles assiégées

L'Empire chinois n'a jamais été conquérant et la Chine socialiste n'a jamais fait la guerre à personne que contrainte et forcée par une menace extérieure (si l'on excepte la malheureuse expédition de 1979 contre le Vietnam). A première vue ce n'est pas du tout le cas de la France, partie avec Napoléon à la conquête de l'Europe, s'étant ensuite constitué par la force un vaste empire colonial et ayant participé à presque toutes les guerres impérialistes contemporaines, quand elle n'en pas elle-même pris l'initiative. Et pourtant ce n'est là qu'une face des choses.

Justement parce qu'elle est, depuis la Révolution, une nation politique, la France n'est pas spontanément portée à la guerre. Les révolutionnaires de 1792, hostiles à la guerre, n'ont mobilisé les citoyens que parce que la nation était en péril, menacée par les forces coalisées des souverains de l'Ancien Régime et de l'Angleterre. Victorieux après la levée en masse, et soutenus par des mouvements locaux, ils ont ensuite aidé à créer des Républiques sœurs (qui furent éphémères). Napoléon lui-même a conduit ses grandes guerres pour préserver la nation et ses alliés des forces hostiles à l'ordre nouveau inspiré des principes de la Révolution (pas moins de sept coalitions). Et c'est ainsi qu'il est devenu, bien qu'ayant cédé à un rêve impérial, le ferment de la construction des nations européennes. D'une manière générale il me semble que la France s'est toujours sentie menacée dans ses frontières, sur terre comme sur mer. Il y a d'ailleurs une symétrie géographique frappante à cet égard entre la France et la Chine, situées aux deux extrémités opposées du continent eurasien. Ceci dit, il est vrai que la France s'est lancée, à la différence de la Chine, dans l'aventure coloniale, mais c'est parce que la bourgeoisie Française, en plein essor, y cherchait des ressources à piller et des corvéables (la Chine en sait quelque chose!), sans que la masse des citoyens l'ait souhaitée. Et, si ces derniers ont appuyé quand même la conquête, c'est dans l'illusion que l'on apporterait «la civilisation» aux «indigènes». De fait la colonisation Française a quand même apporté une administration «à la Française», qui servira plus ou moins lors des indépendances, et qui fait qu'aujourd'hui bon nombre de pays appartiennent encore à l'espace de la francophonie (220 millions de locuteurs). On pourrait voir là quelques similitudes avec l'exportation des coutumes autochtones dans l'immense diaspora chinoise.

Un vieux fond de mentalité paysanne

Qu'un tel fond existe en France peut paraître surprenant, quand on sait que les paysans ne représentent plus que 3% de la population active et que le pays est urbanisé à 80%. Mais, dans un pays qui est resté bien plus longtemps un pays agricole que d'autres grands pays européens, les habitus ont la vie dure. Je crois que les Français, même dans les grandes villes, restent plus ou moins consciemment attachés à leurs racines paysannes, gardent un amour pour leurs terroirs et leurs paysages. Ce qui pourrait nous faire penser à la Chine, où l'industrialisation et la migration vers les villes sont en cours, mais encore bien moins avancées : là aussi, m'a-t-il semblé, les mentalités et l'imaginaire collectif restent fortement marqués par les origines rurales des urbains.

Un indice en est peut-être le comportement d'épargne. Les Français, dit-on, n'aiment pas l'argent, sont critiques vis-à-vis de l'enrichissement personnel. Bien sûr on ne peut en faire une généralité, mais le fait que l'épargne soit en France abondante (près de 16% des revenus) et majoritairement investie dans l'assurance-vie signifie que l'on choisit de gérer ses économies «en bon père de famille» plus qu'en preneur de risque, et ceci malgré un système d'assurances sociales protecteur. Les Chinois sont aussi de grands épargnants (40% du PIB), et la raison ne semble pas en être la faiblesse de la protection sociale, mais la solidarité interfamiliale et surtout le vieux réflexe du paysan, qui met de côté une partie de sa production en prévision des mauvaises années.

Un certain individualisme

Dans la représentation courante, tout oppose ici les deux pays. Les Français ont la réputation d'être de grands individualistes et les Chinois celle d'être communautaristes. On ne peut nier de profondes différences, mais je ne trouve pas qu'elles soient aussi nettes. J'ai été frappé par le fait que les Chinois que j'ai rencontrés, s'ils sont ponctuels et rigoureux dans le travail, ne goûtent pas une discipline de fer, se laissent complètement aller dans le temps libre, par exemple celui des banquets, et ne respectent l'autorité que si celle-ci se rend respectable. Il m'a semblé qu'il y avait un petit côté contestataire, voire anarchisant, chez les Chinois, que l'on ne retrouve pas dans des sociétés très policées comme le Japon ou l'Allemagne. Je sais bien que cette sorte de généralisation est sujette à caution, mais elle trouve peut-être un point d'appui dans les structures traditionnelles des deux pays.

La France et la Chine ont été, majoritairement, des pays de petite production paysanne et artisanale, et non de grande propriété foncière ou de grand capitalisme agraire: aussi y a-t-on détesté les féodaux et l'esclavage salarié. Ceci viendrait expliquer pourquoi la contestation et la révolte sont toujours à l'horizon. On ne peut pas non plus opposer trop sommairement une famille chinoise à la parentèle étendue et la famille nucléaire Française, qui ne s'est réalisée que dans certaines régions Françaises: dans d'autres la famille souche et l'habitat groupé prévalaient. Les Chinois ne s'en rendent sans doute pas compte, mais la France est très hétérogène-ce qui explique aussi la bizarrerie de ses comportements électoraux, très marqués par les territoires. Au-delà, sans doute, les rapprochements seraient hasardeux. Car la famille Française était très patriarcale (avec tout ce que cela implique de conflits intra-familiaux), là où la famille chinoise était plus axée sur l'autorité des anciens, et sa consécration dans le culte des ancêtres.

Une certaine idée de la grandeur

Pour la Chine comme pour la France la grandeur ce n'est pas la puissance ni la gloire, mais une forme d'excellence morale, ce qu'on pourrait appeler la vertu du juste, et une forme d'excellence intellectuelle. La France s'est vantée et se vante encore d'être la patrie des droits de l'homme et du citoyen et l'inspiratrice principale, à travers la Déclaration de 1789, de la Déclaration universelle de 1948. Mais ce message, contredit par tant de violations intérieures et extérieures (notamment les guerres coloniales), par la lâcheté politique devant la montée des fascismes, par son mauvais usage contemporain dans un humanitarisme souvent dévoyé, s'est comme épuisé. Je crois que c'est l'obscure conscience que les Français en ont qui contribue à leur sentiment de déclin, plus que le fait que le pays ait rétrogradé dans la hiérarchie des PIB, que la langue Française (autrefois langue diplomatique du monde) ait reculé, qu'il ne brille plus par ses savants, ses inventeurs et ses artistes.

Des traumatismes ont marqué les deux pays. La Chine a été agressée lors des deux guerres de l'opium et s'est vu imposer par les puissances occidentales des traités inégaux qui l'ont vassalisée, puis elle a connu la sanglante occupation japonaise. C'est le Parti communiste qui lui a rendu sa souveraineté nationale. La France a connu la défaite de 1870, qui l'a amputée d'une partie de son territoire, puis une terrible défaite en 1940, suivie de l'occupation nazie. La Résistance a sauvé son honneur perdu, mais c'est De Gaulle, revenu au pouvoir en 1958, qui voudra lui rendre toute sa souveraineté en menant une politique d'indépendance vis-à-vis des Etats-Unis d'Amérique (notamment avec son retrait du commandement militaire de l'OTAN). C'est dans ce contexte qu'il est le premier grand dirigeant occidental à établir des relations diplomatiques avec la Chine populaire (aux dépens de Taïwan). On peut penser que ce n'est pas seulement par réalisme politique : De Gaulle sait ce que c'est que l'humiliation d'un pays et partage avec la Chine de Mao Zedong une même conception de la grandeur. S'il vivait encore aujourd'hui, on peut être sûr qu'il serait, lui aussi, un partisan du multilatéralisme. Mais la France a de nouveau cédé aux sirènes de l'atlantisme, en s'intégrant toujours plus dans une Union européenne, dont il faut se rappeler qu'elle fut dès l'origine préparée en sous-main par les Etats-Unis. Je pense que, après cette période de renouveau national, les Français, mal remis de l'humiliation de 1940, ont conscience qu'ils ont perdu leur place singulière et leur autorité morale dans le monde.

Des modes de pensée pas si différents

On dit souvent que les Français (en tous cas les Français cultivés) pensent de façon cartésienne, à la fois analytique et déductive (notamment dans leur discours du

Droit), alors que les Chinois pensent de façon holiste, plus concrète, appuyée sur des métaphores. Sans doute, mais jusqu'à un certain point.

La pensée chinoise est peu sensible au principe logique de non-contradiction, car la réalité pour elle est faite de contraires, qui peuvent se concilier et même se conjuguer (c'est pourquoi la discussion devrait conduire au consensus), et elle est complexe (aussi faut-il multiplier les angles d'approche). Certes, mais la pensée Française est aussi soucieuse de dialectique. La plupart des jeunes Français, avant de passer le baccalauréat, suivent un enseignement de la philosophie et ils doivent rédiger des dissertations en trois parties : la thèse, l'antithèse (les arguments opposés), et la synthèse (soit un retour à la thèse, enrichie du moment du négatif, à la manière hégélienne, soit une position équilibrée). Ce qui contraste fort, à mon avis, avec le mode de pensée anglo-saxon, avant tout soucieux de précision conceptuelle et de rigueur logique (c'est pourquoi la «philosophie analytique» a peu pénétré l'enseignement français).

J'ai été souvent dérouté par les articles de mes collègues chinois : il y avait des lignes directrices (généralement sur le mode performatif) et une accumulation de données (avec une allure de «catalogue»), accompagnée parfois de redondances. Mais c'est ce qui faisait aussi la richesse de contenu. Nous avons l'habitude d'être plus démonstratifs, mais c'est au risque de l'abstraction. Je crois que les deux modes de pensée devraient s'enrichir mutuellement.

En tous cas, ce que Français et Chinois ont en commun, c'est le goût des mots, plus largement des Lettres. Nos grands hommes politiques étaient des écrivains, les chinois aussi. Un livre d'un auteur chinois nous a émus : «Balzac et la petite tailleuse». Et, en matière de littérature, si la nôtre offrait de grandes peintures sociales (une tradition qui s'est largement perdue), les grands romans chinois d'aujourd'hui sont de remarquables fresques sociales.

Des civilités voisines

Un auteur chinois disait que Français et Chinois ont quatre traits en commun : la profondeur, l'étendue, la simplicité et la délicatesse. Pour m'en tenir aux deux derniers, la politesse chinoise est bien connue : il faut avant tout respecter l'interlocuteur, ne pas chercher à l'impressionner, ne jamais lui faire perdre la face. Il y aussi une tradition Française de la politesse, qui remonte au temps de l'aristocratie, et les collègues chinois m'ont dit qu'elle n'était pas perdue. J'ai lu aussi que, dans les affaires, les négociateurs français étaient davantage appréciés que les autres négociateurs occidentaux, sachant mieux s'adapter aux usages, moins pressés, moins arrogants ... mais parfois «utopistes» (ce serait leur côté romantique) et pas toujours ponctuels. En tous cas j'ai été frappé par la qualité des relations, quand la confiance s'établit. Elles prennent un tour presque amical, sans pour autant donner dans la familiarité. On ne peut, bien sûr, généraliser. Le gouvernement chinois vient d'édicter des règles de bonne conduite à l'étranger pour les touristes chinois. Le gouvernement français serait bien avisé de le faire à son tour.

Alors pourquoi un fossé s'est-il creusé ?

J'ai fait allusion à l'existence de trajectoires politiques différentes, et à certains égards opposées. Mais cela n'explique pas assez la grande défiance, mêlée d'un peu de fascination, des Français ordinaires envers la Chine. La raison de cette défiance est assez simple. Les travailleurs français sont traumatisés par la mondialisation, et en particulier par les délocalisations, ils ont vu disparaître des pans entiers de leur industrie au bénéfice de la Chine, ils pensent que le made in China signifie la mort du made in France. Or personne ne leur explique que seulement 7% des destructions d'emploi résultent de la délocalisation verticale (celle qui correspond pour les entreprises Françaises au différentiel des coûts de main-d'œuvre) -même si celle-ci a un fort impact sur certains territoires-, l'essentiel résultant du progrès technique et de la délocalisation horizontale (faire produire là où se trouvent les marchés). Ainsi faire de la Chine le bouc émissaire des malheurs des travailleurs français est-il fort démagogique. Personne ne leur explique non plus que ce n'est pas vraiment le bas coût de la main-d'œuvre qui fait le succès des exportations chinoises (ce coût ne représente que 4 à 10% du prix de produits), mais la force d'un système économique où les intrants sont fournis par de puissantes entreprises publiques pour lesquelles la rentabilité financière n'est pas l'objectif principal. Car ce serait remettre en cause le dogme selon lequel le secteur privé est bien plus efficace que le secteur public.

Les travailleurs français sont également méfiants envers les investissements directs chinois en France, pourtant bien plus faibles que ceux de l'Allemagne ou des Etats-Unis d'Amérique. Ils espèrent qu'ils seront créateurs d'emplois, mais craignent qu'ils ne fassent une concurrence néfaste aux petites et moyennes entreprises Françaises, qu'ils ne soient pas durables et qu'ils ne respectent pas les normes sociales Françaises. Pourtant les investissements chinois en France ne semblent pas animés par les mêmes calculs de rentabilité maximale et à court terme que ceux, par exemple, des fonds de pension ou des fonds spéculatifs états-uniens, calculs dont les travailleurs français ont fait de cuisantes expériences. On n'a pas assisté non plus à l'arrivée massive de travailleurs chinois dans les entreprises en question, en dehors de quelques managers, lesquels semblent traiter les travailleurs français avec plus de respect que leurs homologues occidentaux. Pour le reste des griefs adressés à ces investissements, notamment la recherche de capture de technologies, il me semble que la question relève de négociations où les deux Etats devraient avoir leur mot à dire, même quand il s'agit d'entreprises privées.

Quelques mots pour conclure

Les affinités que j'ai relevées (et d'autres encore) devraient d'abord, bien sûr, inciter à une intensification des échanges culturels. A commencer par la communication linguistique. Fort heureusement le mandarin est appris par un nombre croissant d'élèves français. L'enseignement du français pourrait de même être renforcé dans les établissements scolaires chinois, sachant qu'il est aussi une passerelle vers l'espace de la francophonie, notamment en Afrique. La diffusion de biens culturels pourrait également être renforcée entre les deux pays. Je pense notamment à celle de films français en Chine, puisque c'est là un domaine où nous avons une production de qualité.

Sur le plan politique des groupes parlementaires pourraient être reçus dans chacun des deux pays-et pas seulement des délégations d'industriels. De même un jumelage entre villes Françaises et chinoises favoriserait la connaissance réciproque. La Chine fait sans doute des efforts pour nouer des contacts au niveau politique, mais ils me semblent insuffisants en direction des partis de la gauche Française. Et les contacts sont quasiment inexistants au niveau des syndicats et des organisations non gouvernementales. J'entends bien que la Chine ne veut pas faire de prosélytisme, mais un gros travail d'information pourrait être fait, dans un langage qui soit davantage compréhensible par des interlocuteurs français (ce qui suppose une meilleure compréhension de leurs attentes).

Ce qui semble fonctionner le mieux ce sont les échanges entre chercheurs et universitaires, mais ils me paraissent fonctionner mieux dans le sens France-Chine que dans le sens inverse.

Si j'ai donc un vœu à formuler à l'occasion de ce cinquantième anniversaire des relations diplomatiques entre la France et la Chine, c'est que l'on comprenne mieux ce qui rapproche les deux pays, par delà leurs différences, et que l'on analyse lucidement les raisons qui les ont fait diverger.

(éditeur: Wang Liqiang)

中法合作

历史不能忘记他们

端木美[*]

2012年由江西人民出版社出版的多卷本《世界历史》第36卷《新中国与世界》第4章"英国、法国、联邦德国与中国的关系"的第二节"中国与法国：打破坚冰的里程碑"是由我完成的。这本鸿著是一部集体著述。正如本卷的后记中所言："从1949年中华人民共和国成立到1978年中国踏上改革开放道路，在这近30年之中，中国与世界都发生了深刻的变化。"在编写本卷时，出于各方面原因，不可能全方位涉及这个时期中国与世界的关系，"我们努力尝试的是依据近年学术界所取得的成果，为读者勾勒出这一时期中外关系发展演变的基本线索，并根据每位作者的特长和个人研究，在一些专题领域有所开拓、有所推进"。基于这个共识，负责不同国家这部分历史的研究人员发挥专长，力图在无数流传多年的世界历史书版本中，贡献一些新史料、写出一点新意。

在纪念中法建交50周年的时刻，我感到荣幸的是我负责的1949~1978年的中法关系正好涵盖了中法建交这一重要的历史事件。我深知国内许多外交史、当代史、国际关系史、当代法国研究的专家就此课题已经写出许多史料充分、内容翔实的专题论文或者专著。为避免重复套路，我只好另辟蹊径，按照我研究的20世纪中国留学生在法国的历史线索，试图写出新意。

---

[*] 端木美，中国社会科学院世界历史所研究员，中国法国史研究会会长，法国国家功绩军官勋章获得者。

先知先觉的农学家

我综合多年的研究，首次在这部史书中介绍了一位在中国鲜为人知的法国著名农学家、政治活动家勒内·迪蒙先生（René Dumont，1904－2002）。他在1974年曾被绿党知识分子推举为总统候选人，虽然竞选未成功，但是扩大了绿党的影响。很少有人知道这位名人一生竟与中国留法勤工俭学历史有着密切关联，是那段历史的亲历者、见证人。他的母亲老迪蒙夫人在20世纪初曾担任蒙塔尔纪女校的校长。1920年，大批中国勤工俭学的学生来到法国，有一部分人进入蒙塔尔纪女校和男校，其中有著名的蔡和森、蔡畅以及他们的母亲葛健豪，蔡和森的爱人向警予等。女校共接纳了10余名女性。

1994年当笔者对迪蒙先生进行采访，作口头历史记录时，他已经90岁高龄。他对发生在70多年前的事情记忆犹新。他深情地回忆起第一次见到这些来自东方的青年时的感受。他说，那些女学生举止端庄优雅，不苟言笑，衣着素净简朴，有的留着乌黑的辫子，散发着一种东方美和智慧的魅力，使他这个16岁的少年为之倾倒。然而，最让他感动的是这些中国男女学生都生活艰苦、学习努力，她（他）们法文不好，但是努力实践。那时少年迪蒙对遥远的中国一无所知，与中国学生交流也困难，但是他力图理解、帮助他们。这些中国学生大多来自南方，习惯吃大米。可是，那时大米在法国很贵，这些学生生活很困难，迪蒙满怀同情地带中国学生到附近农家养鸡场购买成袋未经加工、价格低廉的大米。正是通过这些中国学生，迪蒙第一次了解到在贫困国家中粮食的重要性，由此立志学农。可以说正是因为这些来法国勤工俭学的中国学生决定了他一生的志向，并使他终生为消除贫困和饥饿而呐喊。从农学院毕业后，他到越南从事水稻研究，并由此出发，多次考察中国云南、广东等地区的农业、农村和农民的状况。中华人民共和国成立后，他以农学家和友好人士身份从20世纪50年代起到80年代，先后4次考察中国农业问题，每次都写出一部非常专业的考察专著，不论是表扬、批评还是建议，都非常中肯和客观。可惜的是，这4部专著虽然在西方反响强烈，影响了一代代欧洲特别是法国的汉学家，但是因为是用法文写成的，中国对此知之甚少。

迪蒙先生作为这段历史的最后见证人的贡献，不仅在于他的口述历史提供了生动具体的法国同时代人对勤工俭学的学生的印象、他们间的交往、中国学生对他的人生影响，使得这段历史鲜活起来，成为中法关系史上的华彩乐章，还在于他积极推动这段历史的友好延续。他在自己的著作和传记中，在接受笔者采访中，都多次回忆到1948年蔡畅女士作为中国妇女代表参加布拉格会议后绕道来法国专程看望他的母亲，可惜其母已去世几个月。他为此很感动。他也清楚地记得蔡畅女士如何向他讲述长征的艰苦历程。这一切都加深了他对中国的热爱和同情。虽然1949年后在他4次访华中，仅1964年得以见到蔡畅，但是他始终忠实于他少年时代的友情。中法建交以后，他积极与黄镇大使交往，并努力安排1964年、1965年派来法国留学的中国学生在1966年到蒙塔尔纪过暑假，给这些青年学生一次追寻留学前辈的宝贵机会。可惜当时国际上的冷战形势使中国国内的"文化革命"形成了一种"极左"思潮，使得这些学生不了解这段历史，也不理解迪蒙先生的用心，以致在30年后他对笔者说，他安排了学生们的活动，却被视为资产阶级分子而不能与这些学生合影，这成了他的一个遗憾。1994年在笔者访问后，他表示想见到当年那些共同生活过的学生的后代，在我们的共同努力下，促成了蔡畅女士的女儿李特特大姐的访法，可惜李特特大姐到达时间不合适，迪蒙先生不在法国，就这样他们永远地失之交臂了。

作为农学家，迪蒙先生对当年西方了解中国农村变化起了重要作用。迪蒙先生从1929年开始到1982年曾经7次来到中国。20世纪50年代中法尚未建交时他就应邀来华访问，此后又在20世纪60年代、70年代、80年代分别访华，对不同时期的中国农村又做了3次实地考察，总共写出4部关于中国的农村、农民和农业状况的专著。迪蒙先生不是汉学家，不通汉语，他的著作用法文写成，在西方引起巨大的轰动，影响了几代汉学家，也给西方世界打开了一扇了解处于变革中的中国农村的窗口。

他的第一部专著《中国农村革命》1957年出版，长达462页。他在1955年对十几个省的40多个村镇进行实地考察、采访后，在收集的各类资料的基础上，全面综合地介绍了中国农村的自然条件、社会阶层、传统生活、生产状况、土地改革、农业合作化的推进等，是一部非常难得的科学、客观反映20世纪中叶中国"三农"问题的巨著。迪蒙先生在1964年对中国农村再次考察后出版了《人口过多的中国，饥饿的第三世界》一书。当时中国农村经历公社化运动、三年自然灾害及调整巩固的曲折道路后，生产恢复到1958年的水平，而人口却大大增加。迪蒙先生看到了人口过多给这个贫穷的农业国家带来的危害，他怀着友好同情的愿望，以专家的态度给中国提出建设性的批评意见。

他是当时西方极少数能够清醒地认识到中国控制人口必要性的重要人物。他在20世纪60年代就发出"要想加速发展，必须放慢人口膨胀的速度"的警告，而且明确地指出：共产主义是物质丰富的而非贫穷匮乏的。20世纪70年代，迪蒙先生再度访华，考察了18个人民公社，出版了《中国，耕作革命》一书，客观地向世界介绍了1965年以后中国农村的发展、农村的土壤改良和利用、乡村工业的发展、大规模的水利建设等。他对广大中国农村人口过多的问题依然担忧，对刚开始的计划生育政策表示关注，并且认为此政策的普及可以更快提高生活水平；对已经开始的地方工业化未能充分利用农村剩余劳动力提出批评。迪蒙先生在1982年以78岁高龄最后一次访华，再度写出一本专著《非合作化的中国》，向世界介绍走上改革开放道路的中国农村。

总之，在20世纪六七十年代他的观点意见正确、超前、有远见，为西方了解中国提供了真实的内容，也为中国建设提供了宝贵的建议。虽然1997年我在《人民日报》国际副刊上以《世纪中国情》一文介绍过迪蒙先生，但是我认为还很不够，有必要把他的事迹写进历史书中。

破冰前进的留学生

我在这部史书中插入另一个关于留学生的新内容。自20世纪90年代中期我被派往法国调研留法勤工俭学史料以后，开始关注20世纪中国留法学生的历史。发现那时国内关于留法历史的记述，往往写到留法勤工俭学这一段后，除再有少量20世纪40年代留学的片段，就没有后面的记载了。看了大量文献和回忆录后，我考虑，中国留法学生的历史还有大量填补的空白。特别是从20世纪40年代直到80年代，中法之间并非没有交往。我业余在欧美同学会活动，与留法分会的学长们交往甚密，才了解到一批在1964年中法建交之后国家选派出国的留学人员的留法经历。然而，作为破冰年代的中法文化交流的尖兵，之前却很难找到他们留在历史上的痕迹。我感到这段空白一定要填补。

正好，当时我们社会科学院退休干部、欧美同学会留法分会会员白小乐学长请我为他的新作《情系玫瑰泉——留学巴黎纪实》作序，给了我一个很好的机会了解这批在中国留学史上沉默40年的留法学生的特殊经历。

新中国成立后，冷战使得东西方文化交流受到阻隔，这种状况一直延续至1964年1月27日中法两国政府宣布正式建交。3个月以后双方互派大使，并马上重开两国中断多年的各种交流活动。其中派遣留学生最引人注目。在党和国家直接关怀下，两年间中国先后两次向法国派出约200名留学人员。这些学生年青、充满朝气，他们延续了留法前辈们的光荣传统，肩负起在特殊年代的中西方文化交流任务。虽然他们在1967年就提前结束留学生活，但是，在中国进入联合国之后、在中西方文化交流加强后，他们中大多数成为外交外贸、新闻媒体、教学科研等部门的中坚骨干，成为继20世纪40年代留法学子后又一批中法之间承上启下的文化交流使者群体。但是，我发现在中法文化交流的文字记载中，这批起到打破冷战文化封锁的留学青年的踪迹几乎无处可寻，令人大惑不解。多次交谈后我才知道白学长他们的经历非同寻常。在那东西方对垒、冷战无情、国内纷争不断的年代，这些充满热血的青年学子身不由己，在政治风浪中起起伏伏，此后经年是非任人评说，当年祖国的骄子中的一个特殊群体最终在喧闹的争执中沉寂，给历史留下一段莫名的空白。

这些年轻学子曾经有幸亲身领受过留法老前辈周恩来总理、陈毅副总理的关怀。在国内外政治环境都很严峻的情况下，他们在国外努力学习法国先进文化，与当地人民交朋友，寻访当年老一辈革命家留在法国的工作和战斗足迹。据他们回忆，1966年夏天在参观老一辈留法勤工俭学的学生活动过的地方时，意外地得悉20世纪20年代周恩来、陈毅、李富春等曾经常在一家咖啡馆聚会，而且在店前留过影，感到非常亲切。那张珍贵的照片由咖啡馆主人代代相传，凝聚了普通法国人对中国人民的深情厚谊。照片经过翻拍留给了来寻访前辈旧踪的留学接班人，弥足珍贵。于是新一代学子就在同一个咖啡馆前，效法留学老前辈，也在此留下他们同样年轻的身影。两张相距近半个世纪的照片传为历史佳话。1964年、1965年的留法学生尽管受到时代的局限，但是他们能以清醒的头脑从卢浮宫、枫丹白露宫等人类共同的文化宝库中汲取精神营养；在瞻仰1871年巴黎公社最后一批战士殉难的拉雪兹神父公墓内公社社员墙时学习法国人民的革命精神。他们成为1949年以后成长起来的直接接受和传播法兰西文化的先行者。

为白小乐学长的书写序的过程中，我了解到白小乐学长作为这段历史的亲历者，在退休后努力把自己几十年的青春记忆、切身感受诉诸文字，以一种襟怀坦白的姿态为这个群体在历史上的地位和作用争一席之地。虽然由于某些特殊年代的经历和评价的敏感使他的一些文章的发表困难重重，但是他坚持不懈地写作，几年间发表了十余篇相关题材的文章，最终完成这本书的撰写，把一段鲜为人知的历史展示给世人，再现40年前在东西方文化之间铺路搭桥的文化尖兵们的英姿风采，为填补留学历史的空白积累了宝贵的财富。所以当白小乐学长请我写序时，虽然我自知才疏学浅，不敢班门弄斧，但想到本书在中法关系史研究中可能起的作用时，就斗胆写下自己的感想为序言以抛砖引玉，为这段历史重见天日喝彩。当时我尤其感到有四点可言。

"其一，作者以亲历者的身份回忆20世纪60年代国内外的情势，指出党和国家为加快走向世界而对西方派遣留学生是历史的必然。在没有前人经验的情况下，新中国高度重视留学人员的管理工作，从政治、生活、学习上对留学人员给予全面关怀，特别是老一辈无产阶级革命家们。作者不仅亲切地回忆了周恩来总理等国家领导人对特殊年代的留学工作的重视，而且用大量笔墨追述新中国第一位驻法国大使黄镇将军与当年的留学生的亦师亦友的亲密无间的关系。这位将军外交家在外交工作中的丰功伟绩已经在许多官方文件和同时代人的回忆录中得到颂扬。而白小乐学长则从另一个不为人所知的角度，描述了黄镇大使在执行党的留学生政策时所付出的心血、所起的作用，以及这位博学多才的大使对年轻一代外事后备人才的重要影响。这些回忆不但为历史留下黄镇大使更为丰满可敬的形象，实际上也为后来的驻外使馆留学生工作提供了宝贵的经验和示范性榜样。

"其二，作者以其对法国的充分了解和认识，用朴素优美的文字对法国文化的特点、优点，以及法国的民俗风尚娓娓道来，给读者留下深刻印象，为全书增添光彩。同时他也恰当地对法国社会和法国人的阴暗面及陋习进行了善意的批评，说理讲理，令人信服。

"其三，作者认真借鉴了前人的研究工作，对中法交流的历史作了简要的回顾，对中法关系的光明前景作了充分的阐述。特别是对留法历史中光辉的一页，即留法勤工俭学的历史，作了较为详细的介绍，使得读者对中法文化交流的来龙去脉有了更多的认识。

"最后，白小乐学长在写作的过程中克服资料缺乏的困难，特别是许多第一手资料，如当年的日记、笔记遗失、照片流失的困难，在老同学们的帮助下，完成这一历史篇章的撰写，为中国留学史留下宝贵一页，值得钦佩。应该说，有些章节的撰写很不容易,如有关'文革'、有关特殊时期的中苏关系等敏感章节,需要有一种对历史负责的勇气、对历史尊重的态度,才能说真事、写真话。这尤其值得钦佩。"

但是,即使有白小乐学长的努力,在相当长的一段时间里,他和他当年的同学们,作为一个不可多得的优秀群体仍然沉默,仿佛被遗忘。2013年他们终于在夕阳黄昏时刻集体亮相,以一本《金色的回忆》向世人展示了他们已经逝去的但是不输任何一代的花样年华和他们无怨无悔的生命亮点。广大读者由此得以分享这些填补了历史空白的集体记忆,并寻找到新的历史时期学习的榜样。这本书也是我写的序言,我认为他们的历史应该记录在史书上,得到广泛宣扬与认真传承。2014年为纪念中法建交50周年,同时也是他们出国留学50周年,这本书得以正式出版。我特别邀请了法国时任驻华大使白林女士和我国前驻法大使蔡方柏先生同时为此书作序。这本宝贵的回忆录的出版真正填补了这段留学历史的空白,也在两国建交50周年的纪念活动中引起了热烈反响。

2014年2月23日在法国外长法比尤斯访华之际,专门邀请50年前中国派遣的首批留法学生到使馆参加招待酒会。在致词中,法比尤斯外长高度赞扬了留学生在中法文化教育交流关系中的作用,他称这些50年前中法建交后最早踏上法国领土的中国留学生是中法友好的使者,是促进中法文化交流的先锋。法国外长与大家亲切地交谈合影,这个留学生之夜给在场的不同代际的中国归国留学生们留下了深刻的印象。

锦上添花的是,经过4个多月的精心策划和筹备,纪念留法学习50周年暨中法建交50周年返法团终于于2014年5月22日成行。团员来自北京、天津、上海、南京等地,开始了重返法国母校之旅。他们一行30余人,其中18人是1964年中法建交后首批公派的进修生和大学生。

他们故地重游,在当年学习、居住的地方追忆自己的青春年华,感恩当年法国学校和教师们对他们的培养。在当年学习过的汉纳大学,副校长致欢迎词,他表示非常高兴和荣幸地接待50年前在此学习的中国留学生,双方互赠礼品。当年的学生之一、如今的著名画家阮宗华刚劲有力的篆体"桃李满天下"代表了全体来访同学的感激之情。2010年荣获傅雷翻译奖的李玉民老师将其译作《悲惨世界》赠送母校。他说,是汉纳大学两年的学习给他打下了良好的法国文学基础,对他后来从事三十余载法国文学翻译工作有很大帮助。参加这次重返活动的原国际广播电台记者操桂香学长说:"1964年中国政府选派了百余名优秀学生,他们中除上述提到的同学外,还有桃李满天下的张正中老师、军事专家尹卓少将、中旅老总刘家骧、世贸组织大法官张月姣、世界卫生组织专家刘培龙等等,他们在各自领域为推动中法友好关系的发展做出了不懈的努力和卓越的贡献。"

重返法国的老留学生们受到中国驻法大使翟隽的热情欢迎和接待。他在使馆接见了大家并称这批留学生为前辈,他说他学法语的启蒙老师姜憬莉也是这批留学生中的一员,并请来访的代表们代他向姜老师表达问候。翟大使在谈到中法关系的发展时说:"中法关系一向具有战略性、全球性和时代性。20世纪90年代建立全面伙伴关系,2004年确立全面战略伙伴关系,2014年习近平主席访法,两国决定建立紧密持久的全面战略伙伴关系。"他希望大家继续为深化中法友好关系做贡献。

这次成功的重返法国留学地的活动在中法建交50周年大背景下显得特别有声有色。中国驻法教育处公使衔参赞马燕生表示:"作为中法建交后的首批公派留法学生,他们是中法关系50年的见证者,也是发展两国关系的参与者与推动者,在各自不同的工作岗位上,为促进中法人民的相互了解,加深中法两国友谊做出了重要贡献。今日中法关系的良好局面,和在座的每一位都有千丝万缕的关系。"

新华社、中央电视台、法国《欧洲时报》、法国电视3台、法国西部网站等媒体都对中法建交后首批留学生返法活动做了系列详细报道,反映了中法双方对此次50年一遇的盛况的共同热情和关注。这次令人难忘的活动已经被记录在史册中。

(编辑:张金岭)

中国人留学法国的历史与政策背景

安 延*

中国现代化的进程也是一个西学东渐的过程,其中留学人员功不可没。据中国派遣留学生的资料记载,中国人赴法留学已有130多年的历史。从洋务运动清政府派遣少量留欧船政生,到20世纪二三十年代掀起留法勤工俭学潮;从新中国成立后至"文化大革命"期间派往法国的留学生屈指可数,到21世纪初自费留法生规模蔚为大观。不同时期和背景下的留法学人有着鲜明的时代特色,追溯重要时期留法学人的历史,具有深远的现实意义。

一 1978年前中国人留学法国的历史

(一) 19世纪末洋务运动开辟的留法道路

第二次鸦片战争之后,面对西方资本主义列强船坚炮利的威胁,清政府迫切希望创办一支近代化的海军。1875年,在福州船政局技术监督法国人吉格勒(Giquel)返回欧洲之际,为使技术人员开阔眼界,增长才干,船政局选派魏瀚、陈兆翱、陈季同、刘步蟾、林泰曾五人随吉格勒赴英、法等国参观学习造船技术。① 这是真正出自中国人的愿望而被派遣赴法国的留学生。之后,为了办洋务,清政府又向法国陆续派了几十名留学生。他们之中大多数主攻船舶

---

* 安延,教育部国际合作与交流司留学工作处处长。
① 李喜所:《近代留学生与中外文化》,天津人民出版社,1992,第82页。

制造和驾驶，回国后成为北洋海军的主力，也有个别学习矿务、铁路甚至法律的。①

洋务运动的这批留欧生归国后，赴欧留学的青年逐渐减少。1900年，清政府制定了鼓励出国留学的政策，并重新向欧洲派留学生。1904年前后，京师大学堂译学馆派出几十名青年到法国留学。随后，湖北、广东、广西、天津海关等也派人赴法留学。② 这个时期，留法学生以官费资助为主，清政府认为欧美各国的特长是实业发达，学习法政的学生容易滋生革命意识，于是劝诱和鼓励留欧学生学习工科。清末留法学生出国时技能虽低，但毕业时成绩尚佳。1910年，48名中国留法毕业生中，33人大学毕业，8人获得工程师学位和硕士学位，7人获得博士学位。③ 在中国近代史上，19世纪末20世纪初被派往法国的近百名留学生，都曾以他们的学识和才能为中华民族的振兴贡献了力量。

（二）20世纪20年代留法勤工俭学运动

第一次世界大战爆发后，战争中的法国急需大量从事生产劳动和后方勤务的工人，于是提出在中国招募华工，北洋政府答应了这一要求。李石曾等人在北京组织了留法俭学会代为向国内招工，并提出了四条招工条件，其中规定：华工与法国工人必须同等待遇，须设工人教育，从而提出了"勤工俭学"的口号。在蔡元培、李石曾、吴玉章等人的倡导下，大批青年学生赴法勤工俭学。从1919年3月17日第一批89名勤工俭学的学生离沪启程，到1921年11月13日104名勤工俭学的学生被遣返回国，前后共约两年零八个月。在此期间，先后共有1600多名中国青年抵达法国。④

一般认为，赴法勤工俭学运动是由一批不满现状、立志改革的先进青年，受到十月革命的影响，前往法国寻求革命真理而形成的一场颇为壮观的革命运动。事实上，留法勤工俭学群体是一个十分复杂的社会群体。蔡和森、向警予、徐特立、蔡畅、周恩来、邓小平、赵世炎、王若飞、刘伯坚、陈毅、聂荣臻、李富春等老一辈无产阶级革命家曾在这一行列，但共产主义知识分子只是留法勤

---

① 罗芃、冯棠、孟华：《法国文化史》，北京大学出版社，1997，第470页。
② 李喜所：《近代留学生与中外文化》，天津人民出版社，1992，第395~396页。
③ 王奇生：《中国留学生的历史轨迹1872-1949》，湖北教育出版社，1992，第58~60页。
④ 王奇生：《中国留学生的历史轨迹1872-1949》，湖北教育出版社，1992，第66页。

工俭学学生中的一部分，留法勤工俭学队伍参差不齐，最大的已年过半百，最小的年仅10岁，有学校教员、工厂技术人员、新闻记者、医生、律师、中下级军官、行政人员、银行职员、小商业者等，几乎各行各业都有，且多数学生财力不济。

以勤工俭学的方式出国留学，在中国留学史上确是一大转折点和一大创举。它使留学人选从有钱阶层扩展到贫寒子弟，从大专毕业生扩展到中小学毕业生。过去留欧，每年不过数十人、上百人，而赴法勤工俭学运动中，每年多达数百人、上千人。在留学方式上，工学相结合的事例，以"工读主义"为信仰的大规模的出国勤工，在留学史上前所未有。

留法勤工俭学运动的倡导者希望通过工学相结合的道路实现普及教育，振兴实业，以及改良社会的理想，由于主客观条件的限制，最终未能实现。然而正是在"此路不通"的情况下，一部分勤工俭学生转而寻求马克思主义，留法勤工俭学运动为中国共产党准备了一大批优秀干部，这是运动的倡导者始料未及的。[①]

（三）从南京国民政府到新中国成立期间的留法学人（1929～1949）

随着留法勤工俭学大潮的回落，留法中国学生的数量迅速减少，直到1928年国民政府定都南京后，派遣学生赴外留学工作被重新纳入规范管理。根据当时国民政府的规定，留学生取得护照必须要有教育部出具的证明，因此，赴各国的留学生数量得以登记在册。从1929年到1937年，各类赴法学生总数达699名。[②]

1937年抗日战争爆发后，留学生的派遣被迫中止。1945年抗战胜利后，国民政府派遣留学生的工作再次被提上议事日程。1946年教育部组织全国考试，录取148名官费留学生和1126名自费留学生，派往英国、法国、瑞士、荷兰、比利时等国，但由于1946年内战爆发，国民政府失去了照管国外留学生的能力，这种情况一直持续到1949年。

---

① 王奇生：《中国留学生的历史轨迹 1872－1949》，湖北教育出版社，1992，第74页。
② 王奇生：《留学与救国》，广西师范大学出版社，1995，第21页。

（四）新中国成立到改革开放前的赴法留学情况（1949～1978）

中华人民共和国成立伊始，社会主义建设百业待兴，面临各类人才尤其是科技人才匮乏的严峻局面。鉴于国际国内的环境，向西方资本主义国家派遣留学生困难重重，因此1960年以前主要是向苏联和东欧社会主义国家派遣学生。1960年后，中苏关系恶化。根据当时的国际政治形势和中苏两国关系恶化的现状，国家决定加强与其他国家的文化交流，开始在对资本主义国家积极开辟派遣留学生的途径。随着当时国际形势的发展，对外语翻译干部的需求急剧增加。针对俄语人才相对过剩，其他外语人才严重不足的情况，大量开办外语专科，主要是英、法、日、德、西等语种。

1964年，中法正式建交，当年在资本主义国家中派往法国的留学生数目是最多的，达103名，1965年派出81名。1966年"文化大革命"开始后，我国派遣留学生工作推迟，从1966年至1972年，停止派遣出国留学生达6年之久。1972年，根据中共中央批准的外交部《关于中法贸易和文化交流若干项目的原则请示》中有关向法国派遣留学人员一事，国务院科教组于1972年9月15日决定向法国派遣20名法语进修生。为"达到时间短、收效大的目的，拟选派政治条件好、有一定法语基础、身体健康、年龄在33岁以下（教师可以到35岁）的青年翻译干部和教师出国进修"，时间为两年，不考学位。这是"文化大革命"以来首次恢复派遣留学人员。[1]

这一时期整个国家的出国留学工作尚处于摸索阶段，赴法留学生的派出专业不全，缺乏长远规划，大部分学生只是学习语言，而学习"高、精、尖、缺"（高级、精密、尖端、缺门）学科和专业者很少。从选派的方针和指导思想以及对留学生的管理方法来看，受意识形态影响较大。就留学生派遣的效益而言，主要为我国培养了一定数量的法语和法语翻译人才，对中法两国的外交关系及文化交流做出了一定贡献。但相对于1949～1978年留苏学生对国家政治、经济、教育、科技等方面的影响，留法学生是远远比不上的。当然，这也是派出数量、规模以及国际形势和国家政策所决定的。与20世纪二三十年代的留法勤工俭学潮相比，1949～1978年可以说是留法的低潮时期。

---

[1] 国家教育委员会外事司：《教育外事工作历史沿革与现行政策》，1996。

二 1978年后中国留学政策的演变与留法情况

(一) 中国留学政策的演变及其对留法的影响[①]

第一阶段：1978～1983年

1978年是中国留学史上的重大转折点。这一年，邓小平做出了扩大派遣留学生的重要部署。这个阶段公派留学的总方针是，"在确保质量的前提下，根据国家的需要和可能，广开渠道，力争多派"。当时，大陆与西方国家联系和交流的渠道甚少，对于西方的学校和如何派遣留学生等缺乏了解。为了打开渠道，1978年7月和10月，中美科技代表团互访，并达成美方在1978～1979年度接收中国500～700名留学生、研究生和访问学者的口头谅解。同年，中国先后同日本、德意志联邦共和国、英国、法国、加拿大等国签订了文化和留学生交流协议。

1978年，中国政府派遣了300名语言留学生赴法，并选拔了100名其他专业的本科大学生。[②] 第一批本科生于1979年2月抵法，他们先在法国里昂、波尔多、波城、第戎、里尔等地的大学强化学习一年法语，随后进入大学学习，其中一部分成绩优异的学生转入工程师大学校学习。法国国家大学事务中心受中国政府委托负责安排留学生的接收学校、食宿、社会保险、文化活动，并按照中国政府提供的费用，每月发给他们助学金。[③] 中国政府派出本科生赴法上大学，而且一次派出100名之多，这还是第一次。法方对此十分重视，留学生们到达各自学校时也分别受到当地不同方式的欢迎。由于留学生在国内没有学过一点法文，刚到达时感到很多不便，法方学校专门配备了懂汉语的人负责联络、翻译，帮助他

---

① 参见叶隽、安延：《中国留法教育之概述与基本分析（1979～1999）》，《全球教育展望》2003年第12期，第69～73页。
② 1978年选拔的100名本科大学生的专业分配情况为：数学专业8人，生物专业6人，化学专业5人，化工专业5人，物理专业8人，冶金专业5人，采矿专业5人，农业专业4人，畜牧专业3人，航空专业2人，铁道专业2人，空间专业2人，建筑学专业2人，地质专业4人，土木建筑专业8人，无线电电子学专业10人，机械工程专业6人，材料科学专业5人，社会科学专业5人，医学专业5人。教育部：档案外事局赴法国留学人员卷（二），1979。
③ 教育部：《我一百名留学生来法学习安排及费用照会》，档案外事局赴法国留学人员卷（二），1979/158。

们办理有关手续，适应在法国的学习和生活。

由于时间仓促，缺乏经验，尽管派出留学人员的大多数是同类人员中"好的和比较好的"，但也有一部分学业基础并不算好，且由于国内外情况不明，他们在确定学习专业、选择派往单位和导师时都有一定盲目性；同时，总体而言，这些留学生派出学习的专业来不及综合平衡，缺乏统一计划，重点不突出，缺乏统一协调。鉴于此，国家于1979年、1980年两年调整了计划，1980年派出本科生4人，1981年派出本科生49人，适当调整派出学科比例，并以进修人员和研究生为主，从1981年起逐步增加研究生的派出人数。1982年派出研究生127人，本科生也派了一些，主要学习我国空白、薄弱的学科和法语。这个时期派出的本科生毕业后大部分留法继续深造，或攻读博士学位，或进入工科大学校，或进入法国公司企业实习、工作。

第二阶段：1983~1986年

这个阶段公派留学的基本方针是强调"解放思想"，"改革出国留学人员管理体制，增派留学人员，改进分配工作，开创留学工作的新局面"（1984年10月全国出国留学人员工作会议文件）。在国家公派留学人员的类型上，由1979年规定的"以派出进修生和研究生为主"改为逐步以"出国攻读学位的研究生为主"（教育部《关于1982年试行选拔出国攻读博士学位研究生的通知》）。从1985年起又额外增加了由工商企业派出技术和管理人员到国外学习的名额，同时鼓励地方和单位增加派出留学人员。

1983年预选赴法留学人员共169人（其中进修生36人、研究生133人），1985年派出研究生139人。中法两国的教育合作一直在稳步地向前发展，至1984年12月，我已向法派出1400多名留学人员。1984年在法留学人员的总数接近800名，其中约有四分之一的人享受法方提供的奖学金。与此同时，两国间的专家互访、学者来往、校际交流等活动亦在日益加强。

第三阶段：1986~1989年

从1978年扩大派遣留学生到1986年，我国先后派出3万多人出国留学，在留学教育和管理方面都积累了一定的经验，同时也面临不断出现的新问题，如学科重复、国别集中、回归率偏低，留学人员开始出现滞留海外的现象等。鉴于"广开渠道，力争多派"的目标已经达到，1986~1989年提出了"按需派遣，保证质量，学用一致"的出国留学方针。同时，相应地将国家公派留学人员由以研究生为主转向着重派出进修人员、访问学者；派出留学人员的工作要体现博采各国之长的原则；决定建立公派出国留学人员与派出单位签订协议书的制度，以尽可能保证公派留学人员如期返回。调整后，1987年国家公派出国留学人员计划中，访问学者、进修人员约占70%，研究生约占25%，大学本科生约占5%。同时，派出人员中增大了向欧洲各国的派出比例。

从统计数据上看出，这个时期政府公派赴法留学每年保持在200名左右，主要为研究生和进修人员，不再派遣本科生。此外，单位公派和自费留学生的数量都比上一时期有大幅度增加。

第四阶段：1989～1996年

1989年北京发生了春夏之交的"政治风波"。申请自费出国的人数大量增加，公派留学人员滞留不归现象日趋严重。西方某些国家趁机截留和掠夺我在外人才。经过1989年政治风波之后两年多的徘徊、调整，到1992年，中共十四大首次提出大陆经济体制改革的目标是建立社会主义市场经济体制，坚持对外开放。与此相适应，提出进一步放开留学教育，把"支持留学，鼓励回国，来去自由"作为留学工作的总方针。

在国家公派留学方面，中央及时调整出国留学工作，在继续贯彻"按需派遣，保证质量，学用一致"的出国留学工作方针的同时，调整结构，严格选拔条件，"博采各国之长，按我之需，取人之长，精选精派，定向定人，力争保质保回"。从1991年起，公费出国访问学者不再用"切块分配名额，按名额录取"的办法，而采用"限额申报，专家评议，择优录取"的办法。国家公费出国留学以选派访问学者和高级访问学者为主；选派学科仍以应用学科为主；在派往国别上，坚持"博采各国之长"的原则；对攻读博士学位的研究生，在立足国内培养的前提下，根据重点学科建设和目前国内尚不具备培养研究生条件的薄弱、边缘、新兴学科的发展需要，派出少量攻读博士学位和联合培养的博士生。此外，采取国内外校、所之间以双边交流和科研合作等形式向国外科研水平高的重点大学、研究机构和企业成组配套派出留学人员，以提高出国留学效益。

这个时期国家公派赴法留学人员和单位公派留学人员每年各保持在100多名，不但本科生不多，研究生也很少派遣，绝大多数为不攻读学位的进修生。此外，从1986年开始，到我驻法使馆教育处登记的自费留学生明显增多。这些自费留学生主要靠亲友的经济资助读书或在亲友的帮助下找到一份工作进行半工半读,他们很少主动与我驻法使馆联系,因此究竟在法国有多少自费留学生、姓甚名谁、在何学校、学何专业等确切情况均无从掌握,也很难对他们进行管理。[①] 随着这部分学生数量的增加,政府也意识到应该加强对这部分学生情况的调研,更加积极主动地开展对他们的宣传、管理,除了在生活学习上帮助解决他们的困难外,还要适当地在经济和物质上给予他们必要的支持。

第五阶段:1996 年至今

从 1996 年起,国家公派留学的选派工作实行全面改革。1996 年 6 月成立了国家留学基金管理委员会。该委员会作为非营利性的法人组织,受教育部委托,组织公派出国留学人员的选拔。同年,对国家公派出国留学人员实行了新的选拔办法,即根据国家经济建设和社会发展的需要,在政府宏观指导下,"个人申请,专家评审,平等竞争,择优录取,签约派出,违约赔偿"。新办法体现了公开、平等、竞争、择优的原则,逐步以法律和经济手段取代过去以行政和思想教育为主的管理方式,按期回归率有了明显的提高。

这个时期在法国的公派留学生保持在每年 100 名左右,进入 21 世纪后,公派留学生人数小幅攀升。值得注意的是,随着中国社会经济的发展,国内居民收入的增长和对接受高等教育的迫切需求,以及法国吸引外国留学生优惠政策的影响,加之中法教育交流和经贸关系不断升温所形成的宽松条件,留法自费生数量迅速增长。根据法国教育部的统计,1998~1999 学年在法国综合性大学(还不包括大学校等其他高等教育机构)注册的中国留学生数目为 1374 名,2002~2003 学年增长到 8773 名,增幅达 539%,其中绝大部分是自费留学生。

2001 年我驻法使馆教育处对 249 名自费生进行了抽样调查。[②] 结果显示,在留法自费生中,女性数量明显高于男性,占 53%,19~23 岁的留学人员占 50% 以上,本科以下学历的占 60%,没有工作经历和仅工作过一年的自费生比例占 61%,其留学目的、留学院校、专业选择多元化趋势明显,人员构成愈加复杂,既有外语差、专业水平低的高中生,也有高层次优秀人才脱颖而出。

[①] 教育部:《关于在法自费留学生情况的报告》,档案 1981 年教育部外事局档案赴法留学人员管理卷(一),1981/33.132。

[②] 驻法使馆教育处:《关于来法自费留学及中介机构情况的调查报告》,2001 年 10 月。

（二）拔尖创新人才的需求对公派出国留学政策的影响

自 20 世纪 70 年代美国教育社会学家马丁·特罗教授提出教育发展三阶段说以来，高等教育大众化的问题一直受到人们的关注，并逐渐成为世界性的趋势。1998 年以来，中国高等教育实施大众化的发展战略，总体看来，高校扩招后，高等教育的入学门槛大大降低，高等教育资源为更多的人所分享，而不是仅局限于少数精英，1999 年中国高等教育毛入学率仅为 10.5%，2009 年达到 24%，短短 10 年，中国高等教育步入大众化的发展阶段。

但高等教育大众化发展的同时不能忽视那些有特殊才华人才的发现和培养，大众教育并不排斥精英教育。我国发展正处于加速转型期，转变经济发展方式，推动产业结构优化升级，建设创新型国家，必须全面提升各类人才的数量和质量，特别是创新型的领军人才。中共十六大明确了人才资源是第一资源的思想，提出人才强国战略目标，提到了这样三种人才："数以亿计的高素质劳动者，数以千万计的专门人才，一大批拔尖创新人才。"而我国急需的真正能够达到国际前沿水平的高层次尖端人才匮乏，特别是能够参与国际事务、参与国际竞争、通晓国际规则的人才严重短缺。

在知识经济和全球化的时代，国际竞争是科技的竞争，但归根结底是人才的竞争，中国要发展进步，在世界舞台上占据一席之地，需要大批优秀人才、高级人才。改革开放 30 年来，留学生作为一个重要的人才群体，对国家的发展、社会的进步做出了重要的贡献。在新的时期，出国留学仍然是国家培养和储备具有国际化视野高端人才的重要途径。面对国内国外人才发展的压力，在加大国内高校高层次人才培养力度的同时，需要进一步对外开放，瞄准国际发展前沿，紧紧围绕国家战略需求，加速选派留学人员，继续通过出国留学的渠道培养和凝聚一大批高端尖子人才。

因此，"扩大规模，提高层次，保证重点，增加效益"成为近几年国家选拔公派留学生工作的基本思路。2004 年，国家留学基金委设立了"青年骨干教师出国研修项目"，采取与高校合作资助的方式选派重点高校青年骨干教师出国留学，更加注重高校人才队伍建设和学科建设，选派人员的素质大幅度提高。2007 年，又设立了"国家建设高水平大学公派研究生项目"，在"985""211"高校中实施，每年选派 5000 名研究生出国攻读博士学位或联合培养博士，按照"三个一流"的原则,"选派一流的学生,派到一流的学科专业,师从一流的导师"。进一步加大了重点选派符合国家发展战略需求的高层次人才的力度,通过利用国外优质教育资源,推动我国高水平大学建设,培养高素质创新型人才和各学科领域拔尖创新人才。这些公派留学项目与海外高层次人才引进工作相结合,根据国家发展战略和重大工程的需求,旨在培养和引进一批跻身国际前沿的科学家、学术带头人、高级管理人才和精通国际规则的高级专门人才。

近年来,随着我国人民生活水平的提高,经济贸易和科学研究的国际化发展,出国留学不断向多元化和多样化方向发展,出国留学也有"大众化"的趋势,但高精尖人才一直是国家公派留学的取向,特别是近年来公派出国留学政策更是围绕"人才强国"战略,以培养高层次人才和紧缺人才为明确目标。

从前几个阶段的公派留法政策来看,选派学生不管是本科生、研究生还是进修生,综合素质都是较高的,其中不乏佼佼者,但不管是在学校选择还是专业选择上都有一定的盲目性,大部分公派生是在综合性大学中学习或进修,大学校不是接收中国留学生的主流。20世纪80年代初法官方在对我进修人员专业的控制上是基础理论研究从宽,应用科学研究从严,对少数法尖端部门如航空制造、大规模集成电路等干脆予以拒绝,1979年拟赴法学习航空制造的八九名科技进修人员先后遭到法方的拒绝。①再加上20世纪七八十年代法国大学校国际化程度有限,接收外国留学生本身就少,对于接收来自中国的留学生更是有很大顾虑,种种因素限制了中国留学生在法国大学校就读。

随着社会经济发展,中国对全球化国际化事务的参与日渐深入,国际地位不断提高,国家更加开放,中法两国教育合作日益密切,涉及精英人才培养合作的方式和渠道逐渐丰富,机制愈加完善,经费得到保障,中方向大学校派出留学生的针对性更强。同时中法高校之间交流合作的基础稳固,中方院校对法国大学校精英教育的模式和院校了解增多,在校际交流项目框架下派出学生,增强了对口

---

① 当时我在驻法使馆文化处了解到图鲁兹航空学院每年实际都接收一定的外国学生,就向法外交部文化司提出:既然图鲁兹航空学院能接收其他国家的学生,为什么就不能接收中国学生?如果法方不能一下子接收8名学航空制造的人员,起码也可接收几个吧!法有关人员对此无言以对,只好硬着头皮答应接收两名。后来法方虽然多次寻找借口想推翻原来的承诺,但我坚持原来的协议,不肯松口,终于使这两名进修人员进入法国的航空制造部门。教育部:《从法国的实际情况出发,努力做好来法科技进修人员专业对口的调整工作》,档案1980/187《外事局赴法国留学人员卷》,1980。

性和针对性。

从另一个方面看,随着中国经济腾飞,综合国力迅速增强,法国认为崛起中的中国在未来世界发挥的作用会越来越突出,出于开拓中国市场、为法国企业培养本土人才的需要,与工业企业界关系密切的法国大学校逐渐将中国作为重点合作国家,十分积极地吸纳中国精英人才。以法国顶尖的工程师学校综合理工学校为例,近年来该校每年接收的100名外国留学生中有20多名是中国学生;再如曾经拒绝接收中国学生的图卢兹航空学院,如今作为法国航空航天工程师学校集团的一员,不仅积极接纳中国学生,还主动到中国天津与中国民航大学合作设立中欧民航学院,在中国本土培养相关人才,与20世纪七八十年代接收中国学生顾虑重重的态度形成了鲜明对比。

三 法国接收外国留学生政策的演变[①]

(一) 法国吸引外国留学生的政策演变

法国作为西方高等教育的发祥地之一,出现过跨国际、跨文化教育的先驱——巴黎大学,具有悠久的接待外国留学生的传统。早期的巴黎大学就具有国际性,来自欧洲各地的师生普遍采用拉丁文传授知识,用拉丁语进行交谈。第二次世界大战前夕,外国留学生占巴黎大学学生总数的1/4。

虽然法国一直是接收外国留学生的重要国家之一,但随着第二次世界大战的结束以及遭受两次石油危机的重创,法国的政治、经济地位下降,文化、教育特别是高等教育在世界上的影响也不能与其黄金时代同日而语。特别是20世纪八九十年代以来,美、英、澳等盎格鲁-撒克逊国家采取商业方式大张旗鼓不遗余力地对自己的高教资源进行宣传,在国际教育市场上,相对沉默的法国竞争地位明显落后。从1994年开始,在法留学生数量呈现负增长趋势。针对这种弱势,法国教育界、政界、工商界人士纷纷呼吁应采取措施,改变这一状况,发扬法国接收外国留学生的悠久历史传统,提高其在高等教育国际市场上的竞争力。为

[①] 本节内容参见安延《大众与精英之间的选择——法国最新留学政策解读》,驻法使馆教育处调研,2007;安延《新世纪留学市场中的法国》,《比较教育研究》2003年第5期,第86~90页。

此，法国政府出台了一系列措施。

1. 制定明确的吸引外国留学生的国家统一政策并进行机构建设

法国政府一直非常重视本民族文化的保护，这是其外交政策的重要组成部分。它将大量资金投入法语教学和法国文化在国外的传播。但在1998年以前，法国政府并未从战略高度上认识到推广法国教育的重要性，所以也并未明确制定出旨在吸引外国留学生的宣传政策和措施。而一贯保守的法国大学凭借自己悠久的历史、深厚的学术传统以及源于法国政府较为充足的经费的支持，不屑于用商业方式推销自己。尽管与英、美、澳等国家大学学费高昂相比，法国大学有很明显的优势，但由于其"营销"上的相对沉默，在国际高等教育市场上的影响力、知名度和吸引力，远远不能与英语国家大学相比。从各种版本的世界大学排行榜中法国大学的地位就可以看出这一点。针对这一状况，1998年11月，法国外交部与国民教育、研究、技术部宣布联合设立专门性机构——法兰西教育署（EDUFRANCE）负责在海外推广法国教育，加强法国与世界各国的教育与科技交流，协调法国高等教育机构向国外提供的留学项目，并采取相关措施为外国学生赴法国深造创造条件。机构成立后，除了加强对外宣传、参加世界各国的教育沙龙和教育展览、介绍法国教育制度和大学之外，还积极促进与重点国别之间的教育合作，采取网络集团化、项目化管理在世界各地招生。比如，工程师培养项目"n+i"项目就汇集了50多所法国工程师学校及相关企业的资源，利用网上报名、网上材料评审与面试相结合的方式招生，在国际范围产生了较大的影响。

此外，2003年10月，法国外交部和国民教育、高等教育与科研部还联合成立了一个研究咨询部门，即促进大学生国际交流的国家委员会，专门负责对法国接收外国留学生和法国学生赴外国留学的情况进行分析，对取得的成绩和存在的不足进行总结，并对进一步推动大学生的国际交流向有关部门提出政策建议和具体措施建议。该委员会开展独立调研，每年向政府提交年度报告，把推动大学生国际流动的政策提升到战略高度。

2. 提高对外国留学生的接待质量

外国留学生在法国的困难表现在注册难、找房难、打工难，这些问题长期得不到解决的根本原因是：法国主管部门分散而且极不协调。法国相关部门在留学生事务中的角色各有区别：外交部及其驻外使馆负责制定入境政策及入境签证的签发，教育科研部制定学生交流政策并负责对外签署交流合作协议，国家大学事务中心（CNOUS）、地区大学事务中心（CROUS）及国际学生事务中心（EGIDE）主管学生食宿、奖学金，内政部及各地警署制定居留政策和办理居留手续。所有这些机构从来没有一起坐下来制定外国留学生接待政策或签署有关合作协议，甚至同一部门内部的做法也不统一。为改变这一局面，2007年3月7日，法国外交部和教育部宣布成立"法国高等教育署"（Campus France），该机构具有公共利益集团的身份，旨在统一管理外国留学人员事务，改善对外国留学人员的接待质量。在教育部和外交部的双重领导下，"法国高等教育署"与高等教育机构密切合作，联合负责法国高等教育世界推广的法兰西教育署和负责留学生管理、奖学金管理的国际学生事务中心，以及国家大学事务中心、地区大学事务中心等机构，统一协调信息咨询、择校、注册、签证、住房和升学等所有与外国留学人员有关的工作，从而结束了法国多部门管理外国留学人员和责任不清的局面，明确各部门的义务与职责，提高透明度，实行一条龙服务，切实解决留学生在物质和行政方面遇到的实际困难。

"法国高等教育署"是一个网络式的协调机制，有包括大学和大学校在内的229个合作伙伴。它在法国驻外使领馆开设了分支机构（Espace Campus France），作为接待外国留学生的统一窗口，学生可以通过登录"法国高等教育署"网站与当地专门经过培训的人员进行直接交流，建立个人材料档案，得到个性化的服务和指导（包括留学的前期准备、查询最新法国高等教育院校和专业目录、制定留学计划、建立数字化的个人材料、申请学校、申请签证等）。截至2009年1月，在亚洲、欧洲、美洲、中东和非洲的80多个国家已建有143个"法国高等教育署"的分支机构。在法国本土，也在各高校和各个地区的大学事务中心开设了"法国高等教育署"窗口，解决留学生在生活、学习上的具体问题。

为提高法国接待外国留学生的质量，2007年3月7日，法国外交部、教育部与法国大学校长委员会、大学校校长委员会、国家促进学生流动委员会、法兰西教育署、国际交流接待中心及全国大学事务中心的代表签署了法国政府奖学金生接待质量保证宪章。该宪章制定了74项指标，对整个接待过程中外交部、使馆、高校、行政管理单位、奖学金生本人的职责进行了明确的分工，覆盖行前、抵法、留学、回国四个环节。该宪章将在条件成熟时推广，适用于所有的外国留学生。

3. 积极宣传大学体制和学位制度

法国高等教育体制是典型的双轨制，相对开放、面向大众的综合性大学和相对封闭、针对精英教育的大学校并存。各类高等教育机构所颁发的学位文凭也相当复杂，弄懂整个体制的情况、在这个体制中找到适应自己水平的教育阶段并非易事。法国政府和教育界一方面通过教育展，在法国驻外使馆文化处设立信息点，加大宣传攻势，消除人们对法国教育体制的陌生感；另一方面，拓展高等教育机构的国际交流，建立和国外的校际合作关系，在校际协议的框架下吸引外国留学生。比如，法国四所中央学校与中国四所高校（清华大学、西安交通大学、上海交通大学、西南交通大学）开展了"4+4"强强合作项目，法方接待中国二年级学生在法国学习两年，回中国继续学习两年后获得中国的硕士文凭和法国的工程师文凭，在有限的时间内拿到两个含金量较高的文凭，同时保证学生学成回国，因此受到中方院校和学生的欢迎。对于法方来说，因为中方合作院校质量较高，同时赴法学生亦须参加选拔，故学生质量能得到很好的保证。

继欧盟各国教育部长签署的《博洛尼亚宣言》确立了欧盟统一的高等教育学制后，法国教育部于2002年4月8日正式颁布第2002-482号政令，开始在全法高等教育机构中参照欧盟的"3-5-8"学制，在"学士（高中毕业后3年）-硕士（高中毕业后5年）-博士（高中毕业后8年）"的框架下调整教学培训计划，并引入欧洲学分转换制度（European Credit Transfer System，ECTS）。虽然具有法国特色的各种学位、文凭在短期内不会消失，但外国学生有了较为简单、一目了然的参照体系，不会被复杂的教育体制搞得一头雾水。此政令的颁布也有利于法国向欧盟教育制度统一的方向迈进，更好地促进欧盟内部的学生流动。

随着这些措施的实施，法国接收外国留学生的情况有了明显的改观。赴法留学学生的数量在短期内有了大幅度的提高，外国学生国籍及地区的分布结构也有所调整。根据法国国民教育部的统计，在法国各类高等教育机构中就读的外国留学生数量从20世纪90年代末开始迅速增加，从1998年到2005年增长了74.8%，2008年达到266400名，占全体大学生总数的11.9%。[1]

---

[1] Ministere francais de l'education nationale (2009). *Repères et références statistiques sur les enseignements, la formation et la recherche*, édition 2007, p. 172.

（二）法国政府留学生政策取向：吸引精英人才

为继续增加法国高等教育的竞争力，到 20 世纪 90 年代末，法国政府对留学生问题的重视上升到了前所未有的高度。法国政府自 1998 年以来采取的一系列政策措施初见成效，与德国并列成为世界上第三大留学生进口国，仅次于美国和英国。

但接待留学生的规模和数量不断增加也给法国带来了一些问题。一方面，有些人以留学生的身份来法后滞留不归，与非法移民为伍，给法国带来了一系列社会问题。另一方面，为了保证大众获得大学教育的权利，法国的公立高等教育一般是免费的，学生只支付较低的注册费，这与英美等国家不同，意味着政府要有大量的财政补贴投入。而法国对世界敞开其高等教育，意味着外国留学生同样获得了法国公民接受几乎免费的普通大学教育的权利，意味着法国不但不可能从外国留学生身上获得很高的经济利益，甚至要向外国留学生提供与法国学生同等的各种社会福利和补贴。虽然法国政府曾多次表示，法国接收留学生将不实行学科专业与国籍的配额限制，但实际上国家经济实力的限制使法国不可能将大笔经费不加区分地投入在外国留学生身上。从表面看，法国对全世界敞开了其高等教育的大门，但究其本质，它不可能对所有外国人都无条件地欢迎。

在全球激烈的人才竞争中，法国也希望吸纳优秀人才，采取了许多新的政策措施，正如法国前外交部长所言："外国留学生中有未来的精英人才，是将来法国领导人的对话伙伴，提高我国高等教育机构的吸引力是提高未来法国发展机遇的重要因素之一。"在知识与创新统领的世界，没有人会忽视这些科技、政治、经济、文化精英所具备的巨大潜力，无论是在国际舞台还是回到本国，他们都将承担重要的责任和职位，法国和他们之间建立特殊的关系是对未来最好的投资。从以下几项政策中，我们可以看出法国真正希望接纳的是哪些优秀的外国精英人才。

1. 增加法国政府奖学金经费，创立优秀学生奖学金

每年法国外交部发放约两万个法国政府奖学金，共计 1 亿欧元。奖学金生中 44% 来自非洲国家，20% 来自欧洲（其中 2/3 为非欧盟成员国），15% 来自亚太地区国家，13% 来自中东国家，8% 来自美洲国家。

为了补充高技术人才，法国还在世界各国培养最好的文化大使推广法兰西文化和语言，并将第三阶段的优秀学生作为吸引的重点。法国外交部除了通过驻外使领馆发放法国政府奖学金外，自1999年开始还创立了埃菲尔优秀奖学金，主要颁发给工程、法律、政治、经济、管理等专业硕士层次的留学生，到目前为止平均每年有400人受益。2005年创立了埃菲尔博士奖学金（主要颁发给联合培养的博士生，每年80人）、Major奖学金（奖励设立在国外的法国学校里最优秀的学生，每年100名）、Charcot奖学金（奖励在法国大学医疗中心从事临床研究的外国学生，每年21名）。

以法国在中国颁发的政府奖学金为例，过去大量奖学金用于培训法语教师，以便扩大中国的法语教学，近年来，大部分奖学金以更加集中的方式用于支持中法高校和科研院所的合作项目，培养博士生或资助进行博士后研究。

2. 设立法国留学中心（CEF），遴选优秀人才

1999年以后，大量中国学生赴法留学，法国政府在兴奋之后，认为一部分中国留学生质量无法得到保证，所以开始把"质量问题"提上议事日程，开设留法审核部，对申请赴法自费留学的中国学生的语言水平和学术资格进行审核，以保证法国对留学生的培养将来能获得最大效益。因此早在2003年，法国驻华使馆就在中国成立了第一家语言与学术评估中心（CELA），对希望赴法留学的中国学生进行审查筛选。2005年，又在驻阿尔及利亚、摩洛哥、突尼斯、塞内加尔和越南各国的领事馆下设立法国留学中心。经过几年的试点，法国已在包括巴西、美国、印度等国在内的30个国家开设了法国留学中心，其重要功能是向外国大学生介绍法国的高等教育组织、提供信息指导、帮助他们制订学习计划、准备行政手续（注册申请、签证申请、住房申请等），当然也承担对留学人员进行筛选的任务，留学中心对提出申请的学生的留学动机、学术资格、所学学科和语言水平给予鉴定，领事馆会遵循中心的意见发放签证。

由此可见，设在驻外使领馆的"法国留学中心"（CEF）不仅是一个服务机构，同时还是一个筛选和审核机构，通过选拔保证来法留学生的质量，通过选拔吸收精英人才赴法留学，在留学过程中打上深刻的法国文化烙印，潜移默化地培养"亲法派"，以实现法国长远的政治、经济与文化利益。

3. 颁布新移民法，优待外国优秀人才

法国2006年7月24日颁布的新移民法是自1980年以来对移民政策进行的第十三次改革，过去法国政府忌讳把接纳外国优秀人才与"移民"这个敏感话

题联系在一起，而新的移民法打破了这一禁忌，确立了"选择性移民"在法国的合法性。

首先，赴法行政手续更加简便。以往外国留学生来法后办理居住证需向所在地的警察局提出申请，通常要等待几个星期甚至几个月才能得知申请结果。而根据新移民法的规定，经过法国各驻外使领馆的法国留学中心审查并取得3个月以上长期签证的外国留学生赴法后均有权利获得一年期的居住证。

其次，高层次的留学生可以获得工作许可。对于已取得硕士或硕士以上文凭的外国留学生，如果他希望在回国服务之前能获得一些工作经验，可给予6个月的、不可延长的临时居留许可（APS）。6个月后，如果他被聘用或得到聘用承诺，则可以取得临时工作居住证继续留在法国。

此外，法国还放宽了科研人员的居留许可。新移民法规定，持有"科技人员"（scientifique）居住证的研究人员如果得到允许在欧盟其他国家从事科研工作，在经费得到保证的情况下被允许在法国居留至多3个月。

为简化已持有居住证的大学生和研究人员的行政手续，注册硕士或硕士以上学位的学生，以及从事科研活动的研究人员，在能够保证于一定期限内完成学业或工作的前提下有可能获得最高4年的多年居住证。

新移民法还为实习者和特殊人才创设了两种新的居住证。"实习者"居住证的对象是那些在实习协议的框架下的、在法国进行无工资实习活动的外国人，即使他并不持有长期居住证。特殊人才居住证的对象是那些"具有特殊能力和才能的，可以密切并长期参与法国经济发展或有助于法国在知识、文化、科学和体育领域内扩大世界影响的外国人"。

综上所述，不管是对优秀人才提供奖学金，还是对希望赴法留学的外国学生实行越来越严格的遴选，法国都是在吸引优秀精英人才赴法，而新移民法的出台更标志着法国的留学生政策越来越跟"选择性移民"的提法结合在一起。根据经合组织的理解，跨境教育的学生流动政策有四个政策目标：加强能力建设、增加人力资源、增进国际理解和追求经济利益。法国作为一个高福利且教育发达的国家，并未像英国、澳大利亚那样把教育事业当作经济产业，其吸引外国留学生的主要目的也是为了法国的利益培养和储备更多优秀人才。虽然法国把促进学生流动、增进国际理解作为一个普遍的理念在推广，但种种迹象表明法国政府留学生政策是指向精英化的。

（三）大学校在吸引、培养中国精英人才中的独特作用

独特的精英培养模式使法国大学校在外国精英人才的培养中发挥着不可替代的显著作用。大学校奉行实用主义的原则，比理想主义色彩浓厚、坚守传统的综合性大学更注意审时度势，对国际人才市场的供求更加敏感，也能够更加迅速地适应时代发展的变化对全球化人才的需求。大学校积极提高自身的国际化水平，注重吸纳外国优秀留学生，培养有扎实的学术功底、有跨文化背景和交往能力且对法国怀有深厚感情的外国精英人才。自1999年以来，获得埃菲尔奖学金的硕士阶段留学生有超过一半都在大学校就读。

除了加强与北美、欧洲国家的传统交流合作之外，大学校非常注重发展与新兴国家的关系。从不同国家留学生数量的增长幅度就可以看出，巴西、俄罗斯、印度、中国等新兴国家是大学校优先发展合作关系的对象。特别是近几年来，随着中国经济腾飞，综合国力迅速增强，法国认为崛起中的中国在未来世界发挥的作用会越来越突出，法国大学校也将中国作为重点合作国家。不管是在与中国高校合作方面，还是在吸纳培养中国精英人才方面，都非常活跃。

通过学生交流项目，大学校接收中国留学生的增长幅度很大，根据大学校委员会的统计数据，在大学校注册的中国学生数量从2001~2002学年的912名增加到2003~2004学年的1619名。[①] 2007年法国教育部有关高等教育的统计数字表明，2006~2007学年在大学校就读的中国学生数目超过2000名。[②] 在某些著名的大学校，中国学生的数量和表现更是令人刮目相看，可以说，最一流、位于金字塔顶端的法国大学校，如巴黎高师、综合理工、巴黎政治学院、国家行政学院、巴黎高商等学校都十分重视与中国的关系，并积极吸引招揽中国优秀青年学子。譬如，2005年综合理工学校招收的100名外国留学生中，有20多名是中国学生。

中法高等教育体制区别很大，为了保证遴选质量，招收到最优秀的学生，法国大学校往往采取在同中国高校校际交流的框架下录取合作伙伴院校学生的方

[①] Conférence des Grandes Ecoles (2005). *Les grandes écoles et l'international*, Document de la Conférence des Grandes Ecoles. p. 21.

[②] Ministere francais de l'education nationale (2007). *Repères et références statistiques sur les enseignements, la formation et la recherche*, édition 2007, p. 203.

式。鉴于法国大学校的规模不大，在校生一般在 1000 人以下，而中国最优秀的大学都是在校生达到几万人的综合性大型高等院校，大学校往往采取集团的形式与中国重点高校进行学生培养方面的合作。法国 4 所中央学校与中国清华大学、上海交大、西安交大、西南交大"4+4"的合作项目①从 1999 年就开始运作，巴黎高科与北大、清华等 9 所大学的"9+9"合作项目②则在 2000 年启动，这两个项目可以说是中法大学与大学校集团合作促进学生流动的先锋。2002 年华东师范大学与法国高师集团（巴黎高师、加香高师、里昂高师、文学与人文科学高师）正式启动了联合培养博士研究生项目，进一步提高了此类合作的层次和水平。③ 此外，法兰西教育署发起的旨在培养工程师的"n+i"项目也汇集了

---

① 1996 年底，法国 4 所中央学校（巴黎、里昂、南特与里尔中央学校）校长代表团访华，与清华大学、上海交大、西安交大、西南交大四所高校确立了"4+4"强强合作关系。双方就联合培养工程师学生、合作科研、举办学术会议等方面开展了卓有成效的合作。在此基础上，1999 年双方签订并启动了"4+4"双文凭（中国硕士文凭与法国工程师文凭）联合培养协议。

② "9+9"项目，是中国 9 所著名大学（北京：清华大学，北京大学，北京农业大学；南京：南京大学，东南大学，南京农业大学；上海：同济大学，复旦大学，上海交通大学）与法国巴黎高科集团的合作项目。项目招收以上高校毕业的理工类背景的优秀中国本科生赴巴黎高科下属的 11 所顶级工程师大学校留学，这 11 所学校是：国立高等工程技术学校（Ecole nationale supérieure d'arts et métiers ENSAM）、国立巴黎高等化学学校（Ecole nationale supérieure de chimie de Paris ENSCP）、国立林业、水和环境工程学校（Ecole nationale du génie rural, des eaux et des forêts ENGREF）、国立巴黎高等矿业学校（Ecole nationale supérieure des mines de Paris ENSMP）、巴黎高等理工化工学校（Ecole supérieure de physique et de chimie industrielles de la Ville de Paris ESPCI）、国立桥路学校（Ecole nationale des ponts et chaussées ENPC）、国立高等先进技术学校（Ecole nationale supérieure de techniques avancées ENSTA）、国立高等电信学校（Ecole nationale supérieure des télécommunications ENST）、国立巴黎－格力侬农艺学校（Institut national agronomique Paris-Grignon INA P-G）、巴黎综合理工学校（Ecole polytechnique）、国立行政管理与统计学校（Ecole nationale de la Statistique et de l'Administration Economique）。为了扩大与中国教育界的交流与合作，巴黎高科在 2000 年启动了这一项目。这是巴黎高科近 200 年来第一次通过与中国著名大学的直接合作，跨越法国学生必经的严格考试，直接接收中国的优秀毕业生。申请人必须得到所在大学的推荐，然后经过由 5 名法国教授组成的"巴黎高科选拔委员会"的笔试和面试，被录取的同学可申请法国政府、法国企业、法国学校以及中国政府奖学金。

③ 巴黎高师与华东师范大学自 20 世纪 80 年代起就建立了交流关系。2002 年正式签署与法国高师集团合作办学的协议。2002 年 11 月，经教育部批准，华东师范大学与法国高师集团（巴黎高师、加香高师、里昂高师、文学与人文科学高师）正式启动了联合培养研究生合作办学项目。双方在数学、物理、化学、欧洲研究和生命科学等领域开始联合培养研究生。在教育部和上海市领导的支持下，这一项目获得了快速发展。

50 多所法国工程师学校及相关企业的资源，利用网上报名、网上材料评审与面试相结合的方式招生，在国际上产生了较大的影响。

这种以两国大学和大学校集团合作促进学生培养的意义在于：（1）紧密结合劳动力市场对有中法两国文化教育背景的高级技术管理人才的需求，得到工业企业界的欢迎，特别是法国企业开拓中国市场非常需要这些法国教育模式培养出来且又懂得两国语言和文化的人才；（2）促进中国借鉴法国大学校的人才培养教学模式，提高法国教育理念与模式在中国的影响力；（3）促进高层次留学人员的双向流动，加强对未来精英人才的影响，双方在高层次精英人才培养方面的合作将对未来两国政治、经济、文化关系产生长期的积极影响。

正是由于以上意义，中法两国政府认识到对精英人才培养的投入就是对未来的战略投入，因此对这些大学校和中国大学之间的合作项目给予了大力支持。两国政府不仅给予了很多政策上的鼓励，在经费上也给予了重点扶持，在合作框架下派出的留学生大部分能够得到中、法政府奖学金或企业提供的奖学金支持，这使项目更加具有吸引力。

值得一提的是，鉴于法国大学校与工业企业界的密切联系，大学校与中国高校的合作也带有很多行业色彩，得到两国工业企业界的大力支持，为中法未来的经贸合作奠定了坚实的人才基础。活跃在中国的法国企业不仅为大学生流动提供高额的奖学金，在中国市场的投资布局中也考虑到很多教育方面的因素，如航空航天人才的培养得到两国民航局的密切关注和支持，空客380生产装备线之所以选择落户天津，也是考虑到位于天津的中国民航大学与法国航空航天大学校集团的合作密切，可以在双方联合培养的高质量人力资源中就近取材。

当然，法国大学校与中国的合作不限于学生的交流，更是深入中国本土合作设立学校，如北京的中央学校、天津的中欧航空航天工程师学校、上海的中法工程与管理学院（IFCIM），里昂管理学院在华东师范大学设立的分校园，巴黎高科也酝酿准备在上海成立第二所工程师学校。与单纯的学生交流往来相比，合作办学的形式更加符合中国本土的特点与需求，在当地教学节省了学生的学习成本，因而招生规模可以更大，可以让更多的中国学生受益。学校的存在也更为稳定，这些学校同时成为母校在中国的基地，更多的法国学生可以来华进行学习或实习，从而促进了中法学生、教师和教学资源的双向交流。

四 结语

就历史的纵向发展来看，从最初洋务运动时中国人漂洋过海留法学习海军开始，中国人之留学法国已有130多年的历史，其中有高潮也有低谷，每一个时期的留法学人都带有鲜明的时代特色。

在历史的长河中，吸引我们注意的规模比较大的留法高潮主要有三次。第一次是20世纪二三十年代轰轰烈烈的留法勤工俭学运动，赴法勤工俭学运动希望通过工学结合的道路使出国接受教育成为可能，在中国留学史上开创了一种新的留学模式，更为重要的是，留法勤工俭学生中出现了周恩来、邓小平、陈毅等中国革命的杰出领袖，出现了严济慈、钱三强等功勋卓越的科学家，还涌现了巴金、徐悲鸿、钱钟书等文学艺术大师，留法勤工俭学运动使法国在中国留学史上占有重要的地位。

第二次是1978年后到80年代初中国政府向法国派遣本科生和研究生，每年一二百名的规模现在看来虽然不算大，但在当时中国百废待兴，人才匮乏的背景下，在长期对外封闭后，向包括法国在内的西方发达国家拉开了我国对外开放事业的序幕，派出的人才学成回国后为国家经济发展和社会进步提供了巨大的智力支持。

第三次高潮是随着中国社会经济的发展而出现的。由于国内居民收入的增长和对接受高等教育的迫切需求，法国吸引外国留学生的优惠政策，加上中法教育交流和经贸关系不断紧密所形成的宽松条件，在迈入21世纪的门槛后留法高潮再度掀起，如果说前两次高潮有组织，那么第三次则在一定程度上是在全球化进程中中国学生在世界高等教育市场中的自发流动。可以认为，我国目前仍然处于这一次高潮的进行时阶段。这个时期留法生学习的不仅是先进的技术和知识，更为重要的是在当代和未来世界变化激流中适应和应变的能力。

中国人留法虽然有着悠久的传统，但在过去几次中国留法高潮中，中国留学生基本与大学校无缘：20世纪二三十年代的勤工俭学运动中，包括邓小平、陈毅等老一辈中国革命家主要是在初中等职业技术学校就读，仅有个别佼佼者进入高等学府；中国实施改革开放政策后，政府派遣的公费留学生大多进入大学和科研机构，少数考入工程师学校，基本不成规模。直到20世纪90年代末，在法国大学校中才开始见到越来越多中国学子的身影。

如果说前几次留法高潮的产生是由中法两国高等教育发展水平之间的绝对差距造成的，那么在大学校就读的优秀的中国留学生数量大幅增长则要归结于两国在精英教育发展水平上的相对差距。随着国家提出建设创新型国家的目标，中国对高层次创新型人才的需求与日俱增。而法国大学校经过上百年的摸索实践，具有较成熟的精英教育模式和传统，并且希望通过国际化接收新兴国家的外国留学生带来更多的活力。这种需求和供给之间的契合又为两国合作培养精英人才提供了必要的条件。

留学生个体对于流动的目的国、目的学校的选择过程固然受到很多偶然因素的影响，如家庭、师长、朋友甚至是特殊政治事件的影响，但如果把近年来大量中国学生选择在法国深造放入宏观政策背景中考察，便会发现这并不是一个孤立和偶然的现象。中法两国政治关系不断升温，特别是教育文化领域的交流与合作日益密切，两国高校的合作得到两国政府在政策和经费方面的大力支持，有的项目即是政府直接牵线搭桥设立的。精英培养领域的合作符合两国的长远利益，中法两国政府对高端人才培养的政策需求达到交汇点，创造了良好的政策背景。留学虽是个体的事情，留学潮却反映了宏观政策。因此不管是从历史的维度考察，还是从宏观政策的角度分析，我们都从中国精英留学法国大学校的现象中看到了偶然中的必然因素。

（编辑：张金岭）

打开教育合作、学术外交之窗

——中法历史文化研讨班十年记

端木美[*]

2013年9月，由中国法国史研究会与法国人文科学之家、巴黎第一大学/瑞士弗里堡大学联合主办、华东师范大学承办的中法历史文化研讨班成功举办了第十期。合作各方低调欢欣地在上海温润的初秋庆贺了研讨班的十岁生日。一个历史学科的国际合作项目持续不断举办了十年，这在我国尚属首次，在法国也是前所未闻。收获时节，欣慰之余，心潮澎湃：十年辛劳、十年耕耘、十年成果。今天可以说这十年是通过中法教育合作实践着一种民间学术外交，培养了学生，增进了不同国家学者相互间的了解和友谊，取得双赢。

一 巴黎创意

透过时光万花筒，回望当初这个项目问世的情景，如同内中的彩片清晰地闪烁在眼前，恍如昨日。

2002年初夏我在法国进行短期研究工作。那年的巴黎由于总统大选惊人的左右大战而显得特别不平静。第一轮极右翼候选人国民阵线勒庞大爆冷门地击败社会党的若斯潘而与保卫共和联盟的希拉克共同出线，进入第二轮角逐。极右翼

---

[*] 端木美，中国社会科学院世界历史所研究员，中国法国史研究会会长。法国国家功绩军官勋章获得者。

胜出的消息如同惊雷震撼了全法国乃至欧洲政坛。震惊之余，大多数法国人奋起力挽狂澜，抗议游行，很有点"祖国在危机中"之感。具有法国大革命光荣传统的法兰西人民显示出捍卫共和民主和国家荣誉的决心与气魄。在反极右翼、拯救共和国的共同呼声下，希拉克得到左右翼几乎所有政党和选民的支持，以82%对18%的绝对优势击败勒庞连任总统。法国人民在重大历史关头表现出对民族历史、对国家前途高度负责的精神。

作为历史学工作者，置身波澜壮阔的法国政治社会运动中，正是观察法国社会、思考重温法国历史、重新认识法国的千载难逢的机会。我感到收获甚丰，同时也深感我国的法国历史研究工作亟待深化，研究力量亟须加强。

当时我是中国法国史研究会副会长，受到著名历史学家、时任法国巴黎人文科学之家主任的莫里斯·埃玛尔先生的接待。在他手下，亚欧部负责中国事务的齐福乐先生曾任法国驻华使馆文化专员，汉语流利，了解中国。在多次与他们的会晤中，我们就如何在中国推进并加强法国史研究、着力培养年轻一代使用法语的历史学工作者，进行了坦率有益的探讨。围绕"请进来、走出去"的基本模式，我们很快就达成共识：为年轻的中国历史学学生、青年教师和研究人员在华举办暑期培训式的系列讲座。由中国法国史研究会牵头与法方合作，邀请地方高等院校承办。这样，2002年7月在巴黎第一个中法历史学合作的奠基性文件——中法文版的"中法历史学暑期研讨班合作计划"诞生了。自此，在历史学这个冷门专业里总算有了一个探索性的国际合作计划，为实现研究会老一代"加强国际合作、培养年轻一代"的梦想迈出了第一步。

二　沪杭联手

征得国内同事们的同意和支持后，我们选择了杭州浙江大学实施首次研讨班合作计划，从2002年秋开始与法国同事们紧锣密鼓地准备大家企盼的第一次学术合作。在此期间我当选为研究会会长。然而计划执行伊始，并非一帆风顺。2003年春夏间中国那场震动世界的"非典"疫情让许多外宾迟疑地驻足在国门外。我和杭州、上海的同事们认真策划的首次合作方案不得不搁浅，失望是可想而知。

然而，这个小波澜并没有阻断我们推动国际合作的梦想。"非典"肆虐的时间虽然漫长，中国和法国相距虽然遥远，但是我们紧紧抓住互联网这根救命稻草，通过电子邮件在北京—上海—杭州—巴黎隔空对话，得到法国同行们的配合，坚定不移地向既定目标迈步。终于在一年之后的7月，第一次中法历史学暑期研讨班计划在上海—杭州实施。当我从北京赶到上海欢迎巴黎来的四位法国学者（第五位已经在北京）之时，很有点梦想成真的感觉。

2004年盛夏7月，第一次研讨班在上海开幕。这次是2003年计划的延迟实施，也是一次尝试。我们的设计是选择几个课题，由一位法国教授、一位中国教授以同一课题做报告，各抒己见。我们邀请到史学理论、法国大革命、城市史、知识分子史以及法国汉学宋史研究五位著名的法国教授，相应地也邀请到五位在这五方面有造诣的中国学者参与这次为时一周的研讨班，五天在上海、两天在杭州。研讨班活动得到中法双方的高度重视，法国驻华使馆文化处专员满碧艳女士专程从北京赶来致词。法国驻上海总领事馆也派代表参加了开班仪式。华东师范大学校领导、历史系和亚欧研究中心的领导也都出席并致词。法国人文科学之家亚欧项目负责人齐福乐先生代表因故无法来华的人文科学之家主任、著名历史学家埃玛尔先生出席此次活动，并代表其宣读研讨班开班导论。

在这忐忑又愉悦的一周里，以中国法国史研究会青年会员及华东师大历史系的学生为主的听众们全力支持了研究会的工作。他们认真听课、联系采访、扩大影响，不论法语水平如何都勇敢地与法国学者面对面交流，收获甚丰。他们也提出了宝贵意见，此后甚至影响了研讨班的走向。比如，他们要求在宝贵的一周中给外国专家们更多的讲课时间，国内学者的讲课可以另行安排；他们也提出暑期太热，学生放假不利于发动更多学员来听课，等等。从第二届起，我们就采纳了这两点意见。

此外，一周时间的接待讲课，经费相当紧张。华东师大给予了尽可能多的支持。研讨班报告会结束在杭州。在这个江南炎热的时节，首次合作以在浙江大学教授、研究会副会长沈坚家里包饺子愉快地招待法国客人而宣告成功。

受到成功的鼓舞，我们继续与巴黎保持热线联系，准备次年的第二次握手。当时根据我们的设计，研讨班可以在国内一些有接待能力的高校巡回组织，一年一换地方。为此准备了另一个有研究会理事所在的单位。最初一切顺利，次年初已经通知法方并发出邀请信。然而，忽然接到该单位通知，由于财力等方面问题要求取消活动。这正是在三九寒天，我从电话中得知消息后如坠落冰洞，寒彻肌骨。电话那头是在上海的研究会秘书长、当时正从华东师大调往复旦大学的李宏图教授。这条上海—北京热线两年多以来一直是好消息连连。这个坏消息猛地惊醒了我：任何新生事物的发展都不可能一帆风顺。在这关键时刻，如何向合作方及学员们解释？下面怎么办？在一阵沉默后，电话那头传来李宏图教授沉着的声音："别急，回上海吧，我来想办法。"一句话挽救了第二届研讨班。

三 柳暗花明

在李宏图教授多方努力下，2005年9月研讨班终于回到上海华东师范大学中山路校区美丽的丽洼河畔。经过这番举办地的折腾，我们意识到举办研讨班对于研究会和承办单位都存在一定的风险，吸取这次几乎翻车的教训，我们考虑需要一个万全之策，即为研讨班确定一个固定举办地。就在这个关键时刻，华东师大研究生院的一位负责人通过李宏图教授找到我。记得当时我正在同学员们一起在教室听报告。这位女负责人亲切地、很简单地对我说，他们认为这个研讨班对研究生们非常有益，以后研究生院将支持研讨班每年在华东师大举办。登时，我有一种天上掉馅饼的感觉，喜出望外，几乎不敢相信这是真的。事实上，由于华东师范大学的远见卓识，此后以"中法历史文化研讨班"而闻名的、一波三折诞生的"新生儿"终于找到了"家"。后来几年，我见到华东师大学校领导，都会由衷地感谢学校在最困难的时候"收容"了我们。

从2005年起，在华东师大这棵大树下，我们再也不用为办班地点、费用发愁，完全可以安心地做好对外联络、学术准备和教学工作。由于接受了学员们的建议，此后研讨班期间只由外方学者讲课，而且时间定在每年9月，这使得法方从此把这个研讨班称为"秋季大学"（l'université d'automne）。

法方对这个新生事物也充满热情、高度重视。第二期虽然也还没有确定主题，但是由著名的历史学家、时任联合国教科文组织哲学人文国际委员会秘书长、法国高等社会科学研究院研究员莫里斯·埃玛尔先生领衔前来的学者阵容强大。以二战后的法国经济文化政策为主的几个报告，对于我们和学员们都是全新的内容。甚至还有法国人文科学之家专门从莫斯科请来的俄罗斯科学院国际关系史专家尤利·鲁宾斯基先生，对战后俄罗斯与欧洲的关系做了精辟的阐述。人类学家兼汉学家阿莱斯女士则就中国与中亚少数民族的民族与宗教问题研究所采用的方法及方法论，向听众展示了跨学科研究的新动向。一周下来，沪杭两地学员教师如同享用了一次学术盛宴。这次研讨班由于有了俄罗斯学者，已经突破法国学者的范畴。此外，来了一位巴黎第一大学亚洲历史专家于格·戴和特先生，以观察员身份出席研讨班全部活动。他的到来对研讨班后来的发展起了重大作用。

第二届研讨班结束之时，双方作了小结并对未来的工作做了规划。是年底，人文之家邀请我访法。在巴黎，莫里斯·埃玛尔先生多次召集亚欧项目负责人齐福乐先生、巴黎第一大学于格·戴和特先生和我商讨研讨班的前景。那时，埃玛尔先生因身体缘故不再担任人文之家主任。继任阿兰·迪利巴尔先生是经济学家，但是他也非常支持我们的这个历史学的合作项目。他的坚定态度也有效地推动了新合作者：巴黎第一大学。终于在2005年岁末，在巴黎，我代表中国法国史研究会有点戏剧性地与两位经济学家签订了一份中法历史学家五年合作协议。不仅阿兰·迪利巴尔先生，代表巴黎一大的校长皮埃尔－伊夫·赫宁教授也是一位著名的经济学家。我们最好的合作者华东师范大学国际关系研究院冯绍雷院长见证了这个历史时刻。

我最难忘的是赫宁校长对我说的一段话。他说，这是他第一次与一个学术社团而不是一所高等院校签约，因为所有参与过和了解研讨班的法国同行回来都对研讨班的组织、安排、学生情况赞不绝口，认为这个合作的确是在脚踏实地地实施一个共同培养中国年轻史学工作者的计划，而不是像他们曾经签署过的很多跨国合作计划只是一纸空文。这番话使我深受感动，更加清楚我们在今后五年中任重而道远。

巴黎一大正式加盟了，这个实力雄厚的欧洲历史学重镇此后在学术方向上、人员派遣上发挥了重大作用，使得研讨班如虎添翼。从此研讨班开始了一个新时期。

四　更上层楼

从2006年第三届开始，研讨班出现七个方面的新意。

第一，研讨班每届都有了固定专题，使得研讨班讲课内容进一步专业化、系统化：2006年：欧洲建设的思想、观念及其历史沿革；2007年：欧洲建设的思想、观念及其历史——欧洲的公民社会；2008年：对过去的表述——历史与记忆；2009 年：空间的表征；2010 年：空间的表征（续）；2011 年：共和主义：历史与现状；2012 年：共和主义的思考；2013 年：全球史中的欧洲与中国。

第二，除对青年学生的教学工作，双方学者也有加强学术思想交流碰撞的愿望，由此而决定不定期地举办与各年度专题相应的学者间的学术研讨会。从 2007 年起，共举办了 5 次：2007 年 4 月广州：亚欧对话——纪念《罗马条约》50 周年：区域一体化建设的历史经验；2008 年 9 月上海：对未来的表述：恐惧与希望；2010 年 9 月湖州：世博会与"区域经济社会发展"中欧国际学术研讨会；2011 年 9 月南京："共和主义：历史与现状"国际研讨会；2013 年 9 月上海复旦：欧洲史研究的新思考，中欧学者的对话。其中，2008 年和 2010 年还加入了文学家的队伍"两仪文舍"，分别就"痕迹"和"插曲：展开的空间"进行了文学家们的研讨及与历史学家的对话，这些尝试都获得了很大的成功。不仅在法国，也在欧洲其他国家学术界引起了关注和好评。

第三，合作方增加了瑞士和法国其他院校，参与的学者还有其他欧洲学者。一流学者踊跃参加研讨班活动。研讨班之初，时任法国巴黎人文科学之家主任的莫里斯·埃玛尔先生就强调了人文科学之家的学术理念：跨学科、国际化。从他参加的第二届起，就邀请了俄罗斯学者来讲课，大受欢迎。此后，在巴黎一大协助下，陆续邀请过意大利、德国、英国、奥地利、波兰等国学者，甚至有一位日本学者。法国本土的学者也来自不同院校，甚至有在外交部、教育部工作的专家。一些享誉学界的著名教授也欣然接受研讨班邀请。例如法兰西科学院院士、著名汉学家巴斯蒂夫人，法兰西学院汉学教授程艾蓝，国际史学会秘书长、国际关系史专家弗兰克教授等。2008 年瑞士弗里堡大学加入研讨班合作计划，从此进一步扩大了历史学合作的国际平台。

第四，我方的参与院校增加，活动和影响范围扩大。从 2007 年起，春天在广州举办了学者们的研讨会，得到华南师范大学的鼎力支持；秋天上海—杭州之后，研讨班又受到在金华市的浙江师范大学的欢迎，此后几年保持在三个城市的授课模式。2010 年世博会期间，湖州师范学院成功地主办了学者们的研讨会。2011 年的学者们纪念辛亥革命百年的关于"共和主义"的研讨则在南京大学举办。

第五，欧方为学生提供奖学金，在全国各地产生良好影响。连续三届研讨班之后，国内青年历史学教师、研究生的反响很大，要求参加上海研讨班的呼声很高。但是苦于经费问题，有些人无法前来。了解到这种情况后，法国同行们在国内机构申请筹措了一笔虽然不多但是可以作为经过申请批准的青年学员到上海的差旅食宿补贴。这样从2007年起,在国内首次出现为上海历史文化研讨班设置的特殊的法国"奖学金"。2008年在瑞士弗里堡大学加盟之后,瑞士人也主动提供了一份学生资助,帮助更多远离上海的学员参加研讨班。10年来,受惠学员来自众多省份城市,甚至来自台湾。

第六,出版系列学术论文集《时空契阔》,在国内外扩大影响。考虑到几年间研讨班名家们的讲课笔记录音深受学员们欢迎,在研讨班第五个年头,经过中法双方商定,精选历年研讨班的学术报告,出版双语学术论文集,由上海华东师范大学出版社出版中文版,法国人文科学之家出版社出版法文版。经过一年的艰苦工作,特别是在我们的金牌翻译韦遨宇先生和他的高足吴蕙仪小姐的协助下,在两个出版社的责任编辑周洁女士、娜达丽女士的忘我工作下,《时空契阔》第一部[①]终于在2010年2月在巴黎社科图书展上正式亮相。2012年9月第二部同名论文集[②]在上海首发。系列论文集由我和巴黎第一大学于格·戴和特主编,汇集了中欧学者的精彩论文及近年来的最新成果,是双方在历史文化领域对话和合作的宝贵结晶。

第七,加强对话交流,走上国际学术前沿。在研讨班稳步发展的十年间,中欧双方形成一个团结有效的核心学术团队,成功地合作指导研讨班的各项工作。对于中国法国史研究会参与工作的理事们来说,这是一个极好的向欧洲同行学习的过程。在法、瑞两方学术机构努力下,近年中方两度集体出访,参加在法国和瑞士的重要学术活动,站到了国际学术对话的舞台上,受到很大的锻炼,结交了很多学术界朋友。在交流中表述了中国人的史学观和研究成果,受到欧洲同行们的欢迎和称赞。如果没有在研讨班与欧洲同行们共事的实践经历,参与高水准的对外交流、展示学术外交的魅力是不容易的。

五 结语

在10年的实践中,我们深感一个国际教育学术合作项目成功很不容易,需

---

① 法文名为 *Temps croisés*。
② 法文名为 *Espaces croisés*。

要具备多种因素：合作各方的良好共同意愿；高起点的前沿学术水准；高效率的、有创新意识的学术团队，以及能坚定不移地支持项目的坚强后盾等。今天对这个十年前的新生事物进行总结，十分必要。特别是今年正值中法建交 50 周年，文化教育交流在两国关系上历来占据特殊地位，是两个不同文化民族相互认识和了解的核心关系。为此，从中法历史文化研讨班的发展历程看，有理由认为中法（瑞）合作的历史学项目在当代中法文化教育交流史上占有一席之地，并做出了自己的贡献。为此中国法国史研究会感到欣慰和骄傲。

（编辑：彭姝祎）

回眸中法科技合作　放眼共同美好未来
——写在中法建交 50 周年之际

周隆超[*]

中法两国间的科技交往与合作源远流长，早在新中国成立以前，我国一批著名的科学家如严济慈、钱三强、何泽慧和汪德昭等就留学法国，后来他们分别在居里夫人和郎之万教授的指导下从事研究工作，取得了丰硕的科研成果，在法国科技界享有很高声望。新中国成立后，两国之间的民间科技交流得到发展。1964年，两国正式建交，民间的科技交流与合作逐步发展成半官方和官方并行的机制。

1978 年 1 月，法国总理雷蒙·巴尔访华，我国外长黄华和法国外长路易·德居兰戈在北京签署了中法两国政府间科技合作协定。这是中国政府与西方国家政府签订的第一个政府间科技协定，在中国国际科技合作史上占有重要地位，意义十分重大。这一协定的签署标志着中法科技交流与合作新时代的到来，并打开了中国与西方国家开展官方科技合作的大门。

一　回顾中法科技合作的丰硕成果

中法建交 50 年来，两国科技合作已形成多领域、多层次、多学科的喜人局面。随着中国科技实力的不断提升，双方的合作逐步从单向学习向合作研发推

---

[*] 周隆超，科技部国际合作司。

进，合作重点也从人员交流转向联合攻关和协同创新，双方在材料、生态技术、生命科学等领域的合作都已进入产学研合作的新阶段，强调成果转化和产业化，积极鼓励和吸引企业的参与。

我从1998年起就从事中法科技合作工作，十多年来更是见证了中法科技合作蓬勃发展所取得的丰硕成果，回忆起我亲身参与的一些合作片段，深刻体会到中法科技合作的战略性、稳固性和前瞻性。

——中法合作具有战略性。2003年初夏，我在中国驻法国大使馆工作，具体负责健康卫生领域的合作事务，"非典"刚刚平息，中国科学院领导到访巴黎，带来了与法国在新发传染性疾病领域开展全面合作的提议，特别是合作在华建设高等级生物安全P4实验室，作为提高我国对新生疾病研究、预防和控制能力的重大举措。我当时陪同代表团赴法国高等教育与科研部会谈，中方的提议得到了法方的积极回应。经过短短半年的商谈，中法两国政府于2004年1月28日在巴黎签署了《关于预防和控制新发传染病合作谅解备忘录》，进而于2004年10月9日在北京签署了《关于预防和控制新发传染病的合作协议》，双方成立中法新发传染病小组和指导委员会，开始了在抗击新发传染病领域的合作。2007年11月，在法国总统萨科齐访华之际，《中华人民共和国政府和法兰西共和国政府关于预防和控制新发传染病的合作协议的补充声明》在人民大会堂签署，我当时是中方的助签人，中法合作在中科院武汉病毒所建设P4实验室实现实质性启动。法国拥有欧盟规模最大、世界上最先进之一的P4实验室——让·梅里厄P4实验室，参照法国建设和运行P4实验室的经验，中法合作建成的P4实验室是全球的第15所P4实验室。这一新发传染性疾病研究基地和传染病疫苗研发平台填补了国内空白，促进了中国国家健康安全体系的建设，并为全人类的福祉做出贡献。

——中法合作具有稳固性。1998年夏，我结束了在法国近三年的留学生涯回国工作，中法科技合作给我留下的深刻的第一印象就是中法联合实验室的建立。1998年9月，法国总理若斯潘访华，第一场活动就是会见中国科学家，特别称赞"中法应用数学、信息自动化联合实验室"（LIAMA）是中法科技合作的典范。1997年，中科院自动化所与法国国立信息与自动化研究院共同在北京成立了LIAMA，这是中国与外国建立的第一个联合实验室，开了中法科技合作搭建长期共同研究平台的先河。后来，中法又陆续成立了三十余家联合实验室，如中法催化联合实验室（大连）、中法哺乳动物胚胎细胞生物学联合实验室（北京）、中法超导体与磁性材料应用联合实验室（西安）、中法纳米生物与化学联合实验室（厦门）、中法生命科学与基因组联合研究中心（上海）等。2012年夏，我在京参加了法国驻华使馆举办的"中法联合实验室大会"，在会场深深地感受到了来自中法各个科研机构的众多科学家参与联合实验室的合作激情。联合实验室已经成为联系中法两国科学家的重要纽带和开展高技术前沿项目合作的平台。联合实验室的中法两国科学家筛选共同感兴趣的科研和技术开发课题，确定项目目标和关键技术，优势互补，努力探索科学的奥秘和寻求技术上的创新。特别重要的是联合实验室把共同培养科技帅才和学科带头人作为己任，成为21世纪中法两国科学家的摇篮和中法科技合作接班人的培养基地。联合实验室为中法科技合作的稳固发展提供了有效的载体。

——**中法合作具有前瞻性**。中法两国围绕关乎人类长远发展的重要挑战开展了具有前瞻视野的合作。2002年夏，我在中国驻法国大使馆工作期间，陪同中国驻法国大使和科技部代表团应邀访问法国原子能委员会在法国南部卡达拉什（Cadarache）的研究中心，生平第一次参观核聚变研究的托克马克装置。之后，中法双方为推进国际热核聚变实验堆计划（ITER）开展了卓有成效的合作，特别是在ITER建造场址白热化之争中，中方始终给予法国候选场址强有力的支持。2005年6月28日，ITER谈判六方在莫斯科签署联合宣言，确定将ITER建在卡达拉什。应该说，ITER计划是目前全球规模最大、影响最深远的大科学工程项目，具有划时代的意义，通过建造核聚变实验堆来验证人类和平利用核聚变能在科学和技术上的可行性，它将决定人类能否迅速地、大规模地使用核聚变能，从而极有可能为人类从根本上解决能源问题提供现实的途径。而且，中法双方在ITER计划下的合作也积极推动了中欧此后在核能特别是聚变研究领域的全面合作。

二 迎接中法科技合作更加美好的未来

当前，新科技革命和全球产业变革正在蓬勃兴起，中法两国的科技合作既符合全球化发展的大趋势，也符合双方共同利益。中国30多年的改革开放取得了举世瞩目的建设成就，但也面临资源环境的巨大挑战。为此，中国正在实施创新驱动发展战略，更加注重经济增长的质量和效益，打造中国经济"升级版"。这需要科技创新能力的支撑，需要学习引进和开发更多先进技术。法国科技发达，在航空航天、交通、能源、环保等众多领域拥有领先技术和良好管理经验，这是中国希望学习和借鉴的。同时，中国正在积极推进工业化、信息化、城镇化、农业现代化，每年将有1000多万人口从农村转移到城镇，带动的经济建设、社会建设和生态文明建设将释放出巨大市场需求，这为法国提供了更多机遇和市场。

展望未来，双方可考虑重点在以下几个方面加强合作。

一是加强人员交流。人是创新的核心，也是合作的基础。科学家之间的交往是实现良好合作的前提。50年来，有成千上万的中国人赴法国求学。2012年，留学法国的中国学子共计3.5万人，在华法国留学生超过8300人。他们每个人都是中法友好的桥梁。中国与德国有"青年研究小组计划"、与美国有"青年科学家交流计划"，中法也需要设立专门面向两国青年科学家的合作计划，深化人才交流机制，丰富交流形式，完善交流平台，共同培养合作人才。

二是加强基础研究合作。基础研究是创新的源泉，是长远发展的不竭动力。中法两国都是基础研究大国，有着完备的学科体系，双方合作领域广阔。双方可加强基础研究特别是新兴交叉学科的研究合作，依托不断拓展的联合实验室合作网络，共同推进重大实验平台建设，共同参与国际大科学计划和工程。

三是加强技术合作，特别是在能源、民生、环保领域的合作。法国的技术优势与中国的劳动力资源和市场优势结合，有利于促进中国经济结构调整和产业升级，也有利于提升法国企业的国际竞争力，扩大法国的国际市场。双方可加强在先进制造、交通、化工、新材料、生物制药、航天航空等技术领域的合作。随着中国居民收入水平的提高，中国对改善民生、保护环境的需求显著增加，两国在可持续发展领域的合作空间巨大。

四是加强企业特别是中小企业的合作。企业是技术创新的主体，中小企业更是最活跃的创新力量。中方既高度重视与法国大型跨国公司的合作，也重视推动双方中小企业的合作。2012年，中国科技部与法国国家投资银行（原法国奥赛欧集团）启动了共同支持中法中小企业研发创新合作的计划，发挥双方在资金、技术、人才、市场等方面的互补优势，促进共同成长，这是很好的尝试，宜进一步扩大合作规模。

回顾过去,中法合作取得了巨大成就。面向未来,中国的现代化建设和法国的发展都处在继往开来的新起点上,扩大互利共赢的科技合作将为两国的经济发展和社会进步发挥更大的支撑作用。让我们携起手来,为创造两国共同美好的未来而努力!

(编辑:张金岭)

中法两国推广本国语言 50 年回顾和展望

王　瑛*

2013 年 4 月 25 日，中国国家主席习近平同首次来华访问的法国总统奥朗德就全面加强中法交往合作做出决定，其中之一就有"支持在本国推广对方语言，扩大互派留学生规模"。可见，中法两国都把推广本国语言作为基本国策。2014 年正值中法两国建交 50 周年，本文对中法两国推广本国语言 50 年历史做个回顾和展望。

一　中法两国推广本国语言 50 年回顾

（一）中国的汉语推广

中国的汉语推广大致可划分为两个时期：一是对外汉语教学的发展期，从 1964 年到 1999 年，以国内对外汉语教学为主，海外汉语教学为辅；二是从对外汉语教学到汉语国际推广转型期，从 1999 年至今，是国内对外汉语教学和国际汉语推广并重。

1. 国内对外汉语教学为主，海外汉语教学为辅的发展期

该时期可分为以下三个阶段。

第一是构建期（1964～1977 年）。1964 年经高教部批准，成立北京语言学院，它是我国唯一一所以对外汉语教学与研究为主要任务的高等学校；1966～

---

* 王瑛，法国诺欧商务孔子学院中方院长，中国南开大学汉语言文化学院副教授。

1972 年，北京语言学院被撤销，1972 年 10 月恢复北京语言学院，恢复后的对外汉语教学开始突破汉语预备教育的框架，新设置了四年制本科汉语专业。1966 年招收法国留学生 1 人，此时期是对外汉语教学学科进行摸索、试验并不断积累经验的雏形时期。

第二是形成期（1978～1988 年）。设立国家专门管理机构：1987 年 7 月，国务院批准成立了国家对外汉语教学领导小组，统一领导和协调全国的对外汉语教学工作，日常工作由其常设机构国家对外汉语教学领导小组办公室（简称"国家汉办"）负责。确认对外汉语教学作为一个专门学科的地位：1978 年 3 月，吕必松提出"应当把对外国人的汉语教学作为一个专门的学科，设立相应的专业，成立专门的研究机构"。1984 年 12 月，教育部长何东昌在外国留学生工作会议上指出："多年的事实证明，对外汉语教学已经发展成为一门新的学科。"国家教委在其后颁布的我国学科专业目录中列入了"对外汉语教学"这门新的学科，对外汉语教学学科地位正式确认。建立学科教育体系和课程体系：1975 年北京语言学院创设了外国留学生汉语专业本科，1986 年经国务院学位委员会批准，北京语言学院开始招收现代汉语专业外国硕士研究生。

第三是深化期（1988～1999 年）。国家管理机构出台了一系列针对对外汉语教学发展的政策：1988 年 9 月 22～25 日中国国家教委、国家对外汉语教学领导小组召开了全国对外汉语教学工作会议，这是第一次专门研究对外汉语教学工作的全国性会议；1990 年 6 月颁布了《对外汉语教师资格审定办法》；1992 年 9 月颁布了《中国汉语水平考试（HSK）》，把 HSK 确立为国家级考试；1993 年，在《中国教育改革和发展纲要》中明确提出要"大力加强对外汉语教学工作"；1998 年，国家对外汉语教学领导小组调整扩大为由中央 11 个部委组成。

此时期来华学生数量猛增，层次提高：据教育部国际交流与合作司统计，1996～1998 年三年中，尽管受亚洲金融危机影响，每年来华留学生人数仍超过 4 万人；教学规模不断扩大，教学结构逐渐完善：1998 年全国已有 300 多所学校和其他教学机构开展对外汉语教学，出版对外汉语教材数百种，并形成了一支拥有 2500 多名专职、4000 多名兼职的对外汉语教师队伍；建立起了完整的对外汉语教学学历教育体系：外国留学生汉语本科—硕士研究生—博士研究生的完整的学历教育体系逐渐形成；形成了多渠道、全方位的教学体制；汉语水平考试（HSK）已跻身世界上类似英语"托福"考试的最重要的第二语言或外语水平测试之一。

该时期的另一特征是，以海外汉语教学为辅。此时期中国还没有明确推出"汉语国际推广"政策，海外汉语教学是在摸索中逐步由幼稚走向成熟。

1952 年，派遣北京大学朱德熙教授到保加利亚的索非亚大学从事汉语教学，这是新中国派出的第一位汉语教师；1953 年 11 月 24 日，首次向苏联、德意志民主共和国派遣了汉语教师；从 1952 年到 1965 年，中国共向 15 个国家派出汉语教师 120 名，从 1966 年到 1979 年，中国向 37 个国家派出汉语教师 187 名；随着中法建交，1964 年中国首次向法国派遣汉语教师。

汉语教学逐步被不少国家纳入其主流教育体系：如美国、加拿大、日本、韩国、泰国、澳大利亚等国已先后将汉语列为大学入学考试的外语科目之一，法国教育部门增设了专职的汉语教学督导；汉语教学在许多国家的外语教学中的排位普遍提高：汉语在日本早已是仅次于英语的第二大外语，在韩国也成了第二大外语，在美国成为增长幅度最大的语种，法国从 1991 年至 1998 年，开设汉语的高校从 5 所增至 60 所，中小学从 60 余所增至 110 所；国内外汉语教学与研究的交流合作不断增强：每年中国教育部有 100 余位公派汉语教师在国外任教，跟国外相应的中文或中国语学会（协会）建立了双边或多边的学术交流关系等。

2. 国内对外汉语教学和海外汉语国际推广并重的转型期

此时期是从 1999 年至今，以 1999 年 12 月 10～12 日的第二次全国对外汉语教学工作会议为标志，第一次提出了"对外汉语教学必须服务于国家改革开放的大局，服务于国家外交战略的需要"，"真正把对外汉语教学作为国家和民族的事业，加大向世界推广汉语的力度"，明确提出把汉语国际推广作为中国的国策。

此时期有如下特点：11 个国家部委办对汉语国际推广全方位的实际支持，明确各成员单位具体职责；来华学习汉语的人数激增，对外汉语教学规模迅速扩大，汉语教学在许多国家和地区呈现快速发展的势头；国内对外汉语教学的办学层次不断提高，不少学校面向来华留学生增设了汉语言专业，加强了本科教育和研究生教育，汉语教学领域不断拓宽，以学校教育为主体的多渠道、全方位的汉语教学体系进一步完善；对外汉语教学师资队伍建设不断发展，一支有教学经验和较高素质的师资队伍已基本形成；学科建设进一步加强，教材建设取得一定进展；学科理论研究加强，学科体系越来越完善；完善汉语水平考试（HSK），组织力量建立扩充题库，扩大考点范围，吸引更多的汉语学习者参加考试；建立"中国对外汉语现代远程教学中心"，积极利用现代化手段开展网上汉语教学和信息服务，掌握对外汉语现代远程教育的主动权；多方筹措资金，调动可能的财力，逐步加大经费投入；在汉语教学领域与世界各国的交流与合作不断扩大；海外的国际汉语推广和国内的对外汉语教学齐头并进，尤其是海外孔子学院的建立、发展，给汉语国际推广注入了新的活力和生机。

（二）法国的法语推广

早在17～19世纪，法语作为贵族的语言、新思想的语言、文学艺术的语言、外交的语言、通往社会上层的语言就处于鼎盛时期，在当时的历史条件下，不"推"自"广"；第一次世界大战后的《凡尔赛和约》用英语和法语双语写成，并且同等有效，结束了法语在国际条约领域一统天下的历史，19世纪末20世纪初法语的影响力开始下滑；法国希望维持法语作为"具有国际影响的语言"的地位，在英语的强大态势下，法国开始了目标明确的法语推广。

20世纪20年代，法国巴黎第三大学开设了对外法语课程；1930年，法国索邦大学开始设立专门针对外国学生的法语课程，并以学校的名义为他们颁发3个级别的法语文凭；20世纪60年代开始，法国的法语推广大致可划分为两个时期：第一个时期是对外法语教学体系的确立期，从1964年到2001年，国内对外法语教学和国际法语推广齐头并进；第二个时期是对外法语教学体系的改革期，从2001年至今，探讨国内对外法语教学和法语国际推广全方位接轨。

1. 对外法语教学体系的确立期

20世纪60年代，法国殖民地独立运动基本结束，国际技术、商业交往蓬勃兴起，对外法语教学渐渐从"书本语言"转移到"实用口语"，教学重点是为实际生活和工作交往服务。

20世纪70年代，由各大学的法语培训中心主任组成的非正式组织成立，1980～1990年，法国大学对外法语教学中心主任委员会（ADCUEFE）成立并推行了一揽子的改革计划，建立起有大学特色的对外法语教学体系。

ADCUEFE和法国外交部国际合作发展司、法国高等教育和科研部、法国文化交流部及法语国家国际组织保持着紧密的合作关系，同时，它也是全球法语教师联盟、法国国际教育研究中心、法国教育服务中心、欧洲国际关系及合作委员会等组织的成员。它实行的措施是卓有成效的，不但使法国本土大学的对外法语教学跃上了一个台阶，而且还影响和促进了100多所国外大学的法语教学发展。

2. 对外法语教学体系的改革期

《欧洲语言学习共同参考框架》的制定，成为法国对外法语教学重要的参考纲领，对法国的对外法语教学具有重大影响。2001年的《欧洲语言学习共同参考框架》（法语全称 *Cadre européencommun de référence pour les langues*，以下简称《框架》）是欧盟成员国41个著名语言学家十年共同努力的结果，被视为对应用语言学和语言教学法的重大贡献。《框架》对于语言的运用做了全新和详细的描写和分级。它根据语言运用者的不同水平，将语言能力分为 A1、A2、B1、B2、C1、C2六级，全方位地帮助语言学习者习得不同层次的语言能力。

根据《框架》的要求，ADCUEFE 对法国大学对外法语教学的文凭等级和考试内容进行了改革。改革后的对外法语文凭由原来的3个变成4个，每个文凭考查相应等级所要求达到的语言、语用和文化知识水平。2007年，为了进一步规范和提高法语培训机构的办学质量，法国政府颁布了《对外法语教学质量评估标准》，建立起具体而有效的评估机制，并不断进行法语教育改革，以增强对外国学生的吸引力，这是法国政府和高校的一个长期战略。

ADCUEFE 下设专门的教学委员会。ADCUEFE 每年定期组织法语教师聚会和法语教学研讨会；ADCUEFE 的专家会定期到下属法语中心检查，帮助进行教学设备的更新和教学手段的改革；他们还定期到国外的法国文化机构，如法国领事馆文化行动与合作处、法语文化中心、法语联盟及外国大学的法语系进行考察，及时了解国外法语教学的状况，从而更好地指导国内对外法语教学的开展。

2007年12月28日颁布实施了《对外法语教学质量评估标准》（*Qualité franais langue étrangère*），法国境内的所有对外法语培训机构，以自愿为原则，可以向政府提出申请，接受评估；《对外法语教学质量评估标准》对评估组成员的组成和分工、评估的标准、评估的步骤、对评估合格的单位的宣传和"对外法语教学质量认证"标签的发放都做了清晰详细的规定，是一部具体的实效性强的评估方案。

注重对外宣传。ADCUEFE 积极组织其成员参加各种相关的教育展和研讨会，通过媒体对下属培训中心进行广泛的宣传；对于评估合格，获得"对外法语教学质量认证"资格的培训机构，它们的名单和网站链接将公布在官方出版物和网站上；法国国际教育中心还会通过邮寄的方式把这些大学法语中心的宣传资料发往法国本土及国外的涉外机构，如旅游局、法国大使馆、领事馆、法国文化中心、法语学校和法语联盟等，以对它们进行最广泛的宣传。

新的课程设置，除了注重听、说、读、写四种基本外语能力的培养外，在DAEF和DSEF阶段，还加入了大量的专业课，这些课程很多直接由大学专业的院系教师承担，学生甚至可以和这些院系的学生一起上课。为了让学生尽快适应日后专业的学习，大学对外法语课程还设有许多实操性练习。与课程设置一样，考试内容遵循从"基础法语"向"专门法语"过渡这一原则，这体现了大学对外法语文凭和大学专业教育的融合性，最大限度地增加了文凭的含金量。

二 中法两国推广本国语言50年展望

回顾中国和法国推广本国语言50年的历史，展望未来，中法两国既具有共性的宗旨和实现目标的方式，也具有个性的目标路径。

（一）中法两国推广本国语言的共性展望

1. 两国将继续把推广本国语言作为基本国策，完善推广主管部门和机构

中国将推广汉语作为基本国策，1999年12月10～12日第二次全国对外汉语教学工作会议上第一次提出"真正把对外汉语教学作为国家和民族的事业，加大向世界推广汉语的力度"，明确提出把汉语国际推广作为中国的国策。成立了隶属国家教委的"国家对外汉语教学领导小组"，统一领导和协调全国的对外汉语教学工作，同时确定了11个国家部委办对汉语国际推广全方位的实际支持。2004年11月全球第一所孔子学院在韩国首尔正式挂牌成立，10年来，孔子学院作为一个全新的平台，在汉语教育、对外文化交流、国家外交方面发挥了重要作用；国家主席习近平多次出席海外孔子学院签字揭牌仪式，2014年9月27日致信祝贺全球孔子学院建立十周年；先后有近百位大使和总领事参加过孔子学院的活动。

法国将推广法语作为基本国策，设立了由总统直接挂帅的"国家法语委员会"，隶属文化部的"法语高级委员会"，隶属外交部的"法语国家事务委员会"等机构，隶属法国教育部的"法国海外教育局"、"法国文化学院"和"法国海外学校"。还成立了世界上最大的法语教学机构"法语联盟"。"法语联盟"目前遍布世界130多个国家，有近50万名学生。通过这些机构以及它们在世界各国的分支机构，法国政府构建了一个推广法语的庞大网络，用于海外法语推广的经费在法国整个公共外交预算中是最高的。法国前总统萨科齐多次表示，推广法语仍将在法国外交举措中居优先地位，现任总统奥朗德也提出支持推广法语，扩大互派留学生规模。

2. 孔子学院和法语联盟将在两国推广本国语言上发挥重要作用

截至2014年12月7日，全球126个国家（地区）建立了475所孔子学院和851个孔子课堂。孔子学院设在120国（地区）共475所，其中，亚洲32国（地区）103所，非洲29国42所，欧洲39国159所，美洲17国154所，大洋洲3国17所。孔子课堂设在65国共851个（科摩罗、缅甸、马里、突尼斯、塞舌尔、瓦努阿图只有课堂，没有学院），其中，亚洲17国79个，非洲13国18个，欧洲25国211个，美洲7国478个，大洋洲3国65个。2005年10月法国第一所孔子学院普瓦提埃大学孔子学院正式挂牌成立，目前法国有16所孔子学院和3个孔子课堂。采取与法国高校或机构合作办学的方式，场地由合作单位提供，设有中方院长和法方院长，中方院长的薪酬来自中国国家汉办，教师主要是来自中国的高校教师和汉语志愿者，教师薪酬来自中国国家汉办。

法语联盟创建于1883年，总部位于巴黎。法语联盟作为一个传播法国文化的官方支持的民间使者，以其独特的组织形式、高质量的法语培训和多种多样的文化活动履行了自己推广法语、传播法语文化、促进文化多样性的使命。法语联盟已在世界五大洲的136个国家和地区建立了1040个分支机构，每年有超过46万名的各个年龄层次的学员来法语联盟学习，有600万余人参加法语联盟组织的文化活动。

1989年中国内地第一家法语联盟成立，目前中国有13家法语联盟，采取与中国高校合作办学的方式，场地由合作大学提供，设有法方校长和中方校长，法方校长的薪酬来自法国外交部，教师持有对外法语教学资格证书，基本是法国人，也有外籍人士，薪酬主要来自语言教学收入。

（二）中法两国推广本国语言的个性展望

1. 中国汉语推广的发展方向

中国汉语推广面临一个大发展的前景和机遇，而这个发展的规模和速度是以往 50 多年来从来没有过的,但由于中国的汉语推广时间较短,尚需积累经验,以便更好地推动汉语在国际上的推广传播,而法语联盟在其 100 多年发展中所积累的丰富的教学经验和语言传播策略可以为汉语在全球的推广传播提供新的启发。

探讨建立与国际接轨的对外汉语教学体系和质量评价体系。虽然中国对对外汉语教学事业的领导和管理不断加强,但缺少和国际接轨的教学体系和质量评估体系;虽然对外汉语教学的国际交流与合作不断加强,但国内高校间的对外汉语教学合作偏少;虽然汉语水平考试(HSK)不断完善,且朝专业化方向发展,但高校对外汉语教学和专业课的衔接还不够,还停留在以语言教授为主的层次。法国高校对外法语教学质量保障方面的宝贵经验,是很值得我国借鉴的。

孔子学院尝试开拓创新汉语推广模式。中国在世界主要国家开设中国文化中心和孔子学院,是推广汉语的有效措施。孔子学院身兼语言教育和文化交流的双重责任,孔子学院的资金主要来自中国政府,法语联盟则采取自负盈亏、市场经济的模式,毕竟孔子学院比法语联盟晚 100 多年,还有很长的路要走,还不是很成熟,市场经济模式是孔子学院的发展方向。

一是孔子学院需要进一步开拓办学渠道。可以和所在国的高校、文化机构、中国企业、华人企业、各种协会等合作,实现双方的合作互惠共赢。

二是孔子学院需走出课堂,充分利用国内外的文化资源,通过多层次的文化活动,向全世界展示中国丰富多彩的文化。目前的孔子学院以语言教学为主,虽然开设了一些文化课程,如中华武术、剪纸、中国结、国画等,但文化传播方面还是弱项。孔子学院在这方面需要学习法语联盟以语言为依托、以文化为主角,实现文化全面传播。

需更加注重对外宣传。在许多国家的酒店里,能看见 CNN、TV5 和日本电视台,却看不见中央四台的节目。中国产品出口遍布全世界,这是推广汉语的好机会,但几乎所有出口产品的名称和说明书上都看不到汉字的影子,汉语推广需借助诸如此类"走向世界"的"中国产品"合力实现汉语推广的多领域、同步对外宣传,强化成效。

2. 法国法语推广的发展方向

法国是欧盟创始国,欧盟创始之初的原始官方文件约 70% 是用法文撰写的,但随着英国加入欧盟以及欧盟的多次扩大,法语的地位直线下降,如今欧盟委员会原始文件中只有29%是用法文撰写的，随着法语功用性的下降，法国政府愈加注重法语的国际推广。

把实现网络式发展作为法语联盟今后的发展方向。目前法语联盟将重点放在了提高已有法语联盟网络的质量上，目标是通过实现网络式发展，不断吸引更多的民众，进一步提高文化活动和宣传的质量，法语联盟基本暂停扩大，巩固现有网络，这一目标的确立是基于双重战略目标之上：进一步推动法语和法语国家文化的传播。

以在中国的法语联盟为例，主要是保证在华法语联盟网络法语教学的质量，并继续提供高水平的服务和接待。法语联盟认为，他们在华成功的秘诀是以下三条简单、普遍适用的原则：充分地了解中国国情、同中方伙伴进行良性互动和实行质量监督。

把继续秉承实用性"交流"作为法语国际推广的主要目标。法语联盟在保证法语教学质量的同时，重点组织丰富的文化活动，让学生更好地理解法语和法国文化。法语联盟的课程继续沿用实用性原则，能更容易地应用于日常生活当中，学习法语会话和写作不是为了研究，而是为了交流。这一点也是《欧洲语言学习共同参考框架》的体现和实践。

三　结语

中法两国在推广本国语言方面有很多相似点，也有各自的特点。以孔子学院和法语联盟为例，孔子学院在很多方面都与法语联盟有相似之处。二者的主要共同点在于：一是其目标都是在全世界传播和推广各自的语言和文化；二是这两个组织都根植于基层，广泛吸纳各界人士，共同致力于推动中法两国关系的发展。二者之间也有一个重要的区别：法语联盟几乎可以完全自负盈亏，而孔子学院的资金主要来自中国政府。

法语联盟给中国汉语推广的启示是在经济上越独立，就越善于创新，寻找更节约的运作方式；国家投资文化固然重要，文化机构也要寻求多样化的融理；孔子学院还很年轻，它作为文化机构与法语联盟还不具有可比性。孔子学院的主要业务是教授汉语，其文化方面的业务尚未建立，或建立时间不长。从这一点来看，法语联盟可以与孔子学院在文化活动领域展开交流；保持联系是分享经验的最佳方法，交流十分重要，不仅是资料和决策方面的交流，也要进行人员交流。

通过中法两国 50 年推广本国语言历史的回顾和展望，我们进一步认识到本国语言推广对国家、民族、外交事业发展的重要性，中国的汉语国际推广可以学习和借鉴法国法语国际推广的成熟经验，在各个国家开展有针对性的、本土化的、合作共赢的汉语国际推广工作，使我国的汉语国际推广少走弯路，走得更扎实，前景更广阔。

（编辑：彭姝祎）

Evolutions et Perspectives de la Gouvernance Energetique Mondiale

Hervé Machenaud[*]

Quel rôle pour les relations franco-chinoises?

La gouvernance énergétique mondiale est le résultat des interactions et des jeux de pouvoir entre les différents acteurs de l'énergie. Elle conjugue les intérêts individuels des nations, des institutions et des citoyens. Les gouvernements nationaux sont à l'origine des politiques énergétiques mises au service du développement économique et du progrès social de leur pays. Toutefois, déterminée par les changements économiques, politiques, technologiques et géopolitiques mondiaux, l'élaboration de ces politiques énergétiques ne se fait plus seulement à partir du seul pouvoir décisionnel étatique.

La gouvernance énergétique mondiale actuelle est marquée par la remise en question des modèles existants. L'augmentation de la consommation mondiale incite les Etats à revoir leur stratégie énergétique, notamment car la tension sur les ressources fossiles se traduit par une augmentation durable du prix du pétrole. La sécurité énergétique, c'est-à-dire l'accès à une énergie fiable et bon marché, est une condition nécessaire au développement et à la réalisation des Objectifs du Millénaire fixés par l'ONU pour 2015. Dans ce cadre, les organisations citoyennes militantes, motivées par des considérations

---

[*] Hervé Machenaud, Directeur Exécutif Groupe Production et Ingénierie, Directeur Asie Pacifique.

environnementales ou éthiques, essaient de jouer un rôle dans la définition des politiques dans ce domaine.

L'équilibre énergétique entre les différents acteurs est déterminé par les opportunités politiques et technologiques qui apparaissent avec le temps, à l'image du développement du gaz de schiste. L'équilibre énergétique mondial n'est pas figé et est sujet à une redéfinition constante, sous les effets conjugués des évolutions impulsées par l'innovation et d'une urbanisation en progrès rapide. L'augmentation de la part des renouvelables et les retours d'expériences internationaux dessinent de nouveaux modèle de croissance axés sur la durabilité et la coopération.

EDF a bati en Chine une stratégie partenariale de long terme. Le Groupe, un des premiers électriciens mondiaux et le premier opérateur nucléaire de la planète, a été à l'origine de la filière nucléaire chinoise, aventure pour laquelle il a emmené dans son sillage l'ensemble du tissu industriel français. Actif dans le secteur thermique, hydraulique et désormais dans les domaines innovants et de recherche et développement, EDF s'est positionnée dans le pays comme une entreprise de service public, œuvrant pour le développement du pays.

Aujourd'hui la question énergétique n'est plus limitée aux réflexions sur les secteurs de la production et de la distribution d'électricité mais englobe, de manière holistique l'ensemble des aspects de la vie en société et du développement économique d'un pays : croissance urbaine, transports, santé, environnement. Dans l'ensemble de ces domaines la France dispose d'un tissu industriel complet, composé à la fois de grands groupes et de PME/PMI. Beaucoup sont présents et actifs non seulement en Chine, mais aussi dans l'ensemble des pays à fort taux de croissance d'Asie, d'Amérique latine et d'Afrique, dont le rôle est aujourd'hui très important dans le panorama géostratégique de l'énergie et dans lesquels la Chine entend, et a à jouer un rôle important.

Comment une coopération franco-chinoise approfondie dans le domaine de l'énergie peut-elle jouer un rôle majeur pour à la fois participer à et définir la gouvernance énergétique mondiale?

INTRODUCTION

La gouvernance énergétique mondiale est liée à la situation économique internationale. En effet, croissance économique et croissance de la consommation énergétique sont corrélées. La crise des *subprimes* américaine, suivie de la crise de la dette européenne, a été le révélateur de changements structurels dans les équilibres internationaux. Les principaux centres de l'économie mondiale se déplacent en même temps que les centres de consommation d'énergie et de nouveaux géants émergent particulièrement en Asie.

De plus en plus d'organisations intergouvernementales influencent la gouvernance énergétique mondiale. Face aux questions que soulèvent la raréfaction des ressources, la sécurité des approvisionnements nationaux, la compétitivité économique, la performance environnementale, ces instances visent, chacune dans leur domaine, à faciliter, protéger et coordonner la création de règles favorisant une plus grande responsabilité des acteurs mais aussi des consommateurs dans le domaine de l'énergie. Sur le modèle de l'Organisation Mondiale du Commerce, les instances de gouvernance énergétique agissent pour la bonne marche d'intérêts souvent contradictoires. Ainsi, par exemple, l'AIE, l'Agence Internationale de l'énergie, essaie de garantir depuis 1974, une énergie fiable, abordable et propre pour ses 28 pays membres et au-delà. Au travers de ses principaux domaines d'actions, l'AIE agit plus particulièrement en faveur de la sécurité énergétique, la conscience environnementale et le développement économique.

Dans un monde d'interdépendance croissante entre les pays exportateurs et les importateurs nets d'énergie, il est largement reconnu que les règles multilatérales entre les nations peuvent fournir un cadre plus équilibré et plus efficace pour la coopération internationale que ce qui est déjà offert par des accords bilatéraux seuls ou des instruments non législatifs. Dans ce cadre, le traité sur la charte de l'énergie joue un rôle juridique dans la sécurité énergétique, fondée sur les principes de marchés ouverts et concurrentiels et favorisant le développement durable.

Une autre organisation institutionnelle, l'OPEP, permet quant à elle de coordonner et d'unifier les politiques pétrolières des pays membres afin d'assurer la stabilisation des marchés pétroliers et permettre l'approvisionnement régulier des consommateurs tout en apportant un revenu constant aux producteurs et à ceux qui investissent dans l'industrie pétrolière. En 2005, l'organisation représentait 78.4% des réserves pétrolières et fournissait 43% de la production mondiale tandis qu'en 2011, le cartel représentait 72.4% des réserves mondiales (1 196 milliards de barils) et 42.4% de la production mondiale (avec 23.5 millions de barils de pétrole par jour).[1]

Depuis plusieurs années, certains acteurs de l'énergie réclament une nouvelle gouvernance mondiale de l'énergie, c'est-à-dire une gouvernance qui irait au-delà de la simple coopération des Etats et qui porterait les problématiques énergétiques au niveau supranational. Néanmoins, les différents stades de développement des pays et la question stratégique de l'énergie constituent des freins à la construction d'une instance supra-gouvernementale de ce type.

Les travaux du G8 et du G20 sur les questions énergétiques ont certes favorisé une plus grande coopération internationale mais les décisions prises ne sont souvent pas juridiquement contraignantes pour les Etats. Néanmoins en 2009, lors du sommet du G20 à Pittsburgh, l'ensemble des dirigeants ont convenu de rationaliser et d'éliminer progressivement les subventions à moyen terme aux combustibles fossiles qui sont inefficaces et encouragent la surconsommation. Suite à cette décision, les membres du G20, l'AIE, l'OPEP, l'OCDE et la Banque mondiale ont préparé un rapport conjoint qui analyse la portée des subventions énergétiques et formule des suggestions pour la mise en œuvre de cette initiative.

1. REDEFINITION DES EQUILIBRES ENERGETIQUES MONDIAUX

1.1 L'ENERGIE D'UN MONDE QUI CHANGE

1.1.1 Changement des pôles de croissance de la consommation

La crise a marqué un net ralentissement de l'économie mondiale en 2009. Si de nombreuses économies ont repris le chemin de la croissance, la situation varie selon les

---

[1] http://www.connaissancedesenergies.org/fiche-pedagogique/opep.

pays. En 2013, la croissance économique mondiale est estimée à 3.5%.① Néanmoins, ce résultat masque de fortes disparités entre les régions. La croissance de la zone euro s'établirait à −0.2% et celle des Etats-Unis autour de 1.4% traduisant une activité économique morne et par conséquent une variation de la consommation énergétique faible sinon nulle. De leur côté, les pays émergents d'Asie contribuent pour l'essentiel de la croissance mondiale avec 8.2 points pour la Chine, 5.9 pour l'Inde et 5.6 pour l'ASEAN.

Alors qu'en 2007, la demande d'énergie des pays de l'OCDE et des non-OCDE était égale, en 2040, la demande en énergie des pays non-OCDE sera le double de la demande des pays de l'OCDE. En moyenne, la croissance annuelle de la consommation des pays non-OCDE sera de 2.3% contre 0.6% pour les pays de l'OCDE. Les pôles de consommation de l'énergie mondiale changent et passent des pays de l'OCDE aux pays émergents, particulièrement en Asie. La croissance économique soutenue de la Chine et de l'Inde ira de paire avec un doublement de leur consommation d'énergie combinée et comptera pour près de la moitié de la croissance de la demande en énergie. En 2035, l'Inde et la Chine consommeront prés de 31% de l'énergie mondiale contre 21% en 2008.② La Chine est devenue devant les Etats-Unis le premier consommateur d'énergie mondial en 2009 et les dépassera de 68% en 2035.

Ce changement implique des reconfigurations politiques et géopolitiques majeures. En effet, le développement de la consommation énergétique des pays émergents fait la part belle aux énergies fossiles, pétrole et charbon, accroissant la tension sur ces ressources alors que les réserves de pétrole diminuent.

1.1.2 Hausse structurelle du prix de pétrole

Si le ralentissement économique de 2009 avait eu pour conséquence une baisse du prix du baril de pétrole, les besoins énergétiques des pays émergents poussent les prix de nouveau à la hausse. La reprise économique marque aussi la reprise de la hausse des prix du baril. Qui plus est, l'idée du *peak oil* selon laquelle la production maximale de

---

① FMI, Mise à jour des PEM, janvier 2013.
② International Energy Outlook 2011 (IEO2011).

pétrole aurait été atteinte est de plus en plus répandue. L'épuisement de certains champs pétrolifères dans les pays du golfe ou en Asie centrale, comme celui de Bakou, renforce cette vision. L'exploitation de nouveaux champs pétroliers tels que ceux des sables bitumeux canadiens ou des stations offshores dans l'Arctique sera plus coûteuse que ne l'a été celle des champs traditionnels.

Aujourd'hui, 16% de la population mondiale se partage 70% de la consommation mondiale de pétrole. En moyenne, 4 barils de pétrole sont consommés par habitant et par an dans le monde : 11 par Français, 20 par Américain, 1.5 par Chinois.[1] Le développement économique et l'industrialisation se traduisent par une consommation de pétrole qui augmente plus rapidement que la croissance de sa production et le mode de croissance des pays émergents est dépendant d'une consommation soutenue de produits pétroliers. La demande de ces pays augmentera, en effet, trois fois plus vite que celle de la zone OCDE pour atteindre près de la moitié de la demande totale de pétrole à l'horizon 2030, contre 13% en 1970. Le passage de sociétés rurales à des sociétés urbaines modernes conduit à la généralisation des produits consommateurs de pétrole.

D'un point de vue sectoriel, cette hausse de la consommation pétrolière mondiale proviendra pour les deux tiers des transports, et plus particulièrement du transport routier. Leur part dans la demande finale de produits pétroliers devrait progresser de 50% en 2000 à 60% en 2030. Le pétrole reste difficilement substituable dans les transports qui en dépendent à 97%.[2]

La Chine importait 52%[3] de sa consommation de pétrole en 2010. Or, cette part sera amenée à augmenter à mesure que le pays se développe notamment dans le domaine des transports, pour atteindre 64.5% en 2020. Le parc automobile chinois est actuellement sous-développé avec 240 millions unités fin 2012[4] pour près de 1.4 milliards

---

[1] http://www.ifpenergiesnouvelles.fr/espace-decouverte/les-grands-debats/quel-avenir-pour-le-petrole/l-evolution-de-la-demande-energetique#2.

[2] http://www.ifpenergiesnouvelles.fr/espace-decouverte/les-grands-debats/quel-avenir-pour-le-petrole/l-evolution-de-la-demande-energetique#2.

[3] http://www.chinadaily.com.cn/china/2010-01/20/content_9346446.htm.

[4] http://www.ccfa.fr/Le-parc-automobile-chinois-s-est, 118326.

d'habitants. Même si Pékin s'est engagé à développer des moyens de transport électriques, ce marché poursuivra une croissance durable entraînant une augmentation de la consommation de pétrole. Ces besoins sont donc à l'origine d'une redéfinition de la politique et de la géopolitique de cette ressource. Alors que les Etats-Unis, aujourd'hui moins dépendants du pétrole grace au gaz de schiste, sont moins présents politiquement et militairement au Moyen-Orient, la Chine y renforce ses positions économiques. Les Etats-Unis importent encore 30% de leur consommation pétrolière du Moyen-Orient mais deviendront auto-suffisants à l'horizon 2030 avec le gaz de schiste. La Chine, avec des besoins énergétiques grandissants, a importé 45.5 millions de tonnes de pétrole en 2011 d'Arabie Saoudite seulement et développe une coopération rapprochée avec la mise en place depuis 2004 du forum sino-arabe.[1]

La limite de cette ressource ne réside pas tant dans une pénurie physique de la ressource que dans l'augmentation continue du prix du baril et la disponibilité de nouvelles ressources. « *L'age de pierre ne s'est pas terminé par manque de pierres ; l'age du pétrole ne s'achèvera pas avec le manque de pétrole* », avait dit un ancien ministre saoudien du pétrole. Il soulignait ainsi que l'augmentation tendancielle des prix du pétrole conduirait à la modification du mix énergétique au détriment du combustible fossile. Le renchérissement du prix du pétrole aurait pour conséquence de favoriser les sources d'énergie renouvelable dont le coût est encore aujourd'hui plus élevé que celui des ressources fossiles. La diversification des sources d'approvisionnement de nombreux pays s'explique souvent par la volatilité des cours et l'insécurité énergétique qui en découle. Il n'y a pas de substitution brutale au pétrole. La transition vers d'autres sources d'énergie va se faire progressivement et sur plusieurs décennies. L'utilisation du pétrole, en particulier dans le secteur transports, coexistera avec de nouvelles énergies. Il faut donc continuer d'assurer l'approvisionnement en pétrole pour les usages où il est aujourd'hui irremplaçable, transport et pétrochimie, tout en investissant sur les possibles alternatives.

---

[1] http://www.dombosco.fr/article-la-chine-et-le-moyen-orient-112392695.html.

1.1.3 L'affirmation d'une conscience écologique

Les politiques énergétiques nationales sont aujourd'hui largement influencées par l'émergence d'une conscience verte. Les travaux scientifiques et les articles de vulgarisation ont sensibilisé l'opinion publique mondiale aux conséquences d'une forte consommation d'énergie polluante. Le réchauffement climatique, résultat de fortes émissions de CO_2, est devenu une préoccupation à laquelle les gouvernements tentent de formuler une réponse globale. La Chine avance le concept de civilisation écologique[1] pour définir son programme environnemental.

Pour faire face au réchauffement climatique, les organisations internationales et les forums régionaux encouragent l'adoption de politiques énergétiques faiblement émettrices de CO_2. Suite au protocole de Kyoto, les membres de l'ASEAN se sont ainsi fixé une réduction de 1% par an de l'intensité énergétique, tout comme l'Union Européenne qui vise une économie de 20% de sa consommation

d'énergie primaire en 2020 et s'est fixé une part de 20% d'énergie renouvelable dans son mix énergétique pour 2020. La création d'un marché carbone va aussi dans ce sens.

Ces initiatives préparent la situation post-protocole de Kyoto dans le cadre duquel la lutte contre le réchauffement climatique s'organise de manière régionale. De manière plus ou moins structurée, les gouvernements font face à de nombreuses manifestations à caractère écologique. Le droit à un environnement sain ne se limite pas à des déclarations rhétoriques mais est devenue une revendication. L'émergence d'une société civile mondialisée et la généralisation des outils de communication instantanée favorise la circulation des informations et l'engagement citoyen sur ce type de thématique. A mesure que les sociétés ont accédé à la prospérité elles ont remis en cause la fatalité du lien entre sacrifice écologique et développement de type industriel.

Les politiques énergétiques nationales s'orientent alors vers l'innovation. En 2000, en Chine, l'investissement dans la recherche énergétique s'élevait à 0.064%[2] du PIB

---

[1] http://www.chinadaily.com.cn/opinion/2007-10/24/content_6201964.htm.
[2] http://www.sciencedirect.com/science/article/pii/S0301421511007488.

(477 millions de yuans). L'investissement est en forte progression alors que les dépenses de R&D du pays représentent 1.97% du PIB en 2012 (1.020 milliards de yuans). Les programmes de recherche chinois 973 et 863 sont des initiatives phares dans les énergies renouvelables. Les entreprises du domaine de l'énergie sont partie prenante de cette impulsion.

De telles politiques permettent d'anticiper les défis énergétiques à venir. D'une part, les technologies des énergies renouvelables peuvent être considérées comme immatures au regard de leur rendement. Les recherches se concentrent donc sur une amélioration des rendements notamment dans le solaire et l'éolien. D'autre part, l'investissement dans l'innovation permet la création d'avantages industriels tout en améliorant la sécurité énergétique du pays. La transition énergétique est liée à l'émergence et à l'amélioration de nouvelles sources d'énergie propres.

1.2 DE NOUVELLES POLITIQUES ENERGETIQUES NATIONALES ET INTERNATIONALES

1.2.1 Le développement de nouvelles sources d'énergie

La gouvernance énergétique mondiale est déterminée par les technologies de production d'énergie disponibles. Le développement des énergies renouvelables est rapide. En 2011, l'Europe est en pointe, puisque ses 80,6 milliards d'euros d'investissements dépassent le cumul des investissements des Etats-Unis (39G) et de la Chine (37G) sur la même année.① Néanmoins, l'ajout de capacités de production alimentées par des sources renouvelables ne peut être une fin en soi. L'énergie intermittente doit être envisagée de manière intégrée, prenant en compte les contextes locaux et avec pour objectif l'efficacité d'ensemble des systèmes de production électrique régionaux. Elle est extrêmement utile lorsqu'elle est adossée a du stockage, lequel peut être réalisé grace a plusieurs moyens déjà disponibles tels que le pompage, le chauffage de l'eau, la recharge de batteries. Elle est également à valoriser lorsqu'elle peut contribuer à la pointe compte tenu des contextes météorologiques locaux, comme cela peut être le cas aux Etats-Unis ou en Chine.

---

① http://www.planetoscope.com/energie/923 – investissement-mondial-dans-les-energies-renouvelables.html.

Par ailleurs, les techniques d'extraction du gaz[1] de schiste vont prochainement s'exporter dans le monde. Le développement de cette technologie va réduire la dépendance au pétrole et accroître l'offre énergétique mondiale. Le développement du gaz de schiste accroît la disponibilité des ressources gazières et brise l'oligopole des producteurs actuels tels que la Russie, l'Australie et dans une moindre mesure le Myanmar. D'importantes réserves sont localisées dans les pays fortement consommateurs notamment les deux premiers consommateurs d'énergie mondiaux, la Chine et les Etats-Unis. D'autre part, grace au développement des technologies pour l'extraction des hydrocarbures non conventionnels, les Etats-Unis deviendront le premier exportateur de pétrole.

La Chine a quant à elle lancé un appel d'offre international pour l'exploitation de 20 blocs de gaz de schiste dans le pays. Bien que des problèmes de faisabilité et des difficultés logistiques se posent, beaucoup d'investisseurs ont répondu présents. Afin de diversifier son mix énergétique, la Chine veut produire 6.5 Mds de m^3 de gaz d'ici 2015 et entre 60 et 100 Mds en 2020.

Pour cela, la Chine a besoin de construire des puits. Aujourd'hui, elle en dispose de quelques dizaines alors qu'il en faudrait 1 500 pour que l'objectif de 2015 soit tenable.[2] Dans ce cadre, les groupes Total et Sinopec ont annoncé la création d'une joint-venture franco-chinoise en charge d'exploiter un gisement de gaz de schiste dans la province de l'Anhui. Si le pays se lance dans l'exploitation du gaz de schiste, c'est avant tout dans le cadre d'une vision stratégique de long terme. Avec des réserves en gaz estimées à 200 ans, la Chine peut espérer réduire sa dépendance énergétique vis-à-vis de l'extérieur.

1.2.2 Le développement du nucléaire est solidement engagé.

L'AIEA estime une croissance du parc mondial entre 33% et 109%[3] d'ici à 2050, portant la capacité électrique nucléaire mondiale entre 501 et 709 GW[4] contre 356 GW actuellement. Aujourd'hui, 56% de la capacité nucléaire mondiale se répartit entre trois

---

[1] Bruno WEYMULLER, Les perspectives du Shale Gas dans le monde, *Note de l'Ifri*, janvier 2011.
[2] http://quotidienne-agora.fr/2013/03/18/chine-autre-pays-schiste/.
[3] Données de l'AIEA au 9 mai 2012, Statistiques de l'AIEA, selon les scénarios.
[4] http://www.connaissancedesenergies.org/fiche-pedagogique/parc-nucleaire-mondial-production-d-electricite.

pays : les Etats-Unis, la France et le Japon, qui a suspendu son programme nucléaire après l'incident de Fukushima Daiichi.

La France est le pays le plus nucléarisé au monde avec 77.7% de son électricité provenant d'origine nucléaire. L'énergie nucléaire permet une production massive d'électricité sans rejet de CO_2 important.

En mai 2012, 61 réacteurs d'une capacité cumulée d'environ 58 GW sont en cours de construction dans 13 pays.① Il y a 31 réacteurs en construction en Chine dont 26 de technologie Française. La promotion du nucléaire, alliée à celle des renouvelables, est déterminante pour les progrès de la Chine en matière de développement durable. Après la crise de Fukushima, la Chine a mis en place un important programme d'audit de ces centrales visant à assurer leur sûreté sur le long terme. En 2010, la capacité nucléaire de la Chine affichait une puissance de 10.8 GW. A cette époque, les experts prévoyaient qu'elle pouvait atteindre 86 à 100 GW d'ici à 2020. L'accident nucléaire japonais survenu en 2011, a fait baisser les objectifs et les prévisions chinoises (58 GW en exploitation plus 30 GW en construction). Plusieurs réformes récentes ont eu pour but d'accroître la sécurité des installations et de mettre en place des systèmes d'urgence en cas d'accident nucléaire majeur. Les récents tremblements de terre qui se sont produits dans le Wenchuan en 2008, le Yushu en 2010 ou encore dans le Sichuan en avril 2013 tout comme la multiplication de phénomènes météorologiques critiques de type inondations et sécheresses, sont sources de préoccupations et de questionnement pour les autorités gouvernementales. La création d'une commission de contrôle va dans le sens d'une surveillance encore accrue des installations nucléaires dans tout le pays.

Le nucléaire, comme énergie propre, permet d'améliorer la nature de la production énergétique et la disponibilité de l'électricité. La transition énergétique, avec le développement du nucléaire, se combine avec des initiatives consacrées à l'amélioration de la qualité de la consommation énergétique.

---

① http://www.connaissancedesenergies.org/fiche-pedagogique/parc-nucleaire-mondial-production-d-electricite.

1.2.3 La recherche de l'Efficacité Energétique (EE)

Un autre volet de la donnée technologique dans la gouvernance énergétique mondiale est la recherche d'une meilleure Efficacité Energétique (EE). L'EE consiste à minorer le volume d'énergie consommé par point de PIB.

Le concept recouvre toutes les initiatives permettant d'économiser de l'énergie pour une action précise. L'établissement d'un réseau intelligent, l'élimination des produits fortement consommateurs en énergie, l'établissement d'un marché de l'énergie, comme en Inde par le biais de certificats, ou encore un système d'étiquetage des activités ont pour but d'optimiser la consommation d'énergie.

Ainsi, les mesures liées à la technologie s'attache à minimiser et à terme à diminuer la consommation d'énergie pour les activités résidentielles et industrielles. L'EE est la possibilité de limiter la croissance de la demande en énergie de manière douce. Il ne s'agit de changements brutaux dans les comportements de consommation d'énergie, mais plutôt d'incitations à minorer sa consommation en utilisant des appareils plus efficaces. Avec une augmentation de la consommation finale estimée à 60% en 2030 et 100% en 2050 (par rapport à 2010), les mesures d'EE portent sur des volumes importants. Dans les vingt à trente prochaines années, la quantité d'énergie nécessaire pour le secteur des services peut être de 20 à 40% inférieure, selon les pays, par comparaison entre la poursuite des tendances actuelles et une politique vigoureuse de maîtrise de la demande d'énergie.[1]

A titre d'exemple, les politiques d'élimination d'ampoules à incandescence ont déjà porté leurs fruits. Le soutien financier et l'amélioration de l'information au profit des consommateurs sont les piliers des politiques d'EE. Le premier postulat est que la vétusté des équipements des entreprises ou des logements est responsable d'une surconsommation d'énergie. Le soutien financier prend la forme de prêts et de subventions pour pousser les entreprises à adopter des équipements moins énergivores. En effet, les industries des pays en développement ont souvent des équipements énergétiquement peu efficaces et des capacités de financement limitées. Le second postulat est que les con-

---

[1] http://www.coredem.info/IMG/pdf/Passerelle_8-2.pdf.

sommateurs ne sont pas assez informés dans leur décision d'achat d'où l'élaboration de labels et d'étiquettes améliorant l'identification du produit.

L'Efficacité Energétique est une action sur la gestion de la consommation énergétique dans le résidentiel et l'industrie. Elle est encore balbutiante dans les pays en voie de développement, là où elle est la plus nécessaire. L'absence de financement, de standards et plus globalement de régulation limite grandement la réalité de la démarche.

L'introduction ou le renforcement des politiques d'efficacité énergétique est un effort nécessaire sur le long terme. Pour avoir des résultats significatifs, les programmes d'efficacité énergétique impliquent le développement de stratégies appropriées et évolutives. En France, le Grenelle II de l'environnement met l'accent sur l'«amélioration de la performance énergétique des batiments» notamment au travers de standard d'isolation et de labels énergétiques. En Chine, la loi sur les économies d'énergie (LEE) et sa révision de 2008 prévoit une meilleure information sur la consommation énergétique des batiments et des produits consommant de l'énergie, de nouveaux codes et standards de construction. Elle prévoit aussi des incitations fiscales et le développement des audits en faveur des économies d'énergie. Par ailleurs, la loi sur la production propre à destination de l'industrie de 2002 introduisait la notion d'économie d'énergie dans les marchés publics. L'accent est mis sur la réduction de l'empreinte des transports avec de nouvelles normes de consommation de carburant et la promotion de transports alternatifs et moins consommateurs (train, transports en commun).

La gouvernance énergétique mondiale, comprise comme les relations entre les différents acteurs du monde de l'énergie, est définie par les données économiques, politiques, technologiques et environnementales mondiales. La forte croissance de la consommation mondiale et l'affirmation d'une société civile écologique influencent les politiques énergétiques nationales. La diversification du mix énergétique est une caractéristique de la nouvelle gouvernance énergétique mondiale, et une logique dans laquelle EDF s'inscrit en France comme en Chine.

2. EDF EN CHINE UNE PRESENCE DURABLE

EDF est présente sur l'ensemble du processus de production et de distribution de l'électricité, de la conception des centrales électriques à la distribution aux particuliers. Le Groupe dispose d'un savoir-faire reconnu notamment dans les domaines de l'énergie nucléaire et de l'hydraulique. L'entreprise a prés de 38 millions de clients dans le monde[1] et gère 58 réacteurs nucléaires en France et 15 au Royaume-Uni. Elle réalise ainsi 20% de la production électrique britannique et 70% de la production Française.

EDF a développé une expertise reconnue dans le domaine de l'énergie hydraulique. En France, EDF produit 45 milliards de kWh par an d'hydroélectricité au travers de l'exploitation de 640 barrages, dont 150 dépassants 20 mètres de haut et de 439 centrales hydrauliques. 70% du potentiel hydraulique français est actuellement exploité. Avec plus de 20000 MW de puissance installée sur notre territoire, EDF est le premier fournisseur d'énergie hydraulique de l'Union européenne.

Dans le domaine nucléaire EDF est un des acteurs des projets EPR, réacteurs de troisième génération réputés pour leur sûreté d'une capacité électrique de 1650 MW à 1750 MW. Quatre de ces réacteurs sont en construction dans le monde, dont un en France (Flamanville), un en Finlande (Olkiluoto) et deux en Chine (Taishan 1 et 2), où EDF est présent depuis 30 ans.

2.1 TRENTE ANS DE COOPERATION

2.1.1 Nucléaire

Contrairement aux énergies fossiles, le nucléaire permet l'indépendance énergétique et garantit la compétitivité économique, grace à des coûts d'électricité bas et stables sur le long terme.

Par sa technologie et son modèle de concepteur-constructeur-exploitant, EDF a pu faire profiter la Chine de ses expériences et de sa technologie dans le domaine du nucléaire. L'arrivée d'EDF sur le marché chinois a eu lieu en 1983 avec la signature

---

[1] http://www.edf.com/html/RA2011/pdf/EDF2011_ESSENTIEL_vf.pdf.

d'un contrat de partenariat avec la future *China Guangdong Nuclear Power Corporation* (*CGNPC*) pour la conception et la maîtrise d'œuvre de la première centrale nucléaire en Chine, située à Daya Bay, Guangdong. L'ouvrage qui a pris pour référence la centrale Française de Gravelines a été mis en service en 1994.

Un an après, EDF est chargée par CGNPC de l'assistance à la maîtrise d'ouvrage pour les deux tranches de la seconde centrale nucléaire chinoise construite à Ling Ao (Guangdong). Dès lors, les partenariats entre les deux entreprises se multiplient et en 2007, EDF reçoit l'aval du gouvernement chinois pour participer à la réalisation des tranches de technologies EPR de Taishan.

Aujourd'hui, EDF et CGNPC allient à eux deux la plus grande expérience de construction et la plus grande expérience d'exploitation nucléaire au monde. La présence d'EDF en Chine n'a pas seulement permis le succès technologique en matière nucléaire, elle a aussi garanti à l'industrie chinoise l'acquisition d'un modèle permettant l'autonomie par la maîtrise industrielle.

Récemment, lors de la visite du Chef de l'état français en Chine les 25 et 26 avril derniers, EDF a signé avec Areva et CGNPC une déclaration conjointe, dans laquelle les trois parties ont exprimé leur souhait de continuer à approfondir leur coopération dans le nucléaire, en particulier au regard de la sûreté des installations. Le partenariat entre CGNPC et EDF a amené en Chine un outil industriel. Depuis 20 ans, les fournisseurs, dont les 85 PME de l'association PFCE, se sont développés en Chine sur la base de la mise en œuvre d'un référentiel robuste (normes et qualifications) et la localisation de la filière Française a suscité la naissance d'un tissu industriel local qui maîtrise la fabrication des équipements, aujourd'hui pour les centrales 1000MW (CPR 1000 et CNP 1000) et très bientôt pour celles de 1750 MW.

La sûreté nucléaire en exploitation repose sur des échanges transparents entre exploitants. EDF a, dès le démarrage de Daya Bay, soutenu CGN dans son adhésion au centre WANO (World Association of Nuclear Operators). Du fait de l'accroissement à la fois de son parc de réacteurs et de son expérience, le rôle de CGN est allé grandissant. Ainsi, EDF et CGN ont travaillé très étroitement pour renforcer la mission et le poids de WANO notamment suite à l'accident de Fukushima (en particulier comme évaluateur et en étendant le champ à la pré-exploitation), lors de la conférence biennale d'octobre 2011 à Shenzhen sous la présidence de Mr He Yu, chairman de CGN, Laurent Stricker, ancien directeur de la production nucléaire d'EDF étant alors le Chairman du board de WANO.

2.1.2 Hydraulique

EDF est également présente dans le secteur de l'énergie hydraulique en Chine. Depuis 1985, le groupe a assuré de nombreuses missions d'ingénierie dans le pays. Contrairement à son implantation en Asie du Sud-est, où le Groupe a réalisé le projet Nam Theun 2, EDF ne possède pas d'ouvrage mais contribue à leur réalisation à travers des missions d'expertise et d'ingénierie.

Entre 1989 et 2009, EDF participe notamment à la conception et à la mise en service des grandes STEP (Station de Transfert d'Energie par Pompage) de Cong Hua, Tien Huan Ping et Zang He Wan. L'ouvrage est composé de deux bassins situés à des altitudes différentes permettant de stocker de l'énergie en pompant l'eau du bassin inférieur vers le bassin supérieur lorsque la demande électrique est faible. Lorsque la demande électrique augmente, il restitue de l'électricité sur le réseau en turbinant l'eau du bassin supérieur. Grace à leur fonction de stockage, ces installations contribuent à maintenir l'équilibre entre production et consommation sur le réseau électrique, tout en limitant les coûts de production lors des pics de consommation. [1] Les STEP sont ainsi une solution attractive pour disposer d'une énergie stockée de forte puissance qu'il est possible de délivrer au moment voulu, tant pour l'équilibre du réseau électrique que pour créer de la valeur ajoutée en tenant compte de la variation des prix.

EDF a aussi été responsable de la surveillance qualité de fabrication des équipements de barrages notamment sur les projets de Lungtan et de Zhanghewan en 2005. D'autre part, le groupe a eu un rôle d'expertise technique pour les barrages de Conghua (1200 MW) en 1989, de Yixing en 2002 (1000 MW) et de Zhanghewan en 2003 (1000 MW).

---

[1] http://www.connaissancedesenergies.org/fiche-pedagogique/hydroelectricite-stations-de-transfert-d-energie-par-pompage-step.

Entre 2000 et 2005, l'entreprise a proposé une assistance technique pour les aménagements hydrauliques du barrage des Trois Gorges. En 2000, à la demande de la *China Three Gorges Project Company*, EDF en association avec Bureau Veritas, a été chargée de l'inspection en usine des 14 turbines et des 14 turbo-alternateurs de la centrale de la rive gauche du barrage. En 2004 et 2005, EDF a formé des ingénieurs chinois sur les techniques nécessaires à la mise en œuvre d'un contrôle commande centralisé par vallée[1] sur le fleuve jaune et le Lancang Jiang.

Les activités d'EDF dans l'hydraulique en Chine sont le fait d'une coopération profonde et de la reconnaissance d'un savoir-faire entre les deux pays. En Chine depuis 1985, EDF a assuré de nombreuses prestations d'ingénierie et a signé des accords de partenariat avec d'importantes sociétés de production. Elle étudie aujourd'hui d'autres possibilités d'investissements.

2.2 EDF, ACTEUR DES EVOLUTIONS ENERGETIQUES CHINOISES

2.2.1 Thermique[2]

En Chine, le charbon constitue l'essentiel du mix énergétique avec une part approchant les 75% de la production d'électricité et devrait continuer d'occuper une place importante dans l'avenir, plus de 60% à l'horizon 2020.

EDF est impliquée dans ce secteur en tant que propriétaire et opérateur du seul projet BOT chinois dans le secteur de l'électricité, Laibin B, 2 * 360MW, dans la province du Guangxi, mis en service en 2001. L'obtention de la qualification environnementale ISO 14001 et la mise en service de deux unités de désulfurisation en 2010 vont dans le sens d'une amélioration des performances environnementales des centrales thermiques.

Afin de limiter son empreinte environnementale, la Chine développe des projets de centrales charbon à haut rendement moins polluantes. EDF prend part à ce type de projet en s'appuyant sur ses compétences d'ingénierie. Le projet de *Datang Sanmenxia Power Generation Co.*, (DSPC) dont EDF est actionnaire à 35% est un exemple de l'engagement du Groupe dans ce secteur.

---

① http://asie.edf.com/fichiers/fckeditor/Commun/Asie/Publications/francais/HydrauliqueFR.pdf.

② http://activites.edf.com/production/hydraulique-et-energies-nouvelles/hydraulique/strategie 41425.html.

Le groupe EDF a signé plusieurs accords de coopération avec des producteurs chinois d'électricité afin de développer des projets à charbon propre conjointement. Il est aujourd'hui l'un des plus importants investisseurs étrangers dans la production d'électricité par ses participations dans des centrales thermiques d'une puissance totale installée de 4920 MW.

2.2.2 Nouvelles technologies

Alors que le taux de croissance urbaine augmente de 3% chaque année, la Chine est demandeuse d'expertises étrangères pour l'aider à gérer l'expansion rapide de son urbanisation. EDF propose aujourd'hui son expertise technique et son savoir faire dans le domaine de l'efficacité énergétique et le développement urbain.

Actuellement, les centres de Recherche et Développement d'EDF sont répartis en France, en Allemagne, en Pologne, en Chine et au Royaume Uni. Plus de 2000 employés travaillent en leur sein parmi lesquels 370 docteurs, 220 doctorants et 200 chercheurs enseignants dans les universités ainsi que dans de grandes écoles.

Plus spécifiquement en Chine, les activités en R&D se focalisent principalement sur les énergies renouvelables (CSP, Hydraulique, PV, vent, biomasse), le charbon propre (optimisation de la combustion du charbon, l'épuration des fumées), la simulation numérique des systèmes de production d'énergie (la mécanique des solides et les centrales hydrauliques), le développement urbain durable (basé sur le modèle de la ville numérique, traitant de l'énergie, de la densité, de la population, de l'eau, de l'utilisation des terres, fournissant des données quantitatives pour la planification urbaine), le génie électrique (réseaux et compteurs intelligents, stockage de l'énergie, l'intégration des énergies renouvelables), et enfin l'efficacité énergétique dans les secteurs du batiment et de l'industrie. Le département R&D de la Division Chine permet la remonté d'expériences en ce qui concerne le développement de villes durables dans les régions et les provinces chinoises les plus dynamiques.

Grace à son équipe Open Innovation implantée dans le monde entier, EDF part à la recherche de nouvelles technologies et de start-up susceptibles de bouleverser la gouvernance énergétique mondiale de demain. Au travers de nombreux partenariats et d'investissements en capital risque, dont un fond en Chine, EDF met à profit ses expériences, son capital et son réseau pour le soutien et le développement d'entreprises à forte capacité innovante et ce, en échange d'un accès aux nouvelles technologies qu'elle intègre continuellement.

Open Innovation travaille en continu avec l'ensemble des centres R&D d'EDF implantés dans le monde entier. Elle permet ainsi le développement d'une culture innovante au sein du groupe et présente des technologies qui améliorent la performance technique et managériales de l'entreprise.

EDF est un acteur reconnu en Chine et a posé les fondations nécessaires pour engager une coopération élargie avec des acteurs chinois dans l'ensemble des secteurs qui émergent dans le cadre de la nouvelle gouvernance énergétique. Au-delà de la compétence technique, EDF incarne un réel modèle de management public-privé de référence. L'ouverture du capital de l'entreprise et la diffusion de techniques managériales propres au secteur privé ont fait l'objet d'études démontrant la réussite du procédé. EDF peut partager son expérience et accompagner les entreprises chinoises dans leur transition énergétique et institutionnelle.

3. DE LA COOPERATION A LA COMPLEMENTARITE POUR UNE REPONSE GLOBALE

3.1 LE ROLE DES PAYS EMERGENTS DANS LA NOUVELLE GOUVERNANCE ENERGETIQUE MONDIALE

3.1.1 Les nouveaux partenaires privilégiés de la Chine

Les pays émergents ont un rôle grandissant dans la nouvelle gouvernance énergétique mondiale. Compte tenu de ses besoins en énergie, la Chine fait appel aux pays d'Asie, d'Afrique et d'Amérique latine, riches en ressources pour pallier à ses besoins en énergie. Jusqu'en 1990, ses trois fournisseurs principaux étaient l'Indonésie, le sultanat d'Oman et l'Iran. La diversification des fournisseurs est devenue une obligation du fait de l'augmentation de la consommation de la Chine et de la raréfaction des réserves de l'Indonésie. [1]

---

[1] http://perspectiveschinoises.revues.org/900#ftn12.

Avec 8. 9% des réserves mondiales de pétrole soit 11% de la production mondiale, le continent africain représente un intérêt géostratégique majeur pour la Chine aujourd'hui devenue le deuxième importateur de pétrole d'Afrique, après les Etats-Unis. Le continent africain représente 25% de l'approvisionnement pétrolier de la Chine, contre 15% au milieu de la décennie 1980. Les compagnies chinoises ont signé de nombreux accords pour la mise en valeur des gisements du continent. Ainsi, Sinopec a signé en 2002 un contrat de 420 millions d'euros pour développer le gisement de Zarzaitine au Sahara. Une autre société chinoise, la *China National Oil and Gas Exploration* doit également construire une raffinerie dans le désert algérien, près d'Adrar. La Chine développe sa présence et initie une coopération approfondie avec ce continent dont elle est le premier partenaire commercial.

De son côté, la France entretient aussi des attaches solides avec l'Afrique. Ces liens sont hérités de l'histoire commune de la France et des pays d'Afrique francophone. Les entreprises Françaises ont une bonne connaissance du terrain et des enjeux africains. Au-delà de la langue, la France a mené une coopération politique approfondie avec les pays d'Afrique à l'image de la Côte d'Ivoire, du Gabon ou du Mali. Le continent détient un potentiel énergétique majeur en termes de consommation (avec 1 milliards d'habitant en 2011) et de production (à titre d'exemple seul 4% du potentiel hydraulique est exploité).

Dans le cadre de la nouvelle gouvernance énergétique mondiale, le développement de l'Afrique passe par un meilleur accès à l'électricité qui ne peut être garanti que par le développement de nouvelles capacités de production. Afin de renforcer sa sécurité énergétique, la Chine s'est rapproché de ces pays et envisage une coopération longue dans la zone. La France peut compter sur une connaissance fine et une présence longue sur le continent pour y mener des projets de développement en coopération avec la Chine.

3. 1. 2 La problématique de l'eau

Pour l'ensemble de l'industrie électrique, l'eau est une denrée primordiale nécessaire au processus de production. En Chine, les centrales au charbon situées à la périphérie de régions densément peuplées et économiquement développées sont de plus en plus sensibles à la raréfaction de cette ressource qui permet le bon déroulement de leur exploitation. Selon le rapport *Bloomberg New Energy Finance* (BNEF) dont les conclusions ont été rendues en mars 2013, l'ensemble des mines et des centrales au charbon du pays aurait consommé environ 98 milliards de mètres cubes d'eau douce en 2010, l'équivalent d'environ 15 pour cent de tous les prélèvements d'eau douce effectués à travers la Chine. Cela inquiète les autorités publiques chinoises qui constatent une corrélation négative entre la demande d'électricité et la répartition des ressources en eau douce dans le pays.

Les Etats cherchent de plus en plus à contrôler les ressources en eau et ce, notamment par la construction de barrages hydrauliques servant la sécurisation énergétique. Grace à la hausse des prix des matières premières et aux politiques d'atténuation du changement climatique, l'hydraulique a connu un important développement depuis les années 2000. En 2012, il aura contribué à 16% de l'approvisionnement énergétique au niveau mondial. Le potentiel de ce type de projets est vaste mais ne se développera avec succès que s'il est compris dans une logique de durabilité.

A l'heure actuelle, cinq pays représentent à eux seuls la moitié de la production hydroélectrique au niveau mondial : la Chine, le Canada, le Brésil, les USA et la Russie. Selon les prévisions de l'AIE, 33% du développement de l'hydraulique dans les deux décennies à venir se fera en Chine, la capacité installée dans le pays passant de 200 GW en 2010 à 450 GW en 2030 selon les estimations.

Les centrales hydroélectriques s'inscrivent dans des bassins dont la gestion doit intégrer les multiples usages dont ceux-ci font l'objet : production d'électricité, navigation, tourisme, pêche, irrigation, gestion des inondations, eau potable, doivent être coordonnés selon une perspective bassin. Dans ce cadre, le projet de barrage hydraulique Nam Theun 2 (NT2) d'EDF au Laos est une réussite industrielle. Conçu pour intégrer un ensemble complet de programmes économiques, environnementaux et sociaux, en vue d'améliorer les conditions de vie sur toute la zone du projet, il atténue les effets du projet sur les populations locales et les écosystèmes environnants. Les réalisations du programme sont internationalement reconnues et NT2 est promue dans le monde entier par les Institutions financières internationales (IFI) comme la Banque mondiale et la Banque asiatique de développement, comme un modèle de projet responsable et durable.

D'un point de vue plus large, la question de l'eau est centrale dans la problématique de la sécurité énergétique. Pour les multinationales du secteur de l'énergie à la recherche de nouveaux gisements en pétrole et en gaz, la fonte des glaces est une aubaine. L'arctique contiendrait plus de 13 pour cent des ressources mondiales de pétrole, soit près de 90 milliards de barils, trois années de consommation mondiale, ainsi que 30 pour cent des ressources en gaz naturel, soit 6 ans de consommation. Même si le coût des exploitations offshores reste élevé, les estimations de la hausse du prix du baril pour la prochaine décennie pourrait rendre profitable ce type d'exploitation.

Pourtant, la fonte des glaces et la pollution des nappes phréatiques bouleversent un autre équilibre, celui des ressources en eau douce qui s'amenuisent avec le temps. L'eau douce représente actuellement 2.5 pour cent de l'ensemble des ressources en eau de la planète, glaciers et couverture neigeuse permanente, eau souterraine, lacs et réservoirs, alors que la part de l'eau salée s'élève quant à elle à 97.5 pour cent.

La désalinisation de l'eau de mer déjà utilisée en Espagne, en Israël et en Chine devient la solution aux problèmes de croissance démographique et au réchauffement climatique. Ce processus nécessite de lourdes infrastructures et est gourmand en énergie mais estimé à 0.45 pour cent de la consommation d'eau douce journalière mondiale, il est en pleine croissance, de l'ordre de 10% par an.

Les procédés de dessalement de l'eau doivent être optimisés et implantés aux périphéries de centrales thermiques pour permettre un fonctionnement en base pour la production d'eau, l'électricité étant ajustée à la demande du réseau. Si le procédé de dessalement requiert de la chaleur, une centrale thermique en cogénération contribuera encore à la réduction des coûts. Au sud de Tel Aviv, l'usine de dessalement d'eau de mer d'Ashkelon est la plus grande usine de dessalement au monde qui utilise la technologie membranaire d'osmose inverse avec une capacité de production de 320 000 m^3 d'eau potable par jour (soit 10^8 millions de m^3 par an).

3.2 VERS UNE COOPERATION FRANCO - CHINOISE A L'INTERNATIONAL?

La logique qui préside actuellement en Chine est la recherche d'une plus grande rentabilité des entreprises d'Etat, de l'introduction de techniques de management moderne et d'une internationalisation du développement. Or, pour les entreprises du pays, la conduite de projets à l'international est une expérience relativement récente. La Chine compte un nombre important de réalisations dans le domaine de l'hydraulique mais va devoir développer de nouveaux réseaux de prospection et un nouveau mode de gestion de leurs activités à l'international afin de suivre la tendance politique actuelle du «*zou chu qu*» initié en 1999.

3.2.1 La sûreté nucléaire, un enjeu international

A. L'énergie nucléaire nécessite une organisation industrielle adéquate

D'ici 25 ans, la Chine doublera sa production d'électricité pour représenter 27% du total de la production mondiale. Pour soutenir cet effort, seuls le charbon et le nucléaire peuvent produire massivement en base. Qui plus est, seule l'énergie nucléaire permet une réelle indépendance énergétique et l'accès à une énergie propre.

Cependant, le nucléaire ne peut se développer que si sa sûreté est garantie. La sûreté vise non seulement à éviter les accidents mais aussi à réagir de manière appropriée et rapide pour protéger les populations en cas d'accident. La nature de l'enjeu dépasse le cadre national. Si l'Etat est responsable politiquement et confie aux Autorités de Sûreté le soin de fixer les référentiels de sûreté et de contrôle, c'est l'exploitant qui a la responsabilité directe d'assurer la sûreté du parc. Pour cela il doit pouvoir compter sur une technologie sûre qu'il maîtrise et améliore.

Pour garantir la sûreté de son installation, un exploitant collecte le retour d'expérience le plus large possible à partir des événements quotidiens et exceptionnels, dans son pays et à l'étranger. Puis, son ingénierie traite le retour d'expérience et en déduit les dispositions à prendre pour améliorer de façon continue la sûreté et la performance de ses installations, équipements et technologies, et de leur exploitation. L'opérateur peut optimiser l'installation tout en répondant aux exigences de sécurité sans aucune perte d'expérience dans le processus. Par exemple le projet Durée De Fonctionnement (DDF) vise à intégrer le REX Fukushima et à exploiter le parc au moins 60 ans. Ainsi, dès l'accident de Fukushima, EDF a immédiatement mobilisé 400 ingénieurs qui ont étudié pendant six mois les améliorations à apporter à chacune des 58 unités Françaises d'EDF.

B. EDF garantit la sûreté de ses centrales depuis 40 ans

En France, EDF est le responsable clairement désigné de la sûreté nucléaire de ses centrales. EDF collecte le retour d'expérience des événements mineurs et bien sûr majeurs, survenus sur les équipements, les matériaux, le fonctionnement, la conduite. Le retour d'expérience vient des événements internes ou externes à la centrale : grand froid, canicule, inondation, séisme ; ou de l'exploitant, ou encore des évolutions de l'offre des fournisseurs : état de l'art de la technologie des équipements ou logiciels. EDF collecte aussi l'expérience internationale. Pour ce faire, le Groupe participe activement aux travaux des organisations internationales et a de nombreux accords de coopération et de jumelages avec les exploitants étrangers. Le développement du parc nucléaire chinois intègre cette démarche et ce souci de sureté.

Toutes les centrales chinoises peuvent être amenées au niveau des meilleures normes de sécurité en y intégrant les derniers retours d'expérience, y compris celui de Fukushima. Aujourd'hui la Chine dispose d'un parc de plusieurs dizaines de CPR 1000 et CNP 1000 et elle engage le développement de nouveaux modèles. Le parc nucléaire chinois peut fonctionner au moins 60 ans en améliorant constamment la sûreté des centrales déjà construites et le design de celles qui seront construites, pour qu'elles soient encore plus sûres et plus efficaces. Un partenariat continu avec l'industrie nucléaire Française contribuera à rendre le parc nucléaire chinois toujours plus sûr et efficace, dans l'intérêt du développement économique de la Chine.

C. Les partenaires chinois d'EDF peuvent bénéficier de l'expérience accumulée sur son parc pour un développement commun à l'international

Lors de la visite du président Hu Jintao en France en novembre 2010, les 2 présidents avaient inclus le volet international dans la coopération entre les 2 pays.①

---

① "Nous avons décidé de travailler sans limite à une collaboration stratégique dans le domaine du nucléaire qui ira beaucoup plus loin et sur l'ensemble du cycle nucléaire, des mines d'uranium au retraitement et au recyclage du combustible, en passant par la construction de nouveaux réacteurs en commun, y compris en travaillant ensemble sur la question des marchés tiers ; et pourquoi la France et la Chine ne décideraient-elles pas ensemble d'exporter ensemble sur des marchés tiers?" Allocution Président de la République Française lors du Dîner d'Etat.

Récemment, lors de la visite d'Etat en RPC du Président de la République Française, M. Hollande, les deux chefs d'Etat ont confirmé leur haute appréciation de la coopération. Ils notamment réaffirmé leur volonté que :

De nouveaux types de réacteurs de troisième génération sûrs et compétitifs soient co-développés par des entreprises des deux pays ;

La sûreté nucléaire devienne un axe de ce partenariat.

Ainsi, l'accord signé entre EDF, AREVA et CGN à l'occasion de cette visite envisage une coopération dans des projets internationaux①, la Grande Bretagne pouvant être l'un d'eux. ②

Ce ne serait que la prolongation d'une coopération déjà engagée entre EDF et ses partenaires à l'international, dans d'autres formes d'énergie. Par exemple, en 2010 EDF et DATANG avaient déposé une offre commune pour la centrale charbon de Safi, au Maroc, ou en 2011, l'offre EDF sur la centrale Nghi Son au Vietnam reposait sur une construction de SPECO III.

3.2.2　L'innovation, au croisement entre culture et technologie

A. La Chine : une économie d'innovation

Depuis 20 ans, la Chine se dirige vers une économie de l'innovation. Elle est aujourd'hui capable de rivaliser avec les plus grandes nations en matière de technologie. Représentant 1% du PIB chinois en 2000, les dépenses intérieures brutes estimées pour 2025 dans le domaine de la R&D atteindront 2.5% du PIB national. Aujourd'hui, ces dépenses stratégiques en innovation s'élèvent à hauteur de 1.97% du PIB chinois.

Plus particulièrement dans le domaine de l'énergie, la Chine a su investir sous forme d'acquisition ou de prises de participation dans les plus grandes multinationales de l'industrie européenne. Par des joint-ventures et des transferts en technologie, la Chine

---

① Communiqué commun : "Dans ce cadre, les trois partenaires tireront un bénéfice commun de leurs expériences industrielles nucléaires respectives et envisageront une coopération dans de futurs projets internationaux."

② "On travaille avec CGNPC depuis trente ans, on leur a proposé, ils ont dit qu'ils étaient intéressés et les discussions ont commencé", a expliqué à des journalistes Hervé Machenaud, directeur de la production et de l'ingénierie d'EDF. (http://www.lemonde.fr/planete/article/2013/01/17/edf-discute-avec-le-chinois-cgnpc-pour-construire-un-epr-au-royaume-uni_1818820_3244.html) a réussi à intégrer un savoir-faire et à faire évoluer sa chaîne de valeur. Désormais, le pays exporte de plus en plus ses innovations vers l'étranger.

B. Les particularités de l'innovation Française

L'innovation porte en elle une part de risque et s'inscrit dans un temps long. Elle est liée à la vision sociale et culturelle du pays où elle est réalisée. Or, la France a un processus d'innovation coûteux et lent. Les marchés devenant de plus en plus mûrs, il devient de plus en plus compliqué et lourd financièrement de passer d'un mode prototype à un mode industriel.

Néanmoins, pour la deuxième année d'affilée, la France décroche la troisième place de l'étude Top 100 *Global Innovators*, publiée par le cabinet américain Thomson Reuters. La France a acquis un leadership mondial dans le nucléaire, le ferroviaire, l'aéronautique, l'automobile. Sept entreprises Françaises (Alcatel-Lucent, Arkema, EADS, L'Oréal, Michelin, Saint-Gobain et Snecma) ainsi que trois organismes de recherche (CEA, CNRS et IFP Energies nouvelles) figurent dans ce Top 100 pour la deuxième année d'affilée.[1]

C. L'innovation franco-chinoise pour répondre aux enjeux mondiaux

Forte d'une expérience industrielle solide, la France a développé une capacité d'innovation importante notamment au travers de ses grands groupes. S'il existe des limites culturelles à l'innovation, le pays fait preuve d'un fort dynamisme dans une grande diversité de produits. EDF est à la pointe de cette tendance en proposant des solutions énergétiques innovantes au cœur de la transition énergétique mondiale. La combinaison des deux cultures d'innovation Française et chinoise peut permettre de développer des produits d'intérêt pour la Chine, pour l'Europe, mais aussi pour les marchés émergents.

L'urbanisation croissante du monde et de la Chine (de 94 en 2010 à plus de 143 villes de plus de 1 million d'habitants)[2] nécessite une redéfinition de la politique énergétique urbaine. Le groupe EDF a une approche holistique de la question énergétique, selon un

---

[1] http://www.atlantico.fr/pepites/innovation-france-en-troisieme-position-mondiale-567236.html.
[2] http://www.lemonde.fr/asie-pacifique/article/2013/02/13/chine-l-urbanisation-moteur-essentiel-de-la-croissance-selon-pekin_1831731_3216.html.

modèle intégré de planification urbaine comprenant la production, le transport et la distribution d'énergie, l'efficacité énergétique. Une approche globale de l'énergie et des réseaux innovants est nécessaire pour garantir l'efficacité des ces activités.

CONCLUSION

La France et la Chine sont des acteurs énergétiques majeurs dans leurs régions respectives. Aujourd'hui, la coopération de ces deux nations s'intègre dans un panorama énergétique mondial en évolution et dont les enjeux ne sont plus à dépeindre. EDF, poursuit sa stratégie internationale entreprise depuis 20 ans déjà, au service de l'Asie et de la Chine. L'optimisation des données, l'efficacité énergétique, l'accompagnement du pays dans l'aménagement du territoire font aujourd'hui la force du groupe EDF. En Chine, nouveau laboratoire du monde, EDF peut maintenir et améliorer sa capacité opérationnelle basée sur l'expérience et l'innovation.

EDF a donc choisi une stratégie de coopération longue et pérenne dans les secteurs énergétiques d'avenir. L'entreprise mise sur son savoir-faire dans les différentes technologies de l'énergie pour assister la Chine dans son développement. Le cœur de la coopération est bien sûr le nucléaire, domaine dans lequel EDF dispose du statut de leader mondial. La partenariat franco-chinois ne se comprend pas à sens unique mais constitue un véritable échange et une chance pour aborder les questions énergétiques et environnementales de demain. Complémentaire, le tandem franco-chinois peut dorénavant se saisir des questions relatives à la gouvernance mondiale et répondre aux problèmes de l'accès à l'électricité pour tous dans un contexte où plus d'un milliard trois cents millions de personnes ne peuvent bénéficier de cette ressource. Proposer de nouvelles solutions aux défis énergétiques actuels peut être l'ambition de ce partenariat de long terme.

(éditeur: Zhang Jinling)

Collaboration décentralisée entre la Franche-Comté et Anhui sur la préservation, la mise en valeur et l'animation des patrimoines «Hui» en Chine

Liu Yan[*]

Introduction

La France est un pays qui a relativement tôt pris conscience des enjeux de son patrimoine culturel et des outils pour en assurer la préservation. Ayant une grande expérience de la sauvegarde du patrimoine et du développement touristique, elle dispose de compétences dans le domaine de la gestion du patrimoine et de l'exploitation touristique.

Après les ravages liés aux conflits mondiaux du vingtième siècle, la prise de conscience s'est internationalisée, notamment sous l'impulsion de l'Unesco.

La Chine n'est pas restée en marge de ce mouvement puisque le développement économique rapide qui a suivi les réformes des années 80, bouleversant toutes les structures de la société chinoise, l'a conduite également à prendre en compte la problématique patrimoniale. Constructions massives, industrialisation, exode rural, urbanisation : l'impact de ces changements s'est fait sur une échelle gigantesque. De ce fait, les richesses archéologiques et l'héritage historique de la Chine font face à des pressions nouvelles qui constituent, des menaces très sérieuses sur le patrimoine chi-

---

[*] Liu Yan, étudiante en Master «Management des organisations culturelles» en France.

nois. Il est intéressant d'en prendre conscience à travers des exemples concrets.

La collaboration décentralisée entre **la Région Française de Franche-Comté**, et **la Province chinoise d'Anhui**, concernant la préservation, la mise en valeur et l'animation de l'ancienne culture chinoise «Hui» est une réussite exemplaire dans l'histoire des échanges culturels entre la France et la Chine.

I Contexte

Anhui, appelé historiquement «Hui», est une province de l'Est de la Chine (sur un total de 34), autour des bassins du fleuve Yangzi Jiang et de la rivière Huai, abritant le site montagneux du Huang Shan, très connu en Chine et la montagne sacrée bouddhique Jiuhua. Située à 600 kilomètres à l'Ouest de Shanghaï, elle s'étend sur une superficie de 139000 km^2 pour 63280000 habitants. Sa capitale est Hefei (1.4 million d'habitants). Cette province s'enorgueillit d'offrir les paysages naturels parmi les plus beaux du pays. C'est également le lieu d'origine d'auteurs et de savants comptant parmi les plus illustres de la Chine. Cette région est riche de ses sites touristiques dont cinq sont de niveau national (les monts Huangshan, Jiuhu Shan, Tianzhushan et Qiyunshan). Elle dispose de vingt trois parcs forestiers également de niveau national. Anhui présente la quintessence de la beauté de la nature et de la culture fascinante du pays.

Placée au 14ème rang en Chine pour son PIB total et au 28ème rang pour son PIB par habitant, parent pauvre de la région de Shanghai ou de la Chine de l'Est, Anhui est en marge du développement rapide des régions côtières.

En 2007, le PIB d'Anhui atteignait un total de 73.4 milliards d'euros; le PIB par habitant s'élevant seulement à 1200 euros. Le poids du tourisme d'Anhui est faible et la province manque de ressources humaines qualifiées, des infrastructures touristiques accessibles et en adéquation avec les normes du développement durable et une offre touristique compétitive, malgré un fort potentiel de sites et de villages classés au patrimoine mondial de l'Unesco.

La Franche-Comté :

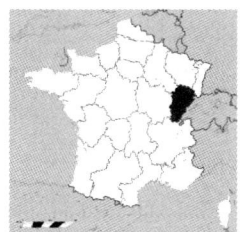

Avec une surface de 16 202 km^2, la région représente près de 3% du territoire français. La capitale régionale de la Franche-Comté est Besançon. De par sa position au centre de l'Europe, la Franche-Comté est un passage obligé des mouvements à la fois humains et économiques. En effet, la région, frontalière avec la Suisse, est aussi très proche de deux grands pays européens : l'Allemagne et l'Italie. Région montagneuse, elle contient une partie importante du massif du Jura. Au nord de la région se trouve le massif des Vosges. La région possède 5350 km de cours d'eau. Ses principales rivières sont la Saône, l'Ain, la Cuisance, le Doubs, la Loue, l'Ognon, la Bienne, la Valouse, le Suran, la Seille, le Hérisson, la Savoureuse, l'Autruche, l'Allaine ou l'Allan (en France), et le Lison. La population totale de la région était de 1151000 (en 2007). Héritière d'une histoire mouvementée, la Franche-Comté conserve de nombreux monuments dont de nombreux villages pittoresques.

II Histoire d'une rencontre

Forte de sa longue expérience dans la valorisation de la qualité architecturale et de la richesse historique de son patrimoine culturel, la Franche-Comté souhaite à la fois attirer et accueillir davantage de visiteurs chinois en provenance d'Anhui (près de 150 000 se rendent en Europe chaque année), et partager son savoir-faire pour soutenir la province d'Anhui dans le développement et l'exploitation de ses ressources touristiques.

La Région d'Anhui en Chine possède un très riche héritage culturel, un environnement naturel conséquent, ainsi qu'un fort potentiel touristique. Dans le cadre de la politique nationale du tourisme du CNTA (la Direction nationale du tourisme de la Chine), et notamment de «l'Année du tourisme rural», elle favorise la préservation et la mise en valeur du patrimoine, le développement du tourisme rural et le processus de l'internationalisation du tourisme de la région.

Une coopération commune permet le développement rural de la région d'Anhui, la création de produits culturels pour le marché étranger et de produits relatifs au tourisme rural. Elle met en application des expériences réussies en France et en Chine dans un contexte de renforcement des relations sino-Françaises.

Cette coopération décentralisée entre les deux régions date d'il y a plus de vingt ans :

— le 18 mai 1987 : Premier protocole de coopération entre M. WANG Yuzhao, gouverneur de la Province d'Anhui et M. Edgar FAURE, Président du Conseil régional de Franche-Comté.

1988, 2001, 2002 et 2004 : Plusieurs visites d'échanges ont été réalisées par les deux parties.

— le 31 octobre 2005 : Mémorandum de la visite dans la province d'Anhui de M. Raymond FORNI, Président du Conseil régional de Franche-Comté, pour relancer la coopération entre leurs deux régions.

— le 11 juin 2007 : Programme de travail 2007 – 2010 signé entre la Direction du tourisme de la France et la Direction nationale du tourisme de la Chine (CNTA), où il est envisagé de mettre en place un programme de coopération sur le développement rural entre la Chine et la France.

— le 14 juin 2007 : Programme de travail 2007 – 2010 concernant le développement rural à la ville de Huangshan a été signé entre la Direction du tourisme de la France, la Direction nationale du tourisme de la Chine (CNTA), la Province d'Anhui et le Conseil régional de Franche-Comté.

— Les 8 et 9 juillet 2007 : Accueil en Franche-Comté de M. LI Hongming, Maire de la ville de Huangshan.

— le 9 août 2007 : Accord concernant la gestion de la zone touristique de Tangmo, village test, signé entre la Mairie d'arrondissement de Huizhou (de la ville de Huangshan) et le Comité des villageois de Tangmo.

— le 30 janvier 2008 : Projet démarré par l'accord de partenariat, signé à Besançon entre la ville de Huangshan, la Communauté d'Agglomération du Pays de Montbéliard (CAPM) et le Conseil régional de Franche-Comté. Cet accord met l'accent sur la formation et le développement rural au village test de Tangmo.

La ville de Huangshan charge ensuite le Groupe touristique d'Anhui de mettre en œuvre ce projet de coopération, estimé à 30 millions yuans (monnaie chinois, équivalant environ à 3 millions d'euros à l'époque).

– le 19 mai 2008: Accord de coopération pour le développement rural entre le Groupe Touristique d'Anhui et le Conseil régional de Franche-Comté.

A ce titre, pour la partie Française, ces échanges s'inscrivent dans le cadre du contrat triennal de coopération signé par la Région de Franche-Comté avec le Ministère du tourisme de la France.

Création du Comité de pilotage en charge de la programmation et du suivi des actions :

Partie chinoise: deux représentants du Groupe touristique d'Anshan et un représentant de la Mairie de Huangshan.

Partie Française : deux représentants du Conseil régional de Franche-Comté e un représentant de l'Etat français.

– le 8 avril 2009: Signature du Plan d'actions 2009 – 2010 entre la Ville de Huangshan, le Groupe touristique d'Anhui, le Ministère du Tourisme de France et le Conseil régional de Franche-Comté.

– le 19 janvier 2010: Projet 2010 – 2012 du ministère des Affaires étrangères et européennes en soutien à la coopération décentralisée, intitulé «Programme pilote de développement économique, social et environnemental d'un éco tourisme en milieu rural durable dans la province d'Anhui (Chine) avec les Ministères du tourisme français et chinois», déposé par le Conseil régional de Franche-Comté. Partenariats thématiques entre le MAEE (la Direction générale de la mondialisation du MAEE est la délégation pour l'action extérieure des collectivités territoriales) et les collectivités territoriales pour le tourisme durable et la valorisation des patrimoines naturel et culturel.

– le 20 janvier 2010: Lancement du livre de photographies des villages d'Anhui avec M. Yan WANG à Paris. Wang est né en 1960 à Guadong en Chine. Il vit et travaille en région parisienne. Il a suivi une formation très solide et très classique aux Beaux-Arts de Shandong en Chine, avant de devenir professeur et Maître de conférences en 1995. Il a été tour à tour secrétaire de la World Chinese Artist en 1996, puis représentant officiel de la Chine pour l'Association des Arts Plastiques à l'UNESCO en 2002

– le 28 mars 2010 : Reconduite de 3 ans du programme de travail 2010 – 2012 concernant le développement du tourisme rural à la ville de Huangshan, signé entre la Province d'Anhui, la ville de Huangshan et le Conseil régional de Franche-Comté.

– le 18 et le 19 Juin 2010 : Présentation du programme Anhui / Franche-Comté aux 3èmes Assises franco-chinoises à Nankin et attribution du 2ème Prix de la Coopération à la Région de Franche-Comté et à la Province d'Anhui.

– le 10 septembre 2010 : A Shanghai Attribution du «Prix de la Coopération et des Echanges» à la Région de Franche-Comté, par la Fédération nationale chinoise des jumelages

– le 13 septembre 2010 : Accord de partenariat d'une durée de cinq ans, signé entre la Fédération Nationale Française des «Gîtes de France» et le groupe chinois du tourisme d'Anshan, sur l'hébergement familial et rural à Anshan. Un partenariat avec pour objectif d'exporter en Chine les compétences de la marque mais aussi d'utiliser cette dernière pour la labellisation d'hébergements dans le pays.

III   Principaux sites ciblés de la province chinoise d'Anhui

– Le mont Huangshan (montage jaune)

à l'origine appelés Yishan, les monts Huangshan tirent leur nom de l'empereur Jaune, l'ancêtre légendaire du peuple chinois que l'on dit être monté au ciel à partir du sommet de ces monts. Depuis des siècles, ces derniers ont servi d'inspiration à des peintres et à des auteurs, et ils sont le thème de chefs-d'œuvre artistiques. Xu Xiake (1586 – 1641), géographe et explorateur de la dynastie des Ming, en a fait l'éloge en disant qu'ils surpassent touts les autres du pays, y compris les cinq montagnes sacrées (Hengshan, Taishan, Huashan, Songshan et Hengshan).

Inscrits au patrimoine mondial de l'Unesco et faisant partie du réseau des géoparcs du monde, les monts Huangshan offrent à longueur d'année une succession de paysages fascinants. Les essayistes les plus éloquents sont restés bouche bée devant leur beauté et ils ont captivé les voyageurs les plus aguerris. En 1999, l'Unesco a décerné au mont Huangshan un prix pour la protection des sites culturels.

Le mont Huangshan (montagne jaune)

– Le mont Jiuhua

Situé dans le territoire relevant de la ville de Chizhou, le mont Jiuhua est l'un des quatre principaux sanctuaires bouddhiques de la Chine. Ses neuf pics ont inspiré son nom initial (Jiuzi), ce qui signifie neuf enfants. Le célèbre poète LI Bai de la dynastie des Tang (618 – 907) a été tellement captivé par la position en forme de lotus de ses pics gracieux qu'il les a immortalisés dans ce vers: «Le mont des dieux est en train de fleurir» Depuis lors, ce mont a été appelé Jiuhua (neuf fleurs).

Quel que soit l'endroit où l'on se trouve, le mont présente des panoramas magnifiques. Le mont Jiuhua compte un millier d'inscriptions plus que millénaires de personnalités. Selon les gens, au moins une figure historique a foulé chacun des rochers de ce mont.

Les monastères nichés par grappes dans les replis de ce mont font entendre le tintement de leurs cloches et le murmure inlassable des récitations des canons bouddhiques. Durant son apogée, le mont Jiuhua a été le site de 300 à 400 sanctuaires bouddhiques et a reçu plus de pèlerins que tout autre sanctuaire bouddhique de la Chine. Aujourd'hui, ce mont compte encore 99 temples, et chacun recèle des trésors de reliques cul-

Le temple Tiantaichan, dans le mont Jiuhua

turelles des dynasties passées, notamment des transcriptions de soutras, des édits impériaux et des inscriptions d'empereurs.

En plus de ses pics et de ses cours d'eau, les paysages de ce mont incluent une mer de nuages, des levers de soleil inoubliables et des forêts de givre. Profiter de tout ce que ce mont peut offrir prendrait plusieurs jours, voire des semaines.

Arche commémorative monumentale, un exercice de style architectural typique de la région du Huizhou

– La ville de Huangshan et le village test Tangmo

Huangshan est une ville du Sud de la province d'Anhui. Elle se situe à proximité du massif montagneux du Huangshan. La ville est très renommée pour ses 101 anciens villages, et 1300 anciens édifices, des dynasties de Ming et de Qing (1644 - 1911), décrits par l'UNESCO comme «grands témoins d'une ancienne civilisation, chef-œuvres d'ancienne édifice, et célèbres modèles d'union parfaite entre les êtres humains et la nature».

Le village Tangmo, situé dans le district de Huizhou, au sud des monts Huangshan, a été sélectionné comme village test afin de promouvoir la coopération franco-chinoise.

Panorama du village test Tangmo

Ce village, caractérisé par les traditions des grands lettrés, leurs maisons et jardins, ainsi que les rues rivières, représente un patrimoine culturel architectural et naturel de grande qualité, d'où émanent les quatre trésors du bureau d'un lettré-le pinceau, l'encre, le papier et l'encrier. A nos jours il y reste encore une centaine de maisons de la Dynastie de Qing, issues de ses 5000 ans d'histoire.

D'après le mémorandum signé par les deux parties, la Région Franche-Comté envoie à ses frais des chercheurs et des ingénieurs au village Tangmo, qui doit rendre un rapport sur l'environnement et la mise en œuvre d'aménagements hydrauliques. Les deux parties vont également coopérer dans les domaines de la préservation et l'animation du patrimoine, la formation touristique, des échanges culturels, de l'échange d'informations, et créeront un site Internet en commun sur le tourisme.

Maison Shegan à Tangmorubans flottent au gré du vent.

A Tangmo, veux et prières accrochés à des

– Le district de Yixian

Les villages de Xidi et Hongcun, deux sites classés du patrimoine mondial, se trouvent dans le district de Yixian, sur les versants sud des monts Huangshan. Dans des centaines de hameaux du secteur se dressent plus de 3 700 batiments bien préservés des dynasties de Ming et de Qing.

Le village de Hongcun est l'une des quelques collectivités en Chine à avoir été aménagées le long d'un système d'aqueduc artificiel. Toutes ses maisons se dressent près

Le village de Hongcun

Hongcun, la cité dont les plans architecturaux évoquent un bœuf, et ce ruisseau…ses intestins !

de fossés ou de sources qui s'entrelacent comme un labyrinthe. Vu d'en haut, le village ressemble à un bœuf, sa tête est un monticule, ses cornes, des bois, son corps, la série de batiments, et ses pattes, les quatre ponts du village.

Le bassin central de Hongcun où fut tournée une scène culte de «Tigre et Dragon», du film d'Ang Lee

Au village de Xidi, l'architecture dans un style vernaculaire mêlant bois, murs de briques et de magnifiques décorations sculptées témoigne de la remarquable prospérité du lieu sous la dynastie des Qing.

– Le district de Shexian

Lorsqu'il était connu sous son nom initial de Huizhou, Shexian était un centre politique, culturel et financier de la région. Avec ses ponts anciens, ses tours, ses pavés et ses portails en grande partie intacts, la vieille partie se dresse dans la zone du centre-ville du chef-lieu du district. Les portails en pierre sont une caractéristique architecturale d'Anhui.

la rivière Xin'an

La rivière Xin'an, qui traverse Shexian, a été comparée à une galerie de peintures de paysage. Tout le long de son cours, on peut admirer des chaînes de montagnes qui ondulent, des maisons dispersées çà et là, des moulins et des vergers qui, juxtaposés au paysage d'eau, ressemblent à une série d'images de cartes postales.

– Le district de Jixi

Ayant une histoire de 1470 ans, la ville de Jixi, le chef-lieu, couvre une superficie 1126 km^2 et abrite une population de 180000 habitants. à quarante minutes de la rivière Xin'an, la ville est le berceau de la cuisine d'Anhui et de nombreux personnages remarquables. Parmi ces derniers, il y a Hu Xueyan, magnat légendaire de la dynastie de Qing dont l'histoire de la réussite spectaculaire a inspiré beaucoup de livres et de pièces de théâtre.

Le temple des Ancêtres de la famille Hu à Longchuan

– *Les monts Zhuangshan*

Nuage dans la gorge des monts Zhangshan

La gorge des monts Zhangshan, une zone écologique modèle des monts Dazhang approuvée par l'ONU, se trouve à 10 km du village de Longchuan. Zhang-shan était autrefois la ligne de démarcation entre les royaumes de Wu et de Yue qui se sont livré la guerre au cours de la période des Printemps et Automnes (770 – 476 av. J. – C.). L'ancienne route Anhui-Hangzhou, foulée pendant des millénaires, serpente encore dans la vallée.

IV Détails de la collaboration franco-chinoise

1. Volonté de la société civile, des autorités nationales et locales de développer rural en Anhui :

Les villages de Xidi et Hongcun, à proximité de la ville de Huangshan ont été classés au patrimoine culturel mondial de l'Unesco. Tout comme les sites francs-comtois construits par l'architecte militaire Vauban. La Citadelle de Besançon, qui fait partie du réseau des sites majeurs de Vauban a signé un protocole d'accord avec la société de protection de la Grande Muraille de Chine à Besançon, en novembre 2007.

De plus, plusieurs personnalités chinoises sont originaires de cette région : le président actuel de la République Populaire de Chine, M. Hu Jintao, est né en Anhui à Jixi. M. Wu Bangguo, président actuel du comité permanent de l'Assemblée populaire Nationale de la République Populaire de Chine y est aussi né. L'ancien premier ministre français, M. Raffarin, a participé effectivement à cette collaboration et visité à plusieurs reprises la Région d'Anshan. La collaboration est bénéficiée d'une impulsion des plus hautes autorités des deux parties.

2. Thématique :

Mise en valeur du patrimoine naturel et bati architectural, redynamisation économique des zones rurales et amélioration des conditions de vie de la population.

3. Partenaires engagés :

– **Collectivité territoriale chef de file en France** : Conseil régional de Franche-Comté

– **Soutient de l'Etat français** : Ministère des Affaires étrangères et Européennes. Ministère du Tourisme/ Ministère des Finances, de l'Industrie et de l'Emploi/ Cités Unies France (CUF)

– **Autres collectivités territoriales Françaises partenaires** : la Communauté d'Agglomération du Pays de Montbéliard, les Pactes locaux, TER, la Fédération Nationale des Gîtes de France, la Ville de Besançon et le Réseau des sites majeurs Vauban, le département Qualité de l'Eau de l'école Nationale d'Industrie laitière de Mamirolle, le pôle hôtellerie/restauration du lycée Friant de Poligny, le pôle tourisme du lycée Nodier de Dole, le rectorat de Besançon, le centre de linguistique appliquée de Besançon.

– **Autres structures concernées** : le Pôle « homme, environnement, santé » de Chrono environnement de l'Université de Franche-Comté, l'Association franc-comtoise des Amitiés franco-chinoises, l'Association des Petites Cités Comtoises de caractère, le Comité régional du Tourisme de Franche-Comté, la Délégation régionale au Tourisme, le Comité régional de Cyclisme de Franche-Comté, la société civile, les agences de voyages franc-comtoises, la société Poëry de Besançon et son bureau de Shanghai, le Pavé dans la mare, le Comité départemental de Tourisme de la Lozère, la Région Auvergne et les Régions Françaises ayant un partenariat avec la Chine au travers de l'ARF.

- **Collectivité locale partenaire en Chine** : Province d'Anhui

- **Soutient de l'Etat chinois** : Conseil des Affaires d'état de la Chine, Ministère du Tourisme chinois (CNTA)

- **Autres collectivités locales partenaires en Chine** : la ville de Huangshan et le village de Tangmo, le Groupe Touristique de l'Anhui, l'association des Amitiés franco-chinoises (Pékin, Shanghai), l'Université de Tonji de Shanghai, le Centre sino-français de Formation et d'échanges notariaux et juridiques à Shanghai.

4. Responsabilités de chaque partie :

Les visites effectuées ces dernières années par les deux parties ont permis de mettre au jour les points forts de chaque région, leur complémentarité et les bénéfices que chacune pouvait en tirer notamment dans la collaboration.

A. La partie Française :

1) Offrir une expertise : missionner des experts et des organismes, sur la base des expériences Françaises pour renforcer la préservation du patrimoine, le développement et la mise en marché international du tourisme rural d'Anshan.

2) Conseiller les villages pilotes : aider aux choix des entreprises et des organismes français dans le cadre du projet pilote de coopération de Huizhou (la ville de Huangshan) sur le tourisme rural entre la Chine et la France, et fournir un appui technique.

3) Aider à la promotion des produits touristiques autour du tourisme rural d'Anshan sur le marché français et le marché européen. Organiser des eductours en invitant des élus français, des médias, et des tour-opérateurs à visiter Anhui. Mettre en place de circuits en Franche-Comté pour les touristes chinois.

4) Contribuer au co-développement en permettant à des entreprises et des organismes français de participer au développement du produit touristique d'Anshan.

5) Former des différents acteurs nécessaires

B. La partie chinoise :

1) Offrir des services et apporter des soutiens nécessaires sur le tourisme rural entre la Chine et la France, ainsi que d'autres projets de coopération sino-Française.

2) Déterminer des villages pilotes : travailler en coordination parfaite avec la partie Française, afin de bien choisir les villages pilotes, sélectionner des entreprises et des

établissements chinois pour participer à ce projet.

3) Assurer le soutien politique : selon des besoins réels de ce projet, fournir le soutien politique, afin d'obtenir le soutien du CNTA et du Bureau provincial du tourisme de l'Anhui.

4) Assurer la recherche des financements publics pour la réalisation des infrastructures et équipements publics.

5) Définir l'ensemble des conditions règlementaires du partenariat public / privé dans un souci de cohérence été de complémentarité permettant de mettre en œuvre les actions suivantes :

– La préservation, la réhabilitation et la valorisation des anciens villages d'Anhui surtout :

a) Le traitement des déchets

b) La protection de l'eau.

– La définition de l'offre touristique ciblée prioritairement sur :

a) Les différents modes d'hébergement (chambres d'hôte, gîtes, hôtel de charme, ...)

b) Les services

c) La restauration

d) Et l'artisanat

6) Promouvoir les produits touristiques par la mise en place d'un plan marketing en utilisant les réseaux de vente existants et les aides gouvernementales.

7) Définir un programme de formation adapté aux exigences du tourisme rural à destination de l'ensemble des acteurs locaux.

8) Organiser les modes de commercialisation avec la mise en perspective d'une mise en réseau entre les principaux sites touristiques (villages de caractère, Montagne Jaune, etc...)

9) Promouvoir la Franche-Comté dans la Province d'Anhui

5. Modalité :

Il s'agit de créer des activités génératrices de revenus autour des potentiels de développement durable locaux et territoriaux par la préservation, la restauration, la

réhabilitation et la mise en valeur du patrimoine culturel et naturel des sites concernés. Agir sur le cadre de vie consiste à veiller à la qualité de l'eau, au traitement des déchets, à l'aménagement du territoire, à la conservation du bati patrimonial [villages de Huangshan] en tenant compte de la durabilité environnementale de manière transversale.

Pour ce faire, des échanges d'expériences, sous forme de voyages d'études, de formation, de conseils seront réalisés entre les partenaires. En matière d'écotourisme par exemple:

— L'écolabel franc-comtois des «petites cités comtoises de caractère» devenu national, en juin 2009, «Petites cités de caractère de France», devrait mener à la création d'un réseau des «petites cités chinoises de caractère».

— Les hébergements restaurés à ces fins bénéficieraient ainsi du label «Gîtes de France Chine». L'ensemble des sujets traités correspond aux compétences des autorités locales partenaires, proches de la réalité des territoires. Il s'agit d'une coopération durable, construite et organisée entre institutions publiques locales.

La collaboration mobilise la société civile, les chercheurs, les étudiants et les professionnels impliqués à travers des activités de mise en réseau et de partage d'expériences entre les différents partenaires et au niveau international (Autorités locales, Groupe touristique, Universités, écoles d'architecture etc.).

Côté français la Région Franche-Comté coordonne le niveau national avec la Lozère, la Région Rhône-Alpes, Pays de la Loire et Pays de Pompadour dans le Limousin.

Il existe une volonté partagée des Autorités locales et des Acteurs Non Etatiques de Chine de mettre en avant les nombreuses potentialités humaines et naturelles des hameaux, villes et territoires ruraux pour développer une économie locale diversifiée créatrice d'emplois mais aussi de valeurs, liées à une réappropriation des différents patrimoines.

Dans cette perspective, la lutte contre un double exode, d'une part l'exode urbain vers les régions d'origine selon l'intensité de la crise économique que connaît la Chine depuis peu, et, d'autre part, l'exode rural vers les grands centres, est une forte préoccupation car les effets sur la vie sociale, le logement, la mobilité, l'agriculture et l'environnement, sont réels.

Pour cette raison, la collaboration privilégie une logique ascendante fondée sur un diagnostic territorial partagé et la recherche d'effets leviers en faveur d'une économie de proximité diversifiée. L'agenda territorial (plan d'action) issu de ce diagnostic s'appuie sur un moteur touristique à deux grandes caractéristiques : un focus sur la valorisation des patrimoines (culturel, naturel, rural) et une approche de responsabilité sociale et environnementale.

Il est à noter que cette province chinoise est connue pour être exportatrice de main d'œuvre vers Pékin et surtout vers les provinces côtières (à la fin du mois de septembre on comptait environ 10.2 millions de paysans de l'Anhui partis travailler à l'extérieur de la province). Créée en 1928, l'université d'Anhui, une des plus importantes au niveau national, accueille plus de 31 000 étudiants. La collaboration comporte un volet éducatif avec la création et le renforcement d'une chaire de français à l'Université de Hefei et Huangshan, des échanges de professeurs et d'étudiants dans la spécialité tourisme rural et restauration

Fin 2004, Anhui comptait 82 établissements d'enseignement supérieur, recrutant 179 000 nouveaux étudiants et diplômant 88 000. Les 19 instituts formant des aspirants chercheurs ont recruté 7 290 étudiants et diplômé 3 273 aspirants. 510 écoles secondaires professionnelles (non compris écoles techniques et industrielles) ayant 520 000 élèves. Les écoles de formation technique pour adultes ont formé un nombre de 1.441 millions de personnes.

La collaboration s'emploie à établir un lien intergénérationnel fort en encourageant le transfert des savoir-faire ancestraux par les anciens aux jeunes lors de la réhabilitation du bati patrimonial de la province d'Anhui.

6. Objectifs:

1) Objectifs locaux:

Cette collaboration favorise la sauvegarde du patrimoine, le développement des produits touristiques dans le domaine du tourisme rural et un schéma directeur de commercialisation.

a) La sauvegarde du patrimoine: bénéficier des expériences réussies de la France sur la gestion et la protection du patrimoine, aider la Région d'Anshan à établir un programme de sauvegarde des villages de caractère et des maisons patrimoniales

b) Le développement de l'offre touristique: autour du thème de l'internationalisation des produits touristiques d'Anshan, la partie Française choisit un village test Tangmo dans la ville de Huangshan pour être reconnus comme faisant partie du «projet pilote de coopération de Huizhou (la ville de Huangshan) sur le tourisme rural entre la Chine et la France». D'autres thématiques relatives à l'éco-tourisme, aux échanges culturels, à la cartographie numérique et au géo positionnement pourront être intégrées au projet.

c) La promotion: les deux parties assureront la planification du développement du tourisme rural d'Anshan sur le plan international par la mise en place d'un schéma directeur.

2) Objectifs globaux:

Ils visent la réduction de la pauvreté et l'amélioration des conditions de vie des populations locales au moyen d'un développement économique, social et environnemental durables. La collaboration veut renforcer la cohésion sociale en stimulant le lien intergénérationnel entre les différentes composantes de la société à travers la transmission des savoir-faire ancestraux. Elle propose aussi de réduire la pauvreté dans un contexte de développement durable et de limiter l'immigration des populations à travers :

– L'éducation et la formation aux métiers du tourisme vert et à la francophonie.

– La préservation et la valorisation de l'environnement et de la biodiversité:

* l'environnement naturel.

* la qualité de l'eau.

* le traitement des déchets.

– La redynamisation des zones rurales par la création d'emploi au niveau local et l'amélioration des conditions de vie des populations locales par la mise en valeur des potentialités locales:

* santé: prévention et lutte contre les maladies liées à la qualité de l'eau et de

l'environnement (Le taux de mortalité : 5.50‰ et le taux de croissance naturelle : 6.12‰)

* développement économique durable (éco-tourisme rural).

3) Objectifs spécifiques :

* Mise en place d'une gestion durable de la qualité de l'eau, du traitement des déchets, de l'environnement et de l'écosystème.

* Redynamisation des zones rurales par la création d'emploi au niveau local :

– lutte contre les inégalités et institution de l'égalité des chances entre homme et femme,

– respect des droits des minorités et des droits des autochtones,

– prise en compte des besoins des personnes handicapées.

* Développement d'une offre d'écotourisme rural.

* Commercialisation, promotion nationale et internationale de la destination.

* Renforcement de la professionnalisation des acteurs du tourisme

* Renforcement des capacités en matière d'aménagement du territoire.

* Sauvegarde du patrimoine architectural local par la restauration et la valorisation du bati patrimonial.

* Thésaurisation des gestes professionnels et des outils constitutifs de la mémoire de l'architecture locale.

7. Innovation :

L'une des finalités est de créer un éco-tourisme en milieu rural qui n'existe pas encore en Chine, de redistribuer les fruits du développement du tourisme rural aux populations locales, essentiellement paysannes, en améliorant leur cadre et leur qualité de vie.

L'innovation consiste également à consolider le lien intergénérationnel, en valorisant la transmission des savoir-faire ancestraux aux jeunes générations, à leur sensibilisation et leur formation à la protection de l'environnement.

La collaboration devrait avoir comme conséquences positives : la lutte contre la pauvreté qui est une des causes de mortalité dans la région concernée, l'institution de la bonne gouvernance et une démarche citoyenne dans la gestion de la cité, la réduction de l'exode rural, le renforcement du lien social, une meilleure prise en compte des questions environnementales dans le développement économique et social de la région et la création d'emplois. Une attention toute particulière est portée à l'égalité des genres (emplois féminins dans le tourisme).

8. Bénéficiaires:

* Les autorités locales.

* Les opérateurs économiques locaux du batiment, de l'artisanat, du tourisme et des métiers connexes.

* Les touristes, les voyagistes et les tours opérateurs locaux et internationaux.

* Les populations locales, essentiellement rurales, estimées à environ 65 millions d'habitants (5% de la population chinoise réparti à une densité de 460 hab./km^2.) et notamment les personnes les plus touchées par la pauvreté: sans emploi, ou au chômage dont le taux dans les villes et les bourgs est estimé à 4.2% de la population active qui s'élève à 36.05 millions de personnes.

* Les personnes les plus touchées par la pauvreté: les handicapés, les étudiants, les seniors, les personnes sans qualification…

* Les étudiants.

9. Fil rouge et articulations des actions:

En avril juin 2009, une étude est réalisée par des étudiants en Master *Langues Etrangères Appliquées*, *Aménagement et développement régional* de l'université de Franche-Comté, qui se sont rendus sur place, fait état, d'un point de vue environnemental, de la présence de nombreux barrages qui engendrent la stagnation de l'eau. Cela entraîne d'importants problèmes d'hygiène. L'étude relève également une pollution provenant majoritairement des déchets et des eaux usées rejetés par les habitants dans les rivières et le milieu naturel, qui font office de «décharge naturelle».

Le bati patrimonial est dans un état de délabrement tel qu'il ne répond pas aux normes pour rendre compétitif le tourisme rural dans la province de l'Anhui. Ce constat vient corroborer celui de Madame Yun Yuwei (2008) qui a produit une étude sur le sujet (cf. ci-dessous), et qui tout en soulignant l'énorme potentiel culturel, touristique et économique de la province de l'Anhui pointait déjà la nécessité d'une mise en valeur du bati patrimonial de la province. Jusqu'à une date toute récente, le développement du tourisme rural n'était pas la préoccupation des autorités chinoises. De même que l'environnement et la nature n'étaient pas au cœur de leur stratégie de développement touristique. C'est en 2007 que le CNTA (la Direction Nationale du Tourisme Chinois) a élaboré un projet visant à faire découvrir cent districts, mille groupements de villages et dix mille villages qui deviendront des modèles de développement du tourisme rural en Chine.

L'étude réalisée en avril juin 2009 par les étudiants de l'université de Franche-Comté est pour objet la prise en compte du développement durable de l'environnement, de la qualité de l'eau, du traitement des déchets dans le cadre global de l'aménagement du territoire. Celle de Madame Yun Yuwei, à la demande du Ministère du Tourisme Français, du CNTA (l'Administration Nationale du Tourisme Chinois) et du Conseil Régional de Franche-Comté donne un tableau synoptique du développement touristique des villages de Huizhou (Huangshan) tout en proposant une orientation en trois axes :

(1) sauvegarde, préservation, restauration, réhabilitation et mise en valeur des villages authentiques ;

(2) développement de l'offre touristique en milieu rural (réseau régional de nouveaux modes d'hébergements locaux, de nouveaux produits éco touristiques et de nouveaux circuits) à destination des clientèles étrangères et autochtones;

(3) commercialisation et promotion nationale et internationale de la destination.

10. Synergie et complémentarité avec d'autres projets

Complémentarité avec les stratégies régionales ou locales en France :

Ces actions s'organisent en lien avec d'autres collectivités et ONG Françaises ayant des partenariats dans d'autres régions de Chine dans le cadre de la plateforme tourisme responsable de la CNCD, à savoir la Lozère, Rhône Alpes, le Pays de Pompadour et Pays de Loire, ainsi que des experts nationaux dans ce domaine.

– projets de la coopération Française (DCP...) et d'autres bailleurs de fonds bilatéraux ou multilatéraux

– projets d'ONG Françaises ou locales

– programmes des structures publiques et parapubliques locales.

11. Déroulement :

Il s'agit d'un ensemble de solutions techniques, de travaux, de programmes de formation :

* La création d'un Observatoire du cadre et de la qualité de vie pour le recueil de données qualitatives et quantitatives, des analyses de ces données (études, séminaires), et la dissémination des données (conférences, site internet etc.).

* Formation et conseils pour l'assainissement de l'eau, le traitement des déchets et la protection de l'environnement.

* Aménagement du territoire par l'échange de savoir-faire et la création des infrastructures de base : vélo route, circuits pédestres, mise en réseau des villages, mise en place du réseau d'hébergement, aménagement des espaces publics, réhabilitation du bati patrimonial

* écotourisme rural par la définition du cadre juridique nécessaire pour le développement touristique durable, la formation pour la définition des produits touristiques (plan marketing à destination du marché international, visibilité internationale).

12. Indicateurs de suivi :

Les indicateurs de suivi de l'action sont co-construits par les différentes parties prenantes du projet (partie chinoise et Française). Leur choix se fait en raison de leur capacité à rendre compte et à préserver la cohésion sociale et la qualité de vie que veut instituer cette collaboration.

13. Budget et montant du cofinancement

Coût total de l'opération : 720 000 €

Cofinancement demandé : 240 000 € soit 33 %

Montant des ressources propres de la collectivité territoriale Française chef de file : 240 000 €

– en numéraire : 180 000 €

– en valorisation : 60 000 €

Montant des ressources propres des autres collectivités territoriales Françaises partenaires : 20 000 €

Montant apporté par la collectivité locale partenaire chinoise :

Montant : 220 000 €

– en numéraire : 200 000 €

– en valorisation : 20 000 €

14. Résultats qualitatifs attendus :

* Réduction de l'exode rural.

* Réhabilitation et valorisation du patrimoine architectural rural.

* Création de chambres d'hôtes labellisées de standard international.

* Création de d'un réseau de villages labellisés **«*Petites Cités Chinoise de Caractères*».**

* Aménagement des infrastructures touristiques (pistes cyclables, …)

* Amélioration de la qualité de l'eau et mise en place d'un réseau de distribution d'eau et d'une veille sanitaire.

* Redistribution des fruits du développement du tourisme rural aux populations locales, essentiellement paysannes, en améliorant leur cadre et leur qualité de vie. Il faut savoir que l'assurance vieillesse ne couvre que 4.64 millions d'assurés, tandis que l'assurance chômage ne bénéficie qu'à 3.72 millions d'assurés. Les personnes touchant les prestations d'assurance chômage sont au nombre de 264000. L'assurance médicale ne bénéficie qu'à 3.62 millions d'assurés. 990000 habitants dans les villes et les bourgs ont obtenu une aide de vie minimum garanti.

* Meilleure prise en compte des questions environnementales dans le développement économique et social de la région

* Création d'emplois. Une attention toute particulière sera portée à l'égalité des genres (emplois féminins dans le tourisme) .

15. Résultats quantitatifs attendus

* Nombre de chambres d'hôtes créées, nombre de villages labellisés, de pistes cyclables, …

Bilan et perspectifs :

Initié il y a plus de vingt ans, la collaboration décentralisée entre la région Française de la Franche-Comté et la province chinoise d'Anhui, déjà active depuis le début des années 2000, a pris un nouveau départ depuis 2008 avec la signature de quatre accords de coopération décentralisée et multiforme. A partir de 2010, elle entre en plein développement.

Ces accords constituent les projets les plus aboutis et les mieux structurés en matière de partenariat décentralisé franco-chinois pour la préservation du patrimoine et le développement du tourisme. Aussi sont-ils soutenus par la Direction du Tourisme français et par la Direction Nationale du Tourisme de Chine (CNTA), et ont-ils été désignés comme un projet pilote, venant s'insérer dans le programme commun de travail 2007 – 2010 élaboré par ces deux administrations.

Les actions de partenariat pour favoriser le développement du tourisme rural s'articulent autour de trois volets fortement imbriqués : économique, éducatif et environnemental.

Les entreprises et organismes franc-comtois qui animent le marché touristique local dans l'hébergement (hôtels, chambres d'hôtes, auberges de jeunesse, villages vacances, gîtes, campings), la restauration traditionnelle et gastronomique (restaurants, cavistes, dégustation et vente de produits du terroir), les activités sportives et de bien-être (sports nautiques, pêche, randonnées pédestres, cyclistes, équestres, thermalisme), ou encore culturelles (visites, spectacles, festivals) sont parties prenantes pour l'accueil des touristes chinois. Ils sont par ailleurs invités à faire profiter de leur expertise leurs homologues quand ils existent de la province d'Anhui dans leur démarche de développement durable de l'offre touristique à destination des visiteurs domestiques et internationaux.

En 2011, une centaine des premiers établissements «Gîte de France-China» voient le jour dans la province de l'Anhui dont le premier site s'est implanté au village de Tangmo, qui à elle seule, abrite presque autant d'habitants qu'en France avec sa population de 64 millions de personnes! Il est à noter que ce seront les premiers établissements portant la marque et le logo Gîtes de France à l'international. Dans le futur, d'autres villes comme Pékin et Shanghai, et d'autres pays comme le Laos en Asie du Sud-Est ou la Russie pourraient suivre. Egalement pour la première fois, la marque "Gîtes de France" est utilisée ailleurs qu'en France.

Ce partage de savoir-faire permettra de contribuer à la mise en place à partir de 2009 d'un réseau d'hébergement rural, à la création d'une base de données touristiques, à la création et à la commercialisation de produits culturels pour le marché local et étranger, et à la protection des sites culturels et naturels.

Ainsi le village traditionnel de Tangmo a-t-il été désigné pour expérimenter la mise en œuvre des actions nécessaires pour un développement touristique rural. Un plan d'action et de financement a été défini par les deux parties pour lancer un programme de préservation, de réhabilitation et de valorisation du patrimoine bati (29 cas réalisés en 2011), du tissu vernaculaire, du contexte agricole et naturel, et du mode de vie des habitants. Les compétences des entreprises franc-comtoises spécialisées dans la distribution de l'eau, les réseaux d'assainissement, le traitement des eaux usées ou la collecte et le traitement des déchets sont sollicitées par le district dont Tangmo dépend dans le cadre de son programme de préservation de l'environnement.

Enfin, il est apparu essentiel, pour la région Franche-Comté comme pour la province d'Anhui, que la formation culturelle, linguistique et professionnelle joue un rôle primordial pour assurer l'efficacité et la pérennité de toutes ces coopérations. Les séjours d'échanges devraient permettre aux formateurs franc-comtois et chinois d'échanger régulièrement sur les questions de ressources et d'ingénierie pédagogiques spécifiques à la formation professionnelle dans le tourisme et l'hôtellerie. Le Lycée Charles Nodier à Dole a ainsi soumis des projets précis pour l'accueil d'étudiants chinois en BTS «Vente de Produits Touristiques» et BTS «Animation et Gestion Touristiques Locales» et un plan de formation de formateurs pour ces deux filières.

Les nouvelles actions sont prévues pour 2012 :

– Création et labellisation des plus remarquables villages de l'Anhui dans un réseau national de «Petites Cités Chinoises de Caractère», à partir du concept des «Petites Cités Comtoises de Caractère», labellisées au plan national depuis juin 2009.

– Promotion du site avec l'organisation d'un Tour cycliste international de Huangshan en octobre 2012, inscrit au calendrier de l'Union cycliste internationale

Le partenaire français la Comité départemental du tourisme de la Lozère et de l'ONG IDS, a également son objectif lointain d'être essaimé dans d'autres régions de

Chine.

 Cette étude nous a amenés à nous interroger durablement sur la question de la nécessité d'une politique de préservation du patrimoine, ses raisons, ses intérêts et ses limites, questions qui s'avèrent plus que jamais cruciales dans un monde où les pressions liées au développement et à l'uniformisation culturelle se font toujours plus pressantes.

(éditeur: Wang Liqiang)

法国研究

法国的民族国家和民族观念论析[*]

马胜利[**]

法国属于典型的欧洲民族国家。历史表明，法兰西民族和国家不是先天形成的，而是长期历史演变的产物，法兰西与其说是一个地理概念，不如说是一种政治观念。大革命传统和共和主义理念奠定了法兰西民族国家的基石。而如今的全球化发展和欧洲一体化的深入，以及移民问题引发的危机，对法兰西民族国家观念、社会文化模式和民族认同也提出了挑战。

一 法兰西民族国家的形成

法国人有句名言："我们的祖先是高卢人，我们的祖国是法兰西。"这实际上表明，法兰西民族并不是先天存在的，它是高卢原住民和外来的蛮族法兰克人，以及其他一些民族相互融合的产物。

（一）国家和民族的形成过程

法兰西主要不是个地理概念，而是一个历史产物，是历史演变的结果。这一观点已是法国历史学家们的共识。

法国的民族国家和民族意识的形成始于13世纪初。法王腓力二世（1180~1223）两次击败英国，收复失地，实现了法国的初步统一。法王也不再是虚君，

---

[*] 本文最初发表于《欧洲研究》2012年第2期。
[**] 马胜利，中国社会科学院欧洲研究所研究员。

而成为超越其他封建领主的国君。后来，腓力四世（1285~1314）同教皇的斗争更促进了民族意识的觉醒。1302年，腓力四世首次召开三级会议商讨王国大事，与教皇分庭抗礼。1305年，法王将教皇所在地迁到法国的阿维尼翁，使教皇屈从于法王的权威（阿维尼翁之囚）。14~15世纪的英法百年战争进一步强化了法国人的民族意识。经过争夺领土和王权的长期斗争，法王查理七世于1453年取得最终胜利。而在抗英救国中英勇捐躯的圣女贞德更成为法国第一个家喻户晓的民族英雄。在此之后，路易十一（1461~1483）强力剥夺了封建贵族的领地，法国专制君主制开始形成。查理八世（1483~1498）兼并布列塔尼后，法国的近代版图基本确立。法兰西民族国家的形成和领土完整为法国的强盛奠定了坚实的基础。

专制王权形成后，法国进行了大规模的领土扩张。路易十四南征北战，扩张领土，为法国从西班牙手中夺取了弗朗什-孔泰地区和阿尔图瓦地区，征服了梅斯、凡尔登和阿尔萨斯地区。路易十五统治时期，洛林地区被法国兼并。1789年，地中海中的科西嘉岛正式归属法国。1860年，拿破仑三世又将萨瓦和尼斯地区并入法国领土。法国的版图便成为今天这个样子。因此在法国，"天然疆界"论其实只是基于地缘政治的考虑。法国历代统治者没有一成不变的信条。近代以前的欧洲国家君主为扩张领土而频繁见仗。法国大革命虽把"天然疆界"论立为一项原则，但它并不能阻碍法国军队把革命和战争扩展到整个欧洲大陆。从19世纪中期到第二次世界大战结束，法国领土又发生过多次重大变动。

在1789年的大革命中，《人权宣言》把民族（nation）确立为集体认同，把公民权和民族主权确定为法兰西民族认同的基础。在整个19世纪，共和派坚持强调民族价值，将民族国家化、合法化。经过1830年、1848年和1870年革命和战争，共和派终于把民族国家的观念与共和国结合在一起。第三共和国以法律形式把三色旗、马赛曲和玛丽娅娜①确定为法兰西共和国的象征。共和派在具体的法国人之上创造出一个抽象概念——法兰西。对于大部分法国人来说，法兰西不仅仅是共同利益的组合，或操同一种语言的群体，它还是一种更加崇高和超验性的实体。

德意志帝国的崛起和统一使法国人感到巨大威胁，也强化了其自身的民族意识。普法战争使法国失去了阿尔萨斯和洛林，收复失地成为激发民族情感的有力

---

① 自第三共和国起，官方决定以一名为玛丽娅娜的妇女形象为共和国的象征，在各级政府机构都立有玛丽娅娜的雕像。

工具。共和派领袖儒勒·费里（Jules Ferry）建立起"免费、义务、世俗"的教育制度。遍布全国各村镇的小学承担起向全民灌输共和思想和民族语言的使命。保罗·贝尔（Paul Bert）1882年在《论公民教育》中写道："一国人民需要有崇高的情感，统一的思想，共同的信仰。我们要将对祖国热烈而理智的信仰、崇拜和爱戴灌输到孩子们的精神和心灵中，渗透到他们的血液里。公民教育的使命正在于此。"① 官方史学家拉维斯的《法国史》对法国人影响极大。作为学校课本，该书有读者数百万人。为灌输臆造的民族国家理念，他提出"法国从史前期便存在于当前的地理范围内"。他还把法国的特性永恒化，指出法国的"民族气质"始终不变。共和派的民族主义教育收到了效果。第一次世界大战爆发后，全体法国人，甚至包括在战前激烈反战的社会党人和工团主义者都高喊着"保卫祖国！"奔赴战场。二战初期，法国惨遭挫败，法兰西则成为鼓舞法国人生存和斗争的精神支柱。戴高乐主义的特点之一是宣扬"法兰西负有神圣的使命"，强调法国的独立自主和强国地位。尽管戴高乐深知法国的能力有限，但他不惜通过一系列象征性行为，夸大法国的力量和作用，以使各国相信法国是名副其实的伟大战胜国。②

（二）法兰西的大国梦情结

法兰西民族有明显的"大国梦"情结。法国在长期的历史中形成了高度中央集权的王朝特性和向世界传播先进文明的革命特性。18世纪，法国的启蒙思想扩展到整个欧洲。1789年大革命爆发后，拿破仑以武力将欧洲旧制度砸得七零八落。从那时起，法国人心中的大国观念便同历史使命感掺杂在一起。"高卢雄鸡"也成为法国人的象征。

在众多法国人眼中，法国不仅超凡脱俗，而且负有神圣使命。浪漫主义史学家米什莱也把法兰西誉为地球的精灵。他在《人民》一书中写道："假设法兰西灭亡了，全人类的友好联系便会瓦解，造就地球生命的爱情将失去活力，地球将和其他星球一样进入冰川时期。"戴高乐将军对法兰西的神圣更是笃信不移：

---

① Michèl Winock, *Parlez-moi de la France*, Paris, Plon, 1995, pp. 8 – 9.
② 例如，在反法西斯战争中，戴高乐执意要求盟军让法国军队首先进入巴黎，以造成是法国人自己解放了法国首都的印象。

"我本能地感觉到上天创造法国,如果不是让她完成圆满的功业,就会让她遭受惩戒性的遭难。……但我理智的一面又使我确信,除非站在最前列,否则法国就不能成为法国;唯有丰功伟绩才能弥补法国人民天性中的涣散……总之,法国如果不伟大,就不成其为法国。"①

法国人从不愿附和他人,反而好为人师。不能否认,法国人在内心里怀着一种对人类的责任感。然而,这种民族责任感是一柄双刃剑,它可以促进正义事业,同样也能助长侵略行为。历史上的帝国主义或殖民主义者都曾打着传播文明的旗号欺负弱小民族。法国在物质和精神方面确有很多令人羡慕的财富,但它送上门的往往不是最好的,只有到它家里才能找到你所需要的。在这方面,青年时代曾赴法求学的周恩来、胡志明等革命家应当最有感受。

既然是"大国梦",就说明理想与现实之间存在差距。100多年来,特别是1870年普法战争失败后,德国的崛起、美国的强大,使法国的强国地位受到挑战。因此,保持大国地位便成为法国外交的重点。从拿破仑三世到戴高乐,法国的外交政策一直旨在恢复大国的光荣。但是,大国地位需要靠"硬""软"两种国力的维持。"硬国力"包括人口、面积、工业、金融、军事实力等;"软国力"包括文化、语言、历史因素,以及大国意识。法国维持大国地位所面临的问题是"软国力"有余,而"硬国力"不足。冷战期间,身为"中等强国"的法国曾成功地利用美苏矛盾并联合欧洲来加强自身地位,达到了"用二等车票乘一等车厢"的目的。从20世纪90年代起,法国对外战略目标与其实力之间的矛盾开始突出。1989年后世界格局发生的变化给法国带来的挑战似乎更多。当今国际竞争重点在综合国力上,法国在这方面已落在德、日之后;在政治上,法国的地位也趋于下降,其联合国安理会常任理事国的特殊地位也开始受到威胁;法国核力量的重要性已大为减弱,所以它不得不与北约达成妥协。

二 法兰西民族观念的特点

(一) 民族观念的演变

18世纪前,民族是指同源群体。根据这种概念,法国应当有法兰西、比加

---

① Charles. de Gaulle, *Mémoires De Guerre*, Paris, Plon, 1970, p. 1.

底、诺曼底和日耳曼尼 4 个民族。1648 年《威斯特伐利亚条约》和《比利牛斯条约》把阿尔萨斯、阿尔图瓦、皮涅罗尔、鲁西戎等也纳入了法国。

18 世纪至 1870 年，法国人在民族概念中增加了政治含义：合法要求政权的贵族或平民。为国王效力的历史学家（如 Henri de Boulainvelliers）大力宣扬民族伟业，认为贵族源于英雄的法兰克，天生应拥有特权并代表民族。而著名的空想社会主义思想家马布里（Gabriel Bonnot de Mably）则认为，被法兰克王国征服后，包括高卢在内的各民族逐渐融入法兰西。从这时起，贵族的民族观念，即血缘和贵族权利论与启蒙思想，也即民族同化论便成为两股对立的思潮。卢梭提出社会契约维持社会成员的统一。启蒙思想家把民族视为法国人民的政治表现。在西哀耶斯的《什么是第三等级？》和 1789 年《人权与公民权宣言》中，民族成为资产阶级推翻贵族特权的口号。

大革命爆发后，一些在阿尔萨斯拥有地产的德意志贵族因利益受损而提出申诉。这一事件被提到法国国民议会。议员梅兰·德·杜埃的发言表达了新的理念：" 在专制主义时期，是条约把阿尔萨斯与法国合在一起。现在，阿尔萨斯人与法国人民结为一体是出于自愿。"[①] 由此产生了民族自决权的原则。法国大革命破天荒地向世界宣称：对某一历史共同体的归属应以自愿为原则。1790 年 7 月 14 日 " 结盟节 "，法国各省都派代表前来巴黎，并在庆典中庄严宣布志愿加入法兰西民族。从此以后，法国人不再有布列塔尼人、普罗旺斯人、勃艮第人之分，他们都是法国人。就连支持法国革命的德意志人席勒、美国人华盛顿、汉密尔顿、麦迪逊、潘恩和巴罗也被授予法国荣誉公民的称号。因此有历史学家说："法兰西不仅是一个地理概念，它更是一种观念。" 法兰西民族统一的大业也是精神力量推动的结果，这种力量表现为对民族国家的认同，在大革命中被称作 " 总意志 "（源于卢梭的理论）。在法国人看来，如果没有民族意识做基础，民族本身便不可能存在。19 世纪上半叶，法国历史学家还依据档案资料为民族国家理念提供依据。梯也里提出，应当用人种而不是气候解释历史特性。他提出，法国贵族源于法兰克，第三等级源于高卢，法国是 " 一块土地上的两个民族 "，后来经过长期磨合才逐步融合在一起。

1870 年后，德国实现了统一，并占领了阿尔萨斯和洛林。法国当时的历史

[①] Michel Winock, *Parlez-moi de la France*, Paris, Plon, 1995, p. 20.

学家、知识分子开始维护民族共同体,鼓吹对德战争,提倡集体意志。民族主义思想家勒南提出,民族的基础是"拥有共同的传承记忆、共同生活的愿望和发扬传统的意愿"。泰纳也强调,"民族特性"在于历史渊源。巴莱斯则提出,民族应当拥有"共同的坟墓"。占主导地位的实证主义史学家则主张"强化民族记忆"。拉维斯把民族视角与科学视角混为一谈,他的《法国史》只写到路易十四时期,目的在于勾画法兰西的统一和强盛,鼓舞法国人对祖国效忠。该书作为官方历史教科书被多次再版。

从第一次世界大战到1980年,法国思想理论界对民族国家问题的讨论有所减弱。20世纪80年代初社会党上台后,"共和传统"被重新用来强化左翼政权的基础。近年来,全球化和欧洲一体化的深入使原有的民族国家观念受到冲击;日益增多的外来移民引发有关民族认同的辩论;随着地区经济文化权利受到国际社会的重视,地方分权和权力下放成为法国舆论关注的重点。在这种背景下,法国社会再度兴起了强调民族主权、民族认同和共和传统,乃至主张强化中央集权制度的思潮。

(二) 实用主义的选择

历史表明,在法国,民族国家和民族意识的形成是政治和思想博弈的结果,这其中也不乏实用主义的色彩。例如,在国籍法方面,法国的出生地法以政治观念鉴定公民权,德国的血缘法则以种族标准判断公民权。但这两种方式都旨在满足不同时期的需要。法国1851年制定了较为宽松的移民法,这实际上是为了让更多外国人参军入伍。1918年收回阿尔萨斯、洛林后,法国不但不征询当地居民是否同意改换国籍,而且驱逐了愿意成为法国公民的德意志人。此外,法国的"公民意愿"标准也从未体现在殖民政策上,殖民地人民只能服从法国的统治。同样,在德国也不总以种族文化确定民族标准。俾斯麦实现的德国统一没有根据民族性的原则,而是在普鲁士君主领导下,根据地域国家的原则而实现的。和法国一样,德国对其他民族(东普鲁士人)实施同化政策也是通过政治手段,即对天主教会展开斗争。在德国,1913年制定的国籍法旨在使在外国居住的德国人保持国籍,以避免人口外流和减少。德国在二战前向东移民时曾依据本土法和血缘法两种标准,而战后则主要依据血缘法确认公民资格,以防止移民涌入。

从根本上讲,法国和德国的主要区别在于它们同化能力不同。自大革命以来,法国比许多国家拥有更强大的吸纳其他民族和向其传播文化的殖民主义能力。美国开国元勋富兰克林曾说:"所有人都有两个祖国,一个是他出生的国家,另一个则是法国。"法兰西民族国家的框架形成较早,它以一个国家、一种文化和一块领土构成了对移民扩展的政策基础,法国也因此塑造出一种人道主义的宽宏大量和开放姿态。相反,德国曾长期分裂,民族统一形成晚,缺乏国家和领土认同的基础,因而只能以语言和文化为民族认同标准。在法国,共和同化政策被视为进步和文明的表现,反对这种同化原则就意味着反对共和制的国家。在具有联邦传统的德国,尊重各地多样性,承认地方权利,尊重不同种族文化,形成了另一种传统。法德两国的差异还体现在双重国籍问题上。法国允许逐步放弃原国籍和同时效忠两个祖国。在德国,入籍的外国人必须放弃原祖国并接受新祖国。

在全球化和欧洲一体化的影响下,法兰西民族的认同问题重新引起了法国社会和舆论界的思考和辩论。此外,法国的移民问题开始成为令人关注的社会问题,并对传统的共和同化原则提出了新的挑战。

三 移民问题挑战民族认同

2005 年底的郊区骚乱震惊了法国社会。它表明,传统的共和同化政策和社会整合模式陷入困境。19 世纪以来,这种共和同化政策对来自欧洲的移民颇为有效。但二战后,新移民大量增加,且多来自非洲地区,其中不少人为穆斯林。这对法国的民族认同和同化能力提出了新的考验。

(一) 移民政策的困境

法国人从大革命起便树立起一种观念:在统一和不可分割的共和国中,国家对公民一视同仁。法兰西共和国宪法最重要的原则是:"所有公民,不分籍贯、人种和宗教,一律平等。"在这种观念指导下,法国把自己变成一个"大熔炉":所有法国人都必须放弃原来的语言、文化和宗教,接受共和国的同化,以成为共和国公民。这与美国和英国的情况大不相同。在那里,不同族裔、语言和宗教的群体受到承认,具有少数族裔群体的地位和权利。在法国,按这些标准将公民分为不同群体则属大逆不道。①

从历史上看，法国不仅是欧洲接纳移民最早和最多的国家，也属于对移民较为宽容的国家。目前法国有移民 400 万左右，占法国人口的 6.6% 左右。② 在 19 世纪，欧洲籍移民并没有对法国的政治和社会一体化带来多少难题，由于人种、宗教和文化方面的近似性，"共和同化模式"对欧洲诸国的移民颇为有效。移民为法国提供了巨大的人力、智力、艺术和文化资源。众所周知，两次荣获诺贝尔奖的玛丽·居里便是波兰移民；现任内政部长萨科奇是匈牙利移民后裔。二战后的情况则大为不同了。新移民多来自阿拉伯地区和非洲地区，且大都信仰伊斯兰教。③ 挑战主要来自经济压力和文化宗教两方面：一是外来移民数量大量增加，给经济不景气的法国造成许多社会问题和经济问题；二是大部分移民是来自非洲阿拉伯地区的穆斯林，使法国的同化政策不再灵验。根据世俗化和政教分离的原则，法国也应要求穆斯林移民不能把宗教信仰置于共和国法律之上。然而，在全球民族主义复兴和强调文化特性的今天，这又谈何容易。尽管少数非洲裔移民在体育和音乐方面获得了成功，但众多移民仍被排除在社会经济活动之外。巴黎大学教授帕特里克·韦伊指出："一些人认为外来移民可以为我们提供运动员和艺术家。但我更希望他们成为企业家、律师、教授、知识分子或政治家。却一个也看不到。"④

（二）共和同化原则与"穆斯林问题"

法国移民大多来自北非、中东地区，以信奉伊斯兰教者居多。目前，伊斯兰教已经成为法国第二大宗教。在法国，多数穆斯林移民习惯固守自己的社会圈子，坚持原有的宗教传统，俨然形成另一个"平行社会"。穆斯林其他一些习俗方面的差异，如妇女的地位、生活方式、家长权威等也使不少法国人对移民另眼看待。"穆斯林问题"对法国社会产生了深刻影响，并从 20 世纪 70 年代起引起

---

① Stanley Hoffmann, «La Connexion Française», *Courrier international*, le 11 janvier 2001.
② 法国移民中葡萄牙人最多，其次是阿尔及利亚人、摩洛哥人、意大利人、西班牙人、突尼斯人、土耳其人、南斯拉夫人、比利时人和波兰人。
③ 据统计，在移民总数中，来自非洲（主要是北非）的移民 1975 年占 35%，1982 年上升到 43.5%（外来移民共有 360 万人），1990 年时达到 47%，这其中还不包括非法移民的数量。
④ Stanley Hoffmann, «La Connexion Française», *Courrier international*, le 11 janvier 2001.

各党派和社会舆论的思考和争论。

不少法国人对伊斯兰教在法国的影响感到不安。舆论认为，伊斯兰教与其他宗教不同，它与法国传统的民主、进步、自由、男女平等的原则格格不入。伊斯兰教徒被视为难以接受同化或反抗世俗化者。法国人还担心伊斯兰极端势力在国际范围的扩散。阿富汗战争、伊拉克战争都表现出西方国家与伊斯兰世界的矛盾。20世纪90年代初在巴黎发生的恐怖爆炸令人记忆犹新。

在有多种宗教的法国社会里，"宽容"与"世俗化"之间的分寸也不易把握。1989年，法国一穆斯林女中学生因在校园内戴头巾被校方逐出校门。"伊斯兰头巾事件"在全国引发了激烈争论。不少法国人认为，伊斯兰法规定女子戴头巾属于歧视妇女。社会党政府主张对此类行为持宽容态度。法国行政法院还下令取消了校方的决定。1993年右派上台后，教育部长贝鲁向中学校长发出通知：禁止"彰显性"宗教标志。

在历史上，伊斯兰世界与欧洲曾长期处于敌对状态。从中世纪十字军东征到19世纪，欧洲人一直把伊斯兰世界视为"异教徒"和"非我族类"的恶势力。后来，西方列强又通过殖民扩张控制了这些民族。二战后，阿拉伯民族以武装斗争赶走了欧洲殖民者。1991年海湾战争爆发后，法国民众曾表现出两种截然不同的态度：土生土长的法国人大都同情以色列，北非和穆斯林移民则支持伊拉克。这说明，两个种族和文化长期的敌对很难在人们思想中完全消除。法国公众对新移民有两种不同态度：左派政党更强调警惕种族排外主义的危险；右翼政党则强调维护社会治安，打击犯罪和非法移民。目前法国社会中确有许多人对阿拉伯移民持排斥态度。调查表明：超过75%的法国人"认为在法国的阿拉伯人太多了"，其中不少人把移民与社会犯罪增加联系在一起。

总之，大量阿拉伯移民的存在不仅使许多法国人感到不安，也对法国的民族认同和共和同化政策提出了挑战。法兰西共和国如何在自由、平等、博爱和人权旗帜下将所有移民融入法国社会，塑造成合格公民，成为一个颇难解决的难题。

（三）民族认同与社会整合模式

随着全球化的发展，法国社会的族群认同问题凸显，传统的普世主义信仰发生了动摇，社会舆论也开始将注意力转向社会整合模式的创新。时任内政部长的萨科奇曾提出"积极歧视"的概念，主张以社群主义模式弥补普世整合模式的不足。甚至有人认为，如果不调整传统的整合概念，法兰西共和国就会被时代抛弃。

社会和文化整合模式的概念产生于西方现代民族国家的理念。在欧洲大陆，现代民族国家形成的模式主要源于法兰西和德意志两种民族理念。以法国启蒙思想为代表的"政治民族"的理念以个人主义为基础，以对外开放为特点，主张普遍的个人主义，认为每个人都可以选择和认同一种普遍的价值观；以德国浪漫主义为核心的"文化民族"以文化整体主义为基础，认为个人的文化属性是由先天因素，如血缘、种族、文化等所决定的。德意志理念更注重保持传统和维护社群。然而法德这两种民族概念和整合模式都可能走向极端。法兰西的理念有可能导致对外扩张，将普适理念强加于人，最终走向极权主义。德意志的理念则可能否定个体的独立意志，摒弃人们的自由选择，直至发展到法西斯主义。在历史上，法国的拿破仑以自由、平等、博爱的名义进行扩张，建立帝国；德国的希特勒则将文化和血缘的特性发挥到极致，并曾制造出种族屠杀的悲剧。

著名社会学家布尔迪厄提出：法国和德国的认同领域具有空间和精神结构方面的差异；移民加入了空间，但被排斥在精神结构之外。两国有各自的排斥方式：法国移民的文化宗教特殊性遭到排斥，德国移民难以获得公民身份。法国的国家建立在反对种族多元化基础上，实行大一统，以认同抽象的观念要求移民以个人方式加入国家统一计划。在这种共和模式下，族群的差异被看成违反平等和社会团结，是对法兰西共和原则的违背。因此，法国的所谓开放和宽容实际上是消灭族群主义。

无论是在法国还是在德国，都有人主张排外主义，叫嚣让外国人滚回老家去。但大多数德国人接受外国人保持自身特性。而在法国，即使是主张接受外来移民者也要求他们放弃自己的文化，成为"完全的法国人"。法国的单一文化模式基于"领土主义"：在领土以内应当遵守同样的文化、生活方式和语言，服从同质性原则。而多元文化模式则放弃领土主义，接受社会团体的组合，对少数群体给予承认和地位。

实际上，除了法德两种模式之外还有英美模式。法国模式中包含较多"平等观念"，而英国模式中则包含更多"自由观念"。英国的模式以承认区别和承认社团为基础，建立在对不同文化和族群的尊重之上。法国模式则强调个人，并力图使个体摆脱特殊文化的束缚。英国和法国的模式也是殖民主义的两大意识形态支柱。英国模式表现为拒绝族群混合，它尊重社会内部的族群认同，却鼓励族群相互封闭，容忍族群地位的差异。法国模式表现为拒绝族群差异，力图将每个社会个体整合到法兰西社会的价值系统中。

法国在文化多样性问题上的立场也颇具特色。为抵制英美文化的泛滥，法国强调文化不同于一般商品，并最先提出"文化特殊论"。如果说美国是对内保护文化多样性，对外推行文化霸权的话，那么法国则相反，它对外主张文化多样性，对内强调文化统一性。因为在法国国内，文化多样性理念代表着捍卫地方语言文化遗产的主张，即属于威胁共和原则的族群主义危险因素。其实，心有余而力不足是法国最大的矛盾。法国人颇以自己的灿烂历史文化自豪，但面对当今美国文化称霸天下的局面，这种自豪便转变为一种"无可奈何花落去"的感觉。

四 法兰西是否会消亡？

（一）民族国家受到质疑

第二次世界大战后，民族主义在法国和欧洲遭到否定和批判。人们认识到，是民族主义导致了殖民扩张，引发了世界战争和独裁统治。欧洲联邦主义者甚至认为：民族国家是中央集权和人为的政治产物，与历史上的君主相关，现在已毫无意义，应代之以欧盟和世界政府。左翼党派和马克思主义者则主张世界大同，"工人无祖国"。历史学家安德森在《民族的想象》中提出，民族是资本主义的产物，是资产阶级文人和宣传工具聒噪的结果。他们把民族说成"天然和永恒的"，意在建立民族主义国家，这属于"个人想象的宗教性表现"。[①] 随着欧洲一体化的深入，民族国家的观念也成为法国社会思考和争论的重要议题。

在国家统一和民族认同方面，法国面临的压力是多方面和矛盾的。自20世纪80年代以来，法国的地区分权化改革削弱了中央集权制度，它在促进地区发展的同时也助长了地方主义和离心倾向。此外，法国还要应对欧洲一体化的挑战：一体化的深入必然削弱民族观念，一旦欧洲实现政治一体化，法国将要放弃

---

① Benedict Anderson, L'imaginaire national-Réflexions sur l'orgine et l'essor du nationalisme, Paris: Éditions La Découverte, 1983.

独立的外交和国防,中央集权的国家制度也将失去根基。① 如今的世界正在发生重大变化。经济和金融的全球化致使每个国家都受到外部环境的极大限制。人们的生活方式、思维和感受方式,以及衣食住行都出现国际化趋势。许多国家的民族文化、民族观念、民族特性和国家制度受到严重冲击。因此有法国学者惊呼:法兰西民族正面临分裂的危险!"法国人的语言受到英语的威胁,国家制度受到欧洲一体化的压力,食品受到布鲁塞尔欧盟标准的限制,甚至他们的历史记忆也将被磨灭。"②

当然,民族和国家都是历史的产物,其产生和消亡都是必然的。然而历史也表明,法兰西民族的产生和盛衰不仅取决于外部环境,还与法国人的意愿直接相关。在传统的民族国家形式受到冲击的情况下,法国人是否能继续保持统一而不致分裂?在中央集权削弱的情况下,法兰西民族能否保持生命力?所有这些都使法国人不能不思考多元文化社会的可能。不少专家提出,法国应当正视当今世界不同民族、文化和各种利益之间相互依存和竞争的新现实,同时也必须改进自己的传统价值观。

(二) 法国将成为多元文化社会?

面对法国社会文化模式陷入的困境,一些学者开始关注英美等国的社会文化模式。政治评论家杜阿麦尔提出:"法国不接受多元文化的观念,但又不能否认其他族群的存在。因此在法国出现了比德国、英国、荷兰等国更严重的贫民窟现象,这使得法国正在成为排斥性国家。"③

实际上,法国正逐渐向多元文化社会转变。大都市郊区移民集中的地方逐渐形成了一种特殊文化。这种文化中除了包括失业、贫困、犯罪、吸毒等负面因素外,也包括了大众艺术(如拉普音乐、影视艺术)、竞技体育,以及颇有影响的服饰文化等。一些移民在这方面大获成功,他们以其特有的本土艺术和体能征服了法国人,甚至成为大众崇拜的偶像。不少专家提出,法国应当正视当今世界不

---

① 因此,仍有很多法国人对欧洲联合持反对态度。尽管欧盟的商品流通自由和共同农业政策使法国农民受益匪浅,但多数法国农民仍然对《马斯特里赫特条约》投了反对票。法国是世界第四大出口国,但保护主义势力仍很顽固:农民设置路障、焚毁外国农产品的事件屡有发生。

② Michèl Winock: *Parlez-moi de la France*, Paris, Plon, 1995, p. 11.

③ Stanley Hoffmann, *La Connexion Française*, Courrier international, le 11 janvier 2001.

同民族、文化和各种利益之间相互依存的新现实，也必须改进自己的传统价值观。例如，平等的内容有待更新，应从社会、文化上进一步承认各个族群的权利。而多数专家对法国多元文化社会仍不能苟同。社会学家卡特拉说："今后十年，将出现多元文化共同体主义……我们将为几个世纪以来的中央集权付出沉重代价。法国社会面临的最大危险是分裂成众多微型社会群体。"[1] 经济学家阿兰·明克则勾画出一幅悲壮的前景：全球化和欧洲一体化将最终解决这一问题。二三十年后，法国社会将被欧洲社会取代。"那时将不再有法国和法国人，但法兰西文化将依然存在，并长久地闪耀着光辉。"[2]

综上所述，法国属于较早形成的传统民族国家的典型，其国家统一和民族认同观念的塑造有个漫长的历史过程，并在此期间逐渐形成了有别于其他国家的法兰西民族特性和社会文化模式。进入全球化和欧洲一体化时代后，法国的民族国家和民族认同传统遇到了新的挑战。认真剖析法国的实例无疑有助于我们深入理解民族国家的本质及其前景。

（编辑：张金岭）

---

[1] Stanley Hoffmann, *La Connexion Française*, Courrier international, le 11 janvier 2001.
[2] Stanley Hoffmann, *La Connexion Française*, Courrier international, le 11 janvier 2001.

也给法国经济把把脉

薛建成[*]

自弗朗索瓦·奥朗德于2012年5月入主爱丽舍宫以来,法国经济始终低迷不振。德国《商报》于2012年底披露的德国政府经济部关于法国经济形势的内部报告指出,法国工业越来越失去它的竞争力,并强调法国的劳动成本上涨幅度很大,报告最后得出结论说,这位骄傲的邻国有可能成为欧洲病夫。此话显然有些夸大,但是法国经济确实"有病"。

一 症状

法国的经济形势究竟如何,只要看看它的经济增长率、失业率、财政赤字以及公共债务,就可以得出一个基本判断。

第一,经济增长率。首先从经济增长率来看:法国经济近些年持续低迷,2012年呈现衰退,几乎是零增长;2013年为0.2%,2014年为0.4%,2015年有所好转,增至1.1%。但尽管如此,法国统计局专家仍然认为这是一种"气喘吁吁的复苏",缺乏后劲。奥朗德刚上台执政时指望2012年达到0.5%,2013年达到1.7%,2016年达到2%,以后维持在2%~2.5%。也只有这样,到2017年总统大选时他才有可能获得连任。

拉动经济主要有三种方式。一是扩大内需:由于经济衰退,包括增值税在内的税负加重,法国民众的实际收入减少,消费信心不足,因此通过扩大内需拉动

---

[*] 薛建成,北京外国语大学教授。

经济的作用有限。二是扩大出口。但是法国产品成本高，缺乏竞争力，去工业化后果严重，外贸赤字严重。三是投资。法国企业税负重，利润率只有28%，创了近30年以来的新低，自筹资金投资能力和信心都大大下降。另外，法国投资环境也不甚好，对外资的吸引力不如德国和英国。而且法国国库已空，不可能像中国那样一下子拿出4万亿元人民币来刺激经济发展，更不可能像美国那样搞量化宽松的货币政策，因为法国没有自己的国家货币，不能像美国那样开动印钞机。

概言之，近年来法国的经济由于诸多因素而持续困难。法国国家统计局曾于2012年6月14日发布报告，就法国2015～2025年10年间的"潜在增长率"进行预测，结果是1.5%左右。其间法国还将举行总统大选（2017年），因而到时能不能达到1.5%的经济增长率还有许多不确定因素。

第二，失业率。近些年，法国的失业率特别是青年失业率持续高启。2012年到2015年，法国的失业率一直在两位数的高位徘徊，2016年第一季度失业率为10.2%，打破历史纪录。仅奥朗德总统执政的第一年，法国失业人数就增加了33万人，长期失业者占失业登记总人数的41.96%。然而，奥朗德总统在2012年总统竞选时曾承诺说："失业并不是命中注定的厄运，我将扭转失业曲线"。他在2012年9月9日法国电视一台上宣布"我们要从现在起的一年里扭转失业曲线"。同年底奥朗德在2013年的元旦祝词中再次指出："我们所有的力量都集中到一个唯一目的：从现在起一年内，扭转失业曲线"。然而他的目标始终没有兑现。

法国青年失业率尤其严重，四分之一的青年人没有工作。为此，奥朗德总统除了决定给企业抵税贷款以刺激招聘员工外，还出台了旨在帮助一些无学历或低学历青年就业的《未来就业合同》和《代际合同》法案。前者的目标是在2012年底前创造10万个工作岗位，后者则是创造7万个工作岗位。依靠政府补贴的劳动合同，青年失业率的确曾一度下降，但是由于总的经济形势不好，加上法国出生率比较高，青年失业率后又出现反弹，月增长率保持在0.4%。50岁以上人口的失业率则始终居高不下，也是一个令人头疼的大问题。经济学家普遍认为，只有法国的经济增长率超过1.5%，失业率才有可能真正下降。而实现1.5%的增长率显然并不容易。

第三，财政赤字与公共债务。公共财政开支主要由两大块组成，一块是中央和各级地方政府的开支，另一块是社会福利，包括医疗保险、失业救济、家庭补助、养老金等。财政赤字是国家财政收入低于财政开支,即入不敷出所造成的缺口。1992年欧盟签署的《马斯特里赫特条约》以及1997年签订的《稳定与增长公约》规定,欧元区成员国的财政赤字不得超过其国内生产总值的3%,公共债务不得超过其国内生产总值的60%。法国在20世纪80~90年代财政赤字就一直偏高,一直到2006年才首度下降到低于欧盟规定的3%的红线。但是自2008年全球金融危机爆发以来,法国的财政赤字再度超过红线并再也没有降下来。根据法国国家统计局的报告,2012年,法国的财政赤字只从5.3%降到了4.8%,之后有所好转,2014年降至4.4%,2015年降到了3.5%,但仍未实现政府此前预计的在2015达到欧元区的标准即将赤字降至占国内生产总值的3%的目标。2011年的法国的公共开支占国内生产总值的比重为55.9%,2012年升至56.6%,超过了政府原定的56.3%的目标。法国的赤字和债务问题引起了欧盟的关注和批评,欧盟向法国提出了进行结构性改革的要求,敦促其下大力气对赤字巨大的社会保障制度进行改革,以削减赤字。

由于法国财政赤字严重,政府只得发行债券,在国际金融市场上举债来填补窟窿,结果导致公共债务就像滚雪球似的越滚越大。欧盟规定一个国家的公共债务不能超过其国内生产总值的60%,国际上公认的公共债务红线是90%。法国2012年就超过了红线,达到90.2%,即18339亿欧元,比2011年增加了4.4个百分点。2013年法国该比例进一步提升至92.3%,2014年升至95%,在世界债务率最高的国家中名列第二十位,丢掉了3A这个最高主权债务信用级别,此后赤字继续攀升。

从以上几个症状来看,不难得出一个结论:法国经济"有病"。下文我们简略分析一下原因以及法国政府的对策。

二 病因

第一,不适应经济全球化。

经济全球化以来,法国始终难以适应。本来经济全球化对法国这样的发达国家,机遇明显大于挑战,因为当前的国际金融体系和经贸制度原本就是发达国家制定的,它们依然处在一个垄断的因而十分有利的地位。然而,法国在经济全球化的大潮中畏缩不前,不敢大胆开拓新兴市场,比较满足于欧洲市场。法国人既畏惧经济全球化过程中不可避免产生的经济自由主义倾向对社会公正原则和本国社会福利的冲击，又担心自己的先进技术在与发展中国家经济交往中被模仿、被抄袭。法国甚至对欧洲一体化也疑虑重重。我们举两例说明。

法国汽车工业由于没有把握住经济全球化带来的机遇而痛失中国市场。法国在中国改革开放的初期就同中国合作生产标致汽车，可以说法国是中国汽车市场最早的开拓者。但是由于法国舍不得拿出一流技术，加上其本身也不生产高档、豪华汽车，中低档汽车又缺乏竞争力，很快德国、日本、美国就赶上并超过了法国，甚至韩国和意大利等国也纷纷来抢占中国的汽车市场。后来，法国在武汉生产的雪铁龙也不错，但是这块"大蛋糕"已经被太多后来者瓜分。法国于2012年在中国销售的汽车只占整个中国汽车市场的3.5%，实在有点可惜。法国汽车工业在欧洲市场普遍亏损，唯独在中国销售情况良好。现在法国已经下决心在中国加大投资，开拓汽车市场。虽然难度很大，但亡羊补牢，犹未为晚。

另外一例就是2005年法国全民公决否定了《欧盟宪法条约》。法国对该条约的经济自由化倾向不满，担心本国利益会受到损害，对欧盟的技术官僚也心存疑虑。这个否决不仅严重影响欧洲一体化的进程，也使法国在经济方面变得更加退缩、内向。顺带提一下，法国政府的生产振兴部长蒙布尔就是法国去经济全球化、反欧盟的领军人物。

第二，德国模式 vs 法国模式。

德国之所以能够经受住自2008年以来世界金融经济危机以及欧洲主权债务危机的冲击，主要得益于由当年施罗德总理从2003年开始进行的广泛深入的结构性改革。当时德国经济跌至谷底，失业率居高不下（10%以上），财政赤字严重。作为社会民主党人的施罗德总理背水一战，抛弃左派僵硬的意识形态，采取第三条道路，推出了著名的"哈茨方案"，包括削减国家开支，推迟退休年龄，大幅度下调社会福利，改革劳务市场，加强职业培训以促进就业，等等。经过几年痛苦的改革，德国从欧洲的"红灯"重新成为拉动欧洲经济发展的"火车头"。施罗德本人却因此付出了惨重的政治代价，他在2005年的议会选举中败北。但是后来中右翼的默克尔总理继续了施罗德的政策。概括而言，由于德国的劳资之间、党派之间能够达成一定的妥协和共识，所以发展得比较顺利。

萨科齐任法国总统时曾十分赞赏德国模式，也曾经想在借鉴德国经验的基础上对"三高"（高税收、高工资、高福利）的法国模式进行一些改革，以减少赤字，振兴经济。但是他遇到的阻力很大，基本上没有成功。法国左右两派严重对立，政治家在人民心目中的信誉日益下降；劳资双方、各行各业都极力维护自己的利益，很难能做出有利于全局的、长远的妥协。法国人一方面承认德国经济状况好，另一方面多数人又不愿意像德国人那样在工作稳定性、工资待遇、社会福利、每周工作时间和退休年龄等方面做出牺牲。即使那些心知肚明的经济学家也往往一言以蔽之："我们的文化不同。"那么"文化"这个法国的特殊国情是否可以改一改呢？仁者见仁，智者见智，分歧依旧。

第三，国际竞争力弱。

法国失业率高，财政赤字和公共债务严重，显然同经济增长率低迷有关。而要提高经济增长率，除了压缩公共开支外，还必须提高国际竞争力，这在经济全球化的大环境下尤其重要。造成竞争力低的原因有许多，但是以下几点不容忽视。首先，法国是西方大国中税负最重的国家之一。2010年，法国的强制性税捐征收率高达占国内生产总值的42.5%，2012年升到43.9%，这使得法国企业的生产成本过高，它的利润率在欧元区也是最低的。它的出口品价格偏高，缺乏竞争力也就不奇怪了。其次，法国去工业化带来的负面影响大。2000～2010年，法国制造业的增值在国内生产总值中所占的比重下降了5.2个百分点。法国人喜欢强调新兴国家的不公平竞争和本国企业外迁等原因，但是在同样的外部环境下，德国制造业占国内生产总值的比重却高达13.1%，是法国的一倍余，出口势头强劲。最后，法国中小企业没有得到政府的足够扶植。德国12%的中小企业搞出口，而法国中小企业中从事出口的只有3%。

三　奥朗德大夫

2012年总统大选前社会党就其参选候选人进行了初选。原本一致看好的斯特劳斯-卡恩因为性丑闻官司缠身而丧失机会。奥朗德多少有点出人意料地成为社会党参加总统选举的正式候选人。社会党内一些重量级领导人很不服气，在他们看来，奥朗德是一个"没有主见的人"，"缺乏执政经验"。的确，奥朗德从未担任过政府部长，在长期担任社会党第一书记期间，他比较擅长协调党内各派的不同主张，很少有自己的主张。右派在抨击他上台后的政策的同时，也时不时地取笑他的"业余水平"。当他优柔寡断时，就讽刺说"他选择了不选择"。

奥朗德在 2006 年法国电视二台《由您来判断》节目中明确说过"我不喜欢富人"。在总统大选时曾公开表示"金融是我的敌人"。所以他上台以后,为了增加财政收入,弥补财政赤字,首先向富人开刀。最典型的例子是对年收入 100 万欧元以上的有钱人征收 75% 的所得税。这项法案经议会表决通过后又被宪法委员会从技术角度否决。奥朗德坚持己见,只是根据宪法委员会的意见,把该税由本人缴纳改成由雇主缴纳。虽然奥朗德一再安抚民心道增税不涉及普通民众,但事实上,由于提高了增值税,领薪人的社保分摊金也在增加;原来萨科齐当政时关于 35 小时 1 周以外的多劳多得部分可以免税的规定也被取消,再加上失业、工资冻结等原因,法国民众的购买力普遍下降。随着经济形势的恶化和社会福利制度改革的深入,民众开始对奥朗德的政策日益不满,他的民意指数不断下滑,不仅成为法兰西第五共和国历史上当选总统以来民意支持率下降最快的总统,而且一度跌到不足 15%,可谓"跌无可跌"。很多法国人对前途感到不安,2013 年底的民调表明,只有 30% 的受访者对未来表示乐观。

这种不断恶化的经济形势在政治上产生了令社会党十分不安的新情况,其直接结果有以下几点。一是社会党自 2012 年当政以来,支持率一路下跌,几度跌破历史纪录,最低时不足 20%。自 2014 年起,社会党在三次中期选举——市镇选举(2014 年 3 月)、参议院选举(2014 年 9 月)和省议会选举(2015 年 3 月)中接连败北,不仅不敌传统对手——在野的右翼大党人民运动联盟,也不敌正在快速崛为法国政坛第三大力量的极右势力"国民阵线"。二是极右势力的迅速壮大,法国的极右势力近些年获得了迅速壮大:"国民阵线"首先在 2012 年的立法选举中获得 2 个议席,重返国民议会;之后,2014 年 3 月和 5 月接连在法国地方选举和欧洲议会选举以及 2015 年 3 月的省议会选中取得佳绩,震惊法国乃至欧洲政坛。目前,"国民阵线"已是法国政坛第三大政治力量,影响力和吸引力都在持续上升。虽然投票给"国民阵线"候选人的选民大多并不一定支持极右派的政治主张,而更多是为了表示对现政府的不满和抗议,但我们仍然不可小看极右势力正在法国政治格局中快速崛起的态势。

四 "经济增长"还是"财政紧缩"

解决欧元危机的办法存在两种完全对立的观点,因而有两种不同的药方。德国总理默克尔和欧洲央行、欧委会、国际货币基金组织认为，只有清理了财政赤字和公共债务，经济才能健康发展。"财政紧缩"就是他们为希腊等欧洲南部国家摆脱严重的主权债务危机所开出的药方，也是先决条件。法国总统奥朗德反对欧盟的"财政紧缩"药方，他开出的药方是"经济增长"。他认为，紧缩政策不仅不会也没有使这些国家恢复经济，反而加剧了经济危机，还带来了社会危机与政治危机。法德关系于是变得紧张起来。奥朗德称之为"友好的紧张"。

事实证明，紧缩政策给希腊等国家的人民的确带来了巨大的损失和痛苦。国际货币基金组织原总裁斯特劳斯·卡恩在他离职前就曾经指出："过分的紧缩有可能会扼杀经济复苏。"2012年1月，法国财政部长克里斯蒂娜·拉加德也开始承认"紧缩政策的效应超出预期"。2013年4月23日《费加罗报》发表了题为"欧洲敲响了紧缩政策的丧钟"的长文。文中引用了欧委会主席巴罗佐的话："我认为紧缩政策是完全正确的，但我现在也认为这个政策已经到了极限。"欧盟议会议长，德国民社党人马丁·舒尔兹4月27日接受比利时《回声报》采访时也指出："我们在执行紧缩政策上走得太远。"于是欧盟对紧缩政策做了一些调整，放慢了速度，但是并没有因此放弃紧缩政策，仍然对法国提出必须进行结构性改革的要求，尽管法国对欧盟的指手画脚感到不快。不管怎么说，奥朗德"开出"的"药方"所起到的纠偏作用值得肯定，也使法国在欧盟的地位得到了巩固。

的确，只有经济增长，才可能创造社会财富，才能创造就业机会，增加人民收入。但是一个国家公共债务债台高筑，财政赤字严重，不做深入有力的结构性改革也是绝对不行的，也达不到振兴经济的目标。而法国正是在这方面需要做出巨大的努力，虽然是痛苦的、漫长的。

五　结语与思考

近些年法国国内舆论充满悲观主义情绪，对奥朗德总统的政策大多不看好，对前景普遍不乐观。批评、质疑之声充斥各种媒体。说一句公道话，现在的问题是长期积累造成的，不能把责任都推到奥朗德身上，奥朗德任期将满，要把责任都推到前任身上也说不过去。总之，大家要齐心协力，克服困难。我们应该看到，法国毕竟是世界上第五大经济体、欧洲第二大经济体，国际金融资本在世界经济普遍不景气的情况下还是比较看好法国的。因此，法国发行的十年期债券的利率从来没有像现在这么低。我们还要看到，法国有许多优势。它有诸多国际上领先的产业，有不少在世界上有影响、有地位的大型公司集团。它有一大批掌握高科技、富有创新能力的中小企业，它有高水平的科研人员、工程技术人员和熟练工人。法国虽然每周的工作时间比别的国家短，但是它的生产率在世界上依然名列前茅。法国有非常好的基础设施，它的公共服务在欧洲除了德国以外也是最好的。法国国内确有各种分歧，左右两派依然势不两立，政治领导人在人们心目中的信誉下滑，知识精英也往往为了表示中立或超脱，既批评左派也同时批评右派，只会让人更加灰心。但我相信，法国人是有智慧有能力走出困境的。中国有一句俗话说"退一步海阔天空"，只要各党派、劳资双方为了全局和长远的利益，为子孙后代着想，好好平等协商，各方都做出努力和让步，法国一定会重振雄风。

（编辑：彭姝祎）

中国人心目中的法国外交

邢 骅[*]

在中国当代外交史上，中法关系占有非同一般的地位。在西方众国中，法国成为特别被中国看重的一个。50年前冷战时期，在两超竭力掌控世界事务的冷峻大背景下，从地缘政治角度分别处于全球东西两边的中法两国越过千山万水，冲破阵营束缚，建立了全面外交关系，催动了一股冲破两极格局冰封的独立自主暖流，给全球政治景象带来极有意义的变数。中法两国也得以因外交关系的建立而扩展了各自的国际活动范围，增强了外交资源，提高了各自的国际地位。中法关系成为世界上特别有影响的双边关系之一。中国人由此一直怀着极大的兴趣关注法国外交。

一 中国人感受到法国外交的出众特点

在中国人眼里，法国外交有如下出众特点。

（一）法国外交怀有大国志向，坚持独立自主，拒绝仰人鼻息

二战时期领导了法国人民抵抗运动的伟大领袖戴高乐将军，在20世纪50年代末国家陷入困境时，再次临危受命，创建了第五共和国政体，揭开了法国当代史上的崭新篇章。戴高乐将军将争取、维护法国民族利益置于至高无上地位。他发表的掷地有声的名言"除非站在最前列，否则法国就不能成为法国""法国如

---

[*] 邢骅，中国国际问题研究所研究员。

果不伟大，就不成其为法国"① 成为其执政思想的精髓，并凝聚为法国当代外交争取大国地位、发挥领先作用的主旨。

戴高乐执政后的外交为实现这一伟大的法国理想做出了经典性范例。他首先反对两超为瓜分势力范围而强加于欧洲的雅尔塔体系，以建立"从大西洋到乌拉尔的欧洲"的理念来抗衡。他在外交上脱身两极格局的紧箍，不求与美国亦步亦趋，发展和苏联的"特殊关系"，在东西方关系中独树一帜。他为抗击美国在大西洋联盟中的独断专行，果断决定将北约总部赶出巴黎，退出北约军事一体化，他在发展本国核力量、与中国建交等问题上，明确抵制美国的阻挠，坚持维护法国的主权决定。戴高乐政权的一系列振聋发聩式的举措，使法国从长期止步于西方联盟一般成员的平庸、懈怠状态中脱颖而出，跃身能在全球范围内发挥特别影响的大国圈子。

戴高乐将军的伟大思想与实践，为法国在当代国际环境下维护最高民族利益开辟了广阔前景，给后代留下了珍贵的政治遗产。第五共和国延续至今的半个多世纪中，这一大国外交思想总体上继续延伸。法国前外长韦德里纳对此做出如下描述："1966~1967年被戴高乐调整后的法国外交政策在整个第五共和国时代，尽管因不同总统，或在某些案例中不同部长的个人特质而有所变化，却被一条主线始终贯穿，那就是自主决策的观念，是法国应该有自己的外交政策的观念。这就是戴高乐—密特朗—希拉克间的共识，是法国外交的基石。美国和我们的一些伙伴对此不理解。"②

在戴高乐将军之后的法国各届国家领导人中，希拉克总统应是出色地贯彻了这一基石般的共识中的一位。他明白无误的理念是，法国应该是世界上少数几个能做出全球性决策的国家之一。另一位戴派政治家、曾任国家总理的德·维尔潘也宣称，"法国恪守自己的雄心，四处提出倡议"，"它是对国际稳定负有特别使命的一小圈国家中的一个"，"我国理解他国人民的愿望。就发展、环保、文化多样性等所有重大命题，就从非洲、亚洲到巴尔干、中东所有分裂地区的问题，人们都征求法国的意见、合作与介入"。③ 再晚些的萨科齐总统也继续宣称法国

---

① 戴高乐：《战争回忆录》第1卷，中国人民大学出版社，2005，第1页。
② 《"法国、欧洲和'非现实政策'"——与韦德里纳外长的访谈录》，《世界报》2007年4月22日。
③ 法国《国际政治》杂志2003年冬季号。

"**应站在创造历史的国家的前列**"①。法国外交上的雄心，使它独立自主的立场异常坚定。在国际社会就某些焦点问题意见激烈对峙时，法国能够主持国际公正，抵制霸权。2003年初，在没有联合国批准，也无有据理由的情况下，美国悍然发动对主权国家伊拉克的战争。法国坚定地站在反战阵营，进行了有力的阻击，引起空前震动。此外，在处理中东等地区热点、北约内权力分配等问题上，法国为维护本国的主张与权益，勇于坚守与美国不同的意见。进而言之，如果说欧洲一体化建设表现了欧洲在美国体制外的自主性成长，那么法国就是推动这种成长的有力引擎，在推进欧盟防务建设、阻止美国干预欧盟内部事务等问题上都表现出了独立自主的立场。

（二）法国外交具有超群性与包容性

法国外交具有超群性与包容性，这种特性突出显现于在西方大国中它对本身国际位置高于一般、宽于一般的界定。法国牢记国家的西方联盟成员身份，认定没有联盟便没有维护其民族利益所必需的安全依托。在东西方重大冲突中，法国自愿与联盟保持一致；但与此同时，在决定政策和采取行动时，又以本国主权利益为准绳，不愿受集团体制的约束，不愿掩盖本国不受捆绑的个性。典型例子是，法国虽为北约成员，但又多年置身其军事一体化之外，与联盟关系的安排与其他成员相比有很多不同之处。此外，在西方大国群体中，法国还力图对发展中世界表现更多的关切与同情，强调重视全球治理中的发展问题。

（三）法国外交有明显的多思性

法国出于对大国地位的自觉，对国际局势发展惯于进行全局性、战略性的观察和思考，常做阶段性的综合判断。进而言之，法国还抱有"使人听到法国信息"、"带动其他人跟随法国的价值观、想法与理念"②、增加法国对国际事务影响的意图，因而不时勇于为世人贡献新的理论与概念。德·维尔潘先生任外长期间在伦敦国际战略所发表讲话，论述法国反对美国对伊拉克战争的理由时就说，

---

① 萨科齐在第16届外交使节会议上的讲话，2008年8月27日。
② 法国《国际政治》杂志2003年冬季号。

这一立场"并非出于对哪个国家的反对,而是源自一种集体责任感,一种世界观"①。21世纪伊始,国际形势不断发生复杂、深刻变化,萨科齐2007年就任总统后审时度势,发表了相对大国论,论断冷战后时代的全球格局发生了从美国一超独霸到当前群雄逐鹿的阶段性演变,分析了新格局的特点,"决定了法国在世界棋盘上的重新站位"②。

二 中国人看法国外交特性的成因

(一) 法国不同一般的外交扎根于其民族特性

法兰西国家是一方内接欧洲大陆、外临大西洋与地中海、迎接四面八方来风、吸收了多种文化的土地;孕育了具有思维活跃、开拓求新气质的文明;蕴藏着在世界众之林中脱颖而出的雄心。伟大的政治领袖戴高乐将军正是在法国需求处境转机的历史节点上,因袭与发挥了这种充满激情与自豪感的民族精神,开启了争取大国地位的当代外交。

(二) 法国命运的多舛催生了奋起振兴国家的动力与代表人物

近代两次世界大战皆以欧洲为主战场,法国尽管最终都进入战胜国行列,但曾屡遭溃败与战火摧残,留下巨大创伤与教训。二战中法国出现的投降德国的贝当政权尤为历史的耻辱。而二战后的第四共和国羸弱无能,其国际地位下降、国内政局混乱的困境被形容为"身生毒瘤""痛苦呻吟"。特别是1958年5月因阿尔及利亚危机升级,法国陷入军事政变边缘,国家安全更是命悬一线。以戴高乐将军为卓越代表的伟大领袖正是在如此危急时刻再次出山,挑起救国、兴国重担,谋求大国地位的外交在解决民族危机、捍卫民族利益的斗争中形成。

(三) 冷战年代美苏争霸的两极格局,禁锢了广大中间地带国家独立自主的权利

作为两超军备竞赛的主场,欧洲国家更感自身安全不能由己做主,不满对自

---

① 德·维尔潘在伦敦国际战略研究所的讲话:《法制、实力和公正》,2003年3月27日。
② 萨科齐在第16届外交使节会议上的讲话,2008年8月27日。

身命运的掌控旁落。在世界政治地图的东西两边都涌动着奋起挣脱霸权扼制、维护外交自主的潮流,而政治独立性强、心怀奋斗目标的国家则领衔这一趋向。东方的突出代表是毛泽东时代的中国,毛泽东的名言是中国以"无法无天"的态度蔑视外国霸权,只走自己选择的路,不受任何外来干涉拘束;而西方的代表就是戴高乐领导的法国,戴高乐的名言是法国要有"自由的双手和自由的头脑","我们自己决定我们要干什么,同谁干什么,而不是认何国家或任何集体强加于我们"。① 由此看出,戴高乐以独立自主为灵魂的外交正是冷战这一特别国际环境激发的政治潮流。

三 中国人积极评价法国外交的独立自主性

法国外交的异军突起给冷战时代两极对峙格局打开了缺口,美苏两家独掌国际事务的地位受到冲击,世界多极化潮流得以推进,有助于阻止国际紧张局势升级、失控,降低冷战引发热战的危险。

作为欧洲一体化的发起国与轴心国,法国外交的自主志向奠定与支持着欧盟建设联合自强的政治内涵与多边主义理念,提高了欧盟的国际地位,为世界多极化倾向做出了重量级的贡献。

中法类似的政治特质,使两国间产生了比较强烈的政治互信甚至相互求助的需求。这在当代不同政治、社会制度的国家间十分难得,有启示作用。50 年以来,在中国与西方大国的关系中,中法关系的连续性升温与升级,走在了前列。中法间第一个建立全面伙伴关系、第一个提升为全面战略伙伴关系、第一个开展了战略对话、第一个组织了互办的文化年。法国在西方国家中率先提出在联合国日内瓦人权会议上停止提出反华议案,在欧盟内部一直主张解除对华军售禁令,皆为法国特别重视与中国关系的例证。中国对此心怀感激。

四 中国人注视法国外交的波动性

在国际形势的不同发展阶段,由于国际风云变幻以及国内政局、思潮的演

---

① 《戴高乐言论集》第 5 卷,世界知识出版社,1964,第 105 页。

化，法国外交不会也没有绿树常青地保持其传统性的特点。法国的国际地位并未永恒地占据上风，而是有升有降，呈现曲折蜿蜒的轨迹。

（一）21世纪以来，国际形势的变化日趋深刻、复杂，渐次催发国际力量对比的历史性换位

后冷战时代欧洲在一体化建设中有所进展，但难题与挫折也接连不断出现。欧盟总体上虽仍保持了全球最大发达国家集团地位，但制度老化、活力减退的病症也在显露。欧洲面对自身政治、经济的全球性优势因新兴力量的崛起而呈现被侵蚀的态势，不适应、不服气、不甘心的心态滋生，起先是抱怨在与新兴国家的经济关系中单方吃亏，索求"对等、互利"，进而将挽回经济损失意图，扩展至与新兴力量较量政治影响。2010年9月16日，欧盟召开首脑会议讨论新形势下对外战略。欧洲理事会常任主席范龙佩论述新战略要旨时指出，国际格局中"新竞争者正在登场"，"带来新的利益、风貌与世界观"，"权力正在转移"，欧盟要在世界范围内"以更加坚定的态度维护欧洲的价值观和利益"，① 表达了防范新兴力量冲击，维系它自诩的"全球性领袖"地位的战略意识。

法国在形势变化中的处境与利益考量与上述欧盟的战略思想合拍。其实，法国经济部长特里埃·博尔顿于2006年初已撰文惊呼，中国、印度等国登上世界经济舞台产生突发性的冲击，危及法国与欧洲的经济基础和生活方式。这种恐惧与担心渗透进法国外交战略思考，使法国对它与外界各方的利益结构有了新的认识，减弱了其传统外交政策特有的多边主义内涵和包容性。

从经济层面观察，近几年来，法国两任总统萨科齐与奥朗德执政期间，法国经济的萎靡不振皆成为给他们造成极大困惑的头号难题。他们都将本国经济困境在很大程度上归咎于外来竞争的"不公正"。2012年竞选总统活动中，两位竞争者皆高调地提出保护主义政策主张。萨科齐力主实施排他性的"购买法国货"举措。社会党候选人奥朗德则无根据地指责中国操纵人民币汇率，破坏贸易公平。

从政治层面看，法国对形势变化的忧虑和相应对策影响了其国际关系中的选位与外交战略。2007年，首登国家领导人岗位的萨科齐总统表示要对前任政策实施"决裂性"的改革。他提出相对大国论，宣称当前世界处于只有一些相对

---

① 在欧洲理事会上的讲话，《欧盟对外关系》2010年9月14日。

大国的"过渡时期","新国际秩序有待创建","走向航标模糊不清",法国面临如此情况,必须"明明白白地说清我们的站位,以及对我们具有根本意义的价值观和利益","明确、真挚地肯定法国是西方家庭成员",这样"法国会在这个家庭内外增强它的信誉、活动空间和影响力",因此,就对外关系而言,它的首要决裂性新举是"重振与美国和北约的关系"。① 其实,国际形势的复杂变化早为萨科齐的多名前任所确认,不过,他们主张的对策是"强调全球化外交的合法性、共享和公正三大支柱",是"实施多边主义",而萨科齐则以法国加强对西方阵营身份的确认来面对新境,显示新意。这既与萨科齐本人的政治取向有关,也产生于面对新兴力量崛起,欧洲西方意识上升的大背景。法国自第五共和国以来一直具有但未被突出,甚至有些变形的西方属性由此被固定与强化,转变为外交新选择的重点。法国外交发生了既非根本性,又非无意义的调整:(1)由于在国际关系中向西方立场靠拢,曾为其外交亮点的多边主义主张不免有所褪色。萨科齐牵头西方对利比亚进行大规模军事干预。当前叙利亚危机中,法国继续与美、英一道成为力主对叙政府实施军事打击的少数几个国家。(2)外交继续坚持政策自主,不仆从美国,但又尽力与美国合作和靠近,强调与美盟友关系不可动摇。(3)萨科齐上任后,一举解决了拖延多年、决心未下的法国重返北约军事一体化的问题,从组织上回归西方队伍。

(二)戴高乐将军争取大国地位的外交努力,亦伴随着发展国家经济强项的大手笔

法国的经济规模可列入世界前五六名,并拥有核能源、航空、铁路等拳头部门。不过,经济的质量与竞争力逊于其政治雄心是法国一直努力改变却未能如愿的常态。其实,1958年出山后,在外交领域大放异彩的戴高乐将军最终还是因国内经济、社会形势恶化,1968年在国内5月风暴冲击下,他被迫离开政治舞台。而曾大声对美国说不的法国,当时为经济燃眉之急所迫,还得放下身段,求助于美国。接替戴高乐将军的蓬皮杜总统在其回忆录中描绘那时的困境称,"法国不再有威信。戴高乐领导的法国不能再展宏图。我们再也不能教训世界上的大

---

① 萨科齐在第16届外交使节会议上的讲话,2008年8月27日。

国了，我们也失去了在西欧的领导地位"①。蓬皮杜的清醒显示法国领导人已经现实地看到，大国地位要更多依靠经济实力的厚重，而不只是政治上的雄心万丈。

21世纪以来，在全球化百舸争流，竞争尤为激烈的大潮中，法国经济结构与社会福利体制改革的不力，令经济发展显现吃力、疲惫状态，失业率居高难下，群众不满上升。萨科齐总统虽然继续多方呼吁和争取法国与欧洲"站在世界舞台前列"，却显得力不从心。仅就欧洲范围而言，尽管法德轴心作用犹在，法国经济成绩却已远远落后于德国，对欧洲事务的影响能力相应降低，渐渐成为轴心中的弱者。尤其近三年来，在事关一体化前途的克服债务危机的努力中，德国一家的主导地位远超法国。奥朗德总统就任后一系列新政并未改变法国经济的颓势，反而引起对法国拖累欧盟复苏的担心。法国近期被欧盟机构与德国催促加大其经济改革力度。国际上看低法国的舆论称"欧洲已不再是法式花园"，"法国老是要推崇自身的过人之处，但已没有过人的手段"。

五 中国人信任中法关系的持续性发展

纪念建交50周年对中法两国来说意义重大。在全球林林总总的双边关系中，中法50年来关系的发展确有其特别成功之处，对于两国而言无疑成为一笔宝贵遗产，十分值得珍视，并加以继承和发扬。这笔遗产首先是双方政治、经济、文化等多方面合作取得的丰硕成果。这些成果曾有益于中法两国国内发展和扩展国际影响，也为未来关系发展奠定了良好基础，内含着很大潜力，可以继续挖掘。在政治方面，双方建立起元首年度会晤、战略小组对话、高级别经济财金对话等交流机制，有助于保持和加强双方互谅、互助意志，发挥指导、推进双边合作的作用。中法两国间贸易总量在中国与欧盟各国贸易中虽然并非领先，且时有争议，但有一批历时多年、成果丰硕、潜力很大的经济合作项目，人文、社会、科技合作也很活跃、出色。

这笔宝贵遗产还包括合作得以推进和分歧得以解决的两方面经验，共同认知这些经验对两国关系的未来发展有着指引作用：（1）中法双方在得以超越政治

---

① 蓬皮杜：《恢复事实真相》，世界知识出版社，1984，第166页。

制度与思想意识差别，最大限度地凝聚共同利益，寻求最大程度的合作时，关系就会顺利发展。（2）中法建交后步入长期处理国家间日常事务阶段，两国关系并未也不可能与利益考量和思想意识上的分歧绝缘。分歧在某些特定历史环境下亦不可避免地产生过一些摩擦和纠纷。但是，回顾处理争执的过程，可以看到双方都表现出尽量降低争执的伤害，力争经对话和协商途径，以相互谅解的精神解决问题的愿望。这是应该继续发扬的有益传统。

思昔抚今可以看到，半个世纪岁月的流逝合乎规律地冲淡了中法建交时关系的突破性与震动效应。戴高乐将军与毛泽东主席时代已成明日黄花，两国国际处境与对策已非一成不变。中法关系的政治特质没有消除，中法双方都不缺少继续推进关系的热情，但在经贸往来、应对国际热点等问题上，双方分歧不可避免地较前增多，又是客观事实，确实不能期望共同追求高度集中、两国关系激情饱满、不断升级状况的永存。中法两国就此需要有清醒、现实的认知，一方面不应改变对关系基本面的估计，产生失望情绪，减弱推进关系发展的信心与动力；同时又需认识到与建交初期相比，为保持两国关系的顺利通畅，需要双方都准备更多的耐心与毅力，有更深入的交流和沟通。

在建交50周年的前两年，法中双方相继更换了国家领导人。两国新领导人执掌重任后皆希冀在国际范围继承过去，开辟未来，有新的开拓。中法关系历来为各自外交的优先，应是各自创造新政绩的一个着力点。

奥朗德总统2013年4月进行了上任后首次访华，给中法两国为双方关系做出新筹划、注入新活力提供了机会。奥朗德访问密集、紧凑的日程中分量最重的是两国领导人长达数小时的会谈。两国领导人就一系列国际、国内及双边关系问题深入地交换了意见，取得不少共识。其中首要的是，中法领导人再次肯定两国关系的特质与意义。双方确认中法全面战略伙伴关系是"不同社会制度和文化传统国家间和平共处、互利合作、共同发展的典范"。[①] 中法对于双方关系要旨的坚守，无疑为关系的稳定发展抛下了压舱石，有助于保持世界上同类关系中的高品质。奥朗德总统访华期间，中法把"提升两国关系的稳定性、连续性、建设性和创新性"作为新的关系发展目标，提出遵循"稳定、互相尊重、互利原则"。这些目标与原则的确立显然具有针对性，意在努力保持关系前行的强劲动

---

① 《中法联合新闻公报——共建和平、民主、繁荣、进步的世界》，2013年4月26日。

力，寻求政治、经济分歧的合理解决，中法关系由此可以持续地良性发展。

  当然，如果说中法两国是几十年的故交，作为国家外交的最高决策人，双方国家元首皆是新人，他们间的接触则刚刚开始，奥朗德总统的访华只是"发现之旅"，还需更多、更深入的相互了解与相互信任。奥朗德政权的外长法比尤斯称，要和"中国建立紧密关系，但这并不意味着双方在所有问题上都一致"[1]，就表明了这种需求。具有 50 年历史的中法两国的关系未来面临变化很大的国际与国内环境，既拥有持续前行的广阔机遇，也要经受磕磕碰碰的考验。中国公众真诚希望两国政府把持好中法关系发展的大方向，也同样希望法国各界舆论更广泛地赞同和支持对双方互利的中法关系的发展。

（编辑：彭姝祎）

---

[1] 《洛朗·法比尤斯外长访谈录》，法国《世界报》2012 年 5 月 30 日。

从《新卢浮宫之战》看密特朗时期的法国文化政策

董 强[*]

在法国政界以及公共舆论领域，无论是左翼还是右翼，人们公认，雅克·朗格（Jack Lang）与安德烈·马尔罗是法国第二次世界大战之后最伟大的两位文化部长。马尔罗作为戴高乐将军的战友，"开国"的政治家、大文学家，自然有他人不可企及的地位。而朗格则是一个在现代背景下为法国提供了一种全新文化模式的令人尊敬的文化部长。他提高了法国在全球的文化影响力。他发起了著名的"音乐节"，为全世界许多国家所效仿；他设立了"文化遗产日"，使法国民众可以进入平时可望而不可即的最森严的国家行政机构内部，感受建筑遗产的魅力，真正做到文化遗产的民众化。他扶持了一大批法国艺术家、导演、建筑师和设计师，帮助他们赢得世界声誉。比如，为北京设计建造中国美术馆新馆的著名建筑设计师让·努维尔，最早就得到他的慧眼识才，从而成长为世界级大师。他的文化视野广泛，具有良好的国际声誉，1997年曾担任第47届柏林电影节的评委主席。在社会党重新执政之后，2013年，年逾七旬的雅克·朗格击败重量级的竞争对手，出任著名的法国阿拉伯文化学院院长。

在他的众多文化政策和实践中，新卢浮宫计划无疑是最宏伟、最具深远意义的。1981年，久违了法国政坛的法国社会党获得大选胜利，该党的总书记密特朗成为法国自戴高乐之后最重要的总统。密特朗具有深厚的文化素养，为法国文

---

[*] 董强，北京大学教授、法语系主任，"法国教育骑士"荣誉勋章、"法语国家联盟金奖"获得者。

化的振兴起到了很大作用。他在文化界的最重要助手，就是帮助他赢得竞选的雅克·朗格。因此，他一上台，就任命朗格为文化部长。在之后的政治风云中，朗格大刀阔斧，长袖善舞，担任了总任期长达 12 年的部长职务，主管文化与教育。为了迎接社会党再度获得胜利，朗格出版了《新卢浮宫之战》一书，详细讲述他如何通过卢浮宫的改造，实施社会党的文化理想和政策，从而大大提高了法国在现当代社会中的文化软实力。

我们可以有无数个理由喜爱卢浮宫。假如一个国家真的可以拥有"橱窗"，那么，可以称得上橱窗的建筑和机构的数量肯定是相当有限的。说到法国，我们最先想到的建筑就是埃菲尔铁塔和卢浮宫，两者排名或前或后，因人而异。毫无疑问，它们是当之无愧的"橱窗"。如果说埃菲尔铁塔在其本身之外只提供了外在于它的、受制于气象条件的巴黎风景，那么在卢浮宫本身的宏伟之中，则掩藏了令人心生无限遐想的、无穷的世界文化宝藏。有一个著名的说法，叫"无墙的博物馆"，这个说法在我们看来几乎只是一种语意重复，因为一家真正的博物馆内的任何一件物品，都可以让人超越墙壁的束缚，进入一个无限的想象世界。然而，一座博物馆本身建筑和空间的物理存在，可以有形或无形地为藏品带来更为深邃的维度。在卢浮宫，无论我们被拥挤的人群遮住了眼前的视线，还是因长长的排队而几乎放弃，有一点是无可否认的：眼前的这个机构是世界上最伟大的博物馆，是艺术的顶级殿堂。你愿臣服，你想膜拜。而这一切，还不仅仅是因为里面的藏品，而且因为整体，是因为被人称为"新卢浮宫"的全部。

确实，今天的任何一个参观者都会下意识地感觉到，卢浮宫已经不再仅仅是一座建筑。一家博物馆的历史，往往就是一部艺术史。而当一座建筑凝聚了一个国家的历史时，它本身便拥有了生命。它究竟是生命常新，还是奄奄一息，直接体现了这个国家的文化力量。然而，越是著名的机构，就越容易被束缚手脚，陷入一潭死水的泥淖，或者一举一动成为媒体关注的对象，随时被推上公共舆论的风口浪尖。法国的公共舆论，自 19 世纪末起，就以尖锐出名。比如说，当我们翻阅历史资料时，很难想象，如今被全世界人视为法兰西象征的埃菲尔铁塔，在当时就几乎因为公共舆论的反对而被销毁。在它的设计图出来后，一些最著名的艺术家、知识分子都觉得它丑陋，认为它奇怪可笑，"如同一个巨大的黑色的工厂烟囱，耸立在巴黎的上空"。说它是"一根由钢铁铆接起来的丑陋无比的柱子，将会给这座有着数百年气息的古城投下令人厌恶的影子……"。即便在铁塔落成之后，批评的声浪也并未停息。著名的巴黎歌剧院的设计者加尼埃向政府请愿，希望把它拆除；著名小说家莫泊桑时常跑到铁塔的二楼去吃饭，理由是在那里可以看不到铁塔本身。著名诗人、象征主义代表人物魏尔伦每每路过铁塔，都要绕道而行，以免看见它"丑陋"的形象……

　　卢浮宫作为一座古老的建筑，可以说幸运地逃避了这种未出世就遭到媒体和舆论先入为主的聚焦的宿命。决定它的建造和设计的，是不需要公众监督的国王。然而，这种王权下的产物，一旦遭遇动荡的时代，就会风雨飘摇，陷入无主的荒凉，甚至沦为废墟。我们很难相信那些有关敦煌王道士的故事，不相信东方最伟大的艺术宝库之一可以沦为荒漠中的残骸。然而，在游历了世上诸多名胜，翻阅了诸多资料之后，我们不得不承认，一个不被现代文明国家拥有和管理的文化遗址，一旦经历天灾人祸，就完全可能成为哀鸿翔集的蛮荒之地，无论它的出身有多么高贵。卢浮宫的命运也相似。有谁能够料想，在法国国王选择凡尔赛，从而遗弃巴黎市内的王宫之后，卢浮宫的状况是："经常没有人打理那些地方，很不卫生，而且宫殿中常常发生一些火灾，使得这部分或那部分遭到破坏。著名细木工安德烈－夏尔·布勒的藏品在1720年毁于火灾；花神楼在1787年就已经烧了一次。"（《新卢浮宫之战》第二章）真正使得卢浮宫免于被过度遗忘而成为废墟的命运的，也许就是它在巴黎市中心的绝佳地理位置。事实上，国家一次次将它遗忘。一直到20世纪80年代初，它都是一个"睡美人"。

　　第二次世界大战之后，整个西方都进入了博物馆蓬勃发展的时代。这是卢浮宫得以改造的大环境和前提。德国从60年代起，就改造、新建了许多博物馆。围绕着著名的德国国家博物馆，科隆、斯图加特、杜塞尔多夫、法兰克福等地都出现了全新的、重要的美术馆和博物馆。英国、西班牙等国也一样。而在美国，更是出现了大量的博物馆，无论是其建筑本身，还是藏品，还是公共接待的观念，都让人耳目一新，成为现代都市的重要标志，并为其带来全新的社会和文化凝聚力。法国也不例外。尤其从70年代开始，法国文化界、博物馆和美术馆界进入了一个黄金时代，也进一步确定了法国在世界上的文化大国形象。与此同时，人们对博物馆职业的观念也产生了根本性的变化，不再将博物馆仅仅视为保管文物和艺术品，以及进行研究的场所。博物馆文化成为都市文化、国家文化的重要组成部分。它成为真正的公共接待场所，总在寻找新的、以前被忽略的观众人群。甚至成为一个创造场所，向同时代的艺术开放，致力于在藏品与观众之间建立起一种更为丰富、更为多元的关联。

除去政治原因（社会党希望通过文化政策得到选民的进一步支持），新卢浮宫完全在这一大环境下应运而生。今天的观众和游客，无法想象当时的卢浮宫是怎样的一个烂摊子。法国20世纪最伟大的艺术史家之一安德烈·夏斯特尔曾经这样评论老卢浮宫："所有重要的文化机构中管理最差的博物馆"，存在着"令人感到羞耻的杂乱无章"。当时的卢浮宫的接待条件是"令人发指的"：衣帽间、厕所、书店、纪念品销售、团队接待、等待讲解员的区域，等等，一切都挤在同一个厅里。随着社会党的上台，卢浮宫终于迎来了获得新生的机遇。然而，这一新生的最终程度有多大，卢浮宫可否脱胎换骨，成为一个完全与现、当代氛围吻合的艺术收藏中心，并引领世界博物馆的风气之先，则取决于太多的外在因素。《新卢浮宫之战》讲述的故事，就从这里拉开序幕。我们面对的，是一个又一个悬念。卢浮宫的凤凰浴火过程，就像武侠小说中那些练神功的人士会遇到的，随时可能因外界因素而中断，从而变得异常脆弱。《新卢浮宫之战》以内部的眼光，详尽地讲述了这些悬念，讲述了卢浮宫得以华丽重生的整个过程，并始终将它放在世界文化潮流和国家文化政策的大背景下来探讨，从而使得该书在个人阅读的愉悦性、知识性之外，增添了难得的文化建设参考价值。

可以说，一个现代资本主义国家体制的所有限制，都落到了卢浮宫的头上。首先就是舆论的力量。我们可以看到，有一名不遗余力对卢浮宫的改造方案进行诋毁和抵制的专家，以及一批官员、专家，如何运用民主国家的质疑权，对一个尚在褴褛之中的创新方案进行最猛烈的攻击。这不由得又令人联想到同样出名的埃菲尔铁塔。据说，是一位名叫爱德华·洛克罗瓦的法国大臣，在众多的设计中看到了埃菲尔的设计后非常倾心，于是暗中操纵设计大赛，最终使得埃菲尔的设计胜出，否则埃菲尔铁塔的方案完全可能淹没于人们的口水之中。其次就是政策上的断裂性。西方体制下，左右翼政党的执政时期都有一定的时间限制。最大的悖论是，有些工程只有在最高元首的过问下才能得以进行，而最高元首的任期是受到很大制约的。新卢浮宫计划历经各届政府而得以持续进行，得到从预算到人工各个方面的保障，确实显得像是一个奇迹。

有时我们不免想到，那么多最终被枪毙或被中止的方案，或者永久地躺在建筑师们的抽屉中，或者至多作为佳例被建筑学院的学生们研究着。有的则更幸运一些，被建筑师略加修改，在另一个环境中得以建造成型。它们像无数个未能出生的婴儿，假如来到了这世上，也许同样会被人欣赏，被历史的筛选所选中，从而彻底改变我们一直以来以为永恒不变的城市面貌或生存环境。我们完全可以设想，假如那些被枪毙的方案都成了型，我们生活的可能性也许可以成倍地加大。世界上那些被我们津津乐道的标志性建筑，可能会完全不同。于是，我们更加珍惜这一世界，这一将各种可能性都挤到了无形之中而最终构成了我们的现实的世界。我们就生活在这样一个世界中，人类的建筑也仿佛经历了"物竞天择"的进化，在随机和必然的夹缝之间，呈现在我们的面前。

法国著名哲学家加斯东·巴什拉在《空间的诗学》中指出，一座建筑的任何一个空间，从地下室到阁楼、从地窖到尖塔，都隐藏着独特的品质，等待我们的发掘。卢浮宫的浴火重生，经历了考古挖掘、顶楼改造等各个步骤，并在自己的"腹部"生出一个历史跨度极大而现代意义浓厚的建筑——玻璃金字塔。在卢浮宫里穿梭，我们可以体味每个空间过渡的含义。任何艺术欣赏，都意味着一种过程。在历史中徜徉，是需要一条甚至多条线路行走的。一座好的博物馆，能为观众营造出欣赏艺术品的最佳线路，让每件艺术品都得到足够的呈示，以接受潜在目光的完整沐浴。《卢浮宫之战》一书的最大意义在于，它本身也像一栋立体的建筑一样，为人们提供了立体的、多方位的阅读层面。对于它的阅读，可以是纯粹的愉悦、知识的层面，适合所有兴趣广泛的读者；同时又可以是博物馆这一行业的专业书，因为它涉及的是世界博物馆界的龙头老大（该书在法国由最权威的专业出版社博物馆联盟出版社出版，不是没有道理的），势必引起专业人士的关注。另外，该书还有一个重要的阅读层面，就是大的国家文化政策与执行的层面，这一点，由于作者是法国的著名政治家，以内部人的眼光来全面讲述卢浮宫的改造过程，具有尤其重要的参考价值。

任何一位政治家的著作都存在一个潜在的危险，就是抬高自己，自我颂扬——其实任何一部自传也都有这样的隐患。该书在法国左翼旨在重新获得政权的竞选期间出版，本身就大有深意。因此，我们需要确认此书中的基本信息是符合历史事实的。当然，一本书在自己的国家出版并受到读者的认可，没有人跳出来指责作者胡编乱造、信口雌黄，本身就已经是一种保证。但这还不够，必须得到真正的专家与见证人的认可。显然，一位政治家与一名专家或具体操作人员所做的工作和所做出的贡献是不同的，不属于同一层面。最终，卢浮宫博物馆两位馆长的直接确认，保证了该书的可信性。一位是卢浮宫原馆长米歇尔·拉克洛特。他的名字多次在书中出现。他主编过《西方美术大词典》,在退休后成立了法国艺术史研究学院（INHA），一直在教学、研究和写作方面勤耕不辍，是法国博物馆界最重要的人士之一。拉克洛特撰写了回忆录《博物馆的故事》。书中，他专门辟出一章，讲述新卢浮宫计划从产生到实现的过程。这与《卢浮宫之战》一书的叙述角度虽然不同，但其内容大都与该书的讲述相契合。尤其是，他特别提到，他本人也一直想弄清楚究竟是谁第一个有了这个伟大的想法。他清醒地意识到，每个人由于其所处的位置不同，都只能看到事情的一个方面。所以，尽管他本人从一开始就作为卢浮宫的专家参与了此事，但在他后来真正担任新卢浮宫的馆长之后，他还是想"摈弃一些自己的个人感受，做一下客观的历史学家的工作，弄清楚究竟是谁最早发起了新卢浮宫计划"（《博物馆的故事》，法国斯卡拉出版社，第248页）。他接着写道，在他询问过的当时最接近法国总统密特朗和文化部长雅克·朗格的人士中，所有人都向他确认，是雅克·朗格第一个向密特朗总统提出了新卢浮宫设想，尤其是第一个提出了将财政部搬迁出卢浮宫的重要设想：这一设想为整个工程提供了基本保证。而且，正是在雅克·朗格给密特朗的信中，首次出现了"新卢浮宫"这个说法。从密特朗总统那边，拉克洛特也得到了证实，因为密特朗在公开场合明确表示，他的老同学路易·克拉约在新卢浮宫计划中起到了关键作用，而克拉约则亲口向拉克洛特证实，是雅克·朗格请他介入此事的（资料来源同上）。这与《卢浮宫之战》一书中雅克·朗格的自述完全吻合。

无独有偶。卢浮宫博物馆现任馆长让-吕克·马丁内斯也表示，雅克·朗格肯定是新卢浮宫计划的首倡者和推动者。卢浮宫的改造，若没有他的巨大努力，是不可能做到的。他甚至不无怀旧地说，在法国当今的政治、经济、社会舆论条件下，任何类似规模的规划和工作，都已经不可想象。

从雅克·朗格的新卢浮宫计划的实施，到今天卢浮宫在全世界不可撼动的地位，我们可以看到，一个国家在一些重要的历史发展转折点上，可以及时抓住机会，让自己的文化遗产焕发光彩，既增强民族的凝聚力，又大大提升本国文化在全世界的地位和影响，起到引领风气的作用。而在这一点上，政府可以大有作为，通过灵活的政策、大胆的投入、执着的坚持、恒定的政策执行，实现硬软件的真正升级，从而大大提升本国的文化软实力。

（编辑：张金岭）

我看法国2013年版《国防与国家安全白皮书》

张林初[*]

2013年4月29日,法国正式发表《国防与国家安全白皮书》。这是法国第五共和国成立以来发表的第四份白皮书,也是冷战结束以来发表的第三份白皮书。

2012年5月,法国新任总统弗朗索瓦·奥朗德入主爱丽舍宫后,根据变化了的国际地缘政治和国际安全形势,以及全球金融危机和欧洲债务危机对法国的影响,审时度势,决定制定新版国防白皮书。7月,奥朗德签发成立《国防与国家安全白皮书》起草委员会的法令。委员会由37名政府官员、军队代表、朝野政党议员和专家学者组成。为广泛征求意见和体现透明度,白皮书起草委员会咨询了21名国际知名人士,同时还专门设立了一个网站,就白皮书涉及的国际形势、国家安全战略、国防与军队建设、国防工业等问题与公众进行互动,互动量达200万网页,网民提出了7000多条参考意见,其中一部分具有较高的参考价值。[①]

白皮书详细分析了当前的国际安全形势和全球与法国面临的威胁和风险,确定了未来15年法国的国家安全战略、国防和国家安全政策以及国防和军队建设的方针政策。

---

[*] 张林初,中国国际战略学会高级研究员。
[①] Présentation du livre blanc 2013, p.30.

一 法国对当前国际安全形势的看法

白皮书认为,自 2008 年法国发表上份国防白皮书以来,"国际安全形势发生了深刻复杂变化","持续的全球金融危机改变了国际力量对比,限制了美国和欧洲的活动余地",美欧国际影响力相对下降,中国、印度、巴西等新兴国家继续保持上升势头。"金融危机还迫使许多国家调整国防与国家安全战略。""美国推行亚太'再平稳'战略",要求欧洲国家承担更多的对外行动责任。"阿拉伯世界发生了重大政治社会变革。"同时全球的"军事威胁远没有消失"。"这些变化在一定程度上与冷战结束后的挑战十分相近。"[1] 白皮书用与以往不同的表达方式,概述了当前和今后一段时间影响国际和法国安全的三大威胁和挑战。

(一)强国的威胁

白皮书认为,"苏联解体后,在整整 20 年间,美国再也没有真正的对手。人们几乎忘记了多元力量的逻辑。""然而,近年来世界一些地区军费开支和常规装备快速增长,大大增加了国家间发生武装冲突的可能性,法国和欧洲不能忘记这种强国的威胁。"[2] 法国国防部介绍白皮书的资料甚至称:"2025 年前后有可能爆发国家间冲突的危险。"[3]

白皮书认为,"30 年来,亚洲经济取得极大发展,但亚洲国家的政治体制和经济模式千差万别,同时又有许多地缘政治分歧,孕育着紧张和冲突。""经济的高速发展和紧张的地缘政治又催生了军备竞赛。"朝鲜半岛严重对峙,俄罗斯与日本就南千岛群岛(北方四岛)、韩国与日本就竹岛(独岛)以及中国与日本围绕钓鱼岛纷争难平,南海问题日趋复杂,克什米尔问题久拖未决。"亚洲地缘政治紧张的发展变化很难预测。因而,不能排除亚洲某些国家间发生武装冲突的可能性。"与其他欧洲盟国一样,法国不受亚洲大国间可能冲突的直接威胁,但与法国不无关系。法国是联合国安理会常任理事国,是在太平洋和印度洋存在的

---

[1] Le livre blanc sur la Défense et la Sécurité nationale, pp. 9 – 10.
[2] Le livre blanc sur la Défense et la Sécurité nationale, pp. 33 – 34.
[3] Dossier thématique du Ministère de la Défense sur Le livre blanc sur la Défense et la Sécurité nationale, 29 avril 2013, p. 5.

大国,同时也是美国的盟友,美国在世界这一战略地区的安全方面起着中心作用。法国在亚洲的企业和侨民日益增多,法国的繁荣与亚太的繁荣息息相关。①

俄罗斯的军费快速增长。俄不仅将其核武库现代化,还对其常规力量赋予不断增长的干预能力。俄与北约和欧洲国家的关系未见好转。与此同时,俄还利用其能源和原材料炫耀力量。欧盟国家原油和天然气进口的1/3来自独联体国家。② 俄罗斯的强国政策和强军政策对法国和欧洲是一种安全威胁。③

另外,核武器正在从中东到朝鲜不断扩散,伊朗、巴基斯坦、朝鲜弹道导弹的射程又有增加,伊朗弹道导弹的射程可以达到欧盟和北约成员国的领土。法国在中东地区的驻军、军事基地以及与法国签订防务协定的国家都已在有关国家中近程弹道导弹的射程之内。因此,法国不能认为与某些国家威胁使用武力无关。④

(二) 弱国的威胁

白皮书认为,"一个国家的软弱无能可能成为一种威胁是一件具有战略意义的新事物"。今天,一些国家无力担负自己应负的责任。它们无法应对对其领土的威胁,从而影响到法国和欧洲的安全。例如,劫持法国侨民为人质,这是一种远距离打击法国的手段。一个无法控制其边境和国土的国家很可能成为犯罪集团的庇护所、走私毒品和军火的场所或恐怖组织进行大规模恐怖活动的后方基地。对于法国和欧洲来说,这种政治的和人道主义的挑战也是一种战略性挑战,因为许多弱国实际上都在欧洲的家门口——非洲和中东。

白皮书认为,今天,非洲是一个处于十字路口的大陆。如果非洲的经济今后几十年能保持持续增长,那非洲将成为世界经济发展的发动机之一,并将为法国和欧洲的发展做出重要贡献。许多新兴经济体对非洲的能源和原材料越来越感兴趣,但它们更看重非洲未来的发展。然而,非洲是一个十分脆弱的地区,从2003年到2012年的10年间,12个国家因政治危机或内战而垮台。非洲政局的

---

① Le livre blanc sur la Défense et la Sécurité nationale, pp. 34 – 36.
② Le livre blanc sur la Défense et la Sécurité nationale, p. 36.
③ Dossier thématique du Ministère de la Défense sur Le livre blanc sur la Défense et la Sécurité nationale, 29 avril 2013, p. 5.
④ Le livre blanc sur la Défense et la Sécurité nationale, pp. 37 – 39.

发展变化直接影响着法国和欧洲的安全。① 2013 年 5 月 24 日，法国总统奥朗德明确指出，法国出兵马里是因为那里有"影响法国安全的威胁，法国出兵是为了法国自身的安全"②。

弱国的威胁比强国的威胁更加变幻莫测。它没有大国间传统冲突的明显特征，其影响又慢慢显露。所以，在这新的战略环境下，应尽早发现弱国的威胁，以便在产生重大影响之前解决危机。

（三）被全球化突显的威胁和风险

白皮书认为，全球化是一把双刃剑，在促进全球经济发展的同时，也给世界带来了许多新的威胁和挑战。主要有以下几点。

第一，高新技术迅速传播。随全球化而快速传播的高新技术对威胁的发展变化产生重大影响，一是有利于中等大国或非国家集团获取先进的武器系统，二是便于弹道导弹和大规模杀伤性武器的扩散。③

第二，恐怖活动更趋复杂严峻。在国际社会的共同努力下，全球反恐斗争取得积极进展。然而，恐怖活动正在向一些地区扩大，萨赫勒－撒哈拉地区、索马里、叙利亚、伊拉克、阿拉伯半岛以及南亚地区的恐怖活动日趋活跃。在一些弱国或失败国家，恐怖势力还积极参与了倒权、夺权活动。值得注意的是，甚至在法国国内也有本土恐怖分子发动影响国家安全的恐怖活动。④ 据统计，2012 年全球共发生各类恐怖袭击 1680 余起，造成 7200 余人死亡、14000 余人受伤，比 2011 年分别增加 34%、11% 和 23%。⑤

第三，网络攻击愈演愈烈。随着信息技术的高速发展，网络空间已成为陆、海、空和外空之外的第五战场。今天，网络空间的威胁呈多层次发展：一是一种新的犯罪形式，盗窃个人信息，以进行勒索、侵占他人钱财。二是试图进入国家和企业信息网，进行间谍活动，危害国家安全。三是为远距离摧毁或控制信息系

---

① Le livre blanc sur la Défense et la Sécurité nationale, pp. 40 – 41.
② Intervention du président de la République sur la politique de Défense à l'Institut des Hautes Etudes de Défense Nationale, le 24 Mai 2013, p. 2.
③ Le livre blanc sur la Défense et la Sécurité nationale, pp. 42 – 43.
④ Le livre blanc sur la Défense et la Sécurité nationale, p. 44.
⑤ 鲁力：《2012 年国际反恐形势》，《国际战略研究》2013 年第 1 期，第 25 页。

统而进行网络攻击,其中包括对重要设施、武器系统或军事战略系统的攻击,这将对国家安全造成严重后果。因此,网络攻击已对法国和欧洲安全构成头等重要威胁。①

第四,外空攻击的可能性增大。外层空间是国家主要部门正常运转不可或缺的重要领域。在军事方面,自由进入和利用外层空间是保证法国战略自主和核威慑有效的重要条件。然而,随着反导武器的发展,外空攻击特别是对低轨道卫星攻击的可能性越来越大。②

第五,自然灾害威胁日益突出。白皮书认为,大规模的自然灾害和卫生危机不仅会造成严重经济损失,还会影响社会稳定。2010年的海地大地震和冰岛火山爆发、2011年的日本地震以及由此引发的海啸和2012年的"桑迪"飓风都是典型的事例。同时,随着全球化的推进,人员、货物的流通越来越多,更加快了传染病的传播。一旦暴发传染病,将直接影响国家的安全。③

二 法国的国防和国家安全政策

白皮书认为,"法国国家安全战略的目标是做好一切可能对国家正常生活造成直接或间接风险和威胁的准备"。也就是说,保护领土和法国民众,确保国家主要功能的正常运转;与伙伴和盟国一起确保欧洲和北大西洋的整体安全;与伙伴和盟国一起稳定欧洲邻近地区;参与中东和阿拉伯波斯湾地区的稳定;为世界和平做出贡献。④

白皮书根据变化了的国际形势,将法国未来15年的战略利益区从上一份白皮书中的从大西洋起,沿地中海,经阿拉伯波斯湾,到印度洋的狭长地带,扩展为整个欧洲及北大西洋地区,包括中东欧、地中海和非洲在内的欧洲邻近地区,中东和阿拉伯波斯湾地区以及印度洋、亚太地区。基于上述地缘战略考虑和为应对新的威胁和挑战,法国将奉行如下国防和国家安全政策。

---

① Le livre blanc sur la Défense et la Sécurité nationale, p. 45.
② Le livre blanc sur la Défense et la Sécurité nationale, p. 45.
③ Le livre blanc sur la Défense et la Sécurité nationale, p. 46.
④ Le livre blanc sur la Défense et la Sécurité nationale, p. 46.

（一）继续依靠独立的核威慑力量，维护法国的切身利益

白皮书认为，"核威慑依然是法国国防和国家安全战略的根本，是法国维护国家安全和独立的有效保证，是保证法国自主判断形势、自主做出决定和遂行军事行动的主要条件"。"法国的核威慑是完全防御性的，是阻止任何国家从任何地方和以任何方式对法国切身利益进行任何形式的侵略或威胁侵略"。"法国的核威胁战略是使任何胆敢危害法国切身利益的国家感到惧怕，并使其蒙受与其侵略目的不成比例的无法估量的损失"[1]。

无论是现在还是将来，核威慑不仅是法国安全的根本保证，也是法国维持大国地位的重要象征，同时还是法国抗衡美国、争取欧洲未来安全格局的主要手段和资本。

法国早在1960年就进行了首次核试验，并于1964年建成了第一支核打击力量，冷战期间建成了陆、海、空"三位一体"的战略核力量，核武器最多时总当量约1亿吨，是仅次于美国和苏联的第三核大国。为适应冷战后安全形势的变化，法国于1996年决定将核力量从陆、海、空"三位一体"减为海空"二位一体"，取消了陆基弹道导弹和战术核武器。2008年3月，法国又决定将其核武库中的机载部分，包括飞机、导弹和核弹头数量削减1/3，使法国的核弹头不足300件。

随着国际安全形势的发展变化和法国重返北约军事一体化组织，白皮书宣称"法国的核威慑要为大西洋联盟和欧洲联盟的安全做出贡献"[2]。这是法国国防政策的一大变化，值得关注。

（二）全面重返北约军事一体化组织，积极参加北约的行动

自2008年法国上一份《国防与国家安全白皮书》宣布法国重返北约军事一体化组织以来，法国已经全面重返该组织。白皮书宣称："随着重返北约军事一体化组织，法国已经恢复了其在该组织的位置，完全回到了大西洋联盟。"[3] 白皮书认为，经革新的北约现在主要有三大功能：一是确保成员国安全的集体防御

---

[1] Le livre blanc sur la Défense et la Sécurité nationale, p. 75.
[2] Le livre blanc sur la Défense et la Sécurité nationale, p. 75.
[3] Le livre blanc sur la Défense et la Sécurité nationale, p. 62.

机构；二是维系大西洋两岸战略伙伴关系的重要工具；三是盟国为应对风险和危机愿一起采取军事行动的共同机构。

2013年4月，法国国防部长勒德里昂明确指出，法国在北约起着积极作用，法国军官在北约各级司令部担任指挥员，其中包括北约盟军转型司令部司令。法国还为北约的军事行动、组织计划和军事学说做出贡献，积极参加北约的军事行动，并为北约发挥更大的作用提出了许多有益的建议。① 白皮书甚至还提出，"法国独立的核力量，除了为自身安全的威慑外，还要为北约的整体威慑和盟国的安全做出贡献"。

同时，白皮书改变了法国以前对北约的看法，认为"北约是法国国防和国家安全战略的重要组成部分"。事实上，冷战结束后，随着欧洲和国际安全形势的发展变化，法国已逐步调整与北约的关系。早在1995年法国就参加了北约国防部长和参谋长例会，1997年时任总统希拉克曾试图让法国重返北约军事一体化组织，后因美国作梗未果。尽管如此，法国随后还是参加了北约对科索沃的战争，后来又参加了北约对阿富汗国际安全援助部队行动，带头参加了北约对利比亚的军事打击行动，等等。

法国重返北约军事一体化组织有其自身的战略考虑。2013年5月24日，法国总统奥朗德明确指出："我们在北约军事一体化组织的存在，可以增加我们在该组织的影响。"② 一言道破了法国的心机。与此同时，法国再三强调，"法国在北大西洋联盟必须保持自己的特性和自主权"③。法国总统奥朗德则明确地说，"法国在北约不能失去决定和行动的自由，更不能削弱法国国防的民族性"④。

（三）努力推动欧盟共同安全和防务政策建设，力争欧洲防务的主导权

白皮书宣称，"建设欧盟共同安全和防务政策是法国的优先考虑，是一种战略需要"。特别是在全球金融危机和欧洲债务双重打击下，欧洲各国削减国防开

---

① Discours aux commandeurs de M. Jean-Yves le Drian, Ministre de la Défense, 29 avril 2013.
② Intervention du président de la République sur la politique de Défense à l'Institut des Hautes Etudes de Défense Nationale, le 24 Mai 2013, p. 6.
③ Discours aux commandeurs de M. Jean-Yves le Drian, Ministre de la Défense, 29 avril 2013.
④ Intervention du president de la République sur la politique de Défense à l'Institut des Hautes Etudes de Défense Nationale, le 24 Mai 2013, p. 6.

支,美国向亚太地区"再平衡"和不稳定的温床大多在欧洲临近地区发生的新形势下,欧盟更应努力推动欧盟共同安全和防务政策建设。

法国认为,欧盟共同安全和防务政策是为欧盟切身利益服务的军事民事工具。如果欧洲人愿为建立更加稳定的国际秩序和推动欧洲特性与建设性价值做出贡献,欧洲人就不应在大国游戏面前后退。

法国一直是欧盟共同安全和防务政策的积极推动者。在法国的推动下,1999年欧盟科隆首脑会议发表《加强欧盟共同安全和防务政策声明》,决定逐步建立欧盟共同安全和防务政策,2003年又出台了欧盟安全战略。经过十多年的不懈努力,欧盟共同安全和防务政策的机制和部队已初步建成,并且已在欧洲、非洲和亚洲遂行28项军事民事行动。通过这些行动,欧盟已经取得了一些危机处理和维持和平的经验,同时也表明欧洲有能力在海外遂行军事行动。然而,至今所进行的对外行动不仅暴露了欧盟政治意志的有限,还表明欧盟所遂行动的时间和空间也很有限,已遂行的行动大多为反海盗、帮助合法国家重建、改革一些国家的安全系统和稳定危机中的国家等行动。

白皮书建议,欧盟应该进一步明确三大问题:一是欧盟共同安全和防务政策的使命;二是欧盟应共同发展的能力;三是欧盟军火工业的战略。为此,白皮书提出四项建议:一是欧盟应发表安全和防务白皮书,明确欧盟的战略利益和战略目标;二是确定欧盟预防行动、对外联合行动、联合军备建设的计划;三是加强和发展军事能力的多样化功能;四是加强欧盟军工合作,共同发展欧洲防务工业和军火市场。①

(四) 积极参与非洲和中东地区事务,努力确保欧洲临近地区的安全

白皮书认为,非洲对法国和欧洲的安全尤为重要,从毛里塔尼亚到非洲之角的整个萨赫勒地区以及撒哈拉以南部分地区是欧洲和法国的优先利益区。从地中海东岸到阿拉伯波斯湾的整个中东地区对法国和欧洲具有重要的战略意义,该地区稳定与否直接影响到法国和欧洲的安全程度,甚至对世界产生重要影响。根据变化了的国际安全格局和非洲、中东地区的安全形势,法国将进一步加强同非洲和中东的关系。

---

① Le livre blanc sur la Défense et la Sécurité nationale, pp. 64 – 67.

首先，维持法国在非洲和中东地区的军事存在。近几年来，随着非洲和中东地区安全形势的变化，法国改变了前几年试图逐步减少在非洲军事存在的做法。目前，法国在非洲的吉布提、塞内加尔、加蓬以及中东的阿联酋等国拥有军事基地，在吉布提、塞内加尔、加蓬、科特迪瓦、乍得、中非、阿联酋以及马里等国家驻有近万人的部队，并在多个地区遂行维和行动。

其次，与非洲和中东国家签订防务协定。自2008年以来，法国与一些非洲国家重新签订了早年达成的双边防务协定，删除了凡涉及签约国家维持国内秩序而需要法国进行军事干预的条款，并与一些中东国家签署了防务协定。目前，法国与喀麦隆、中非、科摩罗、科特迪瓦、吉布提、加蓬、塞内加尔和多哥8个非洲国家签订了防务协定，与16个非洲国家签订了军事技术合作协议。在中东地区，法国与阿联酋、科威特和卡塔尔签订了防务协定，与巴林签署了军事合作协定，与沙特阿拉伯的军事关系十分密切。

再次，支持非洲构建集体安全机制。白皮书认为，支持非洲国家构建集体安全机制是法国对非合作发展政策的优先，要努力发挥非洲联盟和次区域联盟的作用，让非洲人自己解决自己的问题。法国认为，尼日利亚和南非两个新兴国家拥有人口、经济、军事等众多优势，是法国和欧洲的主要对话者，可以为非洲联盟加强军事行动的能力做出积极贡献。①

最后，不时进行直接军事干预。近年来，法国对科特迪瓦、利比亚和马里进行了三次军事干预行动，显示了法国对非政策的新变化。一是当危机和动乱威胁到法国的战略利益时，法国毫不犹豫地进行军事干预。二是寻求干预的合法性，对科特迪瓦和利比亚的干预得到联合国的授权，对马里的军事行动则是应合法政府的要求。三是法国尽量避免单枪匹马。对利比亚的军事行动，法国虽是挑头者，但以北约和美国为主。对马里的军事行动，法国则拉上了一些欧洲伙伴和非洲联盟的国家。

三 法国加强国防和军队建设的主要措施

白皮书认为，在复杂多变的国际安全环境下，法国武装力量不仅要做好应对

---

① Le livre blanc sur la Défense et la Sécurité nationale, pp. 54–56.

可能发生的国家间武装冲突的准备,更要随时参与国际危机处理、应对恐怖袭击和重大灾害等行动,以维护国家的安全利益。

为有效执行国防和国家安全政策,切实履行新时期赋予武装力量"威慑、保护、干预"的三大使命,白皮书要求法国武装力量加强感知与预警、威慑、保护、预防和干预五大战略功能的建设,并采取以下主要措施。

(一) 维持现有国防预算水平

近年来,在全球金融危机和欧洲债务危机的双重打击下,法国经济衰退,公共开支骤然减少,再加上近年来法军参加海外行动的增多,军费开支不断增加。在此十分困难的财政经济形势下,为确保国家的安全和军队在 2025 年前后实现全新的模式,法国总统奥朗德做出了"维持现有国防开支"的选择,即《2014～2019 年军事纲领法》期间,法国的国防预算总额为 1900 亿欧元。其中,2014～2016 年的国防预算与 2013 年持平,为 313.8 亿欧元,约占国家总预算的 11.3%,从 2017 年起略有增加,2017 年达 315.6 亿欧元、2018 年为 317.8 亿欧元、2019 年为 325.1 亿欧元。然而,2013 年 4 月法国国防部长勒德里昂指出,虽然法国的国防预算在欧洲居第二位,但按北约标准,从 2014 年到 2020 年法国国防预算年均只占国内生产总值的 1.76%,明显低于 2013 年的 1.9%。[①]

由于经济困难和军费不足,近年来法国的许多重要装备推迟了列装。为保持军队的战斗力,法国将维持较高的装备费,《2014～2019 年军事纲领法》规定,未来 6 年法国军队的装备费将达 1024 亿欧元,约占同期国防预算总额的 53.8%,远高于仅占同期国防预算总额 46.2% 的维持费。其中 2014 年为 164 亿欧元,2015 年为 166 亿欧元,2016 年为 167 亿欧元,2017 年为 171 亿欧元,2018 年为 174 亿欧元,2019 年为 182 亿欧元,平均每年 171 亿欧元。[②]

(二) 适度裁减军队员额

根据国防和安全政策赋予法国军队的任务,白皮书决定 2014～2019 年适当裁减法国军队员额,其中 10175 人为 2008 年白皮书规定应在 2014～2015 年裁减

[①] Discours aux commandeurs de M. Jean-Yves le Drian, Ministre de la Défense, 29 avril 2013.
[②] Projet de loi de programmation militaire 2014–2019, Rapport annexé, pp. 32–36.

的，23500 人为新白皮书规定应裁减的。其中，作战部队裁减约 8000 人，行政和支援部队约 14500 人，预先部署部队和驻海外省、海外领地部队约 1100 人。按照职位分，裁减军官约 5800 人，士官约 11200 人，文职人员约 7400 人。按计划，2014 年将裁减 7881 人，2015 年 7500 人，2016 年 7397 人，2017 年 7397 人，2018 年 3500 人。法国总兵力将从 2013 年的 276950 人减少到 2019 年的 242780 人。法国总统奥朗德说，届时法国"仍是欧洲国家中军队人数最多的国家"。①

法国此次裁减军队员额有两个明显的特点。一是行政和支援部队裁减的人数多于作战部队。新白皮书规定裁减的 23500 人中，行政和支援部队约占 2/3，作战部队仅占 1/3。二是被裁减的人数中，军人的比例明显多于文职人员，新白皮书规定裁减的 23500 人中，军人将裁减约 17000 人，而文职人员只裁减 7400 人。值得注意的是，特种部队、情报和网络安全部门还将增加专业人员。②

按照白皮书，到 2025 年，法国陆军将编成 7 个作战旅和 3 个支援旅。将装备 200 辆重型坦克、250 辆中型坦克、2700 辆各型装甲车、140 架侦察攻击直升机和 115 架运输直升机。海军将主要装备 4 艘战略导弹核潜艇、6 艘核动力攻击潜艇、1 艘航母、18 艘护卫舰。空军将主要装备 225 架作战飞机、50 架运输机、7 架预警飞机、12 架空中加油机。

届时，法军可动用 1 个陆军旅（6000～7000 人）及相应的海空军部队遂行 2～3 场维和行动，其中 1 场由法国担任领导。在多国行动范围内，法国可以派遣 2 个陆军旅（15000 人）及相应的海空军部队遂行 6 个月的大规模军事干预行动。法军还可在几天内派遣 10000 人的部队参加领土保护行动。为能快速遂行上述各项行动，法国还建有一支 5000 人的国家紧急部队，其中 2300 人为快速反应部队，可在 7 天内投放到离国土 3000 公里以外的海外战场。③

（三）继续核武器的现代化计划

白皮书指出，法国的核力量要始终坚持"长期有效和完全足够的原则"，并

---

① Intervention du president de la République sur la politique de Défense à l'Institut des Hautes Etudes de Défense Nationale, le 24 Mai 2013, p. 4.
② Projet de loi de programmation militaire 2014 – 2019, Rapport annexé, pp. 36 – 37.
③ Le livre blanc sur la Défense et la Sécurité nationale, pp. 91 – 93.

将继续对核武器发射平台、导弹和通信设施进行现代化改造。①

法国现有核力量为海空"二位一体"结构。海上核力量共有 4 艘"凯旋"级战略导弹核潜艇,其中 2 艘装备 M-45 型导弹,2 艘装备 M-51 型导弹。空中核力量有 1 个"阵风"型核攻击机中队,2 个"幻影"-2000N 型核攻击机中队,1 个"阵风"型舰载核攻击机中队和 1 个"超军旗"型舰载核攻击机中队,均装备 ASMPA 型中程核导弹。

根据白皮书,法国首先将 2 艘装备 M-45 型导弹的"凯旋"级核潜艇逐步改装为 M-51.2 型导弹;着手建造第三代战略导弹核潜艇,以逐步替代"凯旋"级第二代导弹核潜艇;开始研发 51.3 型未来型海基弹道导弹。在机载核武器方面,将用"阵风"型核攻击机陆续替代"幻影"-2000N 型核攻击机和"超军旗"型舰载核攻击机。ASMPA 型中程核导弹服役到中期后,将对其进行改进,并开始研发其后续型导弹。

法国还将对其核力量的通信系统进行现代化改造,并继续进行核试验模拟计划,其中包括与英国合作的模拟计划。法国认为,"模拟计划是确保法国核力量有效、安全和适时更新的根本保证"。②

为确保核力量的有效性,法国总统奥朗德 2013 年 5 月宣称,"法国今后每年将把占国防预算总额 11% 的费用用于核力量建设"。③

(四) 大力发展情报侦察能力

白皮书认为,情报是法国自主判断形势、自主做出决定和实施行动的基础。法国国防部长勒德里昂指出:"情报是战略自主以及完成保护、威慑和干预任务的关键之一。"为进一步提高情报侦察能力,法国将采取如下一系列措施。

首先,加强情报工作的管理和控制。一是加强国家情报委员会在法国六大情报机构中的协调作用。二是制定国家情报战略,确定国家情报的大政方针。三是加强议会对情报的控制,监督政府的情报政策,监控情报经费的支出。

---

① Le livre blanc sur la Défense et la Sécurité nationale, p. 75.
② Dossier thématique du Ministère de la Défense sur Le livre blanc sur la Défense et la Sécurité nationale, 29 avril 2013, p. 48; Projet de loi de programmation militaire 2014 – 2019, Rapport annexé, p. 13.
③ Intervention du president de la République sur la politique de Défense à l'Institut des Hautes Etudes de Défense Nationale, le 24 Mai 2013, p. 4.

其次，加强陆、海、空、外空和网络空间的侦察手段，其中空、外空和网络空间为优先发展重点。一是研发和发射新型的情报侦察卫星，其中包括 MUSIS 型光学侦察卫星和 CERES 型电子侦察卫星等。二是加强网络防御手段，以便更好地确定攻击信息的源头，并对其实施反击。三是采购战役、战术无人侦察机。无人侦察机在近几年的几场战争中发挥了重要作用。

最后，加强国内情报工作。考虑到威胁的变化，特别是为了避免在法国本土发生恐怖活动，以及为了网络安全，法国将从机构设置、人员配备和经费投入等方面加强隶属内政部的国内情报总局建设。[1]

（五）高度重视网络空间攻防能力建设

白皮书认为，随着科技的发展，网络安全已经成为国防和军队建设一个全新的战略领域，也是法国国防和国家安全战略的优先领域之一。今天，网络攻击已是一种巨大的威胁，针对国家、重要运营商以及国家大型或战略性企业的攻击天天在发生。大规模的信息攻击已构成战争行为。为加强网络空间攻防能力，法国将采取以下几项主要措施。

第一，制定相关的法律法规，使维护网络安全有法可依。

第二，建立网络防御学说，确定网络攻击源头，预测潜在敌人网络攻击的能力及其系统的结构，并对其实施有力的反击。

第三，加强军事网络防御能力，一是在三军作战指挥系统内建立网络防御指挥机构，二是在各级部队建立具有攻防能力的网络防御部队。

第四，加强网络防御的人力手段，一是招募数百名懂得网络安全的专业人员，二是建立由三军参谋部管辖的网络安全后备役人员网，以便在国家需要时能迅速动员。

第五，加强网络安全领域的科技能力，以便法国能自主设计生产网络安全设备。[2]

---

[1] Le livre blanc sur la Défense et la Sécurité nationale, pp. 70 – 75.

[2] Dossier thématique du Ministère de la Défense sur Le livre blanc sur la Défense et la Sécurité nationale, 29 avril 2013, p. 33; Dossier thématique du Ministère de la Défense sur le Projet de loi de programmation militaire 2014 – 2019, p. 35.

(六) 重视特种部队建设

白皮书认为,特种部队在近几年的军事行动中发挥了特殊作用。在紧急情况下,特种部队不仅能做出快速、灵活的反应,还能深入敌后在复杂环境下遂行行动。特种部队为政治当局和军事当局在紧急情况下提供了多样而又与形势需要相适应的选择。为此,法国将采取如下措施加强特种部队建设。

首先,增加特种部队的员额。计划今后 6 年陆续增加 1000 人。在法国继续裁减军队员额的背景下,特种部队不裁反增,这充分说明法国对特种部队的重视。法国目前共有特种部队 3400 人,编成 1 个陆军特种部队旅、3 个空军突击队和 8 个海军突击队。

其次,增加适合特种作战需要的武器装备。一是将逐步列装安全性能高的 MELCHIOR 型通信设备;二是陆续装备适合特种作战需要的 VLFS/PLFS 型装甲车。

最后,将特种部队的所有飞机和直升机集中编组,由特种作战司令部直接指挥。[1]

(七) 努力加强国防工业建设

白皮书认为,"国防工业是法国战略自主的重要组成部分,反映了法国的政治、外交和经济意志。同时只有强大的国防工业才能确保法军武器装备来源的安全"。[2]

"法国是欧洲拥有最大国防工业的国家之一",共有 4000 家军工企业,15 万员工,年营业额 150 亿欧元,其中 25% ~40% 供出口。[3] 法国的国防工业囊括了从核、航空、空间、导弹到电子、光学等法军所需的全部武器系统。

近年来,法国和欧洲国家国防预算缩减,对武器系统需求减少,美国、俄罗斯和其他新兴国家对国际军火市场竞争加剧,对法国国防工业带来巨大的不利影

---

[1] Le livre blanc sur la Défense et la Sécurité nationale, p. 94; Projet de loi de programmation militaire 2014 – 2019, Rapport annexé, p. 16.
[2] Le livre blanc sur la Défense et la Sécurité nationale, p. 124.
[3] Intervention du président de la République sur la politique de Défense à l'Institut des Hautes Etudes de Défense Nationale, le 24 Mai 2013, p. 5.

响。为应对上述形势和确保法军武器装备来源的安全，法国拟采取如下措施。

第一，努力保留关键技术。白皮书提出，法国必须保留战略自主必不可少的关键技术。同时为了经济发展和创造就业机会，必须推动国防工业的发展。为此，法国将推行积极的研发、培训、出口等政策，以使国防工业政策与战略、社会的新形势相适应。

第二，维持较高的研发水平。白皮书认为，维持一些关键技术的研发能力是战略使然。在战场瞬息万变的时代，法国国防工业必须努力保持良好的国际竞争能力，并能研发出新的技术和新型的武器装备。就是在没有直接战略威胁的今天，为了应对复杂多变的形势，法国也必须发展新型武器装备的原型，以巩固新发明技术的应用。同时，法国将努力保障研发预算。2014～2025年，法国将研发费用维持在2013年的水平。

第三，努力推动欧洲国防工业的合作。白皮书认为，欧洲的军工合作虽取得一些进展，但不能令人满意。为此，法国将首先发展与欧盟成员国的双边或多边军工合作。其次通过欧盟防务局和武器装备合作联合机构推动欧盟的军工合作。另外，法国力推英法导弹的合作模式，即以严格的工业效能和经济效果为原则，共同研发和生产。法国认为，加强欧洲国防工业的合作，不仅可以节省武器装备的成本，提高欧洲的竞争力，还可以进一步推动欧盟共同安全和防务政策的发展。[①]

（编辑：王立强）

[①] Le livre blanc sur la Défense et la Sécurité nationale, pp. 124–131.

"汉学给人的感觉是形而上的好奇"
——访法国教育部汉语总督学白乐桑*

肖连兵**

"我学中文用的教材是您编写的。"法国前总统德斯坦敬佩地告诉法国教育部汉语总督学白乐桑（Joël Bellassen）①。白乐桑不仅引领法国的汉学，其造诣还饮誉全球，在世界汉语教学学会中，他被推举为副会长。记者曾两次在北京采访他。

记者：据我所知，您是新中国成立后，第一批被选派来中国的法国留学生，您是怎样对汉语产生兴趣的？

白乐桑：结束高中会考后，我选择学习哲学专业。到了第二年，我感到我自然的兴趣是外语，作为第二门主修课我就选择了西班牙语，可三周后就放弃了。原因很简单，因为这门语言太平常了，离母语太近了。这时我注意到我们学校有中文系，我就开始了汉语的启蒙学习。从1969年底起我就有了两门主修科目，一是已经开始的哲学，二是汉语。哲学和汉语专业的区别是，当时后者的职业出

---

* 此文原载《光明日报》2014年1月13日。
** 肖连兵，光明日报社国际部副主任。
① 白乐桑，法国人，1973年毕业于巴黎第八大学中文系。1973~1975年在北京语言学院、北京大学留学。现任法国教育部汉语总督学、法国国家东方语言文化学院（汉语教学专业）博士生导师、世界汉语教学学会副会长、法国汉语教学协会名誉主席、法国教育部汉语学习大纲编写小组主编、法国汉语专业师资合格会考评委员会主席、法国汉语水平考试承办委员会会长。获得中国语言文化友谊奖。迄今发表的论著、文章、录像教材、多媒体作品有80余篇（部），代表作为《说字解词》《汉语考试》《汉语教学语法》《汉语语言文字启蒙》《中国文字》等。

路为零。因此自己学习汉语，只是被汉语尤其是汉字的魅力所吸引，它对于学习者来说是一个挑战。我记得，我当时常常在我的新华字典里记下自己认识的汉字。开始时是20个，两个月后变成150个，接着，200个，300个……矛盾的是，它给学习者带来的是动力而不是气馁。我感觉必须一直走下去，迎接挑战，总有一天走到这个不透明文字的另一边。这就是我走向汉语的动力。我的一个发现就是，在汉语学习者中，迎接挑战的动力和对异国他乡了解的兴趣是相当重要的动机。

我想以此结束对第一个问题的回答，就是我还发现不少从事教学或汉学研究的汉学家有双重轨迹，就是学习哲学和汉语。人数之众使人无法相信这仅是偶然。我问过在世的最有名的汉学家万德尔茨，他告诉我他也经历过哲学和汉语的双重学业，我问他是否偶然，他立即否定。他说汉语和哲学有一个共同点，引用他当时创造的词，就是"形而上的好奇"，一种高于所有学识之上的好奇。对于哲学我们不难理解，因为它是关于知识的知识；而对于汉语呢，对于西方人来说，汉语能使人高深一些，使人对所有的文化保持一定距离，包括对自己的文化，因为中国很早就意味着"别他"，别种语言，别种文化，别种思想，别种思维，别个世界，等等。

记者：您对汉学的主要建树是什么？您如何评价自己？

白乐桑：我的回答会比较简单。自我评价是件难事，还是让别人来评价吧。但是我想说的是我从来没有区分语言教学、对语言教学的研究，以及对于汉语语言的推广。如果说我贡献了什么，首先就是我试图将对传授语言方法的思考纳入汉学当中去，当然我不是唯一这么做的人，我在各种层面上尝试着。更确切地说，我的一份主要贡献在于坚持主张汉语教学无论是在理论上还是在教学实践中都要应付两个语言教学单位，即字和词，而不止一个，这样才能遵守汉语的内在规律和本来面目。我的这一路子被称为汉语教学上的"字"本位理念。概括地说，我主要的建树是坚持汉语独特性理论，并把汉语独特性理论和教学结合在一起。目前看来这种尝试成功了。

记者：您如何评价法国的汉学研究在国际上的地位？

白乐桑：我们可以大胆地说，这也是被中国学界公认的，在汉语教学法领域法国有着无可争议的先驱地位。它表现在两个方面，一是对汉语教学方法论上的科学思考，二是在汉语教学学科建设方面。在这两个层次上，法国技能实力的领先地位被公认。我想强调的是,法国是一个汉学研究的重要国家,称得上与德国和英国并列的汉学重地,对汉学做出了重要贡献。我想说明的是,汉学是从基督教传教士开始的,而法国是最盛产基督教传教士的。正是由于众多来自传教士的影响重大的信函,我们才有了对中国的最早期印象,其中来自法国的传教士居多。

据我了解,法国是一个中国文学翻译的大国,包括古典著作和当代文学,有许多译作,也有很多译者。说到数字,你们能在书市上找到四五种《道德经》的法译本,这意味着有更多版本存放在法国的图书馆里,也说明了法译汉学著作所占的重要地位。我们有一部分机构是专门研究汉学的,比如高等社会科学院、高等实践学院,同时有专门的汉学图书馆。另外,不能忘记的是里昂市立图书馆中的中国资料库,那里特别集中了许多汉学资料和19世纪基督教传教士的汉学教学资料。这是因为许多传教士去世后,家人把资料赠送给了传教士中国资料库,然后这一资料库移到了里昂市立图书馆,那里有说着很好的汉语的图书资料员。

记者:法国第一代汉学家以谁为代表?您处在第几代?在您这一代,谁是代表性人物?目前,法国的汉学家是青黄不接,还是后继有人?

白乐桑:我刚才说到的第一代汉学家是基督教传教士,因为一部分传教士达到了对中国语言掌握和对文化理解的高水平,有的编撰了辞典,有的翻译了古代经典著作,包括儒家著作等,只有专家水平的人才能达到这一高度,虽然是一种宗教意义上的汉学,但是他们的成就已经属于学识汉学的范围,达到了极高的水平。第二代是世俗性的非宗教汉学家,法国是先锋。我们很快就要在2014年庆祝第一个汉学大学教职位置确立200周年。是一个名叫雷慕沙的人在1814年获得了在最有地位的法兰西学院第一个汉学教授的席位。直到今天,法兰西学院在学术上都是最高地位的学府,每一领域往往只有一位专家教授,而不是四五位。汉学从1814年就享有一名如此高水平学府的教授职位,这是第一次在西方世界出现正式的汉语教学。当时人们纷纷从欧洲四面八方来到巴黎聆听雷慕沙的授课。我每次都要说,雷慕沙学习汉语的动力不是因为他听了汉语课,而是因为当时无课可听,他达到了一个对汉语语言和文字理解的高级水平。我们可以说雷慕沙当时写的文字至今没有起皱,没有过时。在语言学研究上,人们还经常参照雷慕沙写的有关汉语语言和文字关系的论述。雷慕沙开始汉语学习的起因是这样的：一天他来到一个传教士的工作室，发现书架上有一个中文草目。雷慕沙一直喜欢草目，他学习医学，十分喜欢草本。他当时就决定迎接一场挑战，就是总有一天能理解这个中文草目上写的意思。当时他所面临的挑战是理解中文的意思。就是这种迎接挑战的意识使雷慕沙走进了中文世界。而后到了19世纪中叶到晚期，出现了另外一代，即第三代。

19世纪中叶，法国的大学里出现了东方学学院，从那时起，我们有了法国的现代汉语水平相当高的教师，而以前只有古汉语的。有一些人开始去中国，还有一些人留在中国生活。东方学学院的出现带来了汉语的大学教育。然后就是最新的一代，这一代就是受益于中法建交以后的一代。建交后有1964年、1965年两届留学生，然后就是恢复中法文化交流后1973年的公派留华生，我个人就是那批30名学生之一。可以说，这一代人登上了一个全新的平台。我想告诉大家的是，现在又有一批新人在成长，因为法国政府提供了多名汉语教师的职位，有一批专家会出现在其中，还有大学正在培养的学生也会加入专家的行列。在当代有代表性的汉学家中，有很多名字值得一提。第一位是《水浒传》法译本的译者——谭霞客，他不幸于2011年去世。尽管我不太了解其他语言，但在我看来他是外译法的登峰造极者之一。我相信很少有人能超越他。法国的汉学研究十分有生命力，越来越多的领域被涉猎，不管是古代中国还是当代中国，不管是汉语还是文化方面。因此，就像我刚才所说的，不仅汉学研究后继有人，而且学问研究专业化程度越来越高。其中最吸引我的是汉语教学法方面，即对如何传播语言与文化的研究，对汉语教学学科建设的研究。

记者：在法国，您是第一位担任教育部汉学总督学的人，当时的法国教育部部长还为此举办了新闻发布会。这是一个什么职位？您对法国开展汉语教育如何评价？

白乐桑：法国的教育体制有其特性，早在拿破仑时代就创立了一个特殊团队，那就是国民教育总督学团队，这是由拿破仑本人设立的。他赋予这个团队的使命是"做共和国在教育领域的耳目"，也就是客观地观察教育领域的问题，监管地方教育系统并上报发现的问题，提出教育指导性意见。当然这个系统在不断地完善发展，至今共设有两个国民教育部总督学团队，一个是教育部的总督学团队，他们有各自的学科或领域，但他们的使命并不一定与其专业挂钩，他们主要负责学校教育，有数学、法语、外语、物理、化学、体育、小学教育等总督学；

另一个总督学团队是负责高等教育和行政管理等。关于汉语教学的督学，大约在20世纪70年代中期第一次聘请东方语言学院的一位教授于儒伯担任兼职督学，处理汉语教学相关事务，因为当时在中等教学中已经有参加高中汉语会考的学生。2006年法国国民教育部做出一项重大决定，即开设一个专职的汉语总督学位置，不再是兼职。我本人在2006年3月1日被任命就职。我的职能是由教育部长决定的，他请我特别负责汉语教学的发展，这是一个特殊的使命。一般来说，总督学负责决定教学大纲的方向，他是各学区区长与政府部委就本专业内容相互沟通的对话者，也能负责超越本专业的有关事项。2013年，受教育部决定的影响，法国的汉语教师岗位数量空前增加。此外，很多校长以及一些领导机构的负责人和学区区长都非常支持汉语教学的开展。

记者：法国有多少人在学习汉语？小学、中学开设汉语课吗？有哪些大学开设汉语专业？

白乐桑：关于中小学学习汉语的人数，我们掌握了相当确切的数据，而有关大学的学习者人数就欠精确了。因为，大学有专业的中文系，也有非专业的学生，如政治学院和商学院等，而非专业的学生是没有统计的。最新数据显示，2013~2014学年，约有37000名初中和高中学生在学习汉语。这些学生可以选择汉语作为第一、第二或第三外语。在此数目之上，还可加上3000名左右的在法国以外的法国学校的汉语学生。同时也可以加上大约4000名小学汉语生，他们大部分是国外法国国际学校的学生。这也就是说，法国本土的所有学区都提供汉语教学。

在法国的大学中，目前有28个汉语专业或英汉双语系，也就是应用外语系。此外还有100多所学校提供汉语第二语言教学，属于非专业学习。我个人估计有17000~18000名大学生在学习汉语。以巴黎为例，有东方语言学院和巴黎第七大学。

记者：中国的哪些书籍被翻译成了法文？请您举出十部影响法国人的中国书籍，并说明理由。您对莫言获诺贝尔文学奖有什么评价？

白乐桑：如果我们以大众读者为参照，很难说有哪部中国书籍有巨大影响。但是对法国大众读者有很大影响的书籍名叫《狄公案》，它不是完全意义上的中国书籍。很有意思的是，这个系列是一位荷兰汉学家、外交家高罗佩写的，他十分生动地以侦探小说的形式还原了当时中国的历史文化氛围。我在20世纪70年代上大学时读过，而在那时，这个系列已经出版成口袋书了，口袋书是流行读物的形式，是为大众读者所喜爱的。

  作为当今对大众读者有重大影响的读物，那就得数裘小龙的作品了。裘小龙这位旅美作家以侦探小说的形式叙述着当代中国。这一现象值得中国的学者和记者们分析思考，前有古利克，后有裘小龙，影响着西方的大众读者的原因是什么。更直接地回答您的问题，我们就要说到较有文化的读者群了，的确他们跟中国文化有一种接触，但就我个人来看，一部对这个读者群较有影响的作品不是文学的，而是《孙子兵法》。《孙子兵法》的法译本之多令人惊讶。这本书很久以来就被翻译，现在继续被译，在企业领导层面，它有不少读者。另外，中国思想家常被引用，孔子、老子、庄子，从某种意义上说，他们的引言的影响可能与文学并行。这可能是法国独有的现象。现在说文学影响，那是毋庸置疑的。我已经说到法国是一个翻译汉语作品的大国，有译作，就必有出版人，出版人的存在说明中国文学被法国承认，有着重要的地位。令我们骄傲的是法国有很多译者，仅就文学和哲学类的古典作品而言，法国就有无数的译本，我说过《道德经》《孙子兵法》已有多种不同译本，《论语》目前在市的就有两三种译本，不包括19世纪的翻译。《庄子》《山海经》《古文观止》都有过译本。当然还有诗歌，它享有跟哲学一样独特的地位。唐诗选译，例如李白、王维等诗人的诗歌选译，非常多。当然还有《金瓶梅》《红楼梦》《水浒》《三国演义》《西游记》等名著。我想说明的是，《红楼梦》《水浒传》《古文观止》《西游记》及道家论说等译作都进入了法国最享盛誉的"星系"精装系列。进入这一系列说明对中国文化著作的绝对承认。鲁迅、老舍、茅盾，早就被译，以及当代文学，从朦胧诗到莫言，等等。我常想做一个比较研究，看哪个国家翻译了最多的中国文化作品，是否英国可以跟法国媲美，法国译作多于意大利译作是肯定的，意大利语有时从其他文字转译。因此可以说法国独占鳌头。法国一个独特的出版现象是，有专门的中国文学系列译作，甚至有专门的中国文学翻译出版社，如毕吉出版社、中国蓝出版社等。

  关于莫言获诺贝尔文学奖，我个人作为读者为此鼓掌。我读莫言，喜欢他的作品，我甚至在法兰克福书展上与他短暂相会，还向他提问。我也喜欢余华和苏童，以及其他作家，比如刘震云和阎连科。这是依我个人趣味而定。我认为莫言得诺奖当之无愧，还有其他的国际奖项也一样。

记者：您怎样评价汉语在世界各种语言中的地位？汉语推广有什么难度？

白乐桑：这是一个有意思的问题，因为这是当下提出的问题，而以前从来不提的。现在提的两个问题之一是：什么是国际语言？它已经成为一种科学问题，当然在定义上存在讨论的空间。哪些语言能被称作国际语言？众所周知，英语是被公认的国际语言，汉语是不是国际语言？这个问题被提出，就足以证明对汉语是有益的，有利于提高汉语的身份。

在当今的地球村中，在亚洲，人员流动对汉语的传播起到了决定性的作用。我提到国际语言定义标准的科学讨论，认为中国游客的流动是标准之一。出版与游客流动有联系，比如许多导游手册必须译成汉语。现在法国政府部门的负责人见到我时，越来越多地用还不太标准的"你好"来打招呼，而在40年前，没有人能发出一个汉语音节。这是逸闻性质的，但是否反映了什么呢？在汉语传播的困难方面，我想换个方式来谈。汉语传播的头等大事，是看汉语在各国的中小学基础教育中是否有更多的分量或开始有一席之地。这将决定汉语是否会成为一种国际语言。换句话说，汉语在法国教育体制中占有地位，包括中小学和大学教育，但在我看来，在基础教育中的地位是决定性的。有朝一日，德国、英国、意大利等欧洲国家的汉语教育达到与法国同等的规模，我们就可以说，汉语变成了一种国际语言。

记者：中国应当怎样光大自己的语言，法国在推广法语方面有哪些值得中国借鉴的地方？您对孔子学院有什么评价？

白乐桑：这两个问题相互关联。我们知道，中国借鉴了法国的语言政策，例如中方学习法语联盟这个机构建立了孔子学院。孔院与法盟的区别是，在起步时法语在各国基础教育中的存在状况与汉语的情形十分不同。比如，一个在法国某地的孔院和一个在非洲某国的孔院，所承载的传播任务或者作用是完全不一样的。按我的意思，孔院首先需要做的是建立其公认的质量品牌，这是中国需要尽快达到的目标。孔院必须是在中国语言和文化传播领域的名牌。其次，区别各个孔院的不同作用。我知道中方已经在做这方面的努力，比如巴黎市中心的孔院显然不能有内罗毕孔院同样的使命。我认为一个像中国这样的国家，像汉语这样的语言，不能没有像法盟一样的机构，正如歌德学院、塞万提斯学院、牛津学院，等等。问题是如何达到孔院在设计上的统一和在质量上的品牌地位。中国可以学习法国，不仅把法盟纳入语言传播政策，而且把法盟变成法语第二语言教学的名牌机构。

  我认为文化的传播要避免视野狭窄，比如不要把中国文化局限在手工艺的剪纸或做中国结这些固定不变的东西上。其实还有一些更真实且富有生命力的文化元素，例如中国的电影，渐渐为人所知并博得西方影迷的好评。与此同时，中国香港和日韩的电影业都在崛起。这也是文化的一部分，而且充满创造力、活力和革新精神。我希望提醒有关负责人的是传播中国文化可能面临的危险，就是把中国文化局限在一些有意思的定型的小活动上，但这只能属于手工艺活动一类。

  记者：从总体上看，法国人喜欢中国文化吗？如果喜欢，请您举些实例。法国人为什么喜欢中国文化？

  白乐桑：这个问题十分重要，而且复杂。两个问题可以合二为一。法国是否在中国的文化和语言上发现了吸引人的东西？回答是肯定的。真正的问题是，为什么是中国在法国的传统中凝聚着这样大的吸引力？为什么不是印度这个有明显文化特征身份的大国？为什么不是日本这个具有重要文化身份的国家？我们总是回到耶稣传教士那代人，对于他们来说，中国有着最大的吸引力，同时象征了另一种选择。这个现象尤其出现在18世纪，但早于18世纪，有马可·波罗为证。文化他样、语言他样、文字他样，这些他样最初是被看作正面的。

  法国人喜欢中国文化，恰当地说是因为中国文化享有盛誉。他们不一定有很深了解，比如他们常说中国是礼仪之邦，这是他所有的观念，而这种观念不是从天而降的，是因为他们听到过几个谚语，看到过几张图片，这些东西组成了对中国的印象。例子举不胜举，以18世纪为例，贵族们举办中国式节日，中国式晚会，家里有中国家具、中国瓷器。我拒绝时髦这个词，因为以中国为时髦已经有两个世纪了。问题是为什么是中国式节日，而不是印度式节日？印度也是一大文明古国，就是因为中国文化享有盛誉。那为什么是中国象征了一个他样世界、不同世界？因为区别、别样，意味着吸引你的东西。我的一个想法是，汉字在其中起了不小的作用，虽然汉字在西方特别是在法国受到了多种谴责，同时加进了主观和政治的成分。我认为正是由于汉字，在形成中国象征他样文化的正面形象中起到了很大作用。我还想插一句：法语中对中国用得最多的词是神秘，这个词在法语中无疑是褒义的。另一个例子是，在世界各地有许多华人，无论社会阶层高低，这些海外华人承载着中国的传统价值。作为一个普通法国公民，我可以证明，法国人对中国的喜欢是多层次的，可以是文学，也可以是生活中举止的艺术，尊重某些价值的艺术，例如注重学习就是西方人知晓的中国价值之一。

为什么法国人爱中国？因为从某种意义上说，他们对中国人有认同感。同中国一样，法国过去是个农业国家，传统且有时保守；这两个国家都看好本国的历史和文化，这两种文化由于中央集权得到了传播；两国都有悠久的烹饪美食文化，它反映了农耕多元文化；法国有集中而强大的王权和贵族，中国有皇权及其多种文化；这两国都或许过分地对书面文字极其重视，例如拉丁文和文言文。诸多因素使这两个国家互相认同。我想以一句我不知出处但广为传播的民间表述结束采访：中国人是亚洲的法国人。

（编辑：张金岭）

法国的政治信息传播

赵 超*

一 概念

政治信息传播主要涉及两个概念,一个是影响力传播(communication d'influence),另一个是政治传播(communication politique)。

影响力传播是指用于产生、改变、辩护或阻止公共决策的一整套方法,目的在于促进或维护某一团体的商业利益或意识形态利益,将舆论影响作为主要的行动杠杆。实施影响力传播的主体主要有三个:一是意欲创造有益于自身活动发展的立法与规范环境的企业;二是意识形态利益的持有者,他们想要通过强行推广有可能变成法律标准(硬实力)的观念标准(软实力)以推进自身事业;三是希望自己的政治措施能够为舆论所接受的政府。影响力传播与游说的概念有所不同,主要体现在两个方面:一方面,游说的目标一般是政治决策者,而影响力传播的实施涉及政治决策者,目的是为某些决策创造有利的舆论环境;另一方面,当影响力传播旨在对政治决策者产生影响时,游说往往采取一种直接的说服方法,而影响力传播则采取一种间接的方法,即作用于舆论,发挥其对政治选择的影响作用。[1]

政治传播是一种专用于政治事务的传播形式,具体说来,包括所有借用广告

---

* 赵超,中共中央编译局助理研究员。

[1] Christine Marsan et Fabrice Daverio, *La communication d'influence : décoder les manipulations et délivrer un message éthique dans une société en mutation*, CFPJ, 2009.

宣传和市场营销手段且适用于政治领域的技术、掌控媒体和分析民意愿望的手段，以及以选举战略为基础的各种做法。在多元主义的民主政体中，政治传播的使命一般是在选战开始前和进展过程中帮助个人选举，在当选任期内促使舆论给予支持。做一个形象的比喻，公共空间可以被视为一个巨大的竞争市场，选民是消费者，政治供给力图满足他们的需求，这些需求往往可以通过民意调查表达出来，而政客致力于运用媒体手段吸引消费者。政治传播的载体主要包括张贴政治宣传广告、举行地方性现场见面会、在媒体上开辟政治评论专栏、举办政治辩论、组织政治集会、经常在电视上露面、在互联网上开辟网站和博客等。①

由此可见，影响力传播和政治传播这两个概念在内容上有部分交叉，但也有所区别。两者都是民主体制下产生的概念，注重发挥舆论在价值观和意识形态传播中的作用。但从概念范畴上看，政治传播局限于政治事务的范畴内，影响力传播的范畴则相对较广，但是政治事务是其中很重要的一部分，特别是牵涉意识形态持有者和政府这两类传播主体的相关范畴。从传播的主体看，影响力传播主要是企业、意识形态利益的持有者以及政府，政治传播主要是政党和政客，但事实上从某个角度看，政党和政客也可以被视为一种意识形态利益的持有者。从传播行为的侧重上看，影响力传播主要是涉及公共决策，而政治传播主要涉及政治人物的选举。本文所谈到的"政治信息传播"事实上是这两个概念的融合，既包括影响力传播中的政治部分，也包括政治传播的内容。

二 从宣传到传播的历史

宣传（propagande）是通过单方面的信息传递努力维系政客与大众之间的不平等关系，而传播（communication）则更接近一种证明民主成熟的社会理想。传播是以政客、媒体和舆论之间的交流为基础，强调的是制约民主运行的各个主体之间的互动关系。传播的前提是具有倾听和对话的态度，起到作为一种民主社会的黏合剂的作用，这与具有极权性质的"宣传"是完全割裂的。②

① Arnaud Mercier, «La communication politique en France: un champ de recherche qui doit encore s'imposer», *L'Année sociologique*, Vol. 51, 2001/2, pp. 355 – 363.
② Christian Delporte, «Pour une histoire de la propagande et de la communication politique», *Presses de Sciences Po*, n°80, 2003/4.

几十年来，法国社会看待政治信息传播的眼光是比较矛盾的。一方面，传播被视为一种社会需求，正在执政或者意图执政的政客与政党必须将自己现在和将来的行动进行对外传播。但是另一方面，传播往往被视为一种操控舆论的危险工具，一种损坏政治供给的形式，特别是由于政治会被简化为个人野心的短期表达，还由于公众会受到强行领导他们的传播者的影响。这种矛盾观点的形成与政治信息传播的形成与构建的环境密切相关。①

"宣传"一词在今天已经贬值，因为这个词总会让人联想到"谎言""哄骗""误导"等含义。从宣传到传播的转变是对"宣传"的危害进行批判的结果，同时也是由于国家或政党接受了美国于20世纪三四十年代发展起来的大众传播理论。此外，两次世界大战之间的宣传形式，即极权政体所使用的说服大众的方式，降低了"宣传"在战后政治空间内的影响力。从宣传到传播的过渡恢复了法国政治体制的实用主义行为和对舆论民主新现实的适应力。

法国的宣传历史可以追溯至大革命时期，那时延续下来的宣传传统是一种合乎道德的正面宣传。该宣传传统诞生于1848年，在第三共和国时期得以神圣化，后来又随着政党的出现和发展进一步概念化，特别是借助印刷品和视听产品等各种载体。20世纪四五十年代是这种宣传传统的转折时期，法国第一次涌现出大量关于宣传的研究成果，学术界试图借助这类研究探究纳粹主义和法西斯主义盛行的原因。但是在20世纪50年代的法国，宣传还没有受到质疑，而是被视为公民获取信息、践行民主多元主义、执政者与受执政者之间对话的条件。

此后，国内外因素共振促使宣传的形象发生改变：一方面，冷战将欧洲置于东西方对抗的核心位置，宣传在这种冲突中发挥的作用令人对此产生了越来越负面的印象；另一方面，在法国国内，戴高乐主义政权对试听媒体的垄断性使用更加深了这种负面印象。阿尔及利亚战争和五月风暴是两个具有标志性意义的事件，国家对此发布的信息受到质疑，被指责为捏造信息扼杀政治多元主义。从那时起，宣传开始面临名声每况愈下的局面。但从另一个角度来看，戴高乐主义时期对政治实用主义做法进行了具体化和系统化的推进。戴高乐通过使用和控制电视媒体与法国民众建立起直接的常态化的联系，并且通过民意调查定期了解舆论

---

① Christian Delporte, «De la propagande à la communication politique. Le cas français», *Le Débat*, n° 138, 2006/1.

动向。1963年，时任信息部长的阿兰·佩雷菲特（Alain Peyrefitte）创建了部委间信息联络处（SLII）。该机构负责政府信息合作工作，事实上是合理监控视听媒体的机构，通过要求民意调查机构IFOP评估电视节目影响力而发挥重要作用。1965年总统选举前，佩雷菲特建议通过民意调查来衡量候选人参选活动及演说的影响。与此同时，内政部设立了民意测验与统计中央办公室，出具统计结果作为IFOP调查结果的补充。尽管建立这些机构是戴高乐率领的执政党为准备总统选举而采取的带有政治垄断色彩的做法，但是客观上促使20世纪60年代的法国社会和政界承认舆论在公共空间中的重要作用，并将民意调查作为一种政治工具。此外，1960年美国总统选举中民主党为帮助肯尼迪竞选而使用的宣传策略和做法对法国政坛产生了极大的影响，法国开始重视媒体在政党进行政治信息传播中所发挥的作用，1965年总统大选期间引入候选人电视辩论，让反对派出现在电视屏幕上表达意见，这在以前几乎是禁止的，电视辩论的做法随后得以制度化并沿用至今。20世纪60年代末到20世纪70年代初这个时期内，电视媒体和民意调查这两项已经形成的规则固定下来并得到深化。在此背景下，传统的"宣传"逐渐受到越来越多的诟病，而"传播"则获得新生并发展起来。

20世纪70年代，社会党的做法更加明确地反映出从宣传到传播的过渡趋势，主要体现在三个方面。第一，社会党公开宣布放弃将宣传作为积极分子活动的动力。1977年，社会党宣传秘书处的名称在"宣传"一词后面加括号写上了"传播"，当时两词并用。到了20世纪80年代初，"传播"直接取代了"宣传"，因为他们认为"宣传"一词不再符合工人自治的社会主义理想，这种理想是以与他人交流信息、观点和感受为前提的。第二，1981年总统大选期间，社会党候选人密特朗的竞选团队的工作人员直接由密特朗本人负责领导。由此，传播人员与党派机器脱钩了。这一做法在密特朗当选总统之后得以在国家层面上进一步推进，从1984年开始"君主顾问"具有独立的身份，不对国家负责也不对政党负责。第三，1981年总统选举的获胜主要得益于社会党竞选团队很好地发挥了媒体的作用，自此开启了由传播人员参与选战，以及创办提供咨询的传播机构的道路。于是，政客职业化的形式淹没了政党活动分子的传统结构以及宣传的习惯形式，将公共责任与传播领域内的各种咨询结合起来。媒体技术和战略要求组建一些选举小团队，不需要具有机构上和代表上的合法性，目的只有一个，就是帮助政治人物获得或者保持政权。至20世纪80年代初，法国从宣传到传播的转变过程基本完成，利用媒体平台传递和获取政治信息的民主机制也已建立起来并逐渐得到完善。

三 行政机构设置

根据法国现行的总统制与议会制相结合管理公共事务的行政组织体系，法国行政机构主要由政府、总统府、总理及总理直属机构、中央各部和地方行政机构组成。除了这些国家行政机构之外，法国自20世纪70年代起效仿美国的独立机构模式，陆续成立了数十个独立行政机构，这些机构是为完成政府专业管理和专门任务而设立的，虽然法国的法律至今并没有对这类机构给出明确的定义，但是法国最高行政法院公开表示："独立行政机构虽然不属于政府机构，但是以国家的名义行动，拥有真正的权力。"[①] 在法国，承担政治信息传播职能的行政机构主要有两类，一类是管理媒体传播行为的部门，另一类是搜集舆论和释放政府信息的部门，这些机构既涉及中央部委、总理直属机构等政府机构，也包括独立行政机构。

（一） 管理媒体

自1997年法国文化部正式更名为文化与传播部以来，传播这一部分职能被归入文化与传播部，特别体现在对媒体的管理上。经过多次机构调整和重组后，如今的文化与传播部主要拥有三个职能部门，分别是遗产司（Direction générale des patrimoines）、艺术创作司（Direction générale de la création artistique）以及媒体与文化产业司（Direction générale des médias et des industries culturelles）。媒体与文化产业司创建于2010年，是在整合了原总理直属机构"媒体发展处"和原隶属于文化部的"书籍与阅读处"这两个机构的基础上新建的部门，其任务是确定、协调和评估国家在促进媒体多元主义、广告业、通过电子手段向公众提供传播服务、唱片业、出版业和文化经济等领域内的发展政策。媒体与文化产业司

---

① 详见法国最高行政法院2001年度报告：Conseil d'état français, Les autorités administratives indépendantes, Rapport public 2001。转引自http://fr.wikipedia.org/wiki/Autorit%C3%A9_administrative_ind%C3%A9pendante#cite_note-3。

下设的媒体处,又分设视听传播、纸质媒体与信息两个子处室。①

如果说文化与传播部作为中央部委对媒体的管理侧重于制定大政方针,那么作为独立行政机构的高等视听委员会（Conseil supérieur de l'audiovisuel,简称 CSA）则更倾向于对电视和广播类媒体的直接监管。高等视听委员会创建于 1989 年,接替了其前身传播与自由国家委员会（Commission nationale de la communication et des libertés,简称 CNCL），旨在保障法国视听传播自由,特别是监督 1986 年出台的关于传播自由的法律的执行情况（该法律后经过多次修订）。根据法律规定,高等视听委员会的主要任务包括检查视听节目制作者和发行者遵守法律的情况;保持公共频道的公正性,当总统任命公共试听媒体总裁时出具是否合规的意见;向电台、电视台以及提供卫星、宽带等服务的供应商发放发行许可证;对有关视听领域的法案提出意见;为视听媒体的使用频率授权;监督政治多元主义和信息真实性的遵守情况,监督政府和反对派在视听媒体上讲话时间的配额规定以及总统讲话时间规定是否得到很好的遵守;组织总统选举期间候选人在电视广播媒体上的选战活动;监督法语歌曲在广播、音像制品中的播放定额规定,以及法国电影和欧洲电影在电视中的播放定额规定是否得到遵守;监督对午轻公众的保护;采取有利于在视听传播领域内促进社会和谐和反对歧视的行动;保证能够反映法国社会多样性的节目设计;等等。高等视听委员会虽然是由政府编列预算作为经费来源,却是独立的,其对媒体内容的规范并不代表政府。②

(二) 处理信息

法国于 1976 年设立总理直属机构信息与传播局（Service d'information et de diffusion,简称 SID），1996 年改为政府信息局（Service d'information du gouvernement,简称 SIG）。政府信息局并不是一个纯粹的宣传机构,它总是游走于行政的中立与政治的承诺之间。该机构的职责主要包括四个部分的内容。③

第一,分析舆论变化和媒体内容。政府信息局向总理府提供舆论信息,每年会将约 400~500 条民意测验报给总理府,还会提交二十余篇多少有些保密性质

---

① 详见法国文化与传播部官方网站:http://www.culturecommunication.gouv.fr/index.php/Ministere/Les-directions。
② 详见高等视听委员会官方网站:http://www.csa.fr/。
③ 参见 http://fr.wikipedia.org/wiki/Service_d'information_du_gouvernement。

的特别研究报告，所有这些工作作为内阁工作的辅助。

第二，向民选代表、报刊和公众传播关于政府行动的信息。政府信息局曾为多种主题的传播活动设定框架，特别是推出一些宣传画或标语，比如"小摩擦胜过大冲突""与邮局共进退"等，这些标语已然成为法国人集体记忆的标杆。此外，该机构通过发行一些简报、月刊和年报释放官方信息，还开办了十几家网站，通过影像、图片、动画等丰富的形式，以新的视听科技手段生动地解释政府所做的决策和采取的措施。政府信息局也组织过许多场政府代表与公民社会之间具有聊天性质的交流互动活动。

第三，负责国家部委之间信息传播的协调工作，同时为省级行政长官和驻外大使之间的联络工作提供便利。为了向公众传递行政决策并为各部委统计民意测验结果，政府信息局拥有专门的预算，为部委间活动提供经费。每个部委都有权独自组织活动，政府信息局可以让这些不同的政府活动具有统一性和相容性。在这种思想的指导下，该机构会设计出一些图形或口号，将所有这些活动串在一起，也使其符合整个欧洲的活动特点。

第四，为国家行政机构提供技术协助，特别是在信息和舆论研究领域内协调这些机构的传播政策。为了使行政机关之间的关系更加紧密，政府信息局创建了一些俱乐部，有关于民意测验的、有关于传播活动的、有关于网站管理的，还有历史委员会等。组建这些俱乐部的目的是通过主题性的会面，促进各行政机构从事传播工作的人员发挥各自的才能。

四　传播机制和具体做法

媒体是政治信息传播过程中的重要环节，对于舆论的形成和引导起着至关重要的作用，特别是对媒体行为的规范、媒体关注的角度以及建立的传播机制，都是传播工作需要重视的做法，这在法国总统选举契机下的政治传播活动中表现得尤为典型。在大选前后以及整个选战过程中，法国媒体大量、持续、深入的专题报道为法国民众了解各政治党派的政见和纲领建立了主要的渠道，同时也为外国媒体提供了丰富的素材，成为国际社会了解当代法国的政治生态和社会生活的主要来源。

（一）秉承公正与平等的原则，对媒体行为进行规范

在西方的自由主义哲学理念中，法国传统与英美传统存在细微的差别，法国传统更注重权利和义务之间的平衡，个人与社会的平衡，① 这一理念也反映在大选中保证新闻自由的同时对媒体进行一定规范的做法上。

在法国，牵涉大选期间保护和监管媒体活动的机构主要有两个：宪法委员会（Conseil constitutionnel）和高等视听委员会。前者作为最高宪法权力机构，以"政治多元主义"作为宪法价值原则，负责对总统选举进行监管，确保公民投票的合法性。后者在宪法价值原则的基础上，制定了限制国家级和地方级广播电台与电视频道报道选战的规范，主要涉及候选人及其支持者在电视和广播中出现的时间。每位候选人自选举年的1月1日起在广播电台和电视频道中的曝光时间长度必须相同，这包括接受访谈、新闻报道、选战分析等不同形式的节目，参加选举的在任总统与选举无关的活动不包括在限制范围内。平面媒体不受这种限制，但是在选举前一天和选举当天禁止刊登候选人访谈。此外，候选人可以自由开办和使用网站开展宣传活动，但是在选举前一天和选举当天禁止对其网站进行更新和修改。②

法国的媒体大多具有一定的政治倾向性，对媒体的规范给予来自各个党派的候选人平等的机会，不管党派大小和政治态度，不管候选人的知名度和受欢迎程度，这有助于体现选举的公正性。对于涉嫌违规的候选人和媒体，宪法委员会和高等试听委员会将依照相关法律法规进行合法性审议，并对确定违规方做出处罚决定。可以说，媒体对大选的报道是在一定的限制下合理开展的，这避免了政客之间以及媒体之间的恶性竞争，也为树立公正与平等的国家形象起到了加分作用。

（二）从自由与稳定的角度出发，建立对候选人的媒体宣传机制

根据法国的选举机制，只要在规定期限之前获得来自30%以上省份的500名

---

① Dominique Wolton et al., «Le politique n'est pas soluble dans la communication», Projet, n°327, 2012/2.
② 参见介绍2012法国大选对媒体、民意测验和候选人开销的若干规定的文章：http://www.vie-publique.fr/actualite/dossier/election-presidentielle-2012/campagne-electorale-regles-encadrant-medias-sondages-depenses-candidats.html。

民选代表的签名举荐，就可以获得候选人资格。由于参选的门槛较低，法国大选的候选人数量比起其他西方国家是较多的，2012年通过资格审查的总统候选人共有10名。虽然这种做法在法国国内存有争议，有舆论认为过多的候选人既分散了选票，又造成了选举成本的升高，但是制度的出发点确实体现出自由的原则，任何符合条件的人都可以自由参选。事实上，在诸多参选的政治党派中，实力最强的还是右翼的人民运动联盟和左翼的社会党。尽管不同于美国的两党制，但是法国还是在一定程度上表现出了近似两党制的政治力量的集中和平衡。而2012年大选中媒体所发挥的作用更是强化了总统选举所勾勒的自由与稳定的国家特征。

2012年总统选举首次启用所有候选人参加电视直播辩论的做法，意在借助媒体工具，让公众更好地了解候选人的治国理念、施政纲领以及个人特点。第一轮投票前，法国电视二台将10名候选人分成两组，分别于4月11日和12日举办了两场"五人辩论"的现场直播，几位候选人在电视媒体上唇枪舌剑。4月16日，同一频道又举办了一场由10人参加的大辩论，但是这次只有5位候选人亲临现场，另外5名候选人则委托自己竞选团队的发言人或者特别顾问间接参与辩论。在第一轮投票结束后，顺应1974年以来的传统，5月2日这天在第一轮胜出者萨科齐和奥朗德之间展开了一场一对一的辩论，由多家电视台同步直播，这是人民运动联盟和社会党候选人最后的决定性的殊死较量。由此可见，在法国的制度设计下，电视媒体既为所有候选人提供了自由辩论的舞台，也突出了两支最为重要的政治力量，而广播、报纸、杂志和网络媒体对辩论的相关报道和后续评论更是将媒体在大选中的舆论场作用发挥得淋漓尽致。

（三）创新宣传渠道，搭建网络新媒体平台

据统计，大约有3/4的法国人称自己曾经上过网。[①] 如今，网络已经成为政治传播、表达和参与的重要工具。网络新媒体包括两种类型：一种是以网民为主体的互动类网站；另一种是以职业媒体人为主体的专业媒体网站。美国政客在竞选和施政过程中利用新媒体进行政治传播的成功经验对法国产生了极大的影响，新媒体的政治角色地位在法国不断提升。

---

① 参见 http://www.ifopelections.fr/?option=com_article&eid=310。

早在2007年的总统选举中，网络的重要性就已经凸显，一方面传递传统媒体发布的信息，另一方面汇聚选民的意愿和反应。候选人及其支持者利用YouTube和Dailymotion之类的视频网站上传候选人的活动视频，同时还在Skyblog和MySpace之类的博客网站上开辟候选人博客，以更加亲切、真实的形象与网民开展互动。

而在2012年的大选中，自2008年开始进入法国的社交网站作为新的媒体工具发挥了重要的舆论作用，受到参选党派的重视。以第一轮选举胜出的两个政党为例，人民运动联盟将政治传播的重点放在脸谱（Facebook）上，社会党则把舆论阵地建在了推特（Twitter）上。此外，专业媒体网站也在大选中表现活跃，借鉴美国的成功经验尝试了一些新的做法。《解放报》《世界报》等平面媒体巨头的网络版均开辟了"事实检验"板块，对候选人的政见和竞选纲领中提出的措施特别是数字进行可行性检验，对候选人言论的可信度予以评估。以Médiapart为代表的网络媒体则邀请候选人进行在线直播访谈，由于对网络媒体的规定没有电视媒体严格，这其实是通过网络渠道增加候选人的曝光度。[①]

从国家层面上看，这种对新媒体工具的利用表明法国在政治传播方式上进行了积极的探索和创新，新媒体与政治的有机结合使得选战信息的传播渠道和选民意见的表达渠道更加畅通，话语的传播更加直接有效。但应当指出的是，尽管网络的影响力近年来不断增强，但是传统的电视媒体仍然保持着强大的影响力，仍是法国人获取政治信息的主要源泉。在保留传统的同时对新鲜事物进行大胆的尝试和渐进的接受，这令法国这一欧陆传统大国以努力创新的形象示人。

（四）加强媒体在危机环境中的舆论引导作用，形成鼓励公民共同担当的舆论氛围

2012年总统大选第一轮投票结果显示，社会党候选人奥朗德以28.63%的得票率略胜于人民运动联盟候选人萨科齐27.18%的得票率，民众弃选率为20.53%，也就是说，约有五分之四的法国民众参与了投票。[②] 这样的结果令法

---

① 参见http://www.franceculture.fr/2012-04-20-la-presidentielle-2012-sur-internet。
② 详见法国宪法委员会2012年4月25日公布的第一轮选举结果：«Déclaration du 25 avril 2012 relative aux résultats du premier tour de scrutin de l'élection du Président de la République»。

国社会稍稍舒了口气，这大大好于投票前几次民意调查显示的高弃选率的预期，没有出现2002年弃选率过高导致极右翼政党人民阵线取代社会党意外进入第二轮投票的情况。在经济危机导致民众丧失信心、对政治采取漠然态度的背景下，这种出人意料的结果显然与主流媒体在舆论引导上所做的努力不无关系。

弃选率的问题在选战开始前就已经不断地出现在媒体上，特别是伴随着民意调查不尽如人意的结果，媒体关于大选的报道时常会表达出对这一问题的忧虑，2002年大选的前车之鉴更是经常被提及的反面例证。电视和广播关于大选的访谈类节目，以及报刊和网络上的评论类栏目，经常会请一些政客、学者或媒体人在谈论大选时特意提到弃选率的问题，营造出鼓励法国公民行使自己的权利、通过民主手段表达自己的关切和愿望、为国家的未来负责这种舆论氛围，唤醒民众用国家认同感积极应对危机、共渡难关，哪怕投出空白票也是表达了自己的意见和立场。

尽管社会党领先、极右翼势力大幅增强的第一轮选举结果表明，法国民众对当前的经济形势和社会问题忧心忡忡，对萨科齐5年执政表现心怀不满，但是维系在正常范围内的参选率还是在一定程度上表现出媒体正确引导在凝聚民意上的重要性。在媒体导向作用的影响下，大选的结果也令法国呈现出一种在危机环境中忧虑但能共担的国家形象。

（编辑：张金岭）

Réflexions sur le modèle social français

Li Qiqing[*]

« Un atome peut représenter tout l'univers » : cet article vise à faire une anatomie du modèle social français et de ses innovations pour replacer la France dans la place qu'elle occupe dans la mondialisation.

Le contexte historique du modèle social français

Le modèle social français est né de l'époque du compromis keynésien dite des « Trente Glorieuses ». En France, il était notamment lié au Front populaire. Aussi peut-on dire que c'était le fruit du mouvement ouvrier. Ce modèle était caractérisé par l'équilibre entre liberté et cohésion sociale, entre marché et régulation étatique. Il reposait sur un cercle vertueux liant croissance et redistribution : la croissance économique finance la redistribution sociale qui en retour soutient la consommation et nourrit la croissance. Ce modèle social insiste sur la justice sociale et prend sa racine dans les traditions historiques de la France. Ses éléments constitutifs peuvent remonter à un temps très ancien, jusqu'à l'époque du socialisme utopique. N'oublions pas que la France est réputée comme le pays natal du socialisme. C'est elle qui a donné au monde ses précurseurs tels que Saint-Simon, Charles Fourrier et autres.

---

[*] Li Qiqing, professeur et chercheur en sciences économiques au Bureau central des traductions de Chine.

Le contexte sociologique du modèle social français

Il est à noter que le modèle social français a joué un rôle positif de réconciliateur dans une société de classes comme celle de la France où existe l'antagonisme entre le capital et le travail, les classes dominantes et les classes dominées. S'il n'a pas pu combler le fossé des inégalités sociales, il les a du moins atténuées et adoucies. «Grace à l'Etat-providence, ces inégalités ne régressaient malheureusement pas assez, mais elles étaient sous contrôle : le rapport des 10 % les plus modestes face aux 10 % les plus aisés était passé d'un rapport de 1 à 20 en 1900 à un rapport de 1 à 8, stable depuis les années 1960.»[1]

Le modèle social français dans l'Union européenne

La France est un des pays fondateurs et moteurs de l'intégration européenne. On parle de l'intégration économique, politique, monétaire, etc. On ne parle guère de l'intégration idéologique. Or, si l'on peut trouver une idéologie qui pourrait unifier l'Europe, ce serait la social-démocratie. Et le modèle social français est justement basé sur cette idéologie ainsi que l'économie du marché social de l'Allemagne. C'est ce que Michel Albert appelait le modèle rhénan dans son livre *Le capitalisme contre le capitalisme*. Naturellement, il y a encore d'autres modèles, tels que le modèle suédois, etc. Mais l'universalité réside dans la spécificité. Tous ces modèles représentent respectivement cette universalité. Même les pays de l'Europe de l'Est sont aussi de cette catégorie, parce qu'ils jouissent aussi d'une vieille tradition de la social-démocratie. «La vieille Europe» et «la nouvelle Europe» ne font qu'une grace à la social-démocratie. Si l'on remonte encore plus loin, on peut dire qu'au temps de la guerre froide, c'était justement la social-démocratie qui avait bien résisté au communisme de l'ex-Union soviétique. Com-

---

[1] Strauss-Kahn. D. (2005), «La réponse à la crise du modèle socialfrançais : le socialisme de l'émancipation», Revue socialiste, Novembre 2005.

prendre cela revêt une importance primordiale, car cela explique pourquoi la France ne pourrait pas s'écarter trop de son modèle social. Ce n'était pas sans raison qu'on a pu constater que M. Sarkozy est au cours de son mandat devenu de plus en plus chiraquien malgré la rupture qu'il avait préconisée lors de la campagne présidentielle : il ne parlait plus de la réforme du travail des 35 heures par semaine. «En portant de nouvelles chaussures, il marche dans l'ancienne route.» Ce reproche était un peu injuste. L'ancien président de la République était innocent. La raison en est que le modèle social français prend sa racine dans la culture Française et sur la terre de la France. Comme dit le proverbe, «on ne peut pas tirer les cheveux de soi-même pour quitter la terre».

Le modèle social français et le modèle anglo-saxon

De l'autre côté de l'Atlantique, il existe vraiment un autre modèle, c'est ce que Michel Albert appelait le modèle anglo-saxon. La France peut-elle recopier ce modèle? On répond par la négative et la raison en est simple : les états-Unis d'Amérique, en tant qu'unique superpuissance survivante de la guerre froide, sont le seul pays qui soit compétent pour pratiquer le néolibéralisme et en tirer profit, avec ses moyens propres : l'exorbitant privilège du dollar comme monnaie internationale ; des forces militaires incomparables, etc. D'ailleurs, ces dernières années, le néolibéralisme commence à connaître son déclin. La crise financière dite des *subprimes* a porté un coup à l'économie américaine et l'Amérique a connu depuis 2008 une récession qui se propagea aussi en Europe et dans le monde entier. Les crises financières successives depuis la fin du siècle dernier nous ont fait découvrir les conséquences pernicieuses du néolibéralisme. Partout dans le monde, on condamne le capitalisme de spéculation, la déréglementation à outrance, le fétichisme de la liquidité artificielle, etc. Pour maîtriser la crise financière, l'intervention de l'état a tendance à se renforcer. La France ne pourra pas agir à contre-courant. Ce sera une bénédiction, si le capitalisme des entrepreneurs l'emportera sur le capitalisme de spéculation en France.

En ce qui concerne l'opposition de ces deux modèles, il faut faire remarquer que ce n'est pas comme le cas de la guerre en Irak, l'Amérique n'a pas voulu imposer son modèle à la France. D'où une question : les Français ont-ils besoin d'abandonner eux-mêmes leur modèle? Il n'est peut-être pas insignifiant d'ajouter que le modèle social français donne beaucoup d'inspirations et d'expériences pour la Chine qui s'efforce de construire une société harmonieuse. Naturellement, elle ne peut pas le recopier littéralement, vu les particularités et les complexités de sa situation.

Les défis auxquels est confronté le modèle social français

Or ce modèle social a subi une crise majeure depuis ces vingt dernières années. La croissance économique de la France demeure stagnante. Le taux de chômage réel reste aux alentours de 10 %. Les inégalités, stables depuis les années 1960, se creusent plus profondément. Les plus pauvres sont relégués dans les cités ghettos. Un grand nombre des immigrés de nationalité Française sont devenus les moins nantis et les plus démunis. Ils ont plus que jamais du mal à s'intégrer dans la société Française. Résultat : les banlieues de Paris où ils sont agglomérés se sont enflammées à la fin de l'année 2005. Les classes populaires, menacées par la précarité, sont prises par l'angoisse de l'insécurité. Les jeunes, par crainte de leur avenir non assuré, se sont lancés dans la lutte contre le CPE au début de l'année 2006. « La République se déchire » : partout on parle de la fracture sociale et des nouvelles aliénations.

Il s'agit d'abord de la mondialisation qui élargit l'éventail des revenus. Elle touche les emplois des salariés peu qualifiés des pays avancés, qui sont acculés à la concurrence avec les bas salaires des pays en développement. La délocalisation et la désindustrialisation ont frustré ou diminué une partie des postes de travail surtout dans les industries manufacturières.

Il s'agit ensuite de la financiarisation de l'économie. Depuis les années 80 du siècle dernier, le capitalisme est entré dans une nouvelle phase, c'est ce qu'on appelle le capitalisme monopoliste financier dont la forme de la réalisation de la plus-value est différente de celle du capitalisme industriel. Sa logique est celle du rendement sur les marchés financiers et non plus de la croissance sur le marché des biens. Nous assistons à des spéculations financières sans précédent : le partage de la richesse sociale se déforme en faveur du capital et au détriment du travail.

Il s'agit encore du changement du rapport de forces entre le capital et le travail engendré par la réorganisation et l'atomisation du travail qui résultent de l'introduction accélérée et massive de technologies de l'information et de la communication, qualifiée de «révolution informationnelle».

Il s'agit enfin de la privatisation des secteurs publics ainsi que de la déréglementation d'activités antérieurement très encadrées par la législation. Il faut avouer que leur mise en application, tout en portant atteinte à la citoyenneté, irait de pair avec l'accroissement des inégalités entre les classes sociales, tant en ce qui concerne les revenus que les patrimoines. En un mot, l'homogénéité sociologique exprimée par la notion de société salariale serait sévèrement mise en cause. ①

Face à cette montée des inégalités de marché, les défaillances du modèle social français s'avèrent évidentes. D'abord la France n'a plus suffisamment de quoi l'alimenter vu l'anémie économique qui la frappe depuis trois décennies. Sa capacité redistributive a atteint ses limites d'autant plus qu'avec la mondialisation, une part croissante de la valeur ajoutée est susceptible de s'évader hors du territoire national et d'échapper ainsi à la redistribution. Ensuite, comme le mécanisme du modèle social français consiste à corriger les inégalités après coup par la redistribution, il ne peut pas les corriger là où elles se créent, au sein du système productif. Il est encore moins question pour lui de contrôler les inégalités de revenus générées par les marché des capitaux, c'est-à-dire par les spéculations financières. On peut encore poser la question d'une autre façon, avec cette image vivante : il n'y a pas de fumée sans feu, et pour faire disparaître la fumée, il faut éteindre le feu et comment éteindre le feu, c'est là le problème.

Le dépassement du modèle social français

Actuellement, un débat se déroule en France pour déterminer le destin du modèle

---

① Voir Delaunay J. C. (2000), «Le capitalisme monopoliste financier», La Pensée, juillet/septembre 2000.

social français. Jamais on en a autant parlé: «Le modèle social français est à son dernier souffle», «l'état alarmant du modèle social français», «Faut-il brôler le modèle social français», etc. Or ce qui importe, c'est de faire un diagnostic précis et exact et de trouver des recettes adaptables et efficaces. La gauche accuse la droite d'envisager de faire table rase du modèle social français: La droite veut son démantèlement. Chaque symptôme du «mal français» lui donne l'occasion de condamner à mort le modèle social français. Pour la droite, l'état-providence est un modèle dépassé dans le cadre de l'économie globalisée. La France doit rejoindre le modèle néo-libéral américain, unique modèle efficace dans la mondialisation. Quant à la gauche, elle refuse l'abandon du modèle social français. On entend s'élever la voix : «Pour des raisons éthiques : nous voulons une société juste, nous n'acceptons pas les dégats inégalitaires du modèle néolibéral. Et pour des raisons politiques : nous estimons que les Français sont fiers de leur modèle, qu'ils veulent le faire vivre et qu'ils ne sont pas prêts à l'abandonner au profit du modèle anglo-saxon». ①

En croyant qu'il ne faut pas jeter le bébé avec l'eau du bain, la gauche a proposé des innovations tout en préservant le modèle: «L'essentiel de notre action socialiste repose jusqu'ici sur la réparation : on laisse le capitalisme produire des inégalités, et on les corrige a posteriori par la redistribution. On répare après coup les dégats provoqués par le marché». Mais la réparation ne suffit plus. L'état-providence est débordé par la prolifération des inégalités de marché. Son action redistributive est contrainte dans la mondialisation. Par ailleurs, le modèle de la réparation ne permet pas de faire droit aux aspirations nouvelles des citoyens, qui réclament dorénavant la mise en œuvre de politiques préventives. C'est ainsi qu'ils ne se contentent plus des filets de sécurité: ils veulent que leur soient donnés les moyens de réussir.

C'est pourquoi le socialisme ne doit plus seulement corriger a posteriori les dysfonctionnements et les lacunes du marché, il doit tenter d'empêcher leur apparition. Pour cela, il doit les attaquer à la racine, au sein du système productif. Il faut aller remettre

---

① trauss-Kahn. D. (2005), «La réponse à la crise du modèle socialfrançais : le socialisme de l'émancipation», Revue socialiste, Novembre 2005.

les mains dans la machine capitaliste, afin d'en assurer une meilleure régulation dans la répartition de la valeur ajoutée, la distribution de la masse salariale, la protection des salariés.

A vrai dire, ce sont des propositions magnifiques et impeccables. Leurs avantages consistent en ceci : conserver tous les bons côtés du modèle social français, tout en écartant ses inconvénients. A mon avis, la France se trouve à la croisée des chemins. La plus grande chance, c'est de trouver un équilibre entre la droite et la gauche en ce qui concerne le modèle social. De toute façon, nous sommes persuadés que la sagesse et l'audace des Français leur permettront de surmonter la crise et de trouver des issues pour l'avenir. La Révolution Française et d'autres évènements qui ont marqué l'histoire de l'humanité l'ont pleinement prouvé.

Impossible n'est pas français !

(éditeur : Zhang Jinling)

学人随笔

缅怀法国友人德拉戈尔斯先生

——为2014年中法建交50周年而作

曹松豪*

在我相识的法国友人中，有一位特殊的朋友，他就是法国著名的新闻记者、戴传作家和历史学家保尔－玛丽·德拉戈尔斯（Paul-Marie de La Gorce，1928~2004）。

德拉戈尔斯长我20岁左右。2001~2004年，我因翻译出版他的大作《戴高乐传》而结缘，并且成为他的忘年交。在最近半个世纪的中法友谊史上，我同德拉戈尔斯之间的书缘堪称一段带有悲喜剧色彩的友谊佳话。

一 有幸在巴黎同德拉戈尔斯相识

2000年初至2002年夏，我曾在中国驻法国大使馆工作。在此期间，经一位父辈般的法国友人介绍，我有幸在巴黎同德拉戈尔斯先生认识。

记得2001年6月的一个周末，我登门拜访了德拉戈尔斯。作为未曾谋面的晚辈，我照例先作一番自我介绍。我主要是介绍自己学法语的经历。我对这位年逾古稀的老记者说，我是1964年中法建交那年秋天上大学学法语的。"文革"中学业遭到中断，但我从20世纪70年代开始自修，进行法译中练习。80年代曾出版过塞内加尔前总统列奥波尔德·塞达·桑戈尔的诗选、法国儿童文学鼻祖夏

---

* 曹松豪，中国欧洲学会法国研究分会高级顾问。

尔·贝洛的童话全集等。20世纪80年代中，我自修的重点开始从文学转向政治，先后翻译出版过《费加罗报》总编弗朗兹－奥利维尔·吉埃斯贝尔所著的《希拉克传》和《密特朗传》（全传）等。

为了增进相互了解，我在谈话中提到了其他一些法国友人，如已故的对华友好人士、原法国新闻部长阿兰·佩雷菲特先生（1925～1999）。20世纪90年代，在我第一次常驻巴黎使馆时，北大著名教授张芝联先生（1918～2008）曾介绍我同时任《费加罗报》社论委员会主席的阿兰·佩雷菲特先生相识，以联系《希拉克传》中译本的版权事宜。

在交谈中，德拉戈尔斯谈到他同戴高乐将军的友谊。早在1964年，老先生就出版过《在两个世界中的戴高乐》一书，并当面同戴高乐将军讨论过戴传的创作问题。此外，作为戴党（保卫共和联盟）中央委员，他同时任戴党总书记的佩雷菲特也有交情。

接着，我们的话题转到了中法友谊。我对德拉戈尔斯说，中国人民之所以无比热爱戴高乐将军，除了他的丰功伟绩之外，还因为1964年他实现了中法建交。德拉戈尔斯对我说，他追随戴高乐将军的对华友好传统。尽管工作很忙，但他已经五次访华，1973年访华时曾见过周恩来总理，后又去过毛主席的故乡韶山，给他留下了深刻的印象。

就这样，我们在一种真诚、友好和融洽的气氛中谈到了正题。我向他简短地介绍了1978年商务印书馆翻译出版英国记者布赖恩·克罗泽（Brian Crozier）所著的《戴高乐传》的情况，然后对他1999年出版的皇皇巨著《戴高乐传》表示由衷的敬佩。我恭恭敬敬地对他说，我愿意在2002年离任回国后将其新著戴传翻译出版，给中法文化年活动献礼。

德拉戈尔斯听了显得很高兴、很兴奋。老先生说，中国是一个有着十多亿人口的国家，让中国人民读到他的著作，他感到非常荣幸。他当即明确表示要邀请我翻译他的著作，并希望《戴高乐传》的中译本早日在中国出版。为此，老先生还委托我同中国出版界联系出版事宜，并对我未来的努力表示感谢。

临别时，应我的请求，德拉戈尔斯先生在我从弗纳克书店买来的《戴高乐传》上题词。他端端正正地写道："致曹松豪先生：这部戴高乐传记对于我的一生和我的祖国具有那样重要的意义，对于中国也是如此。希望此书符合您对戴高乐将军的关注，谨表友情，保尔－玛丽·德拉戈尔斯。"

就这样,我同德拉戈尔斯先生相识,并做了一个重大的约定:要为他的1400页巨著《戴高乐传》在中国的翻译和出版努力。

二 同商务印书馆联系出版事宜获得成功

2002年7月,我离任回到了北京。我双管齐下,一方面开始了长达两年多的翻译"长征";另一方面又抓紧同出版界联系出版事宜。

尽管联系出版之路非常艰难,但幸运的是,经过原人民文学出版社副总编辑孙绳武、原商务印书馆历史编译室主任沈愈等前辈大力推荐,商务印书馆总经理杨德炎同志原则上表示考虑戴传的出版选题。

同年12月,我给杨总写了一份《关于翻译出版法国新著戴高乐传的建议》。这份建议长达5000多字,共分五个部分:(1)关于传主戴高乐的评价;(2)关于德拉戈尔斯的新著《戴高乐传》;(3)关于作者德拉戈尔斯的简介;(4)关于笔者翻译戴传新著的想法和几点有关情况;(5)关于出版德拉戈尔斯戴传新著的建议。

我在这份建议中写道:"德拉戈尔斯穷尽毕生的精力、心血和智慧,以其深邃的思想、渊博的知识、非凡的才华和顽强的毅力撰写了这部辉煌新著,向我们描述了戴高乐壮观的、为20世纪的法国历史和世界历史打上其深刻烙印的80年人生。此书内容丰富,考证严谨,引述了800多个人物,援引了500多种参考书,添加了1200多个注释,其广度和深度,可谓当今法国研究戴高乐的高峰,在研究戴高乐将军的人生和思想,研究与此有关的法兰西第三、第四和第五共和国的政治史方面具有很高的学术价值。因此,在中国学术界和出版界与时俱进、反映世界文明最新优秀作品的今天,翻译出版德拉戈尔斯的戴传新著是很必要的。"

令我难忘的是,杨德炎总经理在百忙中看了我的建议,并在2003年2月8日通知我,商务印书馆已将翻译出版德拉戈尔斯的《戴高乐传》列入其出版计划之中。至此,从多次接触中,我获得了一个初步的但又重要的印象:杨德炎同志是中国出版界的一位大家。他在领导商务印书馆这艘中国现代出版航母的进程中,既有卓越的战略眼光,也有扎扎实实的实干精神。

2月17日,我致函德拉戈尔斯先生,向他报告了商务印书馆同意出版其戴传的佳音，同时也通报了 2 月 13 日我同商务译作室主任狄玉明同志商谈出版事宜的情况。

关于此次谈话的主要内容，我在信函中归纳成以下九点：（1）笔者拟在 2003 年底完成中译本初稿，2004 年 1 月底至 6 月底，分阶段地将修改后的译稿（定稿）交商务印书馆。（2）商务印书馆拟在 2004 年 9 月举行法国文化年在中国的开幕式时，或者在 2005 年 1 月中法建交 41 周年时出版中译本。（3）商务印书馆希望出版戴传的删节本（将法文原著的 1400 页减至 1000 页至 1100 页），而删节本将做成两卷本，篇幅为中文 100 万字左右。（4）关于中译本版权，商务印书馆拟同法国佩兰出版社联系，但请作者事先向佩兰出版社打招呼。（5）关于法方对中译本的赞助，根据法国外交部实行的"傅雷计划"，商务印书馆建议作者将商务印书馆出版其戴传的信息转告法国外交部。（6）关于中译本序言，中方考虑请戴党总统希拉克为中译本写序，或者请戴高乐将军的战友、前戴党总理皮埃尔·梅斯梅尔写序。（7）关于中译本封面，拟用戴高乐将军的肖像。请作者帮助选择几张肖像，供商务印书馆用。此外，请作者提供戴高乐的个人生平和家庭照 20 张至 30 张，以便在正文前和书中刊用。（8）中方希望将出版戴高乐传中译本列入《法国文化年 2004～2005》的活动计划之中。（9）如有可能，拟请作者给法国驻华大使皮埃尔·蓝峰先生打个招呼。

无疑，此次谈话对于我和商务印书馆同德拉戈尔斯之间的沟通和合作来说，具有十分重要的意义。这是因为，在此后一年多的时间里，我们基本上都是围绕着 2 月 13 日谈话的基本内容来开展工作的。据不完全统计，仅我和德拉戈尔斯之间交换的信函和传真就有 40 多封。

三　同德拉戈尔斯夫妇在北京重逢

2004 年 10 月，在北京举行了法国文化年，以及《叱咤风云的伟人——戴高乐生平展》的开幕活动。法国戴高乐基金会在年初接待中国国家主席胡锦涛访问之后，应中国人民外交学会的邀请派团访华，出席上述活动。76 岁的德拉戈尔斯先生以戴高乐基金会理事和《希望》杂志主编的身份，偕夫人随团访华。

10 月 7 日下午，我在天安门东侧的贵宾楼饭店，同德拉戈尔斯夫妇重逢。久别重逢，倍感亲切。老先生请我在一层大厅里喝茶聊天。

我们刚刚落座,就直奔戴传的翻译出版问题,其中包括翻译的进度、封面设计、中译本选用照片等细节问题。

关于中译本序言,我们进行了充分的讨论。第一,确定由4位中法友好人士为中译本写序。其中,法方人选两名,他们是戴高乐将军的"自由法兰西"战友、前总理梅斯梅尔先生(1916~2007)以及前部长、戴高乐基金会主席伊夫·盖纳先生;中方人选两名,其中一位蔡方柏大使已同意写序。第二,法国驻华大使蓝峰先生受希拉克总统委托,曾主动来信为中译本写序,我也复信赞同。但是日前他突然调任回国,撇下此事。鉴于这种特殊情况,我向德拉戈尔斯提议,请梅斯梅尔先生作序。对此,德拉戈尔斯表示同意,但同时希望中方有一位国家领导人作序,以示礼仪对等。第三,关于中方有一位国家领导人作序问题,我表示理解。我说,届时可以请中国人民政治协商会议副主席、中国社会科学院院长陈奎元同志写序。他听了我的说明,感到满意。

关于中译本照片,德拉戈尔斯表示,希望中译本能刊登胡锦涛主席题词的照片。他说,此次戴高乐生平展特地展出胡主席2004年1月在戴高乐基金会留言簿上题词的实物,这表明法方对胡主席题词的重视,也体现了法国人民对中国人民的深厚友谊。如能在戴传中译本上发表此照,就会进一步增强其在中国出版的意义。我答应将向商务印书馆转达此意,并表示尽力而为。

结束时已是华灯初上。我和德拉戈尔斯夫妇迎着习习秋风,步行到东单的嘉福酒楼吃饭。这家酒楼虽小,但有风雅的文化氛围。那天,我点了糖醋鱼、漳州鸭等中菜佳肴。席间,老先生喜欢用筷子吃饭,喜欢宫保鸡丁的甜辣味道,也喜欢喝浙江绍兴的黄酒。我平时没有喝酒的习惯,这次却频频举杯,祝他和夫人健康长寿,生活幸福。我们也一起举杯,共祝戴传早日出版和中法友谊不断发展。

此后五天,我在好几个场合都见到德拉戈尔斯的身影。10月9日上午,德拉戈尔斯应中国欧洲学会法国研究分会会长蔡方柏大使的邀请,到中国社会科学院欧洲研究所做关于法国政局的学术报告。当晚,德拉戈尔斯偕夫人,出席商务印书馆总经理杨德炎在菖蒲公园内的一家古色古香的饭店里举行的晚宴,蔡大使、我和商务印书馆译作室主任陈小文先生等作陪。10月11日晚,老先生参加戴高乐基金会代表团团长让·梅奥先生在贵宾楼举办的答谢宴会,我们在一起捧杯祝贺。

值得一提的是,10月10日下午,中国人民外交学会、中国对外文化交流协会和戴高乐基金会在北京中华世纪坛联合举办了《叱咤风云的伟人——戴高乐生平展》的开幕式。胡锦涛主席夫人刘永清和希拉克总统夫人贝尔纳黛特出席,共同为开幕式剪彩。

在这个熙熙攘攘的开幕式上,我同德拉戈尔斯夫妇再次见面,并在戴高乐的巨大照片前面合影留念。接着,老先生亲自带我去参观展览,他边走边给我讲解。这对于我这个晚辈来说,是一次非常难得的学习机会。后来,中联部前部长朱良同志、北大著名教授张芝联先生(1918~2008)先后来参观展览,我也沿着德拉戈尔斯走过的路线,陪他们仔细观看了一遍。总之,我很高兴同德拉戈尔斯先生一道,共同见证了戴高乐将军波澜壮阔的一生。

10月12日晚,在戴高乐基金会代表团回国前夕,我特地到贵宾楼去同德拉戈尔斯夫妇告别。德拉戈尔斯愉快地接受了我赠送的一个小礼品——佩玉石的红色"中国结"。临别前,德拉戈尔斯与我相约,等到戴传中译本出版时,他将再次访华,参加商务印书馆举办的首发式。然后,德拉戈尔斯用微微颤抖的右手,在那本从巴黎寄来的戴传删节本上写道:"致我的朋友曹松豪:我为此书题词,是因为它留下了我努力的足迹,而您要把此书译介给伟大的中国人民,并为此付出无比的辛劳。值此戴高乐将军生平展在北京开幕之际,谨纪念您对我的热情接待,感谢您非凡的合作,并见证我们的深厚友谊,保尔-玛丽·德拉戈尔斯,2004年10月12日题于北京。"

四 德拉戈尔斯不幸逝世

2004年12月2日凌晨,当我在熬夜之余浏览一下法国新闻媒体网站时,突然从费加罗报网上看到了法新社发表的一条以"外交记者和戴高乐主义者保尔-玛丽·德拉戈尔斯逝世"为题的消息。

法新社的报道说,12月1日,德拉戈尔斯先生在巴黎西郊讷伊市的美国医院去世,享年76岁。作为外交问题的专家,他一生曾供职于法国《费加罗报》、法兰西广播电台、担任过《国防》杂志社社长、戴高乐基金会《希望》杂志主编等。他也有其政治生涯:担任过"第五共和国民主人士联盟"(戴党)的政治局委员,伊夫·盖纳部长和梅斯梅尔总理的顾问。他还著有20部历史著作和随笔文集,曾获得法国四级荣誉勋位和骑士勋章。

看到德拉戈尔斯突然逝世的噩耗，我有一种晴天霹雳的感觉。我流下了泪水。我心里在默默地念叨：一个半月前在北京见面还好好的，怎么刚回去不久，就病逝，离开我们呢？那一夜，我的脑海里始终浮现出我们10月重逢的情景，难以入眠。

12月2日上午，我赶紧给蔡大使打电话，向他报告了德拉戈尔斯突然逝世的噩耗。蔡大使指示说，要给他的夫人达尼埃尔·德拉戈尔斯发一个唁电。于是，我紧急起草了一份由蔡大使和我署名的唁电，并经蔡大使同意后通过传真的方式发出。唁电全文如下：

> 惊悉保尔-玛丽·德拉戈尔斯先生逝世，我们感到非常悲痛。作为德拉戈尔斯先生的中国朋友，谨向您和全家表示深切的哀悼和亲切的慰问。
>
> 德拉戈尔斯是法国著名的新闻记者、作家和历史学家，在政界也担任过重要职务，出版过许多著作，他的去世是法国政界、新闻界和学术界的一大损失。
>
> 德拉戈尔斯忠于戴高乐将军的对华友好传统，一生五次访华，是中国人民的老朋友。特别是在今年中法建交40周年之际，他在10月来北京参加法国文化年开幕和戴高乐生平展活动，对中国人民表示了他的深情厚谊。我们不会忘记他对增进中法两国人民之间友谊所做的重要贡献。
>
> 德拉戈尔斯的名著《戴高乐传》凝聚了他毕生的心血，是一本具有最新史料和最高学术水平的戴高乐传记，对世人了解戴高乐的生平和思想具有重要的价值。相信《戴高乐传》的中译本在中国的出版会取得他生前所希望的成功，这将是对他一生事业和对华友谊的最好的纪念。
>
> 德拉戈尔斯先生永远活在我们的心中！

就这样，2004年是在我们失去亲人般的悲痛中结束的。后来听达尼埃尔说，老先生是得胃内大出血的急病，抢救无效后去世的。

2005年新年伊始，达尼埃尔作为德拉戈尔斯的遗孀，忍着心中无法排遣的悲伤，勇敢地承担起她丈夫未竟的事业。

在达尼埃尔·德拉戈尔斯的鼎力帮助下，戴高乐基金会主席伊夫·盖纳先生在2005年1月27日，法国前总理、法兰西研究院院长梅斯梅尔先生在5月3日，向我提供了他们各自所写的序言。

盖纳先生的序言写得短小精干，言简意赅。他强调指出，无论是法国人民，还是中国人民，都没有忘记"戴高乐于1964年1月承认了中华人民共和国"。最后，他像在高山上向远方呼唤一样写道："现在是出版德拉戈尔斯先生所著的《戴高乐传》中译本的时候了。"

五　《戴高乐传》中译本终于出版

2005年11月8日，中共中央宣传部前新闻局局长钟沛璋同志在《人民日报》国际副刊上，发表了一篇题为《中国与他有不解之缘——写在〈戴高乐传〉中文版出版之际》的短文。这篇文章像布谷鸟报春一样，率先报道了《戴高乐传》中译本将要出版的消息。

此后，在杨德炎同志的强有力支持下，德拉戈尔斯先生的巨著《戴高乐传》中译本终于在2006年5月出版了。这是中法各方进行非凡努力的结果。7月13日，《人民日报》在法国国庆节前夕发表了一篇关于《戴高乐传》出版的新闻。该报道说：

> 《戴高乐传》中文版近日由商务印书馆出版。这部传记由法国著名新闻记者、作家和历史学家保尔－玛丽·德拉戈尔斯著，中文版由曹松豪译。《戴高乐传》分上下两册，共计130万字，是法国研究戴高乐将军的最新历史著作，对于全面深刻认识和研究20世纪的法国伟人戴高乐及其民族精神具有重要价值。
>
> 《戴高乐传》中文版的出版，促进了中法两国的政治文化交流。法国前总理、法兰西研究院院长皮埃尔·梅斯梅尔，法国宪法委员会前主席、戴高乐基金会主席伊夫·盖纳，中国全国政协副主席、中国社会科学院院长陈奎元，中国前驻法国大使、中国法兰西学会会长蔡方柏为中译本作序。作者德拉戈尔斯也曾于2004年10月应中国人民外交学会邀请，来京参加法国文化年开幕活动。
>
> 与此同时，中国国际广播电台也通过天空的电波，向法兰西和世界各地播发

了《戴高乐传》中译本出版的消息。

在这成功之际，我的心情颇为复杂，既有莫大遗憾，也无比欣慰。诚然，德拉戈尔斯生前没能亲眼看到其戴传中译本的问世，原先考虑在北京举行中译本首发式的设想也成为泡影。但是，我认为，中译本的出版是对他毕生事业的最好纪念。

之后，我还要继续进行一些必要的工作。在赤日炎炎六七月间，我为此投入了大量的时间和精力。

我怀着崇敬的心情，向巴黎的法国人士赠书。首先是向德拉戈尔斯的遗孀达尼埃尔赠书，并托她向戴高乐基金会赠书，向尊敬的皮埃尔·梅斯梅尔和伊夫·盖纳先生赠书。接着，我向戴高乐将军的侄子、年逾八旬的对华友好人士贝尔纳·戴高乐先生赠书，感谢他多年来通过书信对我翻译长征进行的坚定不移的支持。我也向法国《观点》周刊社长弗朗兹-奥利维尔·吉埃斯贝尔先生赠书，并托他将中译本转送希拉克总统，云云。

12月5日，我在《人民日报》公开发表了一篇纪念德拉戈尔斯先生的文章。在这篇题为《法兰西的一支敏捷和明快之笔》的文章里，我提到了希拉克总统对德拉戈尔斯的这个评价："德拉戈尔斯毕生呕心沥血，为20世纪法国伟人戴高乐树碑立传，他逝世时被希拉克总统誉为'一支敏捷和明快之笔'，'善于解读历史之运动'。"

我在短文中表达了对德拉戈尔斯的无限怀念。在最后一段，我以沉痛和欣慰交集的心情写道："经多方努力，德拉戈尔斯的巨著《戴高乐传》终于在2006年5月由商务印书馆出版，实现了他的一大遗愿。而今，在德拉戈尔斯逝世两周年之际，我作为他著作的中译者和忘年交写此短文，寄托我的哀思，缅怀他的业绩，并告慰他的英灵。"

而今，当我回首往事，写下这篇带有痛心之感的长文时，我想以一名业已完成《戴高乐传》《密特朗传》和《希拉克传》中译本三部曲的中国学者的名义，为中法建交50周年献上心中的思念和祝福。

我深切缅怀中国人民的伟大朋友戴高乐将军。戴高乐将军是法兰西民族的伟人，第五共和国的创始人和首任总统。1964年1月，戴高乐在毛泽东主席和周恩来总理的共同努力下，完成了中法建交的历史性功勋，是西方国家同中华人民共和国建立了大使级外交关系的第一人。他开创了法中关系的新纪元。

我深情祝福中法两国和两国人民的伟大友谊万古长青。半个世纪以来，经过几代人的艰辛努力，中法友好关系已成为参天大树。尤其是，中法两国在20世纪90年代建立了全面战略伙伴关系，在国际舞台上发挥了越来越重要的作用。历史表明，只要我们坚持和弘扬戴高乐将军的对华友好传统，求大同、存小异，就能使中法关系成为不同社会制度国家奉行和平共处五项原则的典范，为人类和平与发展做出更大的贡献。

最后，我祝愿德拉戈尔斯先生在巴黎的蒙巴纳斯公墓里安息，也祝愿戴高乐故乡的科隆贝教堂永远敲响"中法友谊长青，伟人风范长存"的钟声！

（编辑：张金岭）

里昂的中国印记

端木美[*]

一 里昂中国的前尘往事

里昂位于法国东南部，是一座美丽而历史悠久的城市。从 16 世纪起，里昂的丝绸生产与贸易就很发达，丝织工人人数众多，丝织技术高超，成了法国的丝绸之都。17 世纪里昂成为全欧洲最重要的丝绸产地和贸易中心，到 19 世纪里昂已经成为欧洲重要的工业城市。里昂也是一座文化名城，印刷术发达，这里的印刷厂印出了第一本法语书。里昂曾有法国和欧洲艺术家和文学家们聚集的文化沙龙，不逊色于巴黎。它还拥有建于 17 世纪初的古老医院，医学教育在法国也是领先的。

里昂和中国的文化商贸交流历史悠久，中国是丝绸大国，里昂丝绸业与中国往来频繁，许多学者认为，古代丝绸之路，以里昂为西端终点。因此里昂各界人士对中国的认识和关注更多、更为积极友好。历史上，法国最为著名的东方艺术品收藏家埃米尔·吉梅（1836～1918）就是里昂人，而且早在 1879 年就在里昂创建了专门收藏东方艺术品的博物馆，早于他在巴黎创办的蜚声世界的吉梅博物馆（1889 年）。里昂大学也属于较早开设中国语言文化课的城市（始于 1900 年），通晓中文和中国文化的贤能也不少。1913 年就聘有第一位专职中文教授古朗先生，他不但使该校中文教学水平大大提高，后来还成为里昂中法大学成立的

---

[*] 端木美，中国社会科学院世界历史所研究员，中国法国史研究会会长。法国国家功绩军官勋章获得者。

法国推手之一，为中法文化交流做出了重要贡献。

许多学人通过中法两国在20世纪初的交往历史，了解到在这座名城里曾经有过中国人与外国人合作设立在外国的唯一一所高等院校——里昂中法大学（L'Institut franco-chinois de Lyon）。一群负笈重洋、不远万里来到法兰西求索真理真知的华夏儿女曾经在里昂留下了他们的身影足迹，他们生活过的那所旧军事城堡——圣伊雷内城堡（le Fort Saint-Irénée），迄今仍矗立在里昂西的富尔维耶尔山丘（Fourvière）上，并因大门上仍印着布满岁月风霜的中法文"中法大学"几个大字，而成为中法关系史上重要的记忆之地。

本文不想简单叙述这所成立于1921年的中法教育界的共同成果的学校历史。笔者因研究20世纪中国留学生在法国这一课题，而有幸多次访问里昂，在这里留存的档案材料和这个美丽的城市中寻找我们留法前辈留下的踪迹，进行以历史文献为依据的学术研究。借此中法建交50周年之际，一方面回顾这些年所做的中法文化交流的研究工作，愿把研究过程中在里昂市立图书馆的一些意外收获与大家分享，以作学术研究之补充；另一方面也想把今日里昂中法大学旧貌换新颜的喜讯传达给读者。

二　寻找青年沈炼之

提起沈炼之先生（1904～1992），当代许多青年学子不甚了解。实际上，在中国史学界，沈老非常有名望。他早年留学法国，是我国聆听过20世纪初著名的法国历史学家马迪厄教授的法国革命史课程的为数甚少的几个学者。1933年沈老获得里昂大学博士学位后，马上回国从事教育、翻译工作，成为法国历史文化在我国最早的传播人之一、法国大革命史研究在我国的拓荒者。1949年之后，沈老在杭州大学历史系任系主任30年，1964年翻译的《法国史》（法国沙勒·瑟诺博斯著）是1949年以后中国出版的第一部法国学者撰写的法国通史，产生了很大的影响。1978年沈老在杭州大学创建中国第一个专门研究法国历史的"法国史研究室"。同年，他参与筹建中国法国史研究会，研究会成立后他任名誉会长直至去世。1990年沈炼之先生主编的《法国通史简编》出版，成为中国人编撰的法国史中最有影响的作品。他本人被业内人士公认为20世纪中国著名历史学家、教育家和翻译家。

沈炼之先生于1928年赴法国留学，成为中法大学奖学金学生，1928年10月1日的注册表上登记为259号（在里昂中法大学学生名单上编号为224）。在法国，他学习历史、地理，先后就读于法国迪戎大学和里昂大学。我很崇敬沈老，知道他的这段历史，所以当2007年我第一次去里昂市立图书馆查阅档案时，首先要求调阅的就是沈炼之先生的档案。

我虽然知道该馆图书档案管理有序，但是也没有想到管理员拿出80年前保存下来的中国学生的材料如此丰富。沈老的档案全部编号，共173份，包括他在法国期间填写的履历、各类成绩、与校方的各类通信等，以及他的博士论文开题报告和涉及论文进度、材料收集、完稿印刷等方面的资料，还有他印刷好的博士论文《戈登将军在镇压太平天国起义中的作用（1863年3月~1864年6月）》（*Rôle du Général Charles-George Gordon dans la répression de l'insurrection des Thai Phing*，mars 1863 – juin 1864）。看到这些记录青年时代的沈炼之先生的思想心路、治学历程的发黄的历史文件，我欣喜万分，抓紧时间认真做笔记、申请复印部分材料。管理员看见有点好奇，问我是否了解沈炼之回国后的情况。我这才发现，他们虽然保留了青年时代在这里学习的沈炼之先生的材料，但是并不了解这位里昂中法大学学生后来的命运。我这才注意到，卷宗封面只有沈老的出生年份，而没有卒年。于是我仔细地向他们介绍了沈老这位著名的历史学家回国后的工作和贡献。图书馆负责人很感动，请我用法文写一份沈老回国后的介绍给他们备案。我欣然同意，并完成了这项工作。

此后，根据档案中文件提供的地址，我按图索骥，怀着崇敬的心情，寻访沈老在里昂和巴黎的旧居和足迹，向这位留法前辈、中国法国史研究的先驱致敬。

三　发现冼星海手书

冼星海（1905~1945）是我国著名的作曲家、钢琴家。他的《黄河大合唱》《到敌人后方去》《在太行山上》等著名作品已经成为中华民族的骄傲。

众所周知，冼星海1929~1935年在法国学习音乐，1931年考入巴黎音乐学院，曾与一批中国艺术界留学生共同组织"中国留法巴黎艺术学会"。根据履历，冼星海没有在里昂学习过。但是，2007年在我赴法调研前，他年轻时代的好朋友、时已百岁的著名留法雕塑家曾竹韶先生，有点含糊地对我说，冼星海好像与里昂有过联系。我记住了这句话。

但是，当我向里昂市立图书馆中国部提出想查冼星海的材料时，对于学生名单几乎烂熟于心的女管理员一副错愕的表情。她也可以说是个了解中国的人，完全清楚冼星海是中国著名音乐家。她马上就告诉我，他们没有冼星海的档案，因为他并不在奖学金生名单里。我把曾老先生的话告诉了她，她迟疑地、沉思着走开了。不想，第二天一早我刚进馆，她就兴奋地迎过来，神秘地对我说："跟我来。"一直进到她的办公室，关上门，她才表情夸张地说："你对了！我在库房未整理的档案中找到一封冼星海寄来的信！因为是根据你的提示找到的，所以你可以第一个过目！"我太意外了，接过她手中的信封，喜出望外！很难想象这是真的，因为我看到了一封1934年7月冼星海的亲笔中法文信，除了纸张微黄外，字迹依然清晰、折痕依然整齐，仿佛岁月不曾留痕。

这是一封申请里昂中法大学奖学金的信。我读后问管理员可有下文，她说还需要找找。怀着一丝遗憾我结束了这次调研。不想，第二年，也就是2008年我重返里昂时，图书馆内已经设了冼星海的档案，共有27个文件。除了上一年发现的冼星海亲笔信外，又多了一封1935年2月几乎同样的申请信。还附有各种介绍信、学习优秀证明、中国驻法总领事致中法大学的信，等等。总之，这正好证明了虽然冼星海没有来里昂学习，但是2007年百岁的曾竹韶老先生关于冼星海与里昂有过联系的记忆是准确的。

后来，我依据这些材料提供的地址，找到了冼星海在巴黎的两处住址和学习之地。那70多年前的街道、住房、门牌都依旧保持原样。我多次漫步在这些地方，力图熟悉周边环境，仿佛还能看到当年在此出入的冼星海先生的身影。

四　意外查到的文件

里昂市立图书馆有关中国留学生的档案材料之丰富出乎我的意料，如果能多停留些时间查阅资料，也许能淘到更多的宝贝。其实，我还真是很快就有了意外的收获。

2007年第一次查阅档案时，我小心翼翼地、仔细地翻阅那些记录逝去的时光、发黄脆弱的纸张，找到了我需要的一些留法前辈的青春记忆。但是让我想不到的是，当我在共有71份文件的"1948年到达的中国学生"卷宗中认真翻阅时，居然看到我父亲端木正的名字！

这是两份不同的文件。第一份是"8月1日到达的中国学生名单"，除一位外，其余8名为法国政府奖学金生；第二份是法国教育部外国留学生接待处的负责人给中法大学协会主席的一封信，共两页，第二页也是一份名单，注明每个中国奖学金学生在里昂语言学习后1948～1949学年的去向城市。而在里昂，这几位学生，包括我父亲，落脚地正是在圣伊雷内的中法大学宿舍！

这太出乎我意料了！第二次世界大战后，1946年中法两国恢复因战争而中断的留学生交流，我的父亲端木正（1920～2006）曾是当年应考被录取的40名法国政府奖学金生之一，到巴黎大学攻读国际公法，1951年获得博士学位后归国效力。2005年我在法国外交部档案馆曾经无意中查到一份1948年法国驻南京领事馆给法国外交部的电报，报告包括我父亲在内的8名法国政府奖学金生出发到法国的时间和船号，我已经如获至宝。此后，根据父亲提示，我曾经到巴黎大学查问与他有关的材料。虽然知道他抵达法国头两个月先到里昂强化法语学习，却没有想到在里昂还有历史文件印证，这对完善他在法国的经历路线图太有帮助了。此后，和巴黎大学一样，里昂圣伊雷内城堡也成了我和家人的记忆之地。

父亲去法国留学前硕士毕业于西南联大清华研究院。2011年清华大学百年大庆时，为了纪念他，清华法学院举办了一个展览《从清华园到法兰西》，出版了一本纪念文集《鸿迹》，用上了我在巴黎和里昂找到的见证他在法兰西的坚实足迹的历史文件，作为女儿、作为历史学工作者，我感到骄傲。

五 再续里昂的前缘

2014年3月底，我随太湖文化论坛巴黎会议的中国代表团来到巴黎，参加"丝绸之路——东西方文化交流的永恒通途"文化论坛。会后我再次来到里昂。由于找到记载父亲曾在里昂停留的印记，这个城市，特别是他曾住过的里昂中法大学旧址就成为巴黎之外我的又一个记忆之地。从2007年开始，每次来到里昂我都会前往圣伊雷内城堡，向那些已经离我们远去的留法前辈致敬。

正好，为庆祝中法建交50周年，3月26～27日习近平主席访问法国。26日第一站抵达里昂，参观里昂中法大学旧址，并与法国外长法比尤斯、里昂市长科隆共同为"中国—里昂关系促进中心""里昂中法大学历史博物馆"牌匾揭牌。

习近平主席表示:"里昂中法大学见证了两国一段特殊交往史,也记载了近代以来中国两段重要对外交往史。"参观消息通过电视和各大报头条做了精彩的报道:"一幅幅历史照片、一件件珍贵实物,留给后人细细回味。习近平不时驻足凝视默思。"看到电视画面,我很激动。里昂中法大学旧址不仅凝聚了我个人的记忆怀念,而且它承载着的中法文化交流实践和梦想留在了中法两国人民的集体记忆里。

当我第5次来到熟悉的圣伊雷内里昂中法大学校园时,主楼悬挂的欢迎习近平主席访问的红色条幅尚未取下来。负责里昂中法大学回顾展的布瓦耶女士接待了我,她已经从里昂市立图书馆中文部主任马日新先生处了解到我的研究工作,热情地打开展室让我独自参观。

进入展室,习近平主席揭幕的牌匾映入眼帘。随后是中法文版的"里昂中法大学回顾展1921~1946"。展览利用留存在里昂市立图书馆的中法大学珍贵档案史料,展示了中国独一无二的设立在海外的大学机构的生命历程。

里昂中法大学成立之前,它的创建者蔡元培、李石曾等孙中山的追随者就企望通过科学、教育途径改变国家命运、实现救国富民的梦想。他们对有法国大革命传统的法兰西情有独钟,为此发起了留法勤工俭学运动。从1912年在北京成立"赴法勤工俭学会"起,及至1919~1920年留法勤工俭学形成高潮,有1700余名胸怀爱国救国梦的青年选择法国,寻求报国途径。回顾展表现了这段走出国门、"汲取西方文化"的勤工俭学波澜起伏的历史。介绍了在这个运动中产生的新中国的缔造者周恩来、邓小平、陈毅等革命家们,以及一些科学家、艺术家、文学家等。

但是,这个大众留学的运动,并未完全实现蔡元培、李石曾等科学教育救国的梦想。为此,他们一方面尝试把法国的教育理念和体制引入中国,首先在中国创办北京中法大学(1920~1950);另一方面他们希望利用海外教育资源,为中国培养精英人才,有创意地提出了在海外办学的设想。首选之地就是法国里昂,并得到了里昂政界、教育界各方面的支持。回顾展详细介绍了中法双方为推动此项合作计划实施的代表人物,如当年里昂市长埃里奥先生、医学院院长雷彬先生等,以及中方的蔡元培、李石曾等。

回顾展通过老照片、文件重现了1921~1946年在里昂中法大学的中国学生生活、学习的情景。其间,在里昂中法大学注册的中国学生人数为473名。据统计,大部分学生获得了高等教育文凭,其中131人获得博士学位,60人获得工程师文凭。他们中的多数学成之后回国工作,不少人后来成为我国科学界、教育界和文化艺术界的中坚力量。回顾展单列一栏"为新中国造就一个知识界",指出里昂中法大学培养人才合乎中国需要,回国后的一些优秀人才成为中国一些全新领域的领军人物,如中国最早探索海洋测绘学的张玺(1897~1967)、中国放射化学奠基人、居里夫人的学生郑大章(1904~1941),著名建筑师林克明(1901~1999),等等。回顾展还专门介绍了"6名特殊学生",指出"学生当中不乏表现杰出的人物,他们学贯中西,为促进两国文化交流与了解做出了巨大贡献"。这里展示的有常书鸿——"著名敦煌学者,尽其一生心血保护敦煌遗产";郑大章——"建立了中国第一个镭研究所",以及著名诗人、翻译家戴望舒,建筑师虞炳烈,画家潘玉良,汽车工程师何然等6人。

其实远不止这些代表性人物,突出者还有很多。比如,在习近平主席访问时,定居法国、专门回母校受到习近平主席接见的百岁老人李治华先生。他从北京中法大学毕业后考到里昂深造,历时27年翻译完成法文版鸿篇名著《红楼梦》,获得世界性声誉,成为北京中法大学以及里昂中法大学共同的骄傲。习主席亲切询问他的身体和生活状况,称赞他的执着精神和学术才华,表扬他是里昂中法大学学子的"杰出代表"。应该说里昂中法大学虽然存在时间不长,但的确为我国自然科学、社会科学、艺术文化领域培养了一批高级人才,实现了其最初的宗旨。

里昂中法大学曾在中法教育文化交流方面发挥了独特的桥梁与平台作用,通过培养优秀人才推动法国学术文化在中国的传播,同时也向法国介绍了遥远的中华文明。回顾展中还设置了独特的一栏——"图书馆,两种文化相遇的地方",指出设立中外文藏书丰富的图书馆,对于远离祖国的中国学生专业学习、坚守母国文化并加以传播的重要性。这正是里昂中法大学可以成为典范的一个方面。

最后,回顾展还展示了1980年以后,在当时尚健在的老教授、老校友共同推动下,里昂中法大学得以新生,以创建新中法学院再续中国与里昂的前缘。开创了具有悠久历史传统的中法文化教育交流的新时代。

六 延续友情的未来

见证并参与历史事件的推进应该是历史学工作者不可多得的运气。我好像借了中法建交50周年的东风,有了这种好运气。

就在春天到法国开会、第5次到里昂礼赞前辈后回国之时,我意外地接到广州市外事办公室的邀请,参与一个与里昂中法大学有关的项目论证。原来,广州与里昂从1988年起结成姐妹城。2013年两城共庆25周年结缘时,广州市市长提出向里昂赠送礼物的建议,这个礼物就是赠送里昂中法大学10个中国名人的雕像。

从5月初参加项目论证起,我结合我手中有关中法大学的研究,尽我所能支持这个项目,向广州外办提供我力所能及的学术支持。其实,最初我对10个人物雕像是否能在年底前作为中法建交50周年的献礼送往里昂多少有点怀疑。但是随后的进程出乎我意外。参与这项工作的广州外办的领导和工作人员以高度负责的精神,忘我地工作,尊重历史、尊重不同意见,合作非常顺利。参与雕像设计的广州美术学院的年轻艺术家们才华横溢、富有创新精神,终于在不足6个月的时间里完成了建造这个大型雕像群的任务。

这座命名为"里昂中法大学中国名人铜像"的雕像群宽6.5米,高2.8米,重约5吨。群像中首先选择了里昂中法大学的两位创办人蔡元培、李石曾(也是留法勤工俭学运动的发起者和推动者、北京中法大学的创始人)。在473名中国学生中选择出佼佼者十分不容易。经过多次论证,广州市人民政府从学科、性别、地域及影响力的角度考虑,选取了8名中法大学培养的中国知识界精英。他们是法国语言文学专家、北京大学著名教授郭麟阁(1904~1984);著名画家、敦煌保护神常书鸿(1904~1994);法国文学专家张若名(1902~1958);著名历史学家沈炼之(1904~1992);著名放射化学专家郑大章(1904~1941);著名诗人戴望舒(1905~1950);以及两位广东籍著名精英人物——中国近代建筑先驱林克明(1900~1999)和著名医生、广州医学院创始人姚碧澄(1905~1966)。

深秋时节,这组雕像中的人物又像他们青年时代那样再次远离祖国来到里昂,又一次伫立在圣伊雷内城堡花园里凝视远方。11月5日,连下两天秋雨的里昂依然淅淅沥沥地飘着雨丝,仿佛是洒向空中祭奠英灵的欣喜怀念的泪花。里昂市长及广州市政协副主席共同主持了雕像落成仪式。雕像之气魄和新颖、技巧之细致和精美都得到以里昂市长为首的法方人员高度好评。里昂市各界名流嘉宾云集圣伊雷内,预示着扎根在里昂中法大学旧址上的中法友情正显示出一种生生不息的火样的热情，面向充满希望和发展的未来。

  我应邀前来里昂参加雕像落成仪式，激动的心情难以言表。不仅因为这些年的研究心血体现在了一个特别的成果上，而且我更感到自己仿佛护送、伴随这些留法前辈重返里昂，这里记录了他们八九十年前的青春欢乐和救国梦想。我徘徊在他们的像前，久久不愿离去。我从心底默默地祝福他们，愿他们不辞辛劳，作为中国知识精英的代表，成为留在里昂的不灭的中国印记，再次为中法文化交流做出贡献。

（编辑：张金岭）

回忆我们这批 1975 年留法生

——为庆祝中法建交 50 周年而作

陈淑仁[*]

中法两国于 1964 年 1 月 27 日正式建交，至今已经 50 周年。值此之际，笔者回忆起我们这批 1975 年留法生的留学生活，作为中法文化合作交流的见证之一。

一　留学背景

20 世纪 60 年代，东西方关系处于两大阵营对立时期。以美国为首的西方国家对中国进行经济封锁。苏联在社会主义阵营中孤立中国，中苏两党两国关系由于意识形态等分歧而破裂。

在这种形势下，法国总统戴高乐将军独具慧眼，认识到中国的大国地位和发展潜力，冲破美国等西方国家的阻挠，第一个与中国发展外交关系。新中国第一代领导人毛泽东主席及周恩来总理等也高瞻远瞩，鉴于美苏霸权主义的威胁，需要开展多边外交，发展与西欧等国家的政治经济文化关系。

1964 年 1 月 27 日，中法两国正式建交。1965 年，我国政府部门派出一批留法生。1966 年，我国国内发生"文化大革命"。此后多年间，没有公派留法生。

---

[*] 陈淑仁，对外经济贸易大学副研究员，中国法国研究会常务理事，北京联合大学等院校特聘法语教授。

1973年9月11～17日，法国总统戴高乐的继任者蓬皮杜总统访华。两国签订了《中法文化合作协定》。根据该协定，两国互派留学生。

1975年10月初，我们这批来自全国部分大学的应届毕业生及有关单位的青年法语工作者一行24人，幸运地被政府文化部门派遣，公费赴巴黎大学留学。这是中法建交后第二批具有一定规模的留法生，也可以说是"文革"末期或"文革"后的第一批留法生（当年初另有一批10人的留法生先期到达）。我们这批留法生是中法文化合作协定的受益者。

这批人包括：北京大学的王勤、杨明丽；北京外国语大学的唐杏英、杨树法、张美勤、朱小山、李德静、宋丽、刘惠杰、孙辉；对外经贸大学的陈淑仁、何武建；对外贸易部的高扬、蒋志远；洛阳外国语大学的朱学良；西安外国语大学的马新民；上海复旦大学的谢谊平；广州外国语大学的邹岐山；新华社的毛雪良；国际广播电台的焦桂云、杭三鼎；还有李和平、王谊群和李黎明。

二　留学生活

1975年10月8日，我们抵达美丽的花都巴黎。住在巴黎南郊的巴黎师范学院。两人一间宿舍。在该院食堂就餐。接着，在巴黎第三大学注册，开始了在巴黎一大和三大上课的留学生活。

周一至周五，我们都有课。主要课程是语言学、法国经济地理等。每天我们三五成群地乘地铁去大学上课。白天上课、听录音、做作业，晚上看报纸、看电视、学外语。尽管学习辛苦，但大家的求知欲高，学习兴趣盎然。

周末，学校经常组织参观活动。我们还利用业余时间，到塞纳河边散步游览、翻阅旧书摊上的旧书。学校还利用假期，安排我们到科伦诺布尔大学去上进修课。

第二年，我们住进市内的巴黎大学城，分散在几座宿舍楼内。居住条件改善了，每人一间宿舍。在这里我们有机会接触到其他国家的留学生。

大学内没有食堂。我们平时在大学城内食堂就餐。每天餐费10法郎，交上饭票，端着餐盘，领取饭菜。周末，我们可以自己做中餐。在食堂，我们经常和法国学生交流法语；有时和他们一起包饺子吃；偶尔到法国朋友家一起做客交流。深感"海内存知己，天涯若比邻"。

校方为了丰富我们的留学生活，经常利用周末，安排参观巴黎及周边的一些博物馆和名胜古迹，如巴黎圣母院、卢浮宫、蓬皮杜文化中心、凡尔赛宫、枫丹白露等；还到外地旅游，如西部的圣米歇尔山、鲁昂广场等；东部兰斯地区的香槟酒藏窖、斯特拉斯堡市；东南山区的贝尔福特、贝藏松、第戎；南部的尼姆、阿尔勒、阿维尼翁等市。法方两年共安排了50多次参观旅游，让我们领略了法国的自然和人文胜景。此外，我们部分同学还去巴黎的拉雪兹神甫公墓，观瞻了巴黎公社社员墙。

1976年，里昂国际博览会期间，笔者与何武建等4人给北京市参展团当翻译。

留学期间，惊悉1976年9月9日毛泽东主席逝世，我们无比悲痛。我驻法使馆设立灵堂，我们这批留学生参加守灵。时任法国总统吉斯卡尔·德斯坦在电视讲话中高度赞扬毛泽东主席，称其为"一座世界灯塔"，并亲自到我驻法使馆吊唁。

通过留学，我们开阔了眼界，增长了知识，提高了法语水平，促进了中法民间文化交流和相互了解。

在留学生管理上，法方负责人是巴黎三大教授拉朗德先生（M. Lalande）。他是一位和蔼可亲的老先生，对我们很关心、很友好；他同时是我们的法国文学课教师，可谓诲人不倦。他成为我们这批留法生可亲可敬的老师和朋友。

我方管理部门是中国驻法使馆文化处（巴黎南郊小勒鲁瓦街148号，习惯称148号）。当时商务处和文化处在此。我们常在周末到文化处去集中学习讨论。时任驻法使馆大使曾涛很关心我们，有时给我们做报告。

我们实行内部自我管理，成立党支部和班委，焦桂云、王勤担任党支部正副书记，毛雪良、李和平负责外联，唐杏英、杨明丽负责宣传，笔者负责文体。

我们是公费留学生，每人每月助学金1000法郎（约合400元人民币），由文化处统一管理：食、宿费各占30%，交通费和医疗费占15%，个人零用费占25%。

留学期间，我们还参加劳动。148号大院内的电影厅楼，就是我们这批留学生利用1976年暑假，半天劳动、半天学习，与国内去的上海建筑人员一起盖起来的。

三　报效祖国

1977年7月，我们这批留法生结束了两个学年的留学任务，顺利回到祖国，奔赴各个工作岗位。到大学任教的有唐杏英、孙辉、杨明丽、王勤（后调至外经贸部）、陈淑仁、马新民、朱学良、谢谊平等；其中，陈淑仁、孙辉、朱学良又在国内在职读研，谢谊平到巴黎一大读博，孙辉又到法国国立行政学院深造（后供职法国铁路局）。分配到外交部、对外贸易部、文化部、交通部、最高法院、贸促总会等机关的有杨树法、宋丽、李和平、李德静、张美勤、邹岐山、高扬、王谊群、李黎明，到国营外贸企业、国际旅行社的有蒋志远、何武建、朱小山、刘惠杰，毛雪良回到新华社工作，焦桂云、杭三鼎返回原单位国际广播电台工作。后来，从事教学科研的，大都是教授、研究员，著作颇丰；在外交、外经贸战线上的，大多数是高级外交官；在国有企事业单位工作的，也多有建树。这批人员在各自工作岗位上，为报效祖国，做出了一定的贡献。

诚然，我们这批70年代中期留法生的业绩和贡献是微不足道的，与20世纪20年代留法勤工俭学的周恩来、陈毅、聂荣臻等革命老前辈相比，更是相差甚远。

如今，我们这批留法同学基本已经全部退休（遗憾的是焦桂云和高扬两位同学中年病逝）。我们还能发挥余热。要向革命老前辈学习，为祖国多做贡献；为增进中法友谊及法语区国家的友好关系，继续尽绵薄之力。

（编辑：彭姝祎）

北京市人民检察院代表团访问法国检察机关见闻录

邹开红[*]

2007年10月14～26日，北京市人民检察院考察团应邀对法国检察机关进行了工作访问，其间进行了多次深入的座谈交流和参观学习。以下是代表团的所见所闻。

在法期间，代表团分别访问并与法国最高法院检察院、巴黎上诉法院检察院、巴黎大审法院检察院及其金融事务分院、公共卫生处的检察官进行了座谈交流，了解了法国检察机关的组织结构、地位职责及工作程序，并向法国的检察官们介绍了我国检察机关的地位、特点和法律监督职能。代表团还访问了法国国民议会法律委员会，旁听了国民议会会议，实地考察了检察官实时处理日常轻罪，旁听了法院立即出庭审理案件。

在法国工作访问期间，北京市人民检察院代表团与法国检察机关进行了广泛的交流，并大致了解了法国检察机关的组织结构、工作程序及工作方法。在法国，检察院驻在法院内，法官与检察官共同组成司法官群体，检察官又被称为"立席司法官"，与"坐席司法官"（法官）相对应，这是因为检察官在法庭上是站着发表意见。

一　法国检察机关的组织结构

法国检察机关的组织结构体现"上下级原则"。这首先表现在其组织的等级

---

[*] 邹开红，法律硕士，北京市昌平区人民检察院代理院长。

性上。检察机关的最高领导是司法部长（掌玺大臣），下设办公室主任及各类顾问。司法部长负责制定刑事方面的政策，并对检察官发出指令，如最近司法部长就对检察官指出要将种族歧视和青少年犯罪作为工作重点。司法部长同时负责向议会提出制定刑事方面法律的议案。为更好地贯彻司法部长的指令，设置了刑事与赦免司（DACG）。该部门主要有两项职责：一是将司法部长向议会提出的法律议案条文化，并起草一些命令及指令；二是负责跟踪全国检察机关的工作。下级检察院亦有职责随时向上报告重大、有影响的事件或应司法部长的要求反馈相关事件。

在最高法院，检察院为最高检察院。最高法院检察院由总检察长、首席总检察官与总检察官组成，共有30名检察官。二级法院是上诉法院。全法共有35个上诉法院，上诉法院检察院的领导是检察长。一级法院是大审法院。全法共有183个大审法院，大审法院检察院的领导是共和国检察官。大审法院之下设有若干法庭，包括民事法庭、商业法庭、劳工事务法庭等，在这些法庭里不设置检察官，如需要检察官出席，则由大审法院检察院委派。

"上下级原则"其次表现在行动指令上。总检察长对某一具体案件发出的行动指令，如果是附于档案中的书面指令，则成为办案程序中的一个有效文件。有时总检察长与检察长之间通过讨论解决问题，但不是一个法律程序。上级院的检察长可以书面指令干预庭审中下级院检察官的事务，但庭审检察官可以坚持"法庭上言论自由"的原则，这时就会出现尴尬局面，这种情况很少出现，可能导致更换出庭的检察官。上级院的检察长如仅仅在口头上发出一般性的行政指令，下级院检察官仍享有决定的自由权。

二 大审法院检察院

大审法院检察院由共和国检察官领导，其下依工作资历、经验等，设共和国检察官助理、副检察官、代理检察官。在工作中，所有检察官与共和国检察官法律权力同等，这种权力是由他们所受教育和职业特征所赋予的。这些检察官以所学知识和职业道德对法律负责，而不是对共和国检察官负责，这一点不同于行政部门和公司、企业。但每一名检察官所做决定，均视为共和国检察官之决定，共和国检察官对检察官们所做的决定，即便其不知晓，也要承担责任，这被称为

"检察院不可分原则"。

此次代表团参观访问及商谈合作的对象主要是巴黎大审法院检察院。巴黎大审法院检察院是法国最大的检察院，共有124名检察官。管辖地区主要是巴黎地区，辖区常住居民230万人（不含流动人口）。除巴黎地区的犯罪外，全法国的恐怖犯罪也由该院审理。此外，其他地区的一些重大犯罪、金融财务犯罪、近一半的公共卫生犯罪也由巴黎大审法院检察院管辖。巴黎大审法院检察院现在的共和国检察官是马汉先生，另有5名副检察官，1个总秘书长负责行政事务，1个项目负责人负责对外合作及国际事务。每一名副检察官均有自己的专业领域。设有各处：有的处负责案件实时处理，与警察相配合，通过电话即可把司法决定传达给警察，将案件即时处理。有的处负责一般刑事案件和18岁以下青少年案件。有的处负责财经方面的犯罪。有的处负责恐怖犯罪及有组织犯罪。有的处负责公共卫生犯罪。有的处负责向各法庭分发案件、制定出庭时间表。据介绍，在巴黎大审法院，每周开庭93次，时间是固定的。

办案的总体程序是：案件经由司法警察侦查后，一部分进行实时处理，另一部分在警察的配合下转入调查程序，其中重大案件要交由预审法官进行调查，案件调查清楚后就交给向法庭分发案件的部门，由其移送法庭，安排开庭。检察院进行内部管理也有局域网。我们应邀参观了巴黎大审法院检察院的检察官实时处理案件。我们看到，值班检察官通过电话指导警察处理日常轻罪案件，并对案件按紧急程度在电脑上标示，依序处理。检察官配备有书记员，实时记录。在开庭前，检察官对嫌疑人进行简单提讯。我们了解到，通过这样的程序，一名检察官每天能处理12~18个案件。

为进一步了解大审法院检察院各部门的具体工作情况，我们专程访问了巴黎大审法院检察院金融事务分院和公共卫生处。金融事务分院属于巴黎大审法院检察院的一个部门，共有12名检察官，各有不同的专业范围，由共和国检察官根据属下检察官的特点进行选择，而且一般均具有4~5年的工作经验，一些检察官还有税务等经济工作背景。金融事务分院主要处理重大的经济案件，如贪污、股市舞弊、经济情报等案件，一些小的经济案件，如盗窃支票案等不在其管辖范围内。由于所负责案件案情重大，涉案人数众多，检察官倾向于就已经查清的主要犯罪事实和犯罪分子尽快起诉，而不是期望一网打尽，因为那样历时较长（有的案件处理历经10年），效果并不一定好。

金融事务分院的检察官与经济管理部门保持着密切联系。根据税务部门在检查中发现并移送的信息，每年约有 200 宗案件。另外，股票管理部门、银行委员会、审计院若在管理中发现问题，均要向检察机关通报情况和移送信息。法国还有一个资金追踪组织，以前隶属财经部，后来独立出来，由一名财务总监领导一批调查人员，并由一名检察官担任顾问，对洗钱活动进行追踪，每年向检察机关移送约 400 条案件信息。存在竞争关系的企业之间，以及企业继任领导对前任领导，也会向检察机关反映一些案件信息。据金融事务分院的检察官介绍，法国刑事诉讼法规定，政府公务员在工作范围内获得犯罪信息，必须毫不迟延地向共和国检察官移送。信息取得后就是进一步调查，一般的调查交由警察局的财经侦查部门进行，由检察官进行指挥。调查时间有时会很长，需要到银行查账及开展其他活动。如果证据充分，则移送法院进行审判。如果案件较复杂，包括需要赴境外取证，或对嫌疑人进行羁押，则将案件移送预审法官展开进一步的调查。

金融事务分院的检察官认为，在经济犯罪案件中，贪污的主观故意和洗钱上游犯罪的存在往往难以证明。与我们交流的检察官说，自己曾参与办理过 100 余件洗钱犯罪案，但仅有 10 余件的上游犯罪得到成功证明，尤其在查处跨国洗钱犯罪时更加困难，会遇到法律、语言、文化等多方面的障碍。而且，在办理经济犯罪案件时，让所有人都充分认识其危害性也是一个问题，有的人不认为经济犯罪同杀人等普通刑事犯罪一样具有相当的危害性，有的国家甚至从经济犯罪中受益，因此在进行国际合作时并不热情。经济犯罪还往往与权力关系紧密，给查处带来相当难度。

公共卫生处是巴黎大审法院检察院的第五个部门，负责欺诈、公共环境卫生等犯罪，共有 20 名检察官和 21 名公务员（含书记员和办事员，由书记处领导），其中 13 名检察官和 13 名公务员负责审查欺诈犯罪，7 名检察官和 8 名公务员负责审查公共环境卫生犯罪。另长期聘用两名特别助理，2~3 年更换一次，一名是兽医，另一名是药剂师，依赖其专业知识深入审查案件。该部门对公共环境卫生犯罪的管辖不限于巴黎地区，一些在全国范围内有影响的或案情重大、复杂的在外地发生的案件也由该部门处理，这样有利于集中人才（包括预审法官和检察官）和资源优势，办理专业性案件，以提高工作效率。法国检察官认为，查处公共环境卫生犯罪的难点在于确定行为与后果之间的因果关系，有时需要深入的专业鉴定。

三 上诉法院检察院

据巴黎上诉法院检察院的检察官介绍，上诉法院检察院共有两项任务。一是代表国家作为公诉人，二是在下级检察院和司法部之间起联络作用。巴黎上诉法院检察院设检察长1人作为负责人，另有1名检察长助理、22名副检察长、50名代理检察长。为保障上诉法院检察院发挥联络作用，设有专门的联络中心。

检察长可向辖区内共和国检察官下达指令，并对共和国检察官及其下属代理检察官的工作成绩进行评价，宪兵和司法警察的工作成绩亦由检察长做出评价，且与司法有关的行业（如律师行业）内发生的案件均由检察长亲自监督。为突出上诉法院检察院检察长的重要作用，法国将以前由司法部长任命上诉法院检察院检察长的做法改革为由司法委员会进行任命。

在司法管辖区内，大审法院检察院检察官或被害人对法院判决不服，可以上诉至上诉法院。上诉法院做出判决后，最高法院还可以对其程序做审查。上诉法院检察官在审查案件时不受下级法院检察官的影响。同时，上诉法院检察院是下级检察院和司法部之间的关键环节。当重大事件发生时，如发生重大刑事犯罪、社会秩序遭到重大扰乱、暴力焚烧汽车或某一案件涉及重要人物时，上诉法院检察院必须实时向司法部做汇报。这就要求共和国检察官必须善于向上及时报告，以便于上级检察院及时向司法部刑事与赦免司做报告。报告的形式包括书面报告、电话报告及电子邮件报告，这种报告几乎每天都在进行。报告及随后的指令都是逐级进行的。

四 法国检察机关的反腐败法律措施

全法每年约处理200件腐败案件，其中许多与政府采购有关，约80个案件能上到最高法院审理，但最高法院仅审查执法过程。司法人员的腐败行为也要受到审理，同时还要受职业纪律处分。据法国最高法院检察院的检察官介绍，最高法院检察院每年底要向司法部长报告反腐败工作，他们的反腐败法律措施主要有以下四项。

一是预防性措施。最高法院检察院设有专门的办公室开展这项工作，由一名总检察官负责，对所有腐败信息集中管理。检察机关除了与政府机构合作外，还经常向私人企业进行宣传。最高法院检察院的检察官认为，向社会大众的宣传工作十分重要。

二是发现腐败行为的措施。司法部长经常发布指令，指导检察官的反腐败活动方向。如指导检察官到税务部门进行调查，看哪些人交税很多或很少，从中发现收入、消费、交税之间的不符之处。指导检察官到企业去调查，引导企业之间开展互相监督。检察官经常与各种协会、民众组织、企业人士进行交流，从中获取腐败的信息。检察机关与审计院也有密切合作，对政府财务运行情况进行监督。检察官介绍说，他们不能坐在办公室里等信息，各级检察机关要依据各自的管辖范围，按照司法部长的指令共同行动。检察官指挥警察调查案件，但警察也有可能腐败，因此反腐败工作十分复杂，同时查找证人的工作也十分困难。

三是处罚腐败行为的措施。法国检察机关将腐败行为分为50余种，如主动的腐败行为和被动的腐败行为等，根据不同情况做不同处理。处罚措施包括处刑、罚款、禁止工作、剥夺选举权等，如对政治人物禁止从事政治活动，对公司经理禁止管理公司。同时，法官有权将腐败分子的犯罪行为刊登在报纸上，这一措施在实践中取得了良好效果。所有的法院均有权审理腐败案件，无论是议员，还是司法官，其腐败行为都要在一般法院受到审理，以体现人人平等的原则。但有两个例外：一是政府部长在任职期间犯罪，由最高法院直辖的共和国法院审理，法官为国会议员；二是总统在任职期间不受法律追究，去职后方可进行审查。

四是国际合作。很多腐败案件具有国际性，其中最简单的表现形式就是将赃款转移至别的国家，因此有必要开展国际反腐败合作。中法两国均参加了相关国际公约，但法国检察官认为需要在框架内增加一些细节。2012年以来，欧洲各国就采取了一项有效的做法，即欧洲内部的逮捕令，如意大利的法官可以在法国逮捕罪犯。各国间还可以相互进行引渡，关键要看两国法律是否兼容，包括对死刑适用的法律规定。为解决这些问题，法国非常重视与他国互派司法联络官，目前已经与15个国家开展了这方面的合作，通过建立相互信任来协商解决矛盾。法国已向中国派出一名联络官，并正等待中国也向法国派出一名。法国最高法院检察院与中国最高人民检察院也签订了合作协议，并将具体予以落实，这种司法机关间的直接合作更具效率。法国最高法院检察院的检察官形象地说："犯罪分子确实组织得非常好，但我们应当比他们组织得更好。"

经法方安排，代表团还访问了法国国民议会法律委员会，并旁听了一次国民议会会议。法国国民议会共有 577 名议员，每 5 年选举一次。每个省均为一个选区，根据人口比例分配议员。任何一名法国公民，即便不居住在选区内，均可参加选举，但要当选必须与当地居民保持密切联系，获得他们的支持。一个选区一般有 5~20 名候选人，选举共分为两轮，第一轮若有人获得超过 50% 的选票，则直接当选，不用进入第二轮。若第一轮无人获得超过 50% 的选票，则获得有效票 12.5% 的候选人进入第二轮，第二轮得票多者当选。议员分选区产生，总统则通过大选产生，加之法国政党分左右两派，这样就可能出现总统与总理"左右共治"的情况。

国民议会议员每周二、周三、周四参加议会会议，包括小组会议、委员会会议和议会会议。议会会议内容包括对政府的质询和通过法律等，法律一般由政府部门提供草案，根据内容，由议会各委员会（共 6 个）进行审查讨论，其中包括法律委员会（73 名议员）。委员会成员首先由议员自行报名，超出员额时进行投票决定，但政党这时会从中进行协调。议员可以提出修改法律的提案，由委员会成员逐条举手表决，多数通过。在法国，法律修改频繁是其一个重要特征。经允许，我们旁听了当天下午的国民议会会议。此次会议是国民议会对政府的质询，法国总理及各部部长均出席。目前的法国政府是右派政府，因此左派议员对政府言辞激烈，右派议员则极力维护政府的政策，其间大声反对他人发言者有之，拍桌子表示不满者亦有之，间或不时鼓掌或哄堂大笑，会议过程十分热闹。

（编辑：王立强）

访巴黎检察语丝

王新环[*]

北京市人民检察院赴法考察团一行3人，应法国巴黎大审法院检察院马汉检察长的邀请，于2008年12月14日至21日赴巴黎进行了公务考察。本文将考察团所见所闻辑录如下，与读者分享异国的文化，共同思考值得借鉴之举措。

临行前一日，在北京郊区中美共同举办的中美死刑替代措施的研讨会上，曾经在法国留学十余载的著名法国法研究学者卢建平教授，得知我们将西赴巴黎考察警检职权运作模式时，提醒我们，中法关系波谲云诡（法国总统、欧盟轮值主席萨科齐罔顾中国政府的严正抗议在波兰会见达赖），嘱咐要保重身体。卢君言语间颇耐人寻味，他所说中法正值深冬时节，不唯指自然气候也指政治空气，不免让我们对这次出访增添了些许忧念。然而，巴黎同行并没有触及"这根敏感的神经"，只与我们分享体味法治之美，这让我们这些司法人士感受了司法得以短暂远离政治的惬意与真诚。

在巴黎期间，考察团访问了巴黎大审检察院3个职能部门和1个警察法务部门，参观了受法国文化遗产保护盛名远播的巴黎司法宫，并且与法国同行进行了有关刑事司法制度的座谈，耳闻目睹了法国警检之间密切的合作关系，真切地感受到了法国警察、司法官对被追诉人速审权的高度尊重。此外，考察团还观看了依靠世界水平的高精技术装备从囚犯唾液（或血液）提取的DNA基因所建立起来的数据库以及指纹数据库中的样本。

考察行程紧，但考察团成员虽深感公务疲惫，每天仍然寻得间隙在风格迥

---

[*] 王新环，法学博士，全国检察业务专家，北京市人民检察院公诉一处处长。

异、千姿百态的城市建筑间徜徉,浸润在浓厚法治思想的独特曦辉之中。巴黎不愧为著名的国际大都市,触目是各具特色又极艺术的欧派建筑,埃菲尔铁塔、卢浮宫、香榭丽舍大道等名胜游人如织,枫丹白露、凡尔赛皇家宫殿静谧安详,冬日的巴黎,早已被浓浓的圣诞节气氛所笼罩,建筑艺术、悠久文化、法治传统,就像优美的画卷一样诱惑着每一位访客柔弱的心灵。法国是大陆法系最具代表性的国家,是现代检察制度的发源地。深邃悠长的司法史与金色灰暗的巴黎司法宫殿相结合,融历史传统、法治精神、天工般的建筑殿堂于一体,凝结出别样的魅力。但是,绵长的历史并没有让法国同行变得持沉厚重,反而显露出激扬奔放的法治精神。此次巴黎考察,无论是客观的人文景观还是司法主体的职业样态及司法技艺,无不让人回味悠长。只可惜我们在匆匆的行程中,无暇悠闲从容地欣赏浪漫巴黎的细微之处。文中所追述,其实也只是采撷耳闻目睹的片段,实难以尽传其间倾听及感受的所有细节。

一 行动迅速、打击有力的十一区警察

法国刑事法对犯罪采取违警罪、轻罪和重罪三分法。10年以下监禁刑是轻罪。巴黎市中心共有20个区,各管辖区面积大小、居民数量等均不相同,每个区都设立有警察局,主要负责轻罪的调查;巴黎还有3个司法警察院,分管巴黎西北、东北及其南部地区。警察局长是参加考试通过后,由内政部长任命的。第11区所辖人口13万,与其他区相比,该区犯罪数量较多,治安形势严峻。第11区警察局内设一分局(分局因不承担拘留与调查职能,很少与检察院有联系)和治安部门与法务部门两个部门。警察局长、部门主任与警察呈金字塔形领导关系。治安部门具体负责巡逻、预防(到学校进行交通安全、毒品危害等方面的宣传)、与当地群众保持联系;法务部门负责拘留人犯、调查事实。警察局分设的法务部门共有80名警察,每年处理3000多人的案件。法务部门主任是一位年轻漂亮、说话利落、性格开放、行事干练、精擅法律的女性警官。她对所属警察的工作进行日常管理、保障警察的供给,并沟通与市政府关系、负责警察与检察官的联系。主任对警察工作进行整体宏观指导和微观个案指导,如确定某一周重点应对毒品犯罪,就具体分派10人开展工作,并对工作进行总体指导。

负责治安巡逻等的外值警察和负责决定逮捕、移送犯罪嫌疑人等的内值警

察，通过传真或者电话两种方式进行 24 小时不中断的联系。内值警察主要对外值警所调查事实及其程序是否合法进行判断，接受移交来的案件，及时和值班检察官联系，寻求案件处置的指令。现场被抓获的人拥有三项基本的权利：及时通知家人、专业医生查体、律师免费帮助。警察在 60 分钟之内履行这些告知义务，但律师不参加警察对嫌疑人的拘留和调查活动，律师只享有 30 分钟与被调查人的通话时间，律师只在审理阶段参加辩护。对此状况，法国民众表示不满，吁请司法改革。是否逮捕由警察局中的法务部门决定，逮捕的最长时间是 24 小时，解除逮捕则由检察官决定。对于家庭暴力，警察有权拘留施暴的行为人。检察院有权根据每个区的社会治安形势，制订刑事战略计划。对家庭暴力要体现从严与从快，其他要视吸毒为打击重点，警察局和检察院要定期召开会议确定刑事战略计划。常规而言，家暴和毒品是打击重点。在敏感地带打击得严厉，敏感地带的警察与检察官用电话及时对话沟通，不是敏感区域可用传真交流。

警察与审判法官没有任何联系，只跟检察官有工作上的密切联系。因为法官要保持独立审判，检察官与警察两者间是合作关系，时刻保持联系以便随时终结案件或者及时把案件推进下一个诉讼阶段。检察官对确认的犯罪案件有追究或不追究的选择，检察官与预审法官负责调查取证。检察官必须立即知道犯罪事实和所有的拘留行动。警察负责调查的前沿工作，会有两种情况：第一种情况是，警察与检察官保持及时联系，对案情很简单的现行犯罪，要立即处理，由检察官决定是否起诉，并负责起诉。第二种情况是，警察与预审法官保持及时联系，对需要调查的现行犯罪案件，预审法官有两种决定，一种是决定交给检察官调查，另一种是证据不足决定不起诉。

在法国，20 世纪三四十年代，警察与检察官之间是互相制约的关系。由于政府的积极推动，现在警察与检察官之间是合作关系。共和国检察官指挥着 10 万名训练有素的专业警察和宪兵，每年办理 600 万宗案件。检察官对警察职权行使的影响表现在三个方面：一是确定刑事政策的一般导向；二是给予调查证据的手段；三是监督调查证据的规范运作。检察官对警察的具体指导一般表现在以下几个方面：延长拘留时间；申请精神病鉴定；移送轻罪的快速审理；转交不属警察局法务部门管辖的重罪；调查应由检察官承担或者提供讯问上的咨询、指导，对有缺陷的调查提出补正要求。犯罪案件的种类只有限的几种，对犯罪的调查系统化了，司法鉴定机构负责技术鉴定工作。法国警察承担对公职官员违警罪惩治的职责，不过，巴黎公职官员很少犯罪。

近10年来，不断出台法律密切警察检察官之间的关系，警察与检察官的联系越来越频繁。巴黎市政府每两个月定期召开有市长、检察长代表、省长代表、警察共同参加商讨的控制犯罪策略问题的多方联席会，这种形式效果不错。譬如对一条治安存在问题的街道，联席会通过决议，要求警察增加巡逻的频率，要求检察院严厉打击，要求市长增加照明亮度，多方努力取得了很好的效果，大家非常高兴。虽然说，警察是国家警察，不是市属警察，但是，法国决定要提高市政府为民众提供公共服务方面的质量，警察责无旁贷。

遇有警察对检察官认定无罪持不同意见这种情形，通常的做法是：警察与检察官双方解释各自的立场与观点，通过解释后，有分歧的60%的案件，检察官会改变原来的想法。但是，对未成年人消释歧见要困难许多。警察多认为检察院对未成年人采取的态度与现实不相适应。原因是1945年有关未成年人的法律早已经过时了，许多案件处理太宽容太轻缓了。但是，检察院也束手无策，这是法律上的原因，检察官认为，法律不应当成为被挑战的对象。犯罪要承担刑事、民事两种责任，父母对未成年人只承担民事责任，刑事责任只能由行为者担负。警察们认为，把第一次犯罪的未成年人关进少管所是有效的，但是对于累犯效果不大，对重犯则应当进行严厉打击。

除与预审法官联系外，警察还与自由羁押法官有联系。羁押法官有权决定暂时羁押、监禁被告人，监禁最少3个月、最长3年。初次做出羁押后，警察每间隔4个月，对需要延长监禁者要提供充足的羁押必要性方面的证据。如果羁押者最终被法官裁判无罪，冤狱赔偿数额最多可达几百万欧元。对此，法国的法官、检察官亦表示不满，认为民众对他们要求太过苛刻。法国民众对司法的要求时常存在矛盾，他们既要公正又要求法官、检察官有经验，但有时又认为法官、检察官对犯罪的打击太过严厉。

预审法官负责指挥检察官与警察调查犯罪，是法国刑事诉讼程序最具有特色的侦查制度。在理论上，预审法官可以指挥警察调查，但预审法官常委任警察去做，预审法官具体负责指导、检查警察的工作。有时预审法官会与警察一起到现场搜查，如果是对法律机构、新闻媒体单位进行搜查，必须由预审法官带领警察一起进行。这时，警察只是协助预审法官工作。如果警察知道谁是犯罪人，预审法官必须亲自讯问而不能委任检察官或警察代问。对现行犯罪人，逮捕后要进行讯问，必须做记录，对调查的全面行动都要有书面记录，除此之外，对未成年人的调查还要进行全程录音、录像，对重罪案件的调查也要进行全程录音、录像。讯问记录可由一人进行，但是有录音、录像方面的要求，轻罪则可不要求有录音、录像。

巴黎第11区，每年有3000多宗犯罪案件，需要用4个月羁押期限的仅仅有100宗案件，这些案件由预审法官参加调查，其余大部分案件通过快审程序。有些案件，如金融犯罪、有组织犯罪等复杂案件需要长时间的，必须获得检察官帮助才能进行调查；复杂案件一个人完不成调查任务，检察院应尽早做出决定。调查结果证据不充分的，应当由预审法官决定：如果决定起诉，检察官必须执行起诉决定；如果决定不起诉，检察官不同意可上诉。人身暴力犯罪、财产暴力犯罪，现在不但有数量上的增加，而且犯罪程度呈现严重化，犯罪年龄也呈现年轻化的趋势。警察专有一未成年受害人保护机构，利用各种途径发现儿童有受虐待情形，一旦发现可立即要求检察院进行保护；对儿童受侵害进行保护，必须由检察官做出保护决定。

自2003年以后，根据法律规定，依赖DNA基因和指纹表证等技术鉴定，建立起来的数据库纳入国家档案库体系里，警察可以在调查犯罪时分享这一成果。第11区警察局里有3名警察专门负责这方面的工作：在搜索、记录、采证、保存相关证物方面，严格遵守高品质的犯罪现场处理方法。建立DNA基因数据库，虽然存在很大的隐私权与道德伦理争议，但对调查侦破案件有很大帮助。DNA基因数据库、指纹数据库，对确定犯罪人、促使被逮捕人认罪都十分有效。譬如，有一因轻罪被逮捕人员，通过国家档案室中的DNA基因数据、指纹数据比对后，发现他曾经是22次犯强奸、欺诈罪等恶贯满盈的累犯，又如海关检查人员通过指纹验关，发现提供的是伪造的假证件，确认他是欧洲通缉令要找的人。有时，DNA基因数据、指纹数据，对帮助发现、辨认患有疾病、精神病、失忆失踪人等身份，都有很大帮助。对通缉令、黑名单等需要逮捕而未逮捕的人员，路查时进行比对，以便确认所要查找的人。因为基因鉴定构成一项新的调查事项，对于拒绝者可以对其处以4000欧元的罚款，实践中很少有拒绝检查者。因为，对于拒绝检查的，警察也有其他的办法，譬如，通过使用过的杯子、脱落的毛发等也可以查验确认身份。整个法国共有6个民间科研所，是合格的鉴定机构，只承担基因技术鉴定这项有价值的数据库工作，委托人仅花费10欧元便可完成该项鉴定，而在此之前基因鉴定是由警务研究所花费昂贵的 100 欧元才能完成的任务。民间鉴定大大节省了公共财政开支。

二 公正、高效的轻罪快审程序

法国每一个司法区都有一大审法院，巴黎相当一大区。巴黎大审检察院有 151 个检察官，内设五个担负不同职能的部门。第一个部门是快速审理部门 10 位检察官，负责盗窃、强奸、暴力等普通犯罪案件；第二个部门 15 人负责金融犯罪；第三个部门是横向部门，负责检察院工作，负责记录、审理、执行等综合工作；第四个部门负责反恐和有组织犯罪；第五个部门负责劳动法、消费法和性犯罪。每个部门都有一个副检察长负责。检察院负责起诉，法官负责裁判。法官进行裁判是完全独立的，不接受上级的指示指令，检察院起诉要接受司法部指令，检察长接受司法部长的指令。检察长具有两项职能：负责检察院起诉工作，同时要接受共和国检察官指令。对特殊案件可以通过书面要求起诉，但不具有要求不起诉的职能，检察官不享有法官同样的独立与自由。尽管要接受和遵守指令，但在审理中可以坚持自己意见（这种情况非常罕见），也可以要求更换其他检察官起诉。

快审处有 37 名检察官，其中，10 个人快速审理昼夜值守，每天要接 200～250 个电话，负责指导司法警察的调查工作。譬如在商场、地铁中对小偷抢包拘留后，警察要与检察官保持近距离联系。拘留时限是 24 小时，如果没有搞清楚案件事实，共和国检察官要申请延长，快审处的检察官要与警察保持联系。拘留可以延长 48 小时，48 小时过去后共和国检察官在了解各方情况后，可做出以下几个决定：认为证据不够要求警方释放犯人；如果证据足够，案件简单，可以当日要求法官审理；如果需要进一步调查，案件较复杂要求预审法官调查、审理、搜查。第三种情况不是当日审理而是两个月内审理，如家庭暴力可以要求戒酒、禁见妻子，按照受害人的要求，可逮捕施暴的丈夫。快审处有一人负责重罪案件，譬如谋杀罪等，要立即到现场配合警察工作。他们轮流值班，也可到法院参加审理。

快审处每月处理 1000 多成年人案件，案多人少，负荷很重，保持检察官积极性很重要，保持效率也很重要。拘留时间过去后，在 20 小时内必须见到检察官，来不及就必须释放，如果危险人释放就存在有很大潜在风险，所以工作节奏紧张。副检察长多米尼克女士主管的四个部门，分别是快速审理部门、未成年人犯罪部门、巴黎南部部门和巴黎西部部门。其中前两者为常年值班部门，后两者主要对两类案件负责：一是值班部门交给预审法官处理的案件，二是不属于必须立即处理的案件。比如，出访团访问的前一个周五发生了一起强奸案，周日已到羁押期，快审处决定交给预审法官，眼下正由巴黎南部部门在处理。另外，地区性部门也负责对快速部门的工作进行综合，也亲自参加审理过程。值班是负责紧急的和现行的案件的前沿调查工作。警察对犯人进行逮捕后，时间到了交给预审法官，交给负责巴黎西部的部门来处理。地区性部门检察官也负责调查性工作，进行综合判断是否起诉、审理，也亲自参与审理过程。检察官主要职能是：指导、管理警方调查，对审理方式进行判断，指导预审法官的调查、搜查工作。

普通犯罪羁押时限是 48 小时，恐怖犯罪羁押时限是 4 天。每年处理轻罪 50 万人次，检察官要处理所有犯罪案件。10 年前刑事司法程序进行调整：要么立即出警，要么值班检察官决定审理期日，要么交预审法官处理。改革的动因是，要简化书面处理程序、减少书面数量，当然现在还有相当多的书面处理案件。我们所到的检察官办公室，看到每个桌上都摆放着错落有致的案卷材料。案件调查的结果分四种情况：（1）对于重罪和复杂案件的调查，每年 3 万宗可要求预审法官介入的案件；（2）轻罪法庭每年 50 万宗、青少年法庭每年 6 万宗、违警罪法庭每年 7 万宗；（3）替代措施，给犯罪人以赔偿被害人而避免受到追究的选择；（4）不予追究，70% 的案件因无法判定谁是作案者归档。

法庭审理的案件，检察长不出庭，除极个别的案件之外，副检察长也不出庭，出庭由检察官承担。检察官遇到困难时，由主管副检察长出面负责指导，指导、监督的只是个别案件，检察官对案件的处理，以共和国检察官即检察长的名义进行，具体由代理检察官编写。由于案件数量多，检察长并不了解检察官处理的案件，但是，检察长要对检察官办理的案件承担责任，所以检察长职位充满风险，比如检察官不够重视、评估不够准确，出现差失等情况时，责任则由检察长承担。

出访团成员观察了值班检察官快速处理案件的整个过程。值班检察官（可以使用配发手机）接听警察打来的电话，边听边速填一张格式表格，同时电脑显示警察来电时间、警察局名称，抓捕 45 分钟之内接听电话，并应值班检察官的要求，由警察带到指定的检察官面前。犯人带过来后，检察官告诉犯人，所犯的是什么性质的错误，以确定审判期日。

首先我们到值班检察官办公室，看他们是怎么通过电话和警察进行沟通的。案例一：电话的那头是一个女警察打来的。她说：昨天接到一女子的报案，告发其丈夫强行拿走（也可能是盗窃）她的一部手机。于是，警察逮捕了他，并从她丈夫身上搜查有少量毒品。值班检察官询问孩子由谁管理，要求警察向邻居调查，并说毒品应由另一个部门处理。最后，检察官建议，对其进行精神病鉴定，并要求其继续调查。案例二：非洲籍嫌疑人，因盗窃证据不充分，检察官要求警察立即释放。案例三：是盗窃摩托车零件案件。警察通话时称，他怀疑这起案件是有组织犯罪，目击证人愿意作证。白天值班的检察官必须坐办公室，处理重罪都要有随时通畅的移动电话，并保证24小时必须赶到犯罪现场，同警察一起工作。案例四：警察在电话里说，有一个美国人喝醉了，去厕所时没有零钱，美国人要用信用卡结账，门守则不让其如厕，美国人内急不待，当场小便。于是，警察逮捕了那个美国人。值班检察官建议：立即带到检察院。

接下来我们又到值班检察官办公室，看他们是怎么与逮捕嫌疑人会面的。会面是拘留与法庭审理的中间环节。案例一：嫌疑人逮捕后被带到检察官办公室，没有律师帮助，旁边有一警察站立戒备。检察官边看材料边向被逮捕人解释（但没有记录）：为什么逮捕、介绍事实（与被害人报案事实不一致），已经逮捕六次，这是第七次，是酒后暴力行为。说完让嫌疑人在警察移送来的材料上签字，检察官决定立即审理，由法院最后决定。案例二：（警察把带回的两名女犯人打开手铐）同时在场，单独讯问，单独应答。检察官问犯人姓名、出生、两个人的关系（姐妹关系）。妹妹有三个孩子，姐妹俩在百货商场互相配合偷窃3000欧元，两年以前被逮捕过。检察官说下午立即审理。会面的目的主要是核对身份、说明为何逮捕、明确嫌疑人是否需要律师辩护、询问嫌疑人犯何错误、询问受害人是否出庭，两名犯人说都要免费律师提供帮助。两个女犯人签完字，被警察重新戴上手铐后同时带离。案例三：是认罪答辩程序案件。一起运输商品卡车司机没有驾驶证照案件，律师（被告人邻座）与检察官相对而坐，检察官询问核对事实，充分陈述，律师与被告人交换意见。检察官辩护律师平等友好地商谈。被告人认罪没戴手铐，协商被告人愿意做100个公共社区服务。检察官决定后，双方协议，最后呈报法官批准。

快审处有 8 个检察官，24 小时日以继夜地轮流值班，警察随时都能与检察官取得联系，确保案件毫无延误地得到处理；值班检察官通过电话、传真立即解答问题、指导警察的调查活动，对检察官所要求的专业性、独立性、紧张性是可想而知的。每人连续值班五天，每天工作 8 小时以上。周六、周日白天值班可以取得 35 欧元，夜间可以得到 45 欧元的加班费。同一个检察院不同的职能部门人员流动频繁，参加有组织犯罪部门的一检察官五年之内调换四个职能部门，每个部门工作量有差别，但皆为满负荷。

三 紧张、快捷的轻罪法庭审判

步入法庭，看到的是轻罪法庭布置的席次：法台稳坐三名法官，是由一名身穿法袍的领薪法官和两名非领薪助理法官组成的混合庭来共同审理的。法台左侧只有一名公诉的检察官，发言时不走动站立发言；法台右侧是法庭书记官记录台，书记官不停地忙碌着记录、盖印、整理卷宗；相对公诉台，位临记录台下侧是受审的被告人，有一名警察值守身后，他们被透明玻璃与其他部分隔开。紧邻公诉台左翼的是被害人代理律师位置，面朝法台，发言时站立，倾听时坐下；紧邻书记官台，右翼是被告人辩护律师位置，面向法台，发言时站立可以随意走动，倾听时坐下。代理律师与辩护律师之间的共同前方，面向审判台是证人席位，证人必须站立作证；在法国，警察出庭是法律责任，检察官可要求警察出庭并提出问题，重罪法庭，警察必须出庭作证。法台与公诉台、书记官记录台、代理律师台与辩护律师台有间隔的环绕一方形。面向法台，也就是律师台的背后是公众旁听席位，想进入法庭旁听的人，得到审判长的旁听准入许可后，在当值员指引下，在空位置上就座旁听。在法庭上，法官指挥庭审活动坐着思考，检察官控告犯罪行为站着思考。法庭辩护律师，多为公共利益的服务人员，被告人获得免费帮助，律师的薪酬由政府公共财政予以保证。庭审期间，领薪的职业法官、公诉检察官和辩护律师，必须身穿法袍（参见：法庭座次简图）。

法国刑事司法体系是根据违法行为的严重程度来组织的。最高法院刑事庭，每年做出 9000 个判令；35 个上诉法院轻罪法庭和违警法庭，处理轻罪和违警罪判决的上诉，每年做出 10 万个判决；104 个重罪法庭，对重罪进行判决和处理上诉，每年做出 3400 个判决；181 个大审法院，每年处理轻罪 62 万个判决；475

个违警罪法庭，每年做出9万个判决。

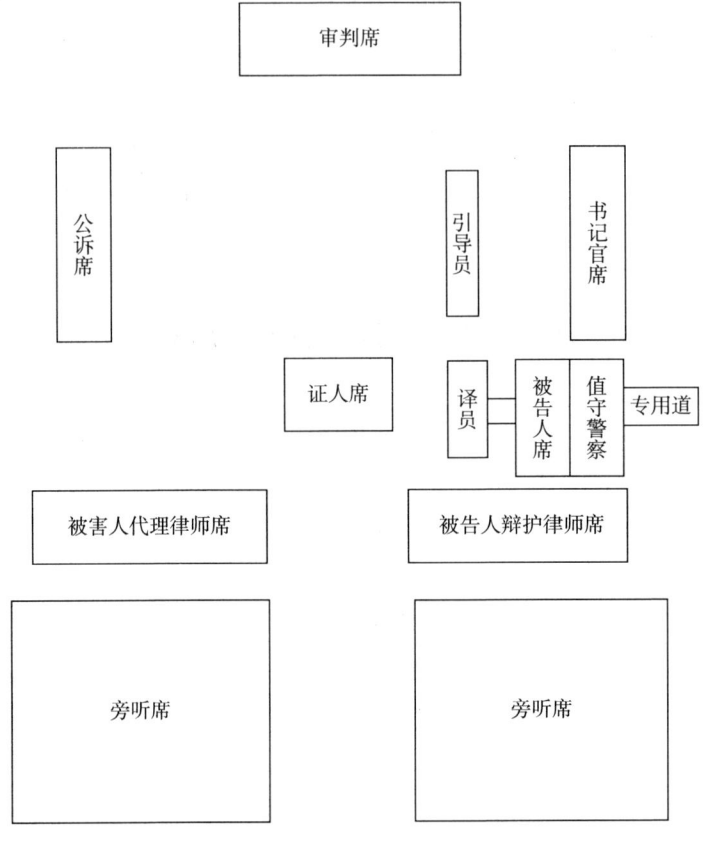

法庭座次简图

巴黎司法宫总共有30个法庭，其中有8个刑事法庭（包含有2个法庭审理轻罪）。那天下午的一个半小时里，我们接连旁听了3个轻罪案件：盗窃财物案件、暴力伤害案件和冒用别人名字非法移民案件，三名被告分别是阿富汗人、塞内加尔人和罗马尼亚人。其中的暴力伤害案件，是一个83岁老妇人好心收留一位无家可归的非洲塞内加尔籍男青年，为他提供衣食宿。有一天，老太太向警察报案，称收养的年轻人无故动手打她，她无法忍受。黑人青年则辩解称，老太太收留他是另有所图，那天晚上，施暴是因为老妇人向他提出想要性交，他不同意，于是双方发生争执。法庭上，针对被告人的解释，检察官反驳说，被告人辩解不可信，老太太年龄太大，不可能有如年轻人所说的情况发生，请求法庭对其科处刑罚。律师则辩护道：老太太一人独居，孤独难耐，常常收养无家可归的年轻人，小住一段后，然后借口将其赶走，老人的行为可疑，收养动机难说是纯粹做好事，被告人所说是合理的，建议法庭释放被告人。被告人最后陈述说，他的行为不好，对法国的司法表示道歉，他想回家。审判长命令把被告人带离法庭，等待宣判。

轻罪庭审程序，首先由一名法庭组成人员，核实到庭的被告人身份，询问案件事实，非领薪法官参审制能够平衡职业法官的专业偏见，做到人性化的认定。接着，由检察官站立指控犯罪事实，要求公诉人不能依照书面备好的材料宣读，否则给人留下准备不充分的印象。再就是辩护方的辩论，辩护律师在被告人申辩后发表辩护意见，辩护人发言时可以在辩席区间来回走动，附以形体语言，表情丰富。最后是被告人陈述。三起案件虽然都是外国人犯罪案件，却都是依照轻罪审理程序审理。法庭审理持续不断地进行，我们旁听的只是中间的几个案件，辩护律师像走马灯一样随着被告人的变换而相应更替，我们没有听到判决结果，判决留待若干案件审理后集中宣判。由于公诉案件繁多，检察官有时庭前准备充分，有时则在法庭上翻阅材料熟悉案情，这是因为犯罪猖獗，检察官员额有限，只能如此。每个起诉法院的轻罪案件，检察院都制作有书面起诉书，但在法庭上，检察官不会照着宣读，因为传统认为宣读意味着没有准备好，他应当像律师一样只参考、不念文稿。检察官与律师，必须有雄辩能力、有很强的表达能力，自由地讲出内容。雄辩能力甚为重要，他们的思维必须合乎逻辑，讲话令人信服。被害人与被告人都可以免费获得由政府支付报酬的律师的帮助。对犯罪的调查、起诉、审判各个环节紧密联动，警察、检察官、法官、律师，夜间与节假日不间断地轮流值班制度，被逮捕的人，在合理时间毫无延宕时机地接受尽速审判。"速审权"被奉为法国甚为珍视的人权标准，司法实践中，也能切实地得到贯彻。巴黎大审检察院，无论是值班检察官还是庭上检察官，依靠坚定的信念与执著的精神去推进工作，所展示出的专业、热忱、负责，给我们的访问留下了极其深刻的印象。

四　对有组织犯罪协同调查卓有成效

司法与犯罪的较量相伴展开，犯罪不断职业化，要求法国刑事司法越来越专业化、专向化。1995年遭受恐怖袭击后，法国决定设立专门部门，每个大审检察院设立金融犯罪部，巴黎、马萨还设立有公共卫生部门，专门处理血液感染案件、有毒建材案件等。自2004年开始，成立打击有组织犯罪事务部门，因为犯罪越来越国家化、国际化，犯罪网络越来越复杂。面对这种犯罪形势，司法部门亦应调整对付犯罪的专门机构。司法部设立有8个打击有组织犯罪事务部门，其中，法国境内设立7个、海外省设立1个。对有组织犯罪的调查，可以进行跨地区调查。这些部门设立有专门检察官、法官。对那些最为复杂的案件，有组织犯罪调查部门可以决定单独审理；对那些不复杂的案件，交由普通法院审理。法律规定由有组织犯罪调查部门审理的犯罪案件有：有组织谋杀、绑架、严重卖淫、印制伪钞、有组织盗窃、武器贩卖、人口贩卖、有组织非法移民，这其中最复杂的案件，由有组织犯罪调查部门管辖。如果是非常有组织犯罪或者是最严重的有组织犯罪（譬如是否属于国际性有组织犯罪），由有组织犯罪调查部门管辖。凡属于有关有组织犯罪方面的信息，均能获得检察院的帮助，定期向有组织犯罪调查部门汇报。警察、宪兵（有军队编制拥有执法职能的部队）汇集信息到巴黎大审检察院，然后再向有组织犯罪调查部门汇报。对严重、复杂的有组织犯罪案件，会同案发当地检察院进行全面、深入的讨论和研究，共同做出决定由有组织犯罪调查部门来调查。

上诉审检察长可以发挥协调功能，以保障执法行为的一致性。有组织犯罪调查部门成员，由预审法官、检察官共同组成，组员都是专家，以团队形式开展工作。在法国，所有有组织犯罪都由专设警察进行管理，随时与有组织犯罪调查部门保持联系。对跨国性有组织犯罪，有效地开展国际司法协助进行合作，尤其是欧盟司法部之间密切合作。有组织犯罪由专门的法庭审理，欧盟与海牙有专设机构，所属盟国各有一名代表派驻。这样就可以得到这些机构的协调，具体由法国境内的有组织犯罪调查部门采取逮捕行动，这些机构有职能上的分工，可责令有关国家协助开展调查工作，这些为逐渐过渡到建立统一的欧盟检察院铺平了道路。

2004年法律对有组织犯罪的调查、拘留等做出了有别于普通犯罪的特殊规定，譬如对普通犯罪羁押期限规定可以由24小时延长到48小时，对有组织犯罪拘留可宽限至4天。与普通法规定一样，检察长有权决定延长24小时，再行顺延则必须由羁押法官决定或者征得检察长的批准。比如对毒品犯罪的调查，则有更多的时间进行查清事实。搜查措施也有区别，对普通犯罪应从早6点到晚8点进行搜查，轻罪调查也应当考虑选择一个对犯人及其家属情感伤害最小的调查方式。对有组织犯罪则可在夜间进行搜查，而且搜查前不一定要取得被告人的同意。对人的跟踪，普通法规定只限于所管辖区域，对有组织犯罪的跟踪则无辖区限制。打入犯罪组织内部的卧底侦查，法律规定需要由预审法官或者检察长批准，可以延长4个月。

卧底侦查要有专门人才能够做到，不允许透露姓名，卧底者直接听从司法警察的指挥。卧底者不是以自己身份深入犯罪组织，他要保持中立，不能鼓励犯罪组织进行犯罪、向犯罪分子提供便利如伪装成司机，但不要刺激犯罪分子。卧底者享有刑事责任豁免权，也享有不被透露名字的权利，如果披露信息则受到法律制裁。卧底侦查可以为诸如犯罪网络的侦破提供很有价值的东西。电话监听批准程序与普通犯罪也不同，对普通犯罪的监听由预审法官决定，对有组织犯罪的监听可由检察长批准，也可申请预审法官批准。犯罪越隐蔽、越谨慎、越不露声色，卧底侦查也越显重要。卧底者可潜入车内或者住宅安装窃听器，法律对此规定，由预审法官批准。申请要有充分理由，譬如是严重的犯罪、案件很复杂，这也很重要。因为电话里往往不能监听到犯罪预谋的过程。有组织犯罪事务处有更多的工具可以利用，但要受到羁押法官严格的监督。法律规定：对调查有帮助的犯罪人，可以减轻刑罚，在这些方面，法律也正在修改、不断完善相关规定。法官也有权力没收犯罪的资产，这也是富有成效的。要查清犯罪到底有无财产，无形财产也会被没收，不过，目前的财产没收程序太过复杂，正在考虑做相应的修改。在这方面，其他盟国比法国更加有效。财产没收措施也有盟国的配合问题，通过合作把财产拍卖后进行分享，但这个问题不很有效，正在修改法律，以提高效率。

在巴黎，有组织犯罪调查机构，是专门的非金融犯罪调查机构，金融犯罪则由专门的金融组织机构调查审理。2004年以来已经查获了200宗有组织犯罪案件，三分之二的是国际性有组织毒品贩卖。欧盟各国吸毒现象很普遍且有增长态势，大麻、可卡因数量普遍增加，海洛因虽曾下降过但现在又有增长。摩洛哥是产量很大的生产国，运输通过西班牙进入法国境内。陆地上运输也经常发生，12月中旬就没收了1吨大麻。摩洛哥经济对大麻的依赖十分严重，欧盟为其提供经费让其打击。可卡因产地是拉丁美洲哥伦比亚，由于北美市场越来越难以进入，于是，过去多通过加勒比海进入法国，现在则通过西非进入法国。哥伦比亚等国家的海关、法官、警察存在贪污腐败后懈怠职守，这些毒品流进法国市场。甚至，他们利用非法获利收买当地工厂，成功地进入了当地经济。毒品通过海运、空运的都有，陆运也有通过摩洛哥、西班牙到达法国。可卡因贩卖，法国是平台，再运到其他国家。从摩洛哥、阿富汗经过土耳其到荷兰国欧盟，荷兰是合成毒品生产国，巴黎与荷兰交通方便，为毒品运输提供了便利。冰毒在欧盟很少，毒品案件占50%以上．卖淫、武器贩卖等这些案件占25%。卖淫网络形成于西非尼日利亚等国家，也有网上卖淫网络，在这些案件中发现也有中国人的卖淫案件。武器贩卖源头在巴尔干半岛国家。非法移民网络，主要是伊拉克等东南亚移民，法国不是目的国，是转地国，目的国是前往英国、北欧国家。这些案件组织严密、跨区域广泛，很难侦破。每年也发生为数不多的几起伪币案，伪币案主要发生在意大利。盗窃也有，首饰等的盗窃近年有下降趋势。每一个案件的预审、调查平均要两三年，一直到审判阶段，被告人都处在由羁押法官决定羁押的状态之下。

对这些案件，有组织犯罪事务处负责预审法官前面的调查工作，预审法官负责后期调查工作，两者保持紧密联系，9个人每周24小时轮流值班，夜间和周末在家里值班、接电话，联系方便。对有组织犯罪案件的处理过程是漫长的，不是快速的。检察院对警察发挥调查、指导作用，检察院是首选对话者，争取有组织犯罪案件调查处的意见，汇总侦查调查资料。要求法官在反恐、金融、有组织犯罪等方面应更加专业。检察官也是一样，要阐述事实，告诉被告的原因，具有分流案件功能。毒品犯罪有重罪也有轻罪，处理程序遵循相应的规定，对有组织犯罪有特殊程序规定。除了办理2004年以来的200件有组织犯罪案件以来，此外还管理日常有组织犯罪。如果有未成年人网络要送未成年人侦办处，是否分案要看情况：参与犯罪到什么程度。金融犯罪与有组织犯罪交叉应由谁管辖：可以共同审理，金融犯罪不复杂也可交由有组织犯罪事务处。有时有金融专家、有组织犯罪预审法官共同参与审理，以团队方式共同审理案件。这些案件应当特别关注，必须向检察长同时也向司法部长汇报，定期汇报一年两次，对特别敏感案件要及时汇报。司法部长通过共和国检察长发布指示，但这种情况很少见。从法律上说，应当是检察长的意见，检察长与检察官关系是下对上的过程而不是上对下的过程。

五 对未成年犯罪打击与保护同等重要

在法国,有独立的未成年犯罪(轻罪)处理程序规定,其法律依据追溯自1945年,有专门的法院审理重、轻罪,起诉由专门检察院承担。对警察调查的未成年人犯罪,有三种情况出现:证据不够不起诉归档,证据足够但罪轻要求赔偿,严重要么重罪由法院或者由儿童法院处理(法院交少管所或关押),审理时作为检察院代表的检察官出庭。与此同时,未成年犯罪部门的检察官,要与市长、检察长、学校等多方共同参与预防犯罪。遇到有虐待儿童的情况出现时,检察官有保护儿童的法律职责。由于履行职能广泛,需要有一个特殊组织来承担。8个检察官要负责两三个区,这样就对未成年人整体情况有一定了解和参与。儿童法官也有同样的组织,另外,接警察局电话后,检察官应当立即有所反映,涉及未成年犯罪要尽早地接触,值班律师要随时随地24小时轮流值班提供服务,值班要负责所有巴黎地区,白天在单位、夜里在家里值班。

负责处理未成年人案件的,总共8人轮流值班,他们指导警察,要么当时审理,要么交儿童法院,要么提交预审法官两月审理完毕。因为未成年部门倾向于教育、案件少、打击力度要比成年人低,但未成年人可以关押,16岁以下不能关押,除非没有遵守司法要求,13岁以下不能有刑事起诉。未成年人犯罪呈现三个趋势:未成年人犯罪增加、犯罪程度越来越严重、犯罪年龄越来越小。也有些组织盗窃原来是成年人现在是未成年人参加。为此,司法部长正在考虑将年龄降到12岁,正在酝酿的这个方案,是出于对日趋严重的犯罪形势的考量,这个问题在法国争论不休。未成年人犯罪确实有增无减,但因素多:家庭迫害、学习成绩不好、移民难以容入、工作解决不了等。因此,对低龄化儿童违法的,可以到特殊场合隔离开来进行教育,并不只是入刑这一种解决办法。这似乎和我国对青少年犯罪持宽宥的观点相同:作恶和犯错是不同的,作恶的自有天道,犯错的要加以饶恕。孩子只是犯错,所以要给他改过的机会。

检察官通过接听电话,24小时提供服务,每个人白天接听30~40个电话,警察局及时报告未成年人拘留情况,可以及时指导、调查和处理案件,根据情况轻重决定是否送儿童法院。对未成年人犯罪的职能双重性:一方面是拘留,另一方面对儿童保护(未成年人安全),比如虐待儿童要交儿童法官进行保护,检察官也可以自己决定进行保护,将他们交给保护未成年人的机构。未成年人保护:有法律规定-民事判解和判例,主要是虐待、不给吃饭等精神病患,主要从学校、地区议会取得信息,互通信息、汇通报,或者从刑事程序获得信息,通过传真获得信息或给我们写信,可以提交给儿童法官审理。

检察院参与预防犯罪的政策和行动,尤其是保护青少年的行动。检察官可以紧急决定留置处于危境的青少年,并与青少年司法保护机构、社会事务部门及各公立和私立有关部门进行联络。

六 检察官和法官同属司法人员

在法国,法官、检察官是处于同一个体制之内的司法人员,职位要求条件相同。选拔司法人员制度,依附统一司法考试,对法律人员的资格审定与国家任用,以考试为检验与筛选的关卡。高中毕业后读过四年大学达到硕士水平的人员,通过国家司法考试后,接受同一所国家司法官学院的职业培训,再在国家司法官学院学习三年。培训结束后,可以担任检察官,也可以当法官;检察官和法官相互转换没有制度上的障碍,一生可当几次检察官,也可以当几次法官。检察官与法官相互转任,需要最高司法委员会的同意;除非基于纪律惩处的调动决定,没有本人同意,不可以对司法人员进行调动。当然,对于司法官来说,坚持正义的品德同样重要,司法官要同时具备专业与操守的双重特质。司法职位薪酬在 2000~9000 欧元之间。法官 63 岁可以退休,也可以延长 5 年退休,最高法院的法官及附设检察院检察官退休年龄最多可以再延长 3 年至 71 岁退休。

律师考试与法官、检察官统一考试没有任何关系。法官、检察官统一考试前是 4 年的硕士学位,考试很难通过,考试后还要对品行、性格进行调查,通过警察查看有无犯罪经历、是否遭受过逮捕,逃地铁票等不诚信、饮酒驾车等犯罪与职业没有关系,并不影响担当法官,法院书记员具有 10 年以上经验,律师经过专业委员会同意可参加司法人员考试,通过后经过相应考察也可获得司法人员职位。警察有学历与专门培训方面的要求:高考后两年考试合格后培训一年半、高考后 3 年或者 5 年考试毕业培训两年,可以充任不同级别的警察。

预审法官是由一人决定调查的领导侦查机制。根据法国刑事诉讼法律规定,预审法官有权自行调查,但可支配的人力资源不够,法国司法改革正考虑法官应当拥有更多的资源。由于警察和检察官人数较多，可以承担调查任务，预审法官把需要调查的案件交给警察和检察官进行调查。如果只发现犯罪事实的发生需要确认犯罪实施者，预审法官会把案件交给检察官和警察调查；如果已经知道案件的犯罪行为实施者，则只由预审法官进行询问犯罪事实。在英美国家，要有充分司法经验，而且年岁大的人，才能充当法官，而法国的法官任职年龄有时很年轻，近年发生的那起轰动法国的儿童虐待案件，承办调查的预审法官刚刚27岁。年轻人活跃，但没有经验，正负效应相当。产生差别的原因可能是：英美国家，实行判例法至上，法官是选任的；而法国，通过考试后由议员决定，虽然判例也重要，但是实行宪法和法律至上，实行裁判独立原则。

共和国检察官是检察长，检察官代理检察长行使职权。法国有1500名检察官。检察院活动要遵循两个原则：一是科层等级原则。司法部长在罪案与赦免总局的帮助下进行司法管理，确定具有一般导向性的刑事政策、给予犯罪调查的手段和监督刑事司法体制的良性运作。每个检察官每年都会收到司法部的60个一般指令，这些指令只能是要求进行追究的指令，绝不能是一个要求归档不处理的指令。指令必须书面化并纳入档案。接到指令后在公开庭审中可自由表达自己的意见（口语自由）。各检察长收到司法部长刑事司法总政策的指令，他们在各自的管辖范围之内协调检察官执行，每年就执行情况提出报告。二是不可分一体原则。在每个检察院，每个检察官做出的决定都被认为是该院检察长做出的决定。检察长有责任在其检察院内确保执法工作的完整性。最高法院总检察长及40名检察长的工作是：对司法决定和判决给予是否合乎刑法的意见；主持对检察官的纪律委员会工作。35名上诉法院检察长的工作是：执行刑事司法政策；在自己辖区内协调检察官的行动。181名共和国检察官及其1200名代理检察官的工作：指挥司法警察的行动；代表国家提起公诉；执行刑事司法政策；负责执行法庭判决。巴黎司法宫里有300名检察官和100名法官，负责起诉、审理和执行工作。

上一级检察院每两年对下级检察官的团队精神、工作效率、反应能力等方面进行综合评价，不遵守职业道德要经过纪律委员会评议，不合格要被淘汰。法国司法人员也有性虐待、性交易等不光彩的事件发生，2008年12月中旬，巴黎有一法官因腐败被判处8个月，这种情况非常罕见。接访的前一天，巴黎有个检察官因滥用职权暂时监禁被起诉了，但他不承认给看守所主任打电话，也有可能是代理人打电话，事件正在调查之中，尚无最后结论。巴黎近年曾经发生一起影响很大的性虐待案件,轰动整个法国。这个案件只有一名法官预审讯问,后来由检察官起诉法院后,被审判法官裁判侦查证据无效判决被告人无罪释放,因此,由几人讯问是必要的,由一人预审被告人则存在很大诉讼风险。由此,这个预审法官承担了被行政处分的结果,因此改任另一工作,不能继续做预审法官,这种结果不是最终的处罚。他是现行司法体制中的受害人,这种丑闻在法国也很少见。这个案件对认识法国司法缺陷和今后的司法改革是有好处的。对检察官的纪律监督由上诉法院检察长负责,对检察官十分严重地违反职业道德案,检察长可交由最高法院总检察长主持的纪律委员会处理。对新出台的法律议员可对司法人员的执行情况进行考察,但是没有资格评价与咨询司法工作。

七 司法与媒体时刻保持有间隔的联系

司法与媒体的关系是复杂、敏感、热门、棘手的问题。法国国内媒体业发达,新闻监督无孔不入。国际新闻单位在司法宫设立有新闻办事机构,这是法国司法的特色。各国媒体经常会要求检察院对某一案件做出解释,为避免误解,很有必要对外作好通报工作。法律规定,只有检察长可以透露案件的有关信息,并由他一人负责。检察长可以委托第三人透露部分结果:譬如检察官调查、法官审理等,检察长可以表明立场和看法。与英美国家法律不同,法国对犯罪的调查是在不公开、不透明的情况下进行的,披露信息要十分谨慎,有时披露一些不该透露的信息,会引起很大的麻烦。越来越多的媒体要求快速、尽量多地透露被调查人员的名字、调查的内容,但是,这种做法随时有可能侵犯个人的自由。这是一项很敏感的工作,要尽量控制,但越来越难了,因为新闻要求的透明与调查犯罪不公开两者之间存在矛盾。同时,越来越多的媒体到宪兵队、警察局、法院拍电影、电视给观众看,迎合普通民众好奇心理。如最近一家很著名的法国报纸公布了巴黎司法宫地下宫关押待审人员的一组照片,地下宫这些地方是禁止外人进入的,但还是有人拍到了照片,然后高价卖给了这家报纸。公布这些照片的传媒,用以批评、指责司法存在问题,批评关押人的条件不人道。检察院的新闻发言人的功能就是尽量处理误传、谣传,澄清事实真相。

法国媒体业对司法的监督力度很大,每次有丑闻受到攻击的总是检察长,声誉形象受到严重损害时,检察长不得不辞职。因为经常受到媒体指名道姓地攻击，检察长每天早晨都看报张，浏览有关犯罪案件的报道。检察院内部的公关与国际关系负责人，受检察长指派专司新闻发布之责，向媒体解释检察长如何做出的决定。巴黎犯罪在增加，游行等有增无减。圣诞节来临时的近一个月里，未成年人需要现金购买礼物，导致盗窃等案件不断增加，这时，新闻媒体对发生的案件格外关注。

法院没有权力向媒体发布信息，警察局也没有权力对外发布信息，只有检察院才有权力发布信息，只有检察长及其委托人向媒体发布信息。一些敏感案件，检察长亲自参加新闻发布会："检察院发言人"是每个检察院设立向媒体发布信息传播人，检察院没有公开出版的刊物，司法部设立的网站是非常集中化的机构，负责向公众提供信息。快速审理部门的检察官向副检察长汇报、磋商，案件中哪些信息可以对社会进行公开披露。每天早晨，检察长、副检察长一起开会，对每天要审判及未审判的50~60宗犯罪案件分析评估，讨论案件有关信息。检察院的所有部门，对个别案件值得披露的，就应当对外发布信息。如果认为公众或者舆论要提请公众注意，就主动发布信息，但这样的情况只是个别的，一般情况多是媒体主动找到检察院国际关系处负责人了解情况。尤其是对于明星案件，媒体往往特别主动，巴黎明星很多，有吸毒等许多问题，遇到这种情况，记者都很主动。新闻发言人首先是检察官，他必须精通法律，透露案件真相，要说了算数，譬如在百货大楼发现一爆炸物，媒体打电话询问，在这种情况下，不能让记者说了算。又如有一起武器贩卖案件，持续3~4个月时间，有43名被告人，42名律师，2名检察官，这个案件存在有金融欺诈和一位很有影响的政治家涉案。该案事实复杂，国际关系处负责人天天旁听，然后向媒体通报。

法国司法体系主要由预审法官调查犯罪，调查的经过与程序是在保密状态下进行的。但是，新闻越来越多地要求司法过程透明，走美国式的司法道路上的程序公开。现在不断质疑甚至主张取消预审法官调查制度，交由检察官对犯罪进行调查，呼吁取消预审法官调查制度愈演愈烈，但是，反对声浪旗鼓相当，认为取消预审法官调查制度，检察官由司法部领导，不是独立的，检察官如果拥有较多的调查权，不会公正地对待案件。这个问题在法国争论不休，司法部长已任命专家委员会对法律修改进行论证，参酌诸等情形提出修改意见。法国司法体系是否适应当代趋势和国际环境受到很大挑战。几周前，一新闻记者在家遭到逮捕，其逮捕原因受到质疑，使备受质疑的法律雪上加霜。法国同行认为：针对现在的情况，预测将来趋势，预审法官权力会逐渐变小，司法透明度会变高，会逐渐趋向英美国家司法体系的做法。

八 历史嬗变图景的巴黎司法宫

巴黎司法宫是著名的欧式建筑，可谓岁月悠邈，由王宫、商业市场易名的司法宫，历经近七百载，活脱脱一幅法国历史嬗变的微缩全景。当你步入司法宫大厅与走廊时，各种精细雕塑和隽美壁画便映入眼帘，桩桩历史事件扑面而来，访者自然而然会参与到其中，不由得会对往昔事件产生思索。

上午9时许，出访团成员在法方中文翻译的引领下，避开狭窄曲折楼梯，乘坐仅能容纳四人的老式电梯上楼。荣誉法官莎落（Charlot）先生早已在接待室等待我们，莎翁原供职于巴黎上诉法院，是位德高望重的庭长，在巴黎司法宫工作了40年，熟谙司法宫的历史及其演变，对现状了然于心。从法院荣休后，莎翁住在巴黎远郊区，为了我们这次访问，他不辞辛劳，一大早乘坐地铁来到巴黎司法宫和我们会面。莎翁个子不高，戴副黑边透明眼镜，头顶鸭舌帽，是典型的法国老人形象。他已有88岁高龄，依然精神矍铄，性格开朗，和蔼友善。莎翁叙事很有条理，且记忆力过人，有关司法宫的数据、年代、人物、事件，毫厘不爽。接下来的三个小时里，他边走边叙，娓娓道来，饶有兴致地讲解，耐心细致地应答，态度极其认真而开诚。

莎翁介绍说，司法宫是巴黎的司法地方，里面有三级机构：大审法院、上诉法院和国家高等法院及附设检察院（但检察院受司法部长领导不从属法院）三级机构都在一起。法国高等法院是法律审不管事实，程序违法可提交高等法院，高等法院认为有违法存在可重审，然后交由另一上诉法院重审，被告人不满可以再次提出不满。如果第2次提出，高等法院全体会议由6名庭长和32名顾问一起做出决定，如果保持同样立场可交第3个上诉法院重审，审理是独立的，但必须遵守高等法院第二个决定，出庭的检察官、法官必须穿黑色法袍。司法宫除了法官、检察官办公地外，有一些楼房是律师办公地，很大一部分用于警察办公地，还有地下羁押犯人场所：一个是警察拘留地，一处是监狱。拘留场所与法官、检察官办公所在地有直通网络。羁押地还有女性拘留用地，其管教信仰上帝耶稣，它实行天主教信徒式对女性进行管理，效果极佳。司法宫的另一侧是警察宪兵部队。巴黎司法宫内，4000多名法官、检察官、律师、警察、宪兵一起深耕法制，巴黎人时时沐浴在公正的司法阳光照耀之下！

莎翁对司法宫如数家珍，他说：宫殿占地面积有4公顷，走廊总长24公里，6000个门，3800个窗户，法官、检察官、警察和宪兵等工作人员有4000多人，每天来往人员（包括地宫临时羁押犯人）15000人次。司法宫建筑历经1000多年，历史可追溯至公元前52年，当时属古罗马帝国，古罗马皇帝、法国国王都曾经在此居住过，直到1360年正式成为王宫。王宫临河而建，据史载，皇帝每天晨练后，会到塞纳河里掬点水喝，惬意无比。可以推想，那时的塞纳河水甘甜、纯净、无污。后来法国国王搬到其他地方居住，宫殿由商人接管。当年，在正对大厅的长廊处布满高档商品，以及商人经营的商业网络。今天，商店已经不复存在，但依然保留有小型的邮局、银行、出版社。1532年，在宫殿里还建立了一个小教堂，以供皇帝做弥撒和大臣祈祷之用，但后遭到烧毁，重建时小教堂移位于现司法宫内的东北角。时间悠邈，今日之司法宫殿和小教堂都已成为法国珍贵的文化遗产。它们对游人开放，参观者络绎不绝，每天有四百多名游客来小教堂参观。大厅一侧有三三两两席地而坐的临摹作画者，他们神情专注，流连于画板与雕像之间，想必他们是追求艺术的后生。

司法宫建筑风格各异，但错落有致像一个小城市，也如一个迷宫。朝阳的宫殿门楣上，雕刻有象征国王的皇冠。皇冠标志即便经历过法国大革命，也没有因建立共和国而遭到破坏。以前人们相信国王及其委托大臣能够对各种是非曲直做出公正的判决。直到1789年法国大革命，国王还一直被认为是上帝代理人、天下的主宰。上古时代，人类把自然看得很神秘，认为整个宇宙有一个至高无上的上帝所主宰。国王做出的判决视同上帝之神意。宫殿顶部呈现为圆形天花板，是哥特式的交叉穹隆，这种建筑造型优美，既解决了拱穹问题，又会产生一种凝重深邃的气氛，是欧式教堂的典型。穹隆是上帝与普罗众生之间的界线，当时，国王只能在穹隆形状的建筑里做出判决。国王大臣做判决必须身穿司法服饰，如黑色或红色法袍（当时的法国司法官被称为"穿袍贵族"），否则不算是委托。19世纪的法庭建筑与教堂建筑群样式、标志、陈设能够产生一种神圣的视觉效应，暗示着司法与宗教有着千丝万缕的联系；历史上，宗教与司法的关系经过了漫长的演变，演进中，司法权虽然克制自己变成一尊新神的诱惑，却因显赫的权威获得了无上的尊崇。今日之法国，有许多圆形天花板法庭建筑，可谓历史观念的遗留物。

  被关押在地下宫的囚犯步经法庭,必须穿过宫殿一层的走廊。走廊旁边有雕像和油画,入大厅其间,得经过圣路易国王手持法杖坐在橡树前的油画,据说,路经之人期许被公正对待的可手摸圣路易国王的膝盖,出来满意时触摸圣路易国王的手,可得上帝庇佑之灵气。圣路易国王身后的橡树,代表着上帝和国王之间的联系。自从法国大革命以后,司法宫里一直栽种着一棵象征司法适时因变的橡树。每年更换种植一棵,寓意时令变迁,司法不能因循成规,而要与时俱进,根据时宜变迁和环境变化,不断地做出调整,扬弃往昔违背人权保护趋势的判令,以适应社会需求。法官太过保守,过度强调条文诠释,所做判决不合时宜,会被民众讥讽为司法犹如中生代末期灭绝的恐龙,身体庞大,感觉迟缓,朝伤身体,暮觉疼痛。我国古代最重要的文献体系有"经"和"史"两套。"经"为标准,用来匡正现实社会的准据;"史"为社会现实的记载,它不是按照"经"的模式复制出来的,不可能与"经"完全吻合。这恰恰也印证了法国司法所崇尚的稳中有变的经意。持重之中不断求变是司法的至上境界,司法官既要具有坚实的底蕴,捍守保守立场,亦要致力于洞悉法律与社会实际需要的关系。满足于旧俗惯例,势必使法律缺少生命的活力;顺应社会变迁,以恢宏包容的胸襟,适时调整司法策略,使司法裁量超越形式层面进入目的层面,符合实质正义。司法官以实事求是的态度根据情势变更法则,既能够应对某些历史遗留问题,又能够应付现实问题。这样,才不至于使社会发展与司法裁断成为两条永不相交的平行线。

  司法宫中社会法庭与劳动法庭天花板上的油画里,有天平、利剑、曲蛇、明镜、大象等具有司法象征意义的器物标志。天平代表法律,象征公平、公正,彰显崇法务实、公正客观。司法官的天职是保障公民的生命财产安全和捍卫公正、保障公平、实现正义。法官凭什么越代上帝定谳的权柄?规则化的博弈诉讼,既需要有完备的制度和严格的实施,也需要明晰各诉讼角色的职责。法官持居中立,秉承公义,不偏不倚,与诉讼两者保持适度的距离,勿让社会舆论产生有瓜田李下的不当联想。利剑代表法律至上,以追求社会正义维护公道。蛇代表谨慎、敬畏与稳健。大象代表保护普罗苍生的雄厚实力,象征不惧艰险、摘奸发伏、坚忍不拔。权威意味着实力,权威是司法官行使职权十分重要的政治资源和职业资源。明镜代表操守廉洁,司法过程透明剔透,这恰如法谚"阳光是最好的防腐剂",让公正以看得到的方式透明、公开地运行,让公众可以看到司法官是在怎样行使裁量权，允许传媒把违法或不当的司法行为从黑幕中拖到玻璃房子中，让世人饱览那些身穿夜行衣鬼祟做活的行径。这些蕴含深厚大道的标志，经年累月逐渐形成一种凝聚力量的司法信念，激励司法官圣徒般地坚持、伫立于信念原点岿然不动，让灵魂寄存于此。

司法标志是借器物形状、动物秉性、植物属性，以传达司法独特性格的文化符号，是被广泛倡导的深层次的法律精神。标志被赋予某种意义后，以特定含义的文字图释，把抽象的法制理念具象化，彰显司法的精神内核。标志的直观性便于解读司法性格，领会司法奥妙，清醒体会法律意境，全面、深刻地理解司法属性，譬如蛇之暗含司法自当有谨慎敬畏之品格。纪伯伦曾说："把手指放在善恶交界之处，就可以碰触上帝的袍服。"因为司法解分止忧、断人毁誉，甚巨，送入天堂鞭至地狱，裁人生死。人间善恶之裁断，本为上帝之权杖，司法官代为行之，岂能不戒慎、谨守职分？德肖维茨指出，检察官自认为心目中的最高贵动机是，将作奸犯科者绳之以法，并降低犯罪对社会的危害，这样往往也有物极必反的一面。因此，日本检察官有用"秋霜（社会黎群）烈日（不当行使检察权的检察官）"的箴言来警醒自己的控罪活动，意思是如果检察官对实施检察权不够谨慎、恣意妄为，苍生会备受荼毒，宛如难抵烈日烧灼的秋霜。莎落法官深有体验地说，依法执法与依公正执法是不一样的，司法官仅诠释法条显然不够，有时需不要法律依心执法。正如法国文豪雨果问道："谁是法官的法官"，答案是：法官自己。这样的回答，是法官对自己的良知与道德期许。法官应当具有超然法律的哲学思维，心中的善恶的尺度依凭法识、法信裁断。

1840 年建造用于全体法官会议地方的建筑，是专用第三审程序的法庭，这里国家标志与耶稣十字标志虽然已经分开，但法庭仍然留有宗教色彩。商业法庭是唯一没有被烧毁又保持原样的法庭。莎落法官说，他对 1955 年后的 10 位庭长都很熟悉。高等法院民事法庭里，四周壁柜里装满各个时期的典章书籍，阅览书室里有关国际法、因特网典章等应有尽有。中间走廊立有获得古希腊灵感后编撰法国民法典巨匠以及八尊法国总统的雕塑头像。宫殿地下藏书籍被巴黎公社的革命者烧毁。巴黎大审法庭审理的案件，异常复杂疑难，法官、检察官用词考究，艰涩难懂，审理枯燥，进入旁听的手续虽很简单，却几乎没有人来旁听。

司法官专设有畜牧业、植物、农业法庭，标志着法国是农业大国，历来重视农业的发展。大厅 14 世纪建立，16 世纪烧毁，17 世纪重建，用于婚礼宴会，直到 1502 年路易十二后重建。1848 年巴黎公社后，平民与国王平起平坐，和国王斜面相对的塑像是，平民法官与雄辩律师。法律与司法正下位有一乌龟，寓意是司法不要效率，司法要心怀公平而不迷恋速度，效率价值取决于公正。因为效率是中性的、工具性的，公正则是一种值得永远追求的理想状态，所以两者其实并不对等，但对公正的重视并不必然推导出对效率的否定。宫殿大厅顶部雕像，两手分执一法典和油灯，寓意人们白天、夜间都应自觉自愿地遵法守纪。1789 年的革命法庭，原来曾经作过教堂，有四个很大的窗户。国王的法官是检察官的前身，代理国王处理法律事务，是站着的法官。就是在这里，许多人通过革命法庭判决后被砍头。

19 世纪的法庭建筑与教堂建筑群样式、标志、布置能产生一种神圣的视觉效应，暗示着司法与宗教有着千丝万缕的联系。现实中，法官被尊称为共和神，其裁判也被认为是假借上帝之手。所以，法官既然为神之事，就要修为神之格：要让自己有相称于这样无上权柄的操守与担当。法官要切实地完成使命，就必须放弃私利欲念，能够真正承担着经由上帝所给予的价值托付。而普罗黎群在宗教般的神圣感中，心底永存精神权威，始终抱有敬畏之感，心灵返归宁静。法国人把富丽堂皇的教堂式建筑的司法宫，视同圣所便是明证：置身穹隆形如圣殿般的法庭里，面对稳坐法台之上、身着法袍的司法官，普罗众生内心所暗生的敬畏感，有谁能够说得清楚，那尊到底是法律的代言、上帝的化身，抑或是神祇的耶稣替身？

司法宫在同一整体建筑单元里，将雕刻、绘画装饰、宗教祭礼物品结合在一起，又很容易让人联想起法律与艺术的结合。司法宫整体建筑和画派，深受法国"洛可可"风格和意大利风格的影响。我国古代建筑的主流是木结构，而欧洲古建筑的主流是石结构。对其中差别的原因，著名建筑学者王贵祥认为：西方古代与中世纪的主流建筑，是为彼岸的神灵建造的。神灵或上帝是至上的存在，为神与上帝的建筑，要永恒、宏伟，具有威慑力量。西方人往往会花上上百年的时间去建造一座大教堂，因为它是彼岸的，不是现世的，建造者也就并不期待在很短的时间内建造完成。巴黎神庙与教堂中的圣坛，都是用石头雕琢的，体现追求永恒与久远的彼岸理念。富丽堂皇的大厅顶部及四周殿堂充满金色灰墁，新奇想象力的壁画，栩栩如生的雕像，再现了当年盛世法国的舞台和音乐艺术颂扬天主教教会的巨大成就。不过，巴黎的宗教建筑，通常都是一处狭窄的建筑，呈四边形、多边形或者圆形，圣所大门朝着日出的方向。这同我国朝圣的庙堂外观和雕梁画栋的内室装饰有异曲同工之妙，然而西方拘泥于狭隘的形式，似仅能满足神秘信仰的需求，这同我国千屋万顶、高低起伏、错落有致与巧妙结构的皇家宫殿和祭祀神灵的庙宇建筑，以及狩猎园林之大写意风格无可比拟。

　　虽然这些与画面映衬的典故，多少带有历史加传说的意味，但流经久远早已被人们所接受。在莎落法官充满激情、绘声绘色的解说中，历史人物顿时鲜活起来。那些建筑、壁画、雕像、事件、人物，在历史与神话的交织中，把我们的想象力，时而抛向远古，时而拉回现实。野蛮、文明、美妙叠加交织：残暴杀戮的战争血腥场面、极端残酷的公开绞刑所带来的不仅仅是心灵的震撼，也有深沉的思考；女神、天神、太阳神、宙斯、天使、益兽给人类带来的美，是善良人类孜孜以求的结果；剪羊毛、割庄稼、挤牛奶、摘葡萄等丰收后的喜悦，是那么弥足珍贵；还有鸟的飞翔或献祭的动物等许多画面，无不烙上宗教的印痕。神灵庇护惠及世代相传的信徒，使他们通过壁画能够理解无所不在的诸神递送来的信号。这些艺术品尽管经历久远，但图画精细，色彩明亮，空间感突出，对于缺乏艺术感的访者来说，他们真实地感受到了艺术的启蒙。完全有理由相信，莎落法官的司法生涯里，少不了艺术技巧的运用，他的讲解已经把法律、心智与精细的艺术完美地结合起来了，隐隐的美妙通过平和的语调缓缓地流淌，流入我们的心扉，其美妙无以言传。

九　有宗教信仰和重人道厚秩序的法国文化

　　法国传承了敬奉诸神的欧洲文明，民众心底普遍崇敬神祇的宗教。基督教精神倡导问心无愧地追求幸福，开创了把人置于世界中心的人道主义，法国是按照这种理想造就的。法国人看待和处理现实问题，习惯以道德宗教戒律作为判断问题的指南。此次出访，法国人所具有的重人道，厚秩序，深藏宗教信仰的民族精神，给团员留下了深刻的印象；我们也真真切切地感受到了法方同行言谈举止所表现出的人本精神和所在国家居民崇尚法律的基本素养，真正地体味到了与法国政府印象迥异的法国人民的热情、礼让与文明。法国人享受着古希腊和罗马留传给整个欧洲的法律和成文法遗产，成文法扩展到一切生活行为，不论其是以公共还是以私人事务为目的，契约概念都深入人心，可以很好预防某些随心所欲的行为。对法律神学宗教般地信仰，能够彻底贯穿着法国社会的价值共同体责任意识。从法国人身上，深感到法治精神中思想与行动的和谐统一、相互协调，深感到法律的美妙和法治的巨大力量。法国检察官对法律精神有着通透的理解，敬奉圣经、神祇与尊崇法律相得益彰。我国与法国司法制度虽然存在着巨大的差异，但在人文底蕴与对法制的不懈追求等方面却是共通的。我们进一步认识到，中法两国发展道路不同，但条条道路通罗马，从法国人身上，我们分明看到了中国未来发展的法治国前景。

值得一提的是，巴黎大审检察院检察长马汉先生的办公所在地，正处巴黎司法宫三层楼房西南角，倚临低窗，近可俯瞰流淌的塞纳河，远可眺望埃菲尔铁塔、巴黎圣母院等著名建筑。每逢尊贵客人造访，马汉先生都会自豪地带着客人临窗欣赏佳景。也许是马先生有意安排，被邀之时，恰逢夜幕降临，华灯初上，远眺近俯，巴黎胜景尽收眼底。巴黎空气湿润，阴雨天多，冬季不冷，窗外凉风轻轻拂面，心旷神怡。18号的告别晚宴是由巴黎市政府负责安排的，地点设在美丽的塞纳河游船上，是典型的法式餐厅。只是告别宴有点特别，只有客人，没有作陪的东道主，中间通过由巴黎市政府雇佣的司机联络和接送。那晚，天公作美，微风习习，水波不惊。三个小时环河一周边欣赏河畔景色，边享用纯正的法国大餐。新鲜蔬菜、法国大葱、蜗牛、煎整鱼、法式牛排，芬芳美妙的波尔多、勃艮第与萨维尼等著名法国红酒任由品尝。席间，还有曼妙的巴黎轻歌曼舞，互动的观众和兴起舞，整船游客无不热情高涨，真切地体味了浪漫之都的四射魅力。

三日的紧张日程，精神紧绷，然而收获颇丰。这次考察获得的新知，着实灌输了一剂心灵鸡汤，留存于心温暖许久。巴黎活动行将结束，离开前的深夜，独处宾馆，久久难以入眠，起身遥望窗外，任思绪驰扬，感触良多。检察官是一项神圣的救赎灵魂、造福芸芸众生的伟业，这司法伟业传承犹如静静而缓缓流淌的塞纳河，饱含社会生活之美，滥觞远古、流经现在、奔向未来，绵绵不息无复断绝！

（编辑：王立强）

我与法语

罗慎仪[*]

我最初接触法语是进入大学以后。当我踏进外语学院的时候，同学已经完成了语音阶段的学习，幸而高中时，我上过北京大学的夜校，学了国际音标。于是我"照猫画虎"地读了试卷上那些词语，居然通过了考试，就跟班上课了。

不过，到底我还是缺了课。于是就找了一些有声资料"恶补"。当时，学校里的有声资料很有限，仅有的一些，如拉封登的寓言诗，大部分是有名的演员录制的，抑扬顿挫，绘声绘色，如临其境。至今仍背得出一些段落。还有就是录制的民歌唱片，一遍一遍地跟着学。最初似懂非懂，回来再查文字与背景，直到弄懂，背下来，其乐无穷。至今，我仍认为，诗与歌不失为一种有趣味又有效的教学方式，值得借鉴！

我的启蒙老师对我的培养功不可没。唐老师说过的话我一直铭记在心。他说，语言是无所不在的，不要漏过任何细节，例如，药盒上的说明，就有它的专门说法，如此举一反三。他是我的第一位老师，同学们说他尖刻，不留情面，我也领教过。一次在走廊上碰到他，他问道，"Où vas-tu？"（你去哪儿？）我答，"Aux toilettes."（去厕所。）他立刻说，"Tu ne sais pas comment être polie！"（你不懂礼貌。）当时，我十分难堪，可是教训无穷。的确，使用外语时，当事人对外语和母语的心理反应，效果不同。本人用外语欠妥当，自身反应不强烈，对母语听者就不同了。一不小心，就会出笑话，不可挽回！我不仅不埋怨他，相反我很感激他！

---

[*] 罗慎仪，北京外国语大学教授。

宋先生留学法国时，是学法律的，常替人"捉刀代笔"写论文，笔头十分严谨。在母语环境下学外语，最初只能靠语法来规范，逐渐才能运用得娴熟自如，笔头书写更难。教学多年，他善于把语法规则巧妙地运用到教学实例里来。例如，虚拟式的现在时和过去时，这种形式汉语里没有明显的形式变化，但并不是不能表达同样的意思，用个把语助词就解决了。他说，关键是，一个可能发生，一个不能发生。他设计一段文字场景，让学生自然地把不同的意思表达出来。例如，"要是我有时间，我就去。"究竟有没有时间，不一定，这就是可能的，或"要是我知道，我就去了。"显然，他不知道，也就没去。他把个人的体会传给了我们，一辈子都不会忘掉。

谢先生的翻译功底甚深，他会告诉你，同样一句话，在不同的场合，应该如何表达。他曾任驻河内领事，把外交工作的经验带到教学里来了。他平时不大说话，上课时声音很小，半倚在讲桌上，他的教案例句写在香烟盒的背面。你如果不聚精会神地听，就不知其所然，丈二和尚摸不着头脑！因此，他遭了不少非议。后来一位同事继承了他的衣钵，教翻译课，大为受益。

我求学期间，有幸遇到有真才实学的老师。他们既有学识，又有经验、称职、爱护学生。郭老师从小随家人去法国，长在法国，学在法国，直到大学毕业，学的是机械。我们入学后，听的都是他的录音，非常地道。有一次，他对我说，你应该总结经验，没去过法国的人，如何把法语学好。我说，还不是有了你们这些师长的榜样和教导！这是实话。但是他们的经历也给他们带来了局限，因而形成了北外有长有短的风格。一次郭老师带领我们师资班几个学生去北大一对教授家里，参加会见一位法国作家。面对法国作家，他竟然插不上嘴，讨论时，无言以对，无可交流。相比之下，北大的两位教授，他们也在里昂留学多年，虽然他们讲起法文来，就像听见了汉语，但是他们"有的可说"。语言只是一种表达形式，外形是为了表达内容的，而不是"绣花枕头"！到我们毕业的时候，只有我们少数几个学生可以写论文，实践与研究脱节。语言运用能力不差，文化底蕴薄弱，不善于个人思考，独立钻研，拿出自己的见解，使知识升华，用在教学与工作上。一个学校形成的校风，有其历史原因，更重要的是教员。至今仍值得认真思考。

走出校门

1964年中法建交，我们这些"土生土长"，"闭门造车"培养出来的外语教师希望从此有更多的交流机会，"请进来，走出去"。不久，果真派来了一批法国教师。他们大多是学过一点中文的学生，也有个别几个法国政要的亲属。他们大部分没有教过书。当然知道母语怎么说，怎么写，但不一定知道为什么，不能举一反三。他们很热情，来到中国很激动，但是尚未摆脱做学生的自由散漫。住在友谊宾馆，离学校本不远，骑个自行车，15分钟就能到，迟到的事仍时有发生。不过合作起来，还很融洽。他们带来了不少时尚的表达方式，甚至读音。例如，"是！"（Oui!）说的时候，不是朝外吐气，而是向内吸气！我们听着，很新鲜！语言的结构变化很慢，有它的稳定性，但其他成分就不同了，尤其是词汇的更新，与时俱进。大家都有体会，读小说相对容易，读报纸就困难，读 Canards Enchaînés 就更难！更不用说，理解讽刺或笑话了。当然，这其中，最大的障碍是内容，形式还是次要的。

一位法国电视台的笑星讲道，"Quand elle rentre à la maison, elle trouve quelqu'un dans ses pantoufles."（她回家发现有人穿上了她的拖鞋。）听众哈哈大笑，我们却可能莫名其妙！我想强调的是语言与文化不可分的关系。我在巴黎进修期间，喜欢逛早市。了解当地的民俗和风情，那是最好的场所。一次，我想买一只鸡（poulet）。摊贩看了我一眼，说，"Ma petite dame, pour chercher des poulets, il faut aller au commissariat !"（你要买"鸡"，得去警察局！）我瞪大了眼睛，看着他。这就是巴黎！早市上的商贩极富幽默感，善意的玩笑，脱口而出！原来，poulet 也指警察！我们并不想要"噱头"，只是懂得了，要了解书本背后的文化背景。语言与文化本不能分家，语言背后是不能或缺的文化"背景"（connotation）。尤其是词汇，变化快，与时俱进。不身临其境，有时很难跟进。例如，mètre，有时指的是停车场上的计时器。当时国内私人车不多，如何设想得出来呢？

我们的任务是如何缩短时间，又不能"偷工减料"，不能使学生该学的基础知识没学到。因此无法搬用现成的教材，只能从新编写，另起炉灶。这可不是轻而易举的事！资料少，参考书少，连我们读的法国小说都是苏联影印的，珍贵异常，但在"文革"开始时不得已扔进操场上熊熊燃烧的火堆里，眼看火苗迅速吞噬了那一页一页的文字，真像诀别一样伤心！再加上，人手不够，教员又上课又编教材，如何来得及呢！我们整天手脚朝天，疲于奔命。幸而有这批外教的加入，三年制还真撑住了！可惜，没过两年，"文革"开始，又中断了！学校停课，这批学生先在学校参加运动，后来，逐渐被分配出去了。

请进来的外教可没有十年的时间可耽误，纷纷离开，各奔前途。我们想走出去的愿望，也成了泡影。一晃，十年最好的时光过去了，也死了心，没想到，1978年，改革开放，峰回路转，竟给我们这批"透心凉"的"土包子"外语教师打开了一扇门，放了出去！虽然最终只能去法国三个月，但这三个月我们马不停蹄，兴致勃勃地参观了法国各地的名胜古迹。奇怪的是，似乎没有陌生感。可能因为我们连学带教，已经有十来年的功夫了，一切似乎曾相识，只是得到了印证。与一般游客不同，我们称之为"游学"。每到一处，不停地在小本子上，记下一些"活生生"的说法，跳出了从书本到书本的条条框框。记得一位成绩优秀，我引以为傲的学生，毕业后出去工作，有人说，"Vous parlez comme un livre."（您说话就像书本一样。）这既是夸奖，又是调侃！但我们做教师的，却不知如何是好，无计可施，也有些无地自容！来到当地，我用有限的零用钱，在博物馆里买了一套套幻灯片，准备回去给学生演示，有所弥补。以后又买了一架法国式键盘的打字机，送给系里，后来在赶制教材时，还真派上了用场。

从巴黎往北，我们参观了兰斯大教堂，知道在那里加冕的国王。我们也没放过不远的"香槟省"，参观了酒厂。原来香槟酒是在瓶内发酵的，每天要在架子上将瓶子颠倒一次，直到酿好，最后还有除渣的程序，难怪香槟酒这么珍贵！

"云游"至南方，我们参加了阿维尼翁一年一度的联欢节。看到当时教皇偏安此地几个世纪，所修建的雄伟宫殿。站在大理石皇宫广场上，我们明白了，为什么法国南部，叫作 Midi（中部），而不是南方，罗马还远着呢！我们也看到了，民歌中听到过，已经塌陷了一半的阿维尼翁断桥。戏剧节目中，我们看了《高加索灰阑记》。这个故事与一出京戏有雷同之处，我们也知道剧作家贝尔托·布莱希特[①]为梅兰芳的表演所倾倒，被京剧艺术所折服，并且在创作中，有意识地借鉴京剧的技法。不知是巧合，还是有意为中国观众选择的剧目，无论剧情和表演，都不生疏。应该说，文化本来就是相通的，类似的故事在不同的民族

---

① 法国诗人和剧作家。

文化中比比皆是，文化交流源远流长。

　　法国南方到处都是古罗马遗迹。我们站在几千年前的石筑水渠加尔桥下面，叹为观止，不由得让人想起都江堰。在宁静、优美的修道院里，不由得使人潜心沉静。我们那一个月住在城墙边主教府改建的修道院里。7月14日，我们参观法国国庆游行回来，主教请我们去他的住所喝一杯 Apero①。有人提了一个不大礼貌的问题，您有时会感到寂寞吗？他泰然，和蔼地回答说，有，那时，我就跪在祭坛前，向主倾诉，就不感到孤独了。不少的教士，既有学识，也有教养，何况主教。宗教信仰是文化的一部分。西方现代人，不管是否虔诚的信徒，经常出入教堂，他们血管里流着耶稣基督的"血"。正如我们，虽然没读过《论语》，也没记住几条孔夫子的教诲，我们的精神世界仍然在他制定的礼教框框里。

　　法国南方到处是鲜花，给我们的第一个难忘的印象，就是几乎每家的窗口都挂着长方形的花盆，衬托着粉刷得洁白、反光、反热的墙壁，十分诱人。田野里盛开着紫色、香气扑鼻的薰衣草，人真的要醉了！

　　我们没有错过西海岸，因为不想漏掉卢瓦尔河城堡。那里的城堡记录了定都巴黎前，法国文艺复兴时期的一段重要历史。从此，弗朗索瓦一世，亨利四世就从文字变成了形象。顺便也耳闻了一些君主的"八卦"、绯闻之类。不过，这位君主对法国文化的发展，功劳不可抹杀。法语作为官方语言，也是他在位期间定下来的。那里的宫殿群，每一座都是一件完美的艺术品，风格各异，令人目不暇接，有的建筑在水上，倒影清晰，犹如海市蜃楼。虽然经过法国大革命，却没有毁坏，被完整地保存了下来。只要有机会，我就想再去参观，百看不厌。

　　顺着海岸再往南走，就走上了圣雅克朝圣之路，沿着去西班牙的朝圣之路走去，隔不远，就有一座朝圣者留下的，用砖砌的小祭坛，给人留下很多想象的空间，脑海中，不由得出现这样的场景：朝圣者穿着粗布、带帽兜的长袍，腰间系着麻绳，脚上绑着草鞋，拄着拐杖，一步一步迈着艰难又坚定的步伐前进。同时，也似乎看见藏族朝圣者，一步一平身匍匐在地的身影。虔诚的信徒是十分感人的！有信仰的人是不弃不舍的。沿海的小岛，各有特色。有的落潮时显露出宽宽的栈桥，一直通到岸上，与大陆连接，涨潮时就没入水下，车子开过去，就如在水上漂！

---

① 法国非常流行的一种餐前开胃酒。

及至南端，我们在波尔多停留了一下。除了知名红酒的吸引，那里的文化氛围，如英国大街，又给我们讲述了这座城市的一段历史。联姻使得这个港口有几乎三个世纪掌握在英国人手中。我们也没有舍弃马赛外海的小岛伊夫岛据说那里关押过国王路易十四的同胞兄弟，其说不一，伏尔泰、大仲马都提到过这段故事。总之有一个神秘的囚犯，关了34年，终生带着铁面具，或黑丝绒面罩。此外，我们也读过大仲马的小说《基督山伯爵》。历史与传说故事纠结在一起，"野史"的成分居多，真假莫辨了。无论如何，作为文学作品，还是引人入胜的。在马赛我们见到了老同事舍瓦里耶夫人。大家热情拥抱！她跟我们一起参观，成了我们的最佳向导。

三个月的观光，我们称之为 tourisme universitaire（游学），很快结束了，意犹未尽，是很好的开端，拉开了法国之行的序幕。最终，我们十几个人在阿尔卑斯山脚下的格勒诺布尔城安顿下来。这里可以说是座大学城，文理科皆备，占据了城市相当大的地盘。满街除了来自世界各地的学生，就是教师。就像前额贴着标签，一看就能辨识。除此之外，还有在原子反应堆从事研究的科学家，各种肤色都有。春秋季登山者络绎不绝，冬天，这里的滑雪场吸引了各地的滑雪爱好者。我们随热情的系秘书去山顶，在他哥哥的餐馆里，领教了"气鼓"（Soufflé）这道名菜，尤其是 Soufflé au poisson（鱼粉气鼓），大饱口福！这里还曾经举行过冬季奥运会，当时的场馆，供人使用。

我们这一组"进修生"原本在学业上没有具体要求，而且计划只有三个月，也无从要求。只有我和一位上外的老师正式注册了。一年中可以读一个硕士学位和一个 DSAE（高级法语教师资格）。这两张纸对我们没有多大意义，我们已经是教师了。我们只是想，既然选了课，就按部就班地做作业、参加考试，体验一回，对自己也是一种督促。法国考试成绩，满分20，以下递减，我们大多数都能得到18分以上，最后我们也一本正经地写了论文，两张证书留作了纪念。考试时，有些拉美的进修教师常设法坐在我们旁边，我们担心吃了"挂落"，还好，阶梯教室很大，监考的人大概也看不过来！

我们可以选择住在学校宿舍或私人家里。为了更多地了解当地人的日常生活，也就是如余光中先生所说，进入文化环境。我住进了维尔吉妮的家里。她在法国国家科研中心下属的一个研究所上班，和丈夫分居，独自抚养三个孩子。大的刚进小学，两个小的还在幼儿园。家里需要增加点收入，也能有个成年人帮忙照看一下。顺便说明一下,格勒诺布尔处处显出它的"先锋"性。夫妻分居是常见的事,在共同的家里,你看孩子一周,我看一周。其间,高兴了大家见面,心情不好,或是工作太忙,就不必把难看的脸色给对方看。真是别开生面!其实,日后他们"拉家带口"来北京做客,家里人都觉得,法国人很规矩、讲礼貌,作风严谨,一点不像莫泊桑小说里描写的人物,浪漫有余,严谨不足!翻译高行健得奖作品的那一位诺埃尔先生,时常组织我们聚会、参观,如乡村里的奶酪作坊、酒厂。他来北京访问,我们当然也要稍尽地主之谊,记得他的小女儿还在我们家过了生日。

我们组内有人住在更"先锋"的"乌托邦"式家庭里。这些人辞掉了工作,成为"边缘"人物(marginaux),自认不想与社会"同流合污"。他们力图自食其力,做现代的鲁滨孙,有的做奶酪,有的种采栗,有的酿酒。他们的生活显得有些拮据,我们周末聚餐,就在烤箱里烤上一大盘栗子,到菜园里拔两颗生菜,摘一些水果。我们吃过一次法式火锅,就很难得了,不过吃的是马肉!那是我们第一次尝试。这种返璞归真的生活,他们乐在其中,只是不知道是否能一直坚持下去,以后也断了联系。

我们大部分时间还是在校园里,即使不上课时,也在图书馆。除了专选的语言学课程外,我们还旁听艺术史、品酒课等。很有意思,每次都听得聚精会神,什么菜配什么酒,都很有讲究。回来买两瓶酒,演示一番,至少记住过程。到了法国不懂酒,就太遗憾了!中午,大家都在学生食堂吃饭。晚上回到家里,也不过泡一碗方便面,加一点青菜,就好了,哪有时间下厨!

维尔吉妮告诉我,可以把食品放在冰箱最高一层,以示区别。但是孩子放学回来,不管什么食品,放在什么地方,属于什么人,他们饿了,就会拿来吃。我很喜欢他们,但是我们的助学金很有限,我每周去一次超市,准备好一星期的早点,吃不到三天,就告罄了!维尔吉妮是一个大大咧咧的人,她有时晚上也从我买的整箱的速食面中拿出一包充饥。月末,她往往还要问我拿一点零用的现钱。孩子们中午在学校吃午饭,她有时也忘了及时交伙食费,以至孩子几乎挨饿。老师找上门来,我若在家,只得垫付!最后,不得已,尴尬之余,我只好据实以告!

启程回国在即,我还在打字机上修改论文。因为,一位在法国国家科研中心从事研究的女士,提出要我留下合作编写教材。这是求之不得的建议。领馆教育处，经过请示，批准了。所以我没有忙着整理行装。晚上突然接到教育处电话，说我家里人不同意我延长停留，叫我跟大家一起回去。没有时间，我也不想找什么麻烦，我知道家里还有三个人留在那里，闲话少说，走为上策！

没过一年，我又收到一封邀请信。独自一人去巴黎社科研究院东方语言所。我可以选课读学位，同时每周工作20小时，协助编纂汉法词典，也解决了我的衣食住行。可惜，没过多久，系里就发来了十八道"金牌"，招我回去。我一下病倒了，研究所主任说，身心俱疲他们写了挽留信，无效。我住了两星期医院，随即打点行装，打道回府！幸好，必修课都读完了。

巴黎社科院集中了有名的学者、顶尖的教授。有两位记者写过一本书，报道这些名流既有一座讲坛，供他们及时传播见解和言论，又在报章有专栏，供他们发表社论，还有熟悉的出版社，为他们系统发表理论提供方便。可以随时选读他们的课程，是十分幸运的事！语言所的同事很友善，大家年纪差不多，经历也有相似之处。他们大部分学过中文、日文、韩文、越南文等，工作了一段时间后，他们觉得我为词典提供的语言信息可靠、可信，拉近了彼此的距离。他们很少有偏见，只信服事实，而当事人则感受到公平的肯定和认可，增强了信心。拿到了第一个月的工资，我在寄宿的房东家，下厨做了几个中国菜，我们大家聚会了一次。他们说，自研究所成立以来，就没有发生过这样的事！他们甚至提议，以后轮流做庄，定期聚会。饭后有人还想一起去跳舞！这个愿望没有实现。但这不妨碍我们至今仍然是 collègues néanmoins amis（同事加朋友）！言外之意，同事本不容易成为朋友。

巴黎人习惯晚上下班以后互相请客，一起共进晚餐，受邀请的人不一定是本行的同事。这样就扩大了交际的范围，各行各业的人都有。不少成为有来有往的朋友，几十年不变。我甚至产生过这样的想法：效法那本《法国人》（英译本，"The French"）写一本"百人群像集"。

例如，我认识好几个医生。起因是一位法中友协的大夫，请我们去他工作的医院参观，还准备了茶点。来参加茶会的有另一位医生，事后她请我们去她家相聚，准备了丰盛的自助餐。我们第一次尝到了熏制的三文鱼美味。以后我们成了亲密的知己。彼此认识了双方的家人，分享各家的快乐与不幸，几十年如一日。

如此，一环套一环，滚雪球般，结识了画家、演员、歌唱家、服装设计师……与画家一起参观博物馆，看展览，还能了解各流派，以及色彩的运用、光线的调节,而不是走马看花;和歌唱家一起听歌剧,欣赏之余,还注意到了呼吸的控制,发声的技巧,回来还试图模仿;参加设计师展览的开幕式,欣赏她的选料、剪裁和构思;听演员或剧作家讲故事,妙语连珠,开怀大笑。记得一次过年,罗兰·杜比亚尔(Rolland Dubillard),这样的大戏剧家,居然也到我简陋的住所来了,没有足够的椅子给大家坐,就在两张椅子当中,架一条木板,罗兰毫不犹豫地坐在上面。平时他话不多,讲起笑话来,听众笑得前仰后合,他却丝毫不动声色!巴黎不愧为艺术之都!文化底蕴深邃、浩瀚,取之不尽,俯拾皆是。

这也是使我们感觉亲近的一个重要的因素。中法两国文化历史悠久,从多方面表现出来。一次,中国戏剧节,从国内来了很多剧种和名角,其中包括昆曲。这个剧种显然属于"阳春白雪",词语是诗,曲调婉转,表演细腻,在国内都嫌"和者"甚少,只是文人雅士之间颐心养性的活动。我估计浙江"越剧",加上配乐、布景的现代化,在国外一定更容易被接受。不料,听了"牡丹亭"以后,格调甚高的《世界日报》一位女记者来访。我幼时,在家耳濡目染,受过一点熏陶,也跟着唱过几折,平时偶尔也哼一两段。不知哪位同事把我介绍给她。我们越谈越兴奋,我把所知倾囊倒出。第二天整版的报道就刊登出来了。可见巴黎人的欣赏水平!他们看的不是热闹、花哨,而是深层的艺术品质。真是碰到了知己!

谈起这种 affinité(亲近),这个词很恰当。20 世纪 30 年代,有一位来巴黎发展的黑人歌手,叫约瑟芬娜·贝克,她唱过一首歌,当时脍炙人口。歌词说,"J'ai deux amours, mon pays et Paris, par eux toujours mon cœur est ravi"。这段歌词的意思是:"我有两个爱人,我的祖国和巴黎,我的心永远为之痴迷",文化交流,就是有这么大的吸引力和凝聚力!

从法语,到语言背后的文化,到结识体现文化的法国朋友,构成了我人生的一部分,无法回避的一部分。女儿曾带责问的口气说,你为什么为法国辩护?其实,不过是日常生活小事,哪怕只涉及第戎芥末酱(moutarde de Dijon),我自己并没有意识,更不是故意。一次巴黎人文科学院主任,谈到一位造访者说,他们的接触无言的交流。如何做得到!"一语中的"!学习一样东西,必须要有激情,否则学不好。学了法语,就会爱上法语,爱上它传达的文化,爱上它的使用者。

历史走进了一个新时期,中国发生了巨变,不少人都在探究原因。我觉得应该溯本求源,到我们的老祖宗那里去寻找答案。那里找得到中国人的根本,中国文化的本来面目。我没有忘记自己不过是座"桥梁"。我先介绍了"东西文化及其哲学",虽为20世纪初的著作,但触及不少根本问题。接着我开始介绍古典著作,把几千年前的经典,先译成现代文,再译成法文,我本人感兴趣。我想,学汉语的人也会感兴趣。通过语言,会了解东方文化与哲学的重要的一支,以及其中的本源,一定有助于彼此的深层了解。我会继续努力。

(编辑:彭姝祎)

Comment Antenne 2 m'a interviewé à la veille de la normalisation des relations diplomatiques sino-françaises

Li Qiqing*

C'était à la fin de 1963. J'étais alors étudiant de deuxième année à l'Institut des langues étrangères de Beijing. Un jour, notre professeur de français nous a fait venir dans son bureau. Nous étions trois. Il nous a confié qu'une équipe de télévision Française allait venir en Chine pour réaliser un programme «La France vue par les Chinois». Notre Institut avait l'honneur de l'accueillir. L'équipe envisageait de dialoguer avec de jeunes Chinois. Pour nous rassurer, notre professeur a ajouté : «Ne soyez pas nerveux, vous n'avez qu'à répondre à leurs questions. Vous pourrez considérer cela comme un exercice oral de français.»

C'était à notre insu que l'établissement des relations diplomatiques sino-Françaises, qui a été comparé à l'explosion d'une bombe atomique dans l'arène internationale, se préparait. L'équipe était dirigée par M. Maurice Werther, journaliste assez réputé en France. Quand mon tour fut venu, il m'a posé deux questions. Voici la première : «Pourquoi as-tu choisi le français?» J'ai répondu : Parce que c'est la langue de Molière. Au lycée, j'ai appris au cours de littérature deux textes traduits du français, l'un était *La dernière classe* d'Alphonse Daudet, l'autre *La parure* de Guy de Maupassant. Je m'imaginais alors que, si un jour je pou-

---

* Li Qiqing, professeur et chercheur en sciences économiques au Bureau central des traductions de Chine.

vais les lire en langue originale, ce serait beau, et maintenant ça s'est réalisé. » J'ai vu un sourire sur les lèvres du journaliste, qui paraissait satisfait de ma réponse. Ensuite il m'a posé la deuxième question : «Qu'est-ce que tu as lu comme bouquins français?» J'ai cité d'un seul trait les chefs d'oeuvre des grands écrivains français du 19ème siècle. Le journaliste ne cessait de hocher la tête en signe de contentement. Et à son grand étonnement, presque tous les classiques avaient été traduits en chinois.

Vingt ans plus tard, c'est-à-dire en 1983, M. Maurice Werther est retourné avec son équipe en Chine pour réaliser un reportage : «Changements survenus en Chine après l'ouverture sur l'extérieur». Il voulait établir une comparaison en s'adressant aux mêmes interviewés. Il a réussi à me retrouver. De jeune étudiant, j'étais devenu traducteur et chercheur. Il m'a donné en cadeau un livre de Victor Hugo : *Notre Dame de Paris*, tant il avait été impressionné par mes passions de lecture. De mon côté je lui ai offert en souvenir un exemplaire du *Capital*, tome I, de Karl Marx (dans la traduction de Joseph Roy), que j'avais traduit du français en chinois avec un collègue. Cette fois-ci, il m'a aussi posé deux questions. Voici la première : «Que pensez-vous de la révolution culturelle, en partant de vos propres expériences?» A sa grande surprise, j'ai répondu en toute franchise : «La soi-disant révolution culturelle est complètement et radicalement négative. C'est une révolution qui a en fait détruit la culture». A la deuxième question : «Comment jugez-vous le président Mao?», j'ai répondu : «Le président Mao n'était ni dieu, ni prophète, aucun homme n'est infaillible, il avait ses mérites et ses défauts. Il a commis de graves erreurs dans sa vieillesse, mais, si l'on considère l'histoire dans son ensemble, ses mérites l'emportent de beaucoup sur ses erreurs. »

Quelques semaines plus tard, j'ai rencontré par hasard dans la rue à Beijing une de mes connaissances qui travaillait comme diplomate à l'Ambassade de Chine en France. Il m'a grandement surpris en me disant : «Je vous ai vu en France. » J'étais stupéfait, parce que jusqu'alors je n'avais jamais été en France. A voir ma confusion, il s'expliqua malicieusement : «Je vous ai vu en France à la télé. » J'ai compris alors le sens de sa plaisanterie. Mais de toute façon, cela me rapprochait de la France que j'aimais, fût-ce par la télé. Et j'en étais fort heureux.

(éditeur : Zhang Jinling)

图书在版编目(CIP)数据

既往既来：中法建交五十周年纪念文集 / 中国欧洲学会法国研究分会编 . -- 北京：社会科学文献出版社，2016.11
 ISBN 978 - 7 - 5097 - 9745 - 7

Ⅰ.①既… Ⅱ.①中… Ⅲ.①中法关系 - 国际关系史 - 文集 Ⅳ.①D829.565 - 53

中国版本图书馆 CIP 数据核字(2016)第 228334 号

既往既来
——中法建交五十周年纪念文集

编　　者 /	中国欧洲学会法国研究分会
出 版 人 /	谢寿光
项目统筹 /	祝得彬
责任编辑 /	杨　慧　仇　扬
出　　版 /	社会科学文献出版社·当代世界出版分社（010）59367004
	地址：北京市北三环中路甲29号院华龙大厦　邮编：100029
	网址：www.ssap.com.cn
发　　行 /	市场营销中心（010）59367081　59367018
印　　装 /	北京季蜂印刷有限公司
规　　格 /	开　本：787mm×1092mm　1/16
	印　张：22.25　字　数：379千字
版　　次 /	2016年11月第1版　2016年11月第1次印刷
书　　号 /	ISBN 978 - 7 - 5097 - 9745 - 7
定　　价 /	98.00元

本书如有印装质量问题，请与读者服务中心（010 - 59367028）联系

版权所有 翻印必究